成都考古发现

（2006）

成都文物考古研究所　编著

科学出版社

北京

内 容 简 介

本书是成都文物考古研究所 2006 年度考古调查、发掘报告集。收录有大渡河上游的哈休、岷江上游的白水寨和沙乌都、涪江上游的下关子等新石器时代遗址调查、试掘材料；雅砻江中游的查尔村石棺墓，雅砻江支流安宁河流域的楼木沟遗址调查、试掘材料；金沙江流域的会理东咀遗址发掘材料；成都高新西区三处新石器、商周至秦汉遗址发掘材料；蒲江冶铁遗址、成都青白江区艾切斯工地唐宋墓葬、成都青龙乡东林花园 21 线道路西段墓葬、安岳卧佛院等调查与发掘材料；以及成都金沙遗址人骨研究和马尔康哈休遗址出土动物骨骼鉴定报告等。

本书可供从事中国考古学、历史学研究的学者参考。

图书在版编目（CIP）数据

成都考古发现. 2006 / 成都文物考古研究所编著. —北京：科学出版社，2008

ISBN 978-7-03-023709-5

Ⅰ. 成… Ⅱ. 成… Ⅲ. 考古发现 - 成都市 - 2006 Ⅳ. K872. 711

中国版本图书馆 CIP 数据核字（2008）第 198602 号

责任编辑：刘 能 / 责任校对：刘小梅
责任印制：赵德静 / 封面设计：陈 敬

科 学 出 版 社 出版
北京东黄城根北街16号
邮政编码：100717
http://www.sciencep.com

中国科学院印刷厂 印刷

科学出版社发行 各地新华书店经销

*

2008 年 12 月第 一 版 开本：787×1092 1/16
2008 年 12 月第一次印刷 印张：27 1/2 插页：19
印数：1—1 600 字数：646 000

定价：180.00 元

（如有印装质量问题，我社负责调换）

目　录

四川马尔康县哈休遗址 2003、2005 年调查简报

阿坝藏族羌族自治州文物管理所
四川省文物考古研究院
成都文物考古研究所
马尔康县文化体育局

一、前　言

哈休遗址是近年来大渡河上游地区史前考古的重要成果之一。大渡河上游地区包括今阿坝藏族羌族自治州的马尔康县、小金县、金川县、壤塘县西部及甘孜藏族自治州丹巴县的东部，面积约 9.2 万平方公里，现主要居民为嘉绒藏族。这一地区位于藏东边缘，北接甘青地区，东临岷江上游，南通凉山及云贵高原，有着较为特殊的地理位置。历史上该地区是长江上游和黄河上游两大文化区之间的一条文化走廊和民族走廊，在探讨中国古代南北文化的时空关系、民族交往和迁徙等课题方面具有极其重要的学术意义。

2000 年以前，对大渡河上游的考古调查发掘工作开展不多，仅有 20 世纪 80 年代由四川省文物考古研究所等单位发掘的丹巴县罕额依遗址[1]。1987 年全省文物普查工作仅在这一区域发现少数几处史前遗址及采集点，有关资料也未发表。因此，对于该区域史前文化的认识还存在较多的空白之处。为了解该地区早期人类活动的遗迹，同时配合《四川省文物地图集》的编撰工作，根据四川省文物局的统一部署，阿坝州文物管理所、四川省文物考古研究所会同相关县的文化、文物部门，联合组成大渡河上游考古队，于 2003 年 4～6 月对大渡河上游大、小金川流域的马尔康县、金川县、小金县、壤塘等四县进行考古调查，发现新石器时代至秦汉时期的古文化遗址及采集点 105 处。哈休遗址即为本次调查时发现。2005 年，阿坝州文物管理所、成都文物考古研究所与马尔康县文化体育局又对该遗址及其周围地区进行进一步的调查核实，确认了 10 余处新石器时代至秦汉时期的古文化遗址及采集点。

哈休遗址位于四川省阿坝藏族羌族自治州马尔康县沙尔宗乡西北约 1500 米的哈休村一组（图一），茶堡河北岸一级台地，地理位置为东经 102°9.4′、北纬 32°10.3′，海拔 2840 米。台地为八谷脑山向外延伸的山脊地带，高出茶堡河约 84 米，平面略成长方形，北面紧依八谷脑山，东面为一条较深的自然冲沟，南面为较直的陡坡，隔河为沙

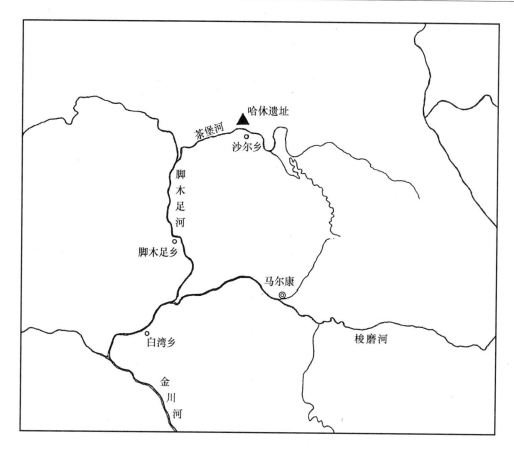

图一　哈休遗址位置图

（尔宗）马（尔康）公路，西为峭壁，下临布尔库沟。台地缓坡状堆积，东西宽约380米，南北宽约260米，总面积约10万平方米。地表常年种植小麦、胡豆、土豆等作物。遗址北部断面发现原生文化堆积，距地表深1~2、长约30、厚0.5米，内含大量陶片、炭屑、烧土块、兽骨等。在断层中部有一处灰坑遗迹，长1.8、厚0.6~0.2米，内含大量陶片、兽骨、彩陶等。遗址中部有一长期雨水冲刷形成的冲沟，将遗址分为东、西两部分，西部台地面积占遗址面积的2/3。整个台地黄土发育较发达，厚达十余米。

调查结果表明，哈休遗址的文化堆积可分为两个时期，其中秦汉时期遗存主要位于遗址南部的台地边缘，但破坏严重。新石器时代遗存的分布面积较广，其中心部分位于遗址西北部的台地上，面积近万平方米，局部因晚期改土受到破坏。

2003年、2005年两次调查均在地表采集了一定数量的陶器残片、石器、兽骨等遗物（编号分别为2003SMH采、2005SMH采）。现将有关情况简报如下。

二、地层堆积

该遗址地表经多次改土，现已成四级梯田。在第四级梯田的断坎上，可较为清晰地看见该遗址的地层堆积情况。

第 1 层：灰黄色农耕土，结构疏松，略夹碎石颗粒。内含少量陶片、植物根茎、玻璃等。厚 15~30 厘米。

第 2 层：黄土层，质地紧密，呈块状，夹少量碎石，硝粒较重。内含较多新石器时代及秦汉时期陶片、少量红烧土、灰烬及兽骨等。厚 65~110 厘米，距地表深 80~140 厘米。

第 3 层：紫褐色土层，质地紧密，夹少许碎石颗粒，内含少许兽骨，零星灰烬、红烧土块及白色硝粉，未见陶片。厚 25~70 厘米，距地表深 105~210 厘米。

第 4 层：灰褐色土，质地疏松。内含大量的泥质红陶、泥质褐陶、泥质灰陶，夹粗砂灰陶、褐陶、少量彩陶、石器以及大量的灰烬、红烧土块、炭屑、兽骨等。厚 40~70 厘米，距地表深 145~280 厘米。

第 5 层：黄沙土层，质地疏松，纯净，为生土层。

三、采 集 器 物

哈休遗址采集的新石器时代遗物标本包括有陶器、玉石器及兽骨等。此外，还采集到少量秦汉时期陶片。现分类予以介绍。

1. 石器

数量不多，以打制石器为主，包括切割器、砍伐器、刀、穿孔环等。

切割器 4 件。2005SMH 采:34，深灰色，弧刃，一面为劈裂面，可见打击疤点，另一面局部保留卵石自然面。长 9、宽 5.6、厚 1.4 厘米（图二，1）。2005SMH 采:38，深灰色，弧刃，一面为劈裂面，另一面保留自然卵石面。长 7、宽 4.8、厚 1.2 厘米（图二，4）。2003SMH 采:29，灰白色，弧刃，一面为卵石自然面，另一面为劈裂面。长 11、宽 9、厚 1.6 厘米（图二，7）。2005SMH 采:37，青灰色夹白斑，背端保留卵石自然面，两面均为劈裂面，弧刃。长 9、宽 7.8、厚 1.8 厘米（图二，8）。

砍伐器 2 件。2005SMH 采:35，灰色，一面为劈裂面，另一面保留卵石自然面，斜刃。长 13.4、宽 9、厚 2 厘米（图二，3）。2005SMH 采:10，深灰色，直刃，一面为劈裂面，可见打击疤点，另一面保留自然卵石面。长 12.2、宽 9.6、厚 2 厘米（图二，6）。

打制石刀 1 件。2003SMH 采:28，灰白色，一端为劈裂面，另一端保留卵石自然面，直刃。长 10.6、宽 6、厚 1.2 厘米（图二，2）。

饼形器 1 件。2003SMH 采:27，打制，深灰色片页岩，周边经琢击加工。长径 7、短径 6.8、厚 0.8 厘米（图二，5）。

环形器 1 件。2005SMH 采:30，灰黑色，已残断，中部穿孔经琢击加工。内径 5、外径 10.4、厚 2 厘米（图二，9）。

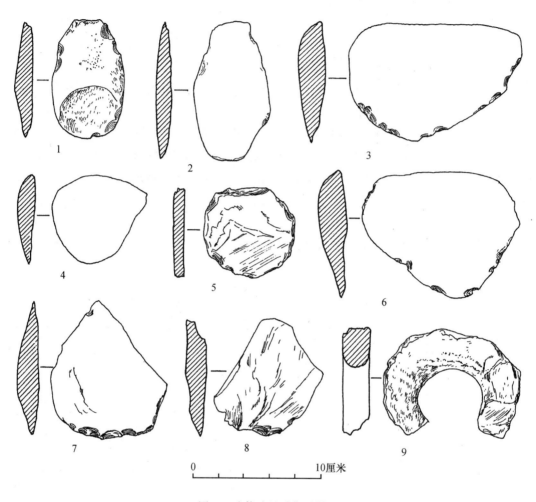

图二　哈休遗址采集石器

1、4、7、8. 切割器（2005SMH 采：34、2005SMH 采：38、2003SMH 采：29、2005SMH 采：37）　　2. 打制石刀
（2003SMH 采：28）　　3、6. 砍伐器（2005SMH 采：35、2005SMH 采：10）　　5. 饼形器（2003SMH 采：27）
9. 环形器（2005SMH 采：30）

2. 陶器

出土陶片的陶质、陶色包括泥质红陶、泥质灰陶、泥质褐陶、夹粗砂红褐陶、夹粗
砂灰陶、夹粗砂褐陶。纹饰主要有素面、磨光、绳纹、线纹、网格纹、附加堆纹、绳纹
加附加堆纹、绳纹花边口沿加附加堆纹及少量彩陶等（图三、图四），器形主要有敛口
钵、折腹钵、敛口深腹钵、卷沿罐、高领罐、缸、盆、瓶等。多为手制，部分有慢轮修
整痕迹。

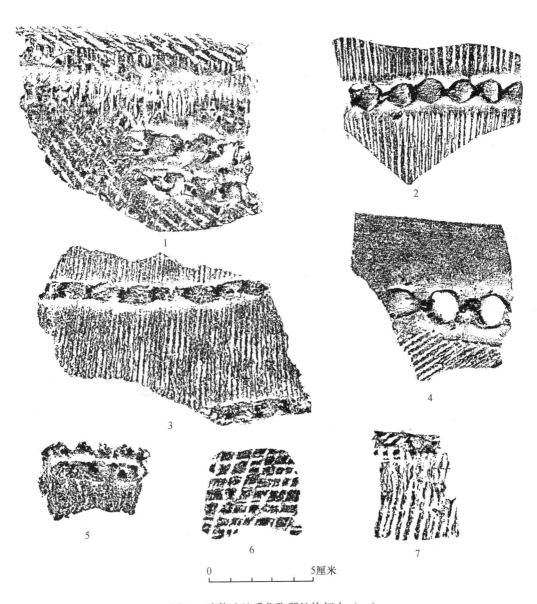

图三　哈休遗址采集陶器纹饰拓本（一）

1. 2003SMH 采: 1　2. 2003SMH 采: 25　3. 2003SMH 采: 3　4. 2005SMH 采: 9　5. 2005SMH 采: 29
6. 2005SMH 采: 32　7. 2005SMH 采: 22

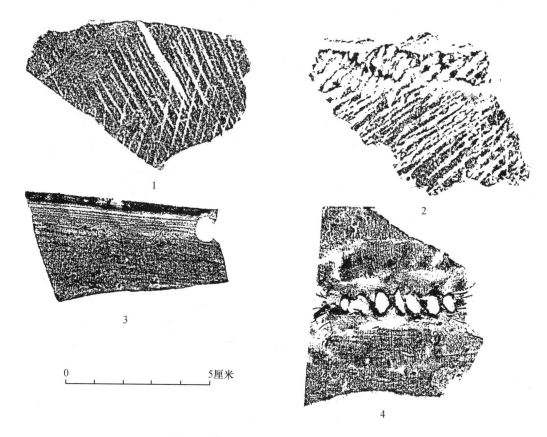

图四　哈休遗址采集陶器纹饰拓本（二）

1. 2005SMH 采：16　2. 2003SMH 采：31　3. 2003SMH 采：9　4. 2003SMH 采：6

彩陶瓶　3 件。2003SMH 采：8，细泥黄陶，表面磨光，方唇，折沿，直颈，黑彩颈表绘平行线条纹，沿部有慢轮修整痕迹。口径 12、残高 3.2 厘米（图五，1）。2005SMH 采：17，细泥红陶，尖唇，卷沿，喇叭口，颈部黑彩绘线条纹，口部可见慢轮旋痕。口径 10.6、残高 2 厘米（图五，2）。2005SMH 采：11，瓶颈部残片，厚胎，细泥红陶，颈表黑彩绘宽线条纹，有切割断裂痕迹。残高 3 厘米（图五，3）。

平唇口瓶　1 件。2005SMH 采：18，泥质灰陶，折沿，直颈，沿面内凹。口径 12、残高 5 厘米（图五，4）。

大口罐　1 件。2005SMH 采：1，泥质灰陶，表面磨光，圆唇，卷沿，鼓腹，颈部饰斜向细绳纹并抹光。口径 40.4、残高 8.4 厘米（图五，15）。

卷沿罐　2 件。圆唇。2003SMH 采：17，泥质黑皮陶，表面磨光。口径 27.6、残高 3.9 厘米（图五，13）。2005SMH 采：4，泥质褐陶，鼓腹，表面饰斜向绳纹并抹光。口径 24、残高 6 厘米（图五，16）。

长颈罐　1 件。2005SMH 采：22，夹砂褐陶，圆唇，表面饰纵向绳纹。残高 5 厘米（图五，6）。

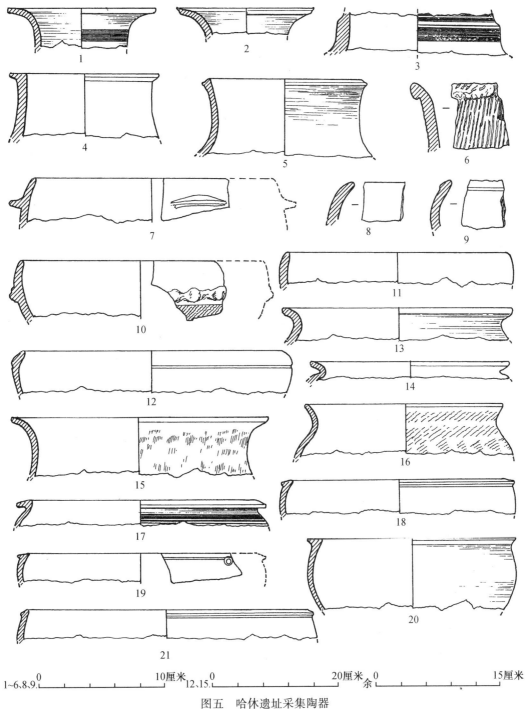

图五 哈休遗址采集陶器

1～3. 彩陶瓶（2003SMH 采：8、2005SMH 采：17、2005SMH 采：11） 4. 平唇口瓶（2005SMH 采：18） 5、6. 长颈罐（2003SMH 采：5、2005SMH 采：22） 7、8、11. A 型 II 式钵（2003SMH 采：19、2005SMH 采：30、2005SMH 采：12） 9. A 型 III 式钵（2005SMH 采：21） 10. 深腹盆（2005SMH 采：9） 12. A 型 I 式钵（2005SMH 采：3） 13、16. 卷沿罐（2003SMH 采：17、2005SMH 采：4） 14. 敛口盆（2005SMH 采：24） 15. 大口罐（2005SMH 采：1） 17. 彩陶盆（2003SMH 采：11） 18～20. B 型 I 式钵（2003SMH 采：22、2003SMH 采：9、2003SMH 采：12） 21. B 型 II 式钵（2005SMH 采：19）

小口罐 2件。泥质褐陶，圆唇，鼓腹。2003SMH采:18，厚胎，折沿，凹颈，沿面加斜向划纹。口径12.4、残高5厘米（图六，2）。2005SMH采:20，残高5厘米（图六，13）。

侈口罐 1件。2005SMH采:29，夹砂褐陶，厚胎，唇面压印锯齿状花边，颈部加贴泥条附加堆纹，器表饰纵向绳纹。残高4厘米（图六，12）。

敛口罐 1件。2003SMH采:1，夹砂褐陶，厚胎，方唇，折沿，鼓腹，腹表饰交错绳纹，并加饰成组的泥条附加堆纹，颈部施纵向绳纹，唇表施斜向绳纹，沿面饰交错绳纹。口径21.4、残高5厘米（图六，3）。

彩陶盆 1件。2003SMH采:11，细泥灰褐陶，表面磨光，圆唇，折沿，敛口，鼓腹，黑彩在沿面绘弧线条及齿叶纹，在腹表绘粗细线条纹。口径30、残高3厘米（图五，17）。

深腹盆 1件。2005SMH采:9，泥质灰陶，圆唇，敛口，腹表施斜向细绳纹，上腹加鸡冠状錾。口径19.4、残高6.6厘米（图五，10）。

敛口盆 1件。2005SMH采:24，泥质灰陶，表面磨光，圆唇，折沿。口径24、残高1.8厘米（图五，14）。

缸 1件。2005SMH采:15，泥质褐陶，表面磨光，厚胎，圆，折沿，直口。口径31.5、残高3.6厘米（图六，1）。

钵 11件。依口沿特征分二型。

A型 7件。深腹。依口部、腹部特征分三式。

Ⅰ式：1件。2005SMH采:3，泥质褐陶，表面磨光，尖唇，敛口，曲腹内收，口内壁有一道凸棱，外沿有一道凹弦纹。口径41.2、残高6.4厘米（图五，12）。

Ⅱ式：4件。圆腹，表面磨光。2003SMH采:19，泥质黑陶，圆唇，敛口，上腹加扁状錾。口径28.5、残高5.1厘米（图五，7）。2005SMH采:30，泥质褐陶，圆唇，敞口。残高3厘米（图五，8）。2005SMH采:12，泥质灰陶，尖唇，口微敛。口径26.1、残高3.6厘米（图五，11）。2005SMH采:5，泥质褐陶，圆唇，敛口。口径16.6、最大腹径19.4、残高5.8厘米（图六，6）。

Ⅲ式：2件。折腹钵，表面磨光。2005SMH采:21，泥质黑皮陶，圆唇外翻，直口。残高3.6厘米（图五，9）。2003SMH采:4，泥质灰陶，尖唇，卷沿。口径26.1、腹径24、残高4.5厘米（图六，8）。

B型 4件。折沿钵。依口部特征分二式。

Ⅰ式：3件。敛口，表面磨光。2003SMH采:22，泥质灰陶，尖唇。口径27.4、残高2.4厘米（图五，18）。2003SMH采:9，泥质黑皮陶，火候较高，尖唇，沿下有单向穿孔。口径30、残高3.6厘米（图五，19）。2003SMH采:12，泥质黑皮陶，圆唇，鼓腹。口径24.6、最大腹径25.5、残高7.8厘米（图五，20）。

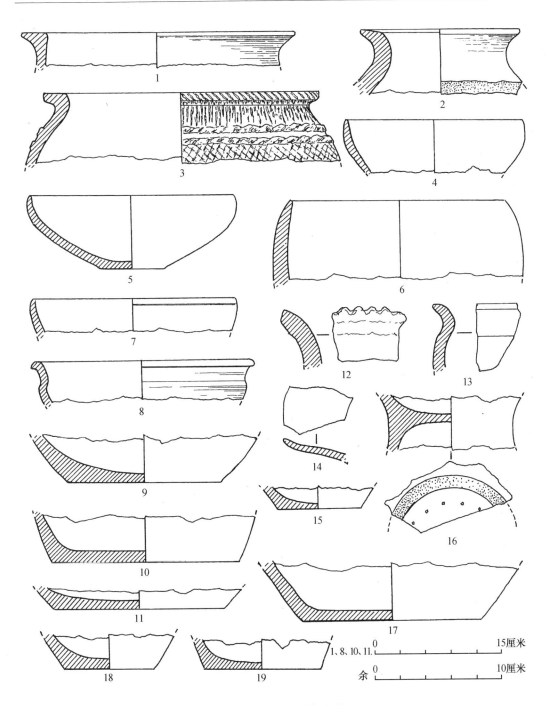

图六 哈休遗址采集陶器

1. 缸（2005SMH 采:15） 2、13. 小口罐（2003SMH 采:18、2005SMH 采:20） 3. 敛口罐（2003SMH 采:1）
4. Ⅰ式碗（2003SMH 采:13） 5、7. Ⅱ式碗（2003SMH 采:2、2005SMH 采:28） 6. A 型Ⅱ式钵（2005SMH 采:5）
8. A 型Ⅲ式钵（2003SMH 采:4） 9～11、15、17～19. 器底（2005SMH 采:2、2003SMH 采:7、2003SMH 采:23、
2003SMH 采:10、2003SMH 采:20、2003SMH 采:16、2005SMH 采:27） 12. 侈口罐（2005SMH 采:29）
14. 碟（2003SMH 采:24） 16. 圈足器（2005SMH 采:7）

Ⅱ式：1件。2005SMH采:19，泥质灰陶，尖唇外翻，直口，表面磨光。口径34.5、残高3.3厘米（图五，21）。

碗 3件。依口部特征分二式。

Ⅰ式：1件。2003SMH采:13，泥质褐陶，表面磨光，尖唇，直口，口部外表有成组的纵向划纹。口径14、残高4厘米（图六，4）。

Ⅱ式：2件。敛口。2003SMH采:2，泥质褐陶，口部磨光，尖唇，小平底。口径16、底径5、高5.4厘米（图六，5）。2005SMH采:28，泥质黄褐陶，表面磨光，圆唇。口径16、残高2.3厘米（图六，7）。

碟 1件。2003SMH采:24，泥质褐陶，圆唇，敞口。残高2厘米（图六，14）。

圈足器 1件。2005SMH采:7，泥质褐陶，外底有一周圆点戳印纹。底径10、残高4厘米（图六，16）。

器底 7件。平底或小平底。2005SMH采:2，泥质褐陶，厚胎，外底饰斜向细绳纹。底径12、残高3.6厘米（图六，9）。2003SMH采:7，夹砂褐陶，底径21.9、残高5.1厘米（图六，10）。2003SMH采:23，泥质灰陶，底径20.1、残高1.8厘米（图六，11）。2003SMH采:10，泥质褐陶，底径6.5、残高1.6厘米（图六，15）。2003SMH采:20，泥质灰陶，表面磨光，厚胎。底径14、残高6.4厘米（图六，17）。2003SMH采:16，泥质褐陶，表面磨光，厚胎。底径7、残高2.6厘米（图六，18）。2005SMH采:27，泥质灰陶，表面磨光，直壁。底径9、残高2.2厘米（图六，19）。

陶刀 1件。2005SMH采:14，泥质褐陶，直刃，中锋，系陶器残片磨出刃部。残长3.6、残宽4.6厘米（图七，1）。

彩陶片 3件。表面磨光，黑彩。2005SMH采:33，细泥灰褐陶，绘宽弧线条纹（图七，4）。2005SMH采:13，钵残片，细泥红陶，内壁绘交接弧线条纹（图七，5）。2005SMH采:26，细泥红陶，绘交接弧线条纹（图七，6）。

纹饰陶片 9片。2003SMH采:6，泥质灰陶，表面加鸡冠状鋬（图七，7）。2003SMH采:25，泥质灰陶，表面饰纵向绳纹，加泥条附加堆纹（图七，8）。2005SMH采:16，泥质褐陶，表面饰交错绳纹加横向划纹（图七，9）。2005SMH采:25，泥质灰陶，表面饰交错线纹并局部抹光并加泥条附加堆纹（图七，10）。2003SMH采:3，夹砂褐陶，表面饰纵向细绳纹，加带状泥条附加堆纹（图七，11）。2005SMH采:6，泥质褐陶，表面饰交错线纹并局部抹光（图七，12）。2005SMH采:8，泥质灰陶，颈部磨光，肩部饰交错细绳纹（图七，13）。2005SMH采:32，夹砂褐陶，表面饰交错粗绳纹（图七，14）。2005SMH采:31，夹砂褐陶，表面饰横向绳纹，并加泥条附加堆纹，其表面又压印横向绳纹（图七，15）。

3. 秦汉时期陶片

长颈罐 1件。2003SMH采:5，夹细砂褐陶，表面磨光，方唇，束颈。口径12.8、

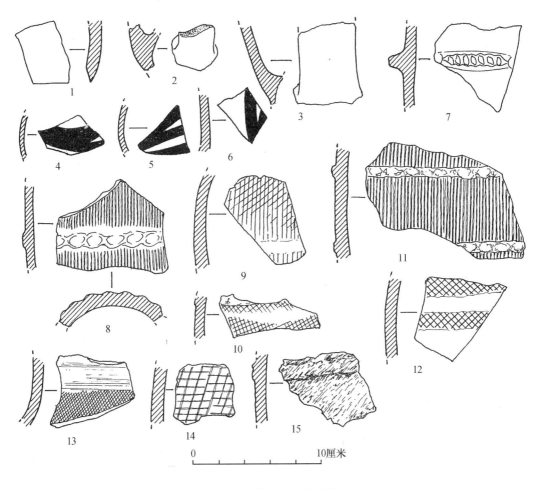

图七　哈休遗址采集陶器

1. 陶刀（2005SMH 采：14）　　2、3. 器耳（2003SMH 采：26、2003SMH 采：15）　　4～6. 彩陶片（2005SMH 采：33、2005SMH 采：13、2005SMH 采：26）　　7～15. 陶片（2003SMH 采：6、2003SMH 采：25、2005SMH 采：16、2005SMH 采：25、2003SMH 采：3、2005SMH 采：6、2005SMII 采：8、2005SMH 采：32、2005SMH 采：31）

残高 6 厘米（图五，5）。

　　器耳　2 件。夹细砂褐陶。2003SMH 采：26，略窄。耳宽 2.6 厘米（图七，2）。2003SMH 采：15，宽扁。耳宽 4.2 厘米（图七，3）。

四、结　束　语

　　哈休遗址采集陶器包括泥质黄褐陶线条纹彩陶瓶、粗细弧线条纹折沿敛口彩陶盆（灰褐底色，腹表及沿面施彩）、弧线纹内彩钵、泥质灰陶折沿平唇口瓶、带鋬盆、夹砂褐陶敛口鼓腹罐（沿面、唇面及腹表施绳纹，上腹装饰横向鸡冠状鋬）、上腹带穿孔的泥质磨光黑皮陶钵、施绳纹及箍带状附加堆纹的夹砂褐陶片和泥质灰陶片等。石器包括打制石刀、穿孔石环等。

从文化因素上分析，哈休遗址采集的新石器时代遗物可以初步分为三组。

甲组：包括陶平唇口瓶，A 型 I 式陶钵（敛口，曲腹，尖唇，口内壁有一道凸棱，外沿有一道凹弦纹），I 式细泥红陶直口碗，泥质红陶卷沿盆，变体鸟纹彩陶器等。

乙组：包括饰平行线条纹的喇叭口彩陶瓶，沿面绘弧线条及齿叶纹的敛口彩陶盆，A 型 II 式圆腹陶钵、III 式折腹陶钵、II 式敛口碗，磨制陶刀等。

丙组：包括锯齿状花边口沿侈口罐，B 型折沿钵，大口罐，卷沿罐，小口罐，长颈罐，深腹盆，夹砂褐陶敛口鼓腹罐（沿面、唇面及腹表施绳纹，上腹装饰横向鸡冠状鋬），施绳纹及箍带状附加堆纹的夹砂褐陶片和泥质灰陶片，打制石片石器等。

甲组因素与甘肃秦安大地湾遗址四期遗存[2]、天水师赵村遗址四期遗存[3]、陕西宝鸡福临堡遗址第三期遗存前段[4]等仰韶晚期遗存的同类陶器的特征相似，如大地湾遗址四期（仰韶晚期）的敛口钵（H359：1）、敛口瓮（T103：36）的口沿特征与哈休遗址 A 型 I 式陶钵相似，大地湾四期的小口尖底陶瓶以平唇口为主（如 H374：22）；师赵村遗址四期的小口尖底陶瓶（T113③：135、T115③：41）、陶壶（T113③：132）也均为平唇口，C 型钵（T112③：132）也为敛口、曲腹、尖唇且口内壁有一道凸棱。它们的年代也应相近，为距今 5300～5000 年。

乙组因素与甘肃东乡林家遗址[5]、天水师赵村遗址第五期遗存等遗存的同类器相似，应系马家窑类型文化南传影响的产物，其年代为距今 5000～4700 年。

丙组因素与甘青地区仰韶晚期文化、马家窑文化马家窑类型遗存之间存在较大差异，而与大渡河上游其他新石器文化遗址，以及岷江上游地区岷江上游的茂县营盘山[6]、汶川姜维城遗址[7]等新石器文化遗存之间，存在程度不同的相似性，应为川西北高原所独有的地方土著文化因素。

遗址能否进行分期以及上述三组文化因素相互之间的关系如何，有待于进一步的发掘来明晰。

综上所述，哈休遗址新石器时代文化内涵较为丰富，且年代也有一定跨度，为距今 5300～4700 年。

马尔康境内新发现的孔龙村遗址[8]、白赊遗址[9]等，与哈休遗址的文化内涵基本相同，应是大渡河上游地区的一种包含较多仰韶晚期文化和马家窑类型文化因素的新石器时代地方文化类型。该类遗址的发掘与研究对于建立川西北高原乃至四川地区的较为完备的新石器时代区系文化类型体系，探讨黄河上游与长江上游新石器文化的交流互动关系等问题，具有十分重要的价值。

附记：参加历次调查的人员有成都文物考古研究所的蒋成、陈剑，阿坝州文物管理所的陈学志、范永刚、杨光琼、邓勇、邓小川，马尔康县文化体育局的张燕、王刚、杨昕等。

绘　图：杨文成
拓　片：代堂才　代福尧
执　笔：陈　剑　陈学志　范永刚　杨　昕

注　释

[1]　四川省文物考古研究所、甘孜藏族自治州文化局:《丹巴县中路乡罕额依遗址发掘简报》,《四川考古报告集》,文物出版社,1998 年。

[2]　甘肃省博物馆文物工作队:《甘肃秦安大地湾遗址 1978 至 1982 年发掘的主要收获》,《文物》1983 年 11 期;郎树德、许永杰、水涛:《试论大地湾仰韶晚期遗存》,《文物》1983 年 11 期;谢端琚:《甘青地区的史前文化》,文物出版社,2002 年。

[3]　中国社会科学院考古研究所:《师赵村与西山坪》,中国大百科全书出版社,1999 年。

[4]　宝鸡市考古工作队、陕西省考古研究所宝鸡工作站:《宝鸡福临堡——新石器时代遗址发掘报告》,文物出版社,1993 年。

[5]　甘肃省文物工作队、临夏回族自治州文化局、东乡族自治县文化馆:《甘肃东乡林家遗址发掘报告》,《考古学集刊·4》,中国社会科学出版社,1984 年。

[6]　成都文物考古研究所、阿坝藏族羌族自治州文管所、茂县羌族博物馆:《四川茂县营盘山遗址试掘报告》,《成都考古发现 (2000)》,科学出版社,2002 年;蒋成、陈剑:《岷江上游考古新发现述析》,《中华文化论坛》2001 年 3 期;蒋成、陈剑:《2002 年岷江上游考古的发现与探索》,《中华文化论坛》2003 年 4 期;成都文物考古研究所、阿坝藏族羌族自治州文管所、茂县羌族博物馆:《四川茂县营盘山遗址发掘报告》,待版。

[7]　王鲁茂、黄家祥:《汶川姜维城发现五千年前文化遗存》,《中国文物报》2000 年 11 月 26 日第一版;黄家祥:《汶川县姜维城新石器时代遗址及汉明城墙》,《中国考古学年鉴·2001 年》,文物出版社,2002 年;黄家祥:《汶川姜维城遗址发掘的初步收获》,《四川文物》2004 年 3 期;四川省文物考古研究所、阿坝藏族羌族自治州文管所、汶川县文管所:《四川汶川县姜维城新石器时代遗址发掘报告》,《四川文物》2004 年增刊;四川省文物考古研究所、阿坝藏族羌族自治州文管所、汶川县文管所:《四川汶川县姜维城新石器时代遗址发掘简报》,《考古》2006 年 11 期。

[8]　成都文物考古研究所、阿坝州文管所、马尔康县文体局:《四川马尔康县孔龙村遗址调查简报》,《成都考古发现 (2005)》,科学出版社,2007 年。

[9]　阿坝州文管所、四川省文物考古研究院、成都文物考古研究所等:《四川马尔康县白赊村遗址调查简报》,《成都考古发现 (2005)》,科学出版社,2007 年。

附表一　哈休遗址 2003 年采集陶片陶质陶色及纹饰统计表

纹饰＼陶质陶色	泥质陶				夹砂陶	合计	百分比（%）
	红	褐	灰	黑	红褐		
素面	5	10	8	4		27	49
彩陶	1	1				2	3
花边口沿					1	1	2
绳纹			9		2	11	20
交错绳纹	2	2			2	6	11
附加堆纹			3		2	5	10
交错线纹			3			3	5
合计	8	13	23	4	9	57	100
	48				9		
百分比（%）	14.5	23.6	41.8	7.4	12.7	100	
	82.3				12.7		

附表二　哈休遗址 2005 年采集陶片纹饰统计表

纹饰　陶质陶色	泥质陶				夹砂陶		合计	百分比（%）
	红	褐	灰	黑	红褐	灰		
素面	4	6	5		1		16	17
彩陶	5						5	5
磨光	1	14	11	6			32	34
网格纹		4	5		2	1	12	13
绳纹＋磨光			1				1	1
网格纹＋抹纹＋附加堆纹		1	1				2	2
绳纹＋附加堆纹			1		1		2	2
绳纹		3	9		6	4	22	24
交错绳纹		1					1	1
花边口沿+附加堆纹					1		1	1
合计	10	29	33	6	11	5	94	100
	78				16			
百分比（%）	10.6	30.9	35.1	6.4	11.7	5.3	100	
	83				17			

四川茂县白水寨和沙乌都遗址2006年调查简报

成 都 文 物 考 古 研 究 所
阿 坝 藏 族 羌 族 自 治 州 文 物 管 理 所
茂 县 羌 族 博 物 馆

一、白水寨遗址

白水寨遗址2000年由成都文物考古研究所、阿坝藏族羌族自治州文物管理所、茂县羌族博物馆调查确认[1]。遗址位于阿坝州茂县南新镇白水寨村，处于岷江东岸二级阶地的台地之上（图一），白水寨明代城堡（白水寨村委会驻地所在，村寨民居集中之处）以东（图版一，1）。

通过对2000年调查采集的泥质灰陶、磨光黑皮陶罐、泥质褐陶勺等陶器及磨制石斧的整理分析，发现遗址的新石器时代陶器面貌与营盘山等含彩陶文化因素的遗存有较大差异，年代上也应有差别，具有明显的过渡性特征。遂于2006年10月进一步实地调查，以取得更为丰富的实物资料，从而对遗址内涵有更为准确的认识。

遗址因村民建房取土破坏严重，2000年实地调查时已有较大规模取土活动。2006年调查时发现，后来的取土活动更为严重，且有盗掘石棺葬的现象，现场已暴露3座以上的石棺葬，人骨架残片随地可见。

在遗址范围内的两处地点发现有文化层堆积：其一在取土场的北部断面之上，为红褐土层及灰褐土层，并采集到大量的泥质灰陶片、夹砂褐陶片、磨制石刀等遗物；其二位于遗址南部机耕道边的断面上，发现有灰坑等遗迹，填土为灰黑土，结构疏松，包含泥质灰陶片、木炭、带有木棍插抹痕迹的红烧土块等遗物。

白水寨遗址地处别立山的山脚地带，其上部为别立下寨、中寨、上寨，均发现有石棺葬，如卡花、桠口墓地[2]，上寨还发现有汉代砖室墓。2003年发生了严重的盗掘现象，出土大量精美的青铜器及陶器[3]，而中寨还发现有史前遗址。可见，别立山腰、山脚一带为岷江上游地区又一处文化中心，分布有从新石器时代至汉代的文化遗址、墓葬等。

采集遗物包括石器、陶器等，现对采集的13件标本予以分类介绍（编号06SMBS采）。

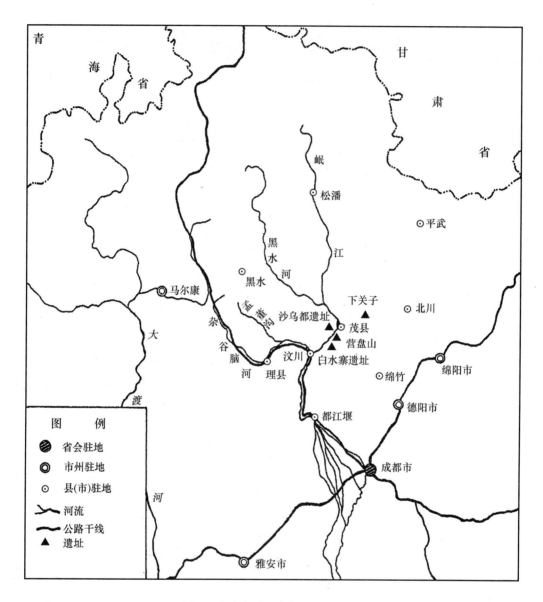

图一 白水寨和沙乌都遗址位置图

1. 石器

仅2件。

切割器 1件。采:2，灰色，打制，剥离石片加工而成，一面保留卵石自然面，可见打击疤点，另一面为劈裂面，周边有琢击加工痕迹。长9.2、宽7、厚1.3厘米（图二，1）。

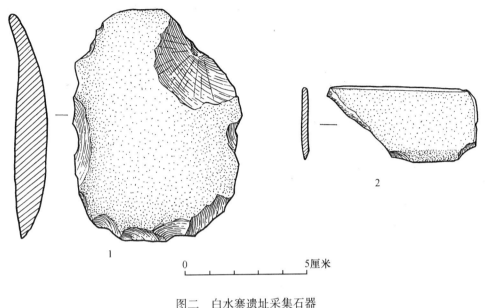

图二 白水寨遗址采集石器

1. 切割器（采:2） 2. 石刀（采:10）

刀 1 件。采:10，淡绿色，已残断，通体磨光，长方形，器体较薄，背部及一端有切割的凹槽，直刃，侧锋。残长 6.2、宽 2.9、厚 0.2 厘米（图二，2）。

2. 陶器

数量较为丰富。从陶质陶色来看，泥质灰陶最多，夹砂褐陶次之。陶器多为素面且磨光，纹饰包括瓦棱纹、绳纹、线纹、小圆点戳印纹、锯齿状花边口沿装饰等（图三）。器形包括壶形器、鼓腹罐、折沿罐、侈口罐等。

喇叭口长颈壶形器 1 件。采:7，泥质灰黑陶，厚胎，表面磨光，圆唇，束颈，沿下表面可见慢轮旋痕。口径 24、残高 6.3 厘米（图四，1）。

鼓腹罐 3 件。敛口，沿面斜平，表面磨光，火候较高，薄胎，内壁密布斜向刮抹痕。依表面纹饰分为二式。

Ⅰ式：1 件。腹表饰较窄的瓦棱纹。采:3，泥质灰黑陶，方唇，唇面有一周凹弦纹。口径 18、残高 7.8 厘米（图四，2）。

Ⅱ式：2 件。素面，泥质灰陶，尖唇。采:12，沿下保留修整的刮削痕迹。口径 17、残高 7 厘米（图四，3）。采:20，口径 17.5、残高 3.8 厘米（图四，4）。

折沿罐 2 件。大口，斜腹。依表面纹饰分为二式。

Ⅰ式：1 件。表面饰绳纹，上腹饰二周小圆点戳印纹。采:6，夹砂灰陶，方唇，颈部表面有慢轮旋痕，素面。口径 17、残高 5 厘米（图四，5）。

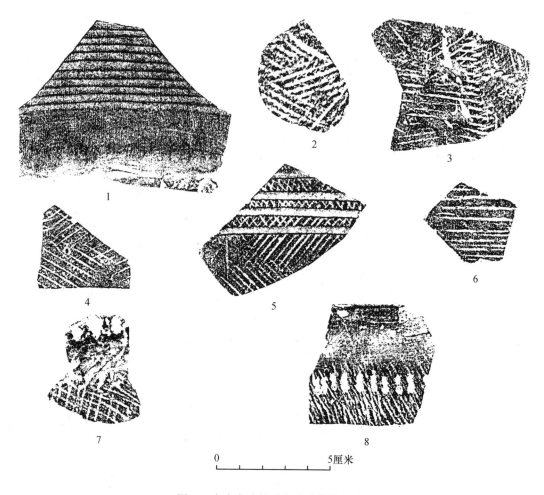

0　　　　　5厘米

图三　白水寨遗址采集陶片纹饰拓本

1. 瓦棱纹（采：3）　　2、3、6. 绳纹（采：19、采：13、采：23）　　4. 交错线纹（采：16）　　5. 交错线纹加凹
弦纹（采：14）　　7. 绳纹及锯齿状花边纹（采：5）　　8. 绳纹加戳印纹（采：6）

Ⅱ式：1件。素面。采：8，圆唇，表面磨光。口径19、残高4.6厘米（图四，6）。

侈口罐　1件。采：5，夹砂褐陶，方唇，折沿，饰交错绳纹及锯齿状花边口沿装饰。残高2.8厘米（图四，7）。

器底　4件。平底及小平底。采：23，泥质灰陶，表面磨光，小平底略内凹，薄胎，内壁可见手制捏压痕迹。底径6.2、残高2.9厘米（图四，8）。采：21，泥质磨光黑皮陶，内壁可见修整刮抹痕迹。底径8.2、残高4厘米（图四，9）。采：24，泥质灰黑陶。底径9.5、残高5厘米（图四，10）。采：13，夹砂褐陶，底壁交接处饰纵向绳纹，腹部饰交错绳纹。残高8厘米（图四，11）。

还发现带有木棍插抹痕迹的红烧土块。

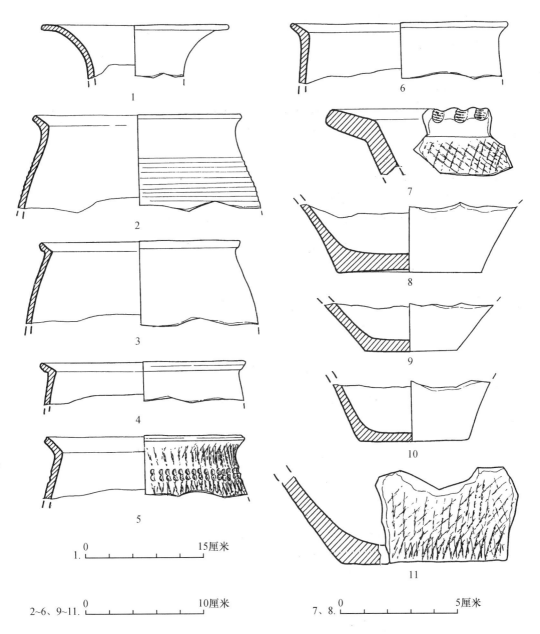

图四　白水寨遗址采集陶器

1. 喇叭口长颈壶形器（采:7）　2. I 式鼓腹罐（采:3）　3、4. II 式鼓腹罐（采:12、采:20）　5. I 式折沿罐
（采:6）　6. II 式折沿罐（采:8）　7. 侈口罐（采:5）　8 ~ 11. 器底（采:23、采:21、采:24、采:13）

二、沙乌都遗址

遗址位于阿坝州茂县凤仪镇水西村（图一；图版一，2），南面与营盘山遗址隔岷
江河相望，于 2002 年 10 月对营盘山遗址进行环境调查时发现[4]，2006 年进行复查，取

得了新的收获。首先在2002年调查采集遗物地点（遗址南部的东西向山脊）所在阶地上，发现有暴露的灰坑；其次在上部山脊垭口的地表也发现了灰坑。表明遗址的南部地带有不连续的早期堆积，主要为灰坑遗存。遂对遗址南部山脊表面的灰坑遗存进行清理，出土较为丰富的陶片，并对灰坑填土取样以备浮选。

遗址北部又有一条东西向的山脊，与南部山脊相隔一条凹沟。在北部的山脊上也发现有不连续的文化层堆积，清理出土较为丰富的泥质黄褐陶、泥质褐陶片和打制石刀、石斧等遗物。

南北两条山脊之间的较为平缓的凹沟地带，又在修建农村引水工程所开挖的水沟边泥土中，采集到少量泥质灰陶喇叭口长颈壶形器的口沿残片等，应为此处地层中的包含物。可见，沙乌都遗址的地层堆积情况较为复杂，除了南北两条山脊地带有不间断的文化层堆积外，山脊之间的凹沟地带也分布有文化层堆积。

鉴于遗址南北山脊所采集的陶片风格有一定差异，而山脊之间较为平缓的凹沟地带采集陶片与北部山脊采集陶片风格相似，故宜分区对遗址遗存进行介绍。北区包括北部山脊和南北山脊之间较为平缓的凹沟地带；南区则为南部山脊。

（一）北　　区

北区采集遗物包括打制石器、陶器等。现对选择的18件标本分类进行介绍（编号06SMS北采）。

1. 打制石器

仅见两侧带缺槽的刀和亚腰形铲。

刀　1件。北采:11，深灰色，剥离石片加工而成，两面均为劈裂面，背部有两处剥片的打击点，两侧打出缺槽，弧刃，有使用痕迹。长10.2、宽5.8、背厚0.9厘米（图五，1；图版二，1）。

铲　1件。北采:13，深灰色，亚腰形，一面局部保留卵石自然面，另一面为劈裂面，可见打击疤点，弧刃。长12.7、刃宽9.5、肩宽7.7、厚1.4厘米（图五，2；图版二，2）。

2. 陶器

北区采集陶器以泥质灰陶、泥质红褐陶、夹砂褐陶为主，多为素面且磨光，纹饰有泥条附加堆纹（图六），器形包括喇叭口壶形器、卷沿大口罐、侈口罐、卷沿深腹盆等。

喇叭口壶形器　2件。泥质灰陶，厚胎，圆唇。北采:16，口径19、残高2.4厘米（图七，1）。北采:17，口径18、残高4.5厘米（图七，2）。

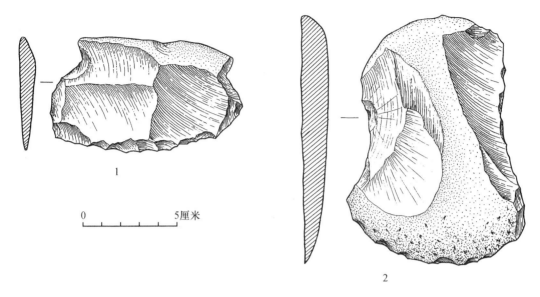

图五　沙乌都遗址北区采集打制石器

1. 石刀（北采:11）　2. 石铲（北采:13）

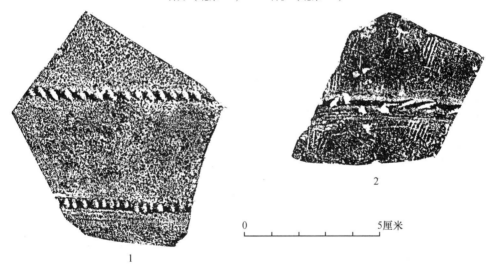

图六　沙乌都遗址北区采集陶片纹饰拓本

1. 泥条附加堆纹加戳印纹（北采:9）　2. 泥条附加堆纹（北采:18）

卷沿大口罐　1 件。北采:15，泥质褐陶，表面磨光，圆唇，长颈，鼓腹，内部有划抹痕。口径 27、残高 9.3 厘米（图七，3）。

侈口罐　2 件。北采:1，夹砂褐陶。残高 2.7 厘米（图七，4）。北采:10，长颈，泥质灰陶，表面磨光，尖唇，残高 3.9 厘米（图七，5）。

直口罐　1 件。北采:7，夹砂褐陶，方唇。口径 22、残高 7.2 厘米（图七，6）。

小口罐　1 件。北采:6，夹砂黑褐陶，圆唇，薄胎，束颈。残高 3.5 厘米（图七，7）。

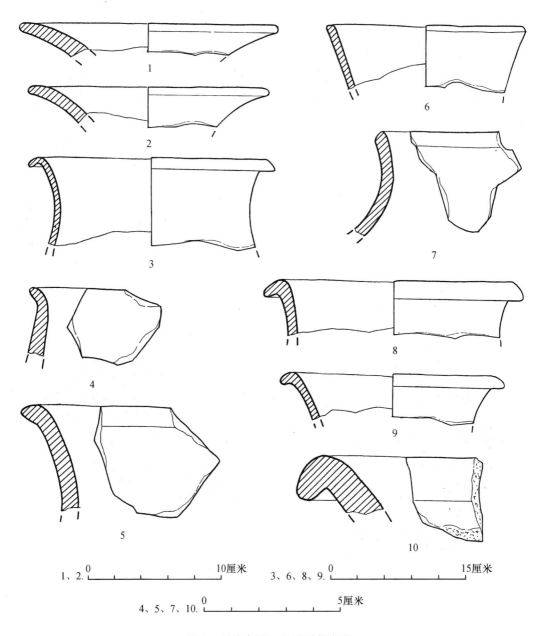

图七　沙乌都遗址北区采集陶器

1、2. 喇叭口壶形器（北采：16、北采：17）　3. 卷沿大口罐（北采：15）　4、5. 侈口罐（北采：1、北采：10）
6. 直口罐（北采：7）　7. 小口罐（北采：6）　8. 卷沿敛口罐（北采：14）　9、10. 卷沿深腹盆（北采：8、北采：4）

　　卷沿敛口罐　1件。北采：14，泥质灰陶，圆唇，厚胎，鼓腹。口径29、残高6厘米（图七，8）。

　　卷沿深腹盆　2件。厚胎，泥质褐陶，表面磨光，圆唇，敛口。北采：8，口径25、残高5.4厘米（图七，9）。北采：4，残高3厘米（图七，10）。

　　器底　3件。平底。北采：12，泥质灰陶，内底有手制泥条盘痕。底径7、残高1.5

厘米（图八，1）。北采：2，泥质褐陶，薄胎，直壁。底径 5.8、残高 3 厘米（图八，2）。北采：3，泥质褐陶，薄胎，直壁。底径 5、残高 2 厘米（图八，3）。

陶片 3 件。北采：5，泥质褐陶，表面磨光（图八，4）。北采：9，泥质灰陶，表面磨光，饰横向细泥条附加堆纹（其上又饰印纹），内壁有刮抹痕（图八，5）。北采：18，泥质灰陶，表面饰纵向细绳纹和横向的细泥条附加堆纹（图八，6）。

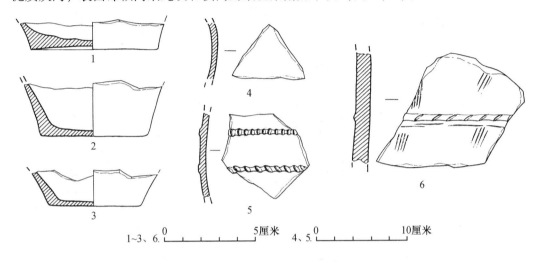

图八 沙乌都遗址北区采集陶器

1～3. 器底（北采：12、北采：2、北采：3） 4～6. 陶片（北采：5、北采：9、北采：18）

（二）南 区

南区采集陶器以夹砂褐陶、泥质红褐陶为主，多为素面，纹饰包括花边口沿、附加堆纹、线纹、绳纹、弦纹等（图九），器形包括喇叭口长颈壶形器、侈口罐、器底等。现对选择的 21 件标本分类进行介绍（编号 06SMS 南采）。

喇叭口长颈壶形器 6 件。南采：6，泥质磨光黑皮陶，圆唇，唇下有一周斜向绳纹。口径 20、残高 2 厘米（图一〇，1）。南采：7，泥质磨光黑皮陶，圆唇，内外壁面可见划抹痕迹。口径 21、残高 9.3 厘米（图一〇，2）。南采：8，泥质褐陶。口径 30、残高 2.4 厘米（图一〇，3）。南采：10，泥质褐陶，尖唇。口径 22.6、残高 3 厘米（图一〇，4）。南采：14，泥质褐陶。残高 2.5 厘米（图一〇，5）。南采：20，泥质褐陶，尖唇。残高 2.1 厘米（图一〇，7）。

侈口罐 4 件。夹砂黑褐陶，锯齿状花边口沿。南采：2，花边口沿较浅，内外壁可见刮抹痕迹，颈部加贴横向泥条附加堆纹。口径 19.7、残高 5 厘米（图一〇，6）。南采：3，花边口沿较深。残高 3.4 厘米（图一〇，8）。南采：5，花边口沿较浅，颈部加贴横向泥条附加堆纹。残高 2.1 厘米（图一〇，9）。南采：11，肩部残片，表面饰横向的泥条附加堆纹（图一一，1）。

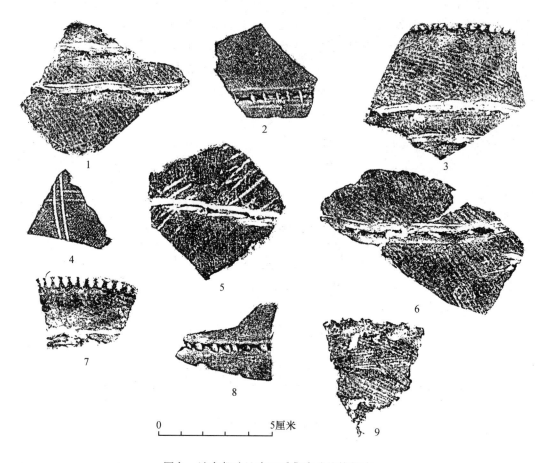

图九　沙乌都遗址南区采集陶片纹饰拓本

1、6、8. 泥条附加堆纹（南采:11、南采:12、南采:15）　2. 泥条附加堆纹加戳印纹（南采:4）　3. 泥条附加堆纹及花边口沿（南采:2）　4. 相交的凹弦纹（南采:18）　5. 绳纹加凹弦纹（南采:9）　7. 花边口沿及泥条附加堆纹（南采:5）　9. 花边口沿（南采:3）

　　器底　4件。平底。南采:13，泥质灰陶，表面磨光。残高2厘米（图一〇，11）。南采:16，夹砂黑褐陶，底外折，表面饰斜抽划抹痕。残高3厘米（图一〇，10）。南采:17，夹砂黑褐陶，底外折，直壁。底径9、残高1厘米（图一〇，12）。南采:21，夹砂黑褐陶，底外折，直壁。残高2厘米（图一〇，13）。

　　纹饰陶片　7件。南采:1，泥质磨光黑皮陶，器表饰瓦棱纹（图一一，4）。南采:4，泥质褐陶，表面磨光，饰横向泥条附加堆纹，其上再饰压印纹（图一一，3）。南采:9，夹砂黑褐陶，表面饰斜向绳纹并划出横向的凹弦纹（图一一，2）。南采:12，夹砂黑褐陶，表面饰横向泥条附加堆纹（图一一，5）。南采:15、19，泥质磨光黑皮陶，饰横向泥条附加堆纹，其上再饰压印纹（图一一，7、8）。南采:18，泥质磨光黑皮陶，表面饰交叉的凹弦纹（图一一，6）。

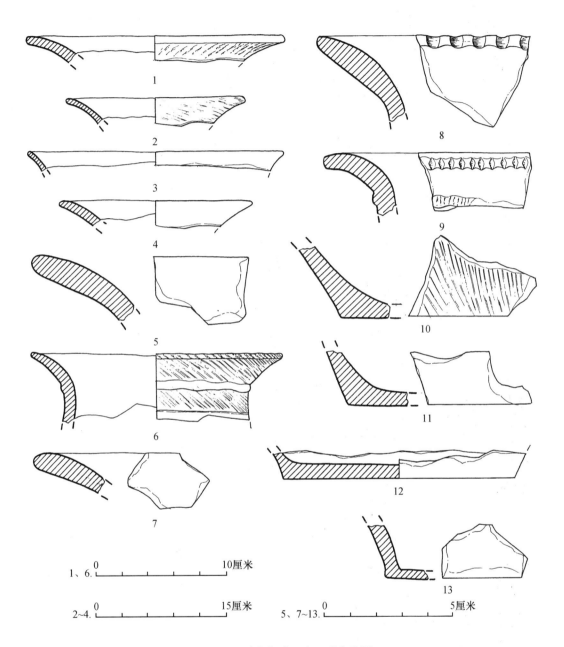

图一〇　沙乌都遗址南区采集陶器

1～5、7. 喇叭口长颈壶形器（南采：6、南采：7、南采：8、南采：10、南采：14、南采：20）　　6、8、9. 侈口罐
（南采：2、南采：3、南采：5）　　10～13. 器底（南采：16、南采：13、南采：17、南采：21）

图一一　沙乌都遗址南区采集陶器残片

1. 侈口罐（南采:11）　　2~8. 陶片（南采:9、南采:4、南采:1、南采:12、南采:18、南采:15、南采:19）

三、结　束　语

　　白水寨遗址 2000 年和沙乌都遗址 2002 年的采集陶片均不见彩陶和细泥红褐陶，与岷江上游营盘山、姜维城、箭山寨等含彩陶因素的遗存差别较大，文化面貌独具特色，而与四川盆地腹心地区的新石器时代遗存的面貌有较多相似性，应同属于一个文化系统。2006 年复查取得的实物资料不仅进一步证实了这一判断，而且对沙乌都遗址的分布范围及文化内涵又有了新的认识。

　　根据与相邻的几处年代基本确定、内涵明晰的新石器时代遗址的对比，可以对白水寨和沙乌都两处遗址的年代及分期、文化性质等问题有深入的了解。

　　茂县营盘山遗址与沙乌都遗址隔江相望，与白水寨遗址也相距不远。其主体堆积属于仰韶时代晚期遗存，但其上层的部分地层单位的年代已进入龙山时代早期。如 2002 年试掘的第三试掘地点 5 组和第四试掘地点 2 组地层单位，仅分布于遗址的局部地带。以 2002SMYH25 为代表，出土陶器特征独特，夹砂陶所占比例高于泥质陶；器形包括夹砂陶戳印纹敛口鼓腹罐、侈口花边罐、侈口及敛口小罐、直口罐、泥质灰陶大口罐、喇叭口高领罐、高领壶形器、假圈足器、泥质磨光陶瓦棱纹盆、敛口曲腹盆等。尤其以饰粗细瓦棱纹的泥质磨光陶深腹盆、鼓腹罐，饰成组的锥点戳印纹的敛口罐等最有特色。与遗址主体遗存的陶器面貌的差异较大，年代应更晚。营盘山遗址的碳-14 年代测试数据的上限在距今 5300 年左右，主体处于仰韶时代晚期，下限在距今 4700 年左右，已进入仰韶时代向龙山时代过渡时期偏早。遗址上层堆积中的部分遗存文化面貌发生了变异，从年代上可以划入龙山时代早期[5]。

　　白水寨遗址采集陶片中包含磨光泥质灰陶及黑皮陶瓦棱纹罐、饰小圆点戳印纹泥质陶侈口罐等器物，与前述营盘山遗址上层部分遗存的同类陶器特征相似；夹砂陶还保留交错绳纹及箍带状附加堆纹的特征，与营盘山遗址主体遗存夹砂陶相似，年代也不会差异太大。

　　沙乌都遗址北区（含北部山脊和南北山脊之间的凹沟地带）出土陶片的陶质陶色以泥质灰陶、红褐陶为主，夹砂褐陶次之；器形有卷沿高领罐、喇叭口长颈壶形器等。而沙乌都南区出土陶片的陶质陶色以夹砂褐陶为主，泥质灰陶和泥质磨光黑皮陶次之；纹饰有绳纹、瓦棱纹、较细的附加堆纹（表面又饰压印纹）、绳纹及锯齿状花边口沿装饰、戳印纹等，陶器内壁常见划抹痕迹；器形包括侈口罐、溜肩罐、喇叭口长颈壶形器、钵、带流器等。尽管总体文化面貌相似，但二者之间的差异也非常明显。北区遗存与南区遗存的年代应有一定的差别。北区遗存的文化面貌与白水寨遗址出土陶片风格相似，如均以泥质灰陶最多，器形均有卷沿高领罐、喇叭口长颈壶形器等。

　　而南区遗存则与成都平原宝墩文化[6]的联系更为密切，如夹砂灰陶、褐陶侈口罐多装饰绳纹和锯齿状花边，正是宝墩文化的典型特征之一；泥质磨光陶喇叭口长颈壶形器与宝墩遗址出土的泥质灰白陶高领罐、喇叭口壶的形态相近；而沿面、唇面施绳纹的夹砂褐陶罐，饰瓦棱纹的泥质黑皮陶器等遗物也能在宝墩遗址找到相似的器物。根据已有的碳-14年代测试数据及陶器的对比研究，多数学者赞同宝墩文化的年代上限在距今4500年左右，明显晚于营盘山遗址的年代下限。可见，沙乌都遗址北区遗存的年代应早于南区遗存。

白水寨和沙乌都遗址的年代属于龙山时代早期，目前可以将其文化遗存分为前后两段。

第1段：以白水寨遗址主体遗存，与营盘山遗址上层部分地层单位出土陶片相似，沙乌都遗址北区的部分遗存可归入本段。其文化面貌的过渡性特征较为明显。

第2段：以沙乌都遗址南区堆积为代表。

其中，第2段遗存（沙乌都遗址南区遗存）与涪江流域的茂县下关子遗址[7]、江油大水洞遗址[8]，岷江上游的汶川县高坎遗址[9]的文化面貌相似。所出土陶器的特征共性是主要的，如夹细砂陶所占比例最高，纹饰以绳纹为主体，流行绳纹及锯齿状花边口沿装饰，均为平底器及假圈足器，器形以罐、壶、钵类为主；磨制石器以小型的斧、锛、凿最多。已不像白水寨遗址、沙乌都遗址北区那样所带有浓郁的过渡性风格。

沙乌都遗址南区遗存、下关子遗址、大水洞遗址、高坎遗址与绵阳边堆山遗址[10]相比较：边堆山遗址出土陶器少见瓦棱纹，而圈足豆在其他遗址不出；下关子等遗址出土的饰绳纹加凹弦纹的泥质陶片、绳纹加箍带状附加堆纹的夹砂陶片等文化因素，则在边堆山遗址少有发现。两者之间的距离相距不远，地理条件较为相似，产生上述文化面貌上的差异还主要是时代不同的原因。再结合沙乌都等遗址与营盘山遗址主体遗存之间的文化联系比较密切的情况，判定边堆山遗址的年代应略晚于前者。

白水寨及沙乌都遗址的发现有助于了解四川盆地西北缘的龙山时代遗存的内涵及演变情况[11]，为探讨川西北高原与四川盆地之间新石器文化的关系提供了重要的中间环节性质的实物资料，对于建立四川地区较为完备的新石器文化区系类型体系，以及古蜀文明渊源的研究均有重要学术意义。

附记：参加调查的人员有成都文物考古研究所蒋成、陈剑、徐龙，阿坝州文管所陈学志、范永刚，茂县羌族博物馆蔡清。资料整理及报告编写为陈剑、陈学志。

绘　图：曹桂梅
拓　片：代堂才　代福尧
摄　影：陈　剑
执　笔：蒋　成　陈　剑　陈学志
　　　　蔡　清　范永刚

注　释

[1]　成都文物考古研究所、阿坝州文管所、茂县羌族博物馆：《四川茂县白水寨及下关子遗址调查简报》，《成都考古发现（2005）》，科学出版社，2007年。

[2]　蒋宣忠：《四川茂汶别立、勒石村的石棺葬》，《文物资料丛刊·9》，文物出版社，1985年。

［ 3 ］　资料现存茂县羌族博物馆。

［ 4 ］　成都文物考古研究所、阿坝州文管所、茂县羌族博物馆：《四川茂县沙乌都遗址调查简报》，《成都考古发
现（2004）》，科学出版社，2006 年。

［ 5 ］　成都文物考古研究所、阿坝藏族羌族自治州文管所、茂县羌族博物馆：《四川茂县营盘山遗址试掘报告》，
《成都考古发现（2000）》，科学出版社，2002 年；蒋成、陈剑：《岷江上游考古新发现述析》，《中华文化论
坛》2001 年 3 期；蒋成、陈剑：《2002 年岷江上游考古的发现与探索》，《中华文化论坛》2003 年 4 期；成都
文物考古研究所、阿坝藏族羌族自治州文管所、茂县羌族博物馆：《四川茂县营盘山遗址发掘报告》，待版。

［ 6 ］　成都市文物考古工作队、四川联合大学历史系考古教研室、新津县文管所：《四川新津县宝墩遗址的调查
与试掘简报》，《考古》1997 年 1 期；中日联合考古队：《四川新津县宝墩遗址 1996 年发掘简报》，《考古》
1998 年 1 期；王毅、孙华：《宝墩村文化的初步认识》，《考古》1999 年 8 期；王毅、蒋成：《成都平原早
期城址的发现及初步研究》，《夏禹文化研究》，巴蜀书社，2000 年；江章华、颜劲松、李明斌：《成都平
原的早期古城址群——宝墩文化初论》，《中华文化论坛》1997 年 4 期；江章华、王毅、张擎：《成都平原
早期城址群及其考古学文化初论》，《苏秉琦与当代中国考古学》，科学出版社，2001 年。

［ 7 ］　成都文物考古研究所、阿坝州文管所、茂县羌族博物馆：《四川茂县白水寨及下关子遗址调查简报》，《成
都考古发现（2005）》，科学出版社，2007 年；成都文物考古研究所、阿坝州文管所、茂县羌族博物馆：
《四川茂县下关子遗址试掘简报》，见本书。

［ 8 ］　胡昌钰：《四川江油市发现新石器时代洞穴遗址》，《中国文物报》2005 年 11 月 30 日第一版；四川省文物
考古研究院、绵阳市博物馆、江油市文物管理所：《四川江油市大水洞新石器时代遗址发掘简报》，《四川
文物》2006 年 6 期。

［ 9 ］　资料现存成都文物考古研究所。

［10］　王仁湘、叶茂林：《四川盆地北缘新石器时代考古新收获》，《三星堆与巴蜀文化》，巴蜀书社，1993 年；
何志国：《绵阳边堆山文化初探》，《四川文物》1993 年 6 期。

［11］　陈剑：《四川盆地西北缘龙山时代考古新发现述析》，《中华文化论坛》2007 年第 2 期。

附表一　白水寨遗址 2006 年采集陶片陶质陶色及纹饰统计表

陶质陶色 纹饰	泥质陶			夹砂陶	合计	百分比（%）
	红褐	灰	黑皮	褐		
斜向线纹		5			5	5.8
斜向绳纹	5			3	8	9.3
交错绳纹	1	2		4	7	8.1
素面	5	5		4	14	16.3
磨光		36	5		41	47.7
花边口沿				1	1	1.2
绳纹加凹弦纹		4			4	4.6
绳纹加戳印				1	1	1.2
瓦棱纹		5			5	5.8
合计	11	57	5	13	86	100
	73			13		
百分比（%）	12.8	66.3	5.8	15.1	100	
	84.9					

附表二　沙乌都遗址北区 2006 年采集陶片陶质陶色及纹饰统计表

陶质陶色 纹饰	泥质陶		夹砂褐陶	合计	百分比（%）
	红褐	灰			
附加堆纹	2			2	3.5
素面	10	17	10	37	65
磨光	10	8		18	31.5
合计	22	25	10	57	100
	47				
百分比（%）	38.5	44	17.5	100	
	82.5				

附表三　沙乌都遗址南区 2006 年采集陶片陶质陶色及纹饰统计表

陶质陶色 纹饰	泥质陶			夹砂褐陶	合计	百分比（%）
	红褐	灰	黑皮			
附加堆纹	3	1		10	14	18
交错线纹				9	9	12
素面	23	2		16	41	53
磨光		2	6		8	10
瓦棱纹	1				1	1.5
花边口沿				3	3	4
绳纹加凹弦纹				1	1	1.5
合计	27	5	6	39	77	100
	38					
百分比（%）	35	6.5	6	50.5	100	
	49.5					

四川茂县下关子遗址试掘简报

成都文物考古研究所
阿坝藏族羌族自治州文物管理所
茂县羌族博物馆

一、前　言

　　下关子遗址于 2000 年 7 月，由成都文物考古研究所、阿坝州文管所、茂县羌族博物馆业务人员调查发现[1]，是土门河流域的一处大型河谷台地聚落遗址。土门河为涪江上游的一级支流，发源于茂县县城以东的土地岭（即岷江上游与涪江上游的分水岭），沿途流经茂县土门片区的光明乡、富顺乡（甘沟，即原土门区公所驻地）、土门乡及东兴乡，然后流入北川县境内。土门河在北川县境内有多个名称，并汇入了两条重要的支流——青片河及白草河。前者发源于北川县西北部与松潘县交界处，自西北斜向东南纵贯北川县西部，并在该县的墩上乡注入土门河，汇流后又称干沟河。白草河共有两源，东源称洒尔沟，发源于平武县西部；西源称白草河，发源于松潘县东部。白草河流经北川县中部小坝区。该区辖小坝、片口、开坪 3 个羌族乡及外北、挑龙、小园 3 个羌族、藏族乡，可谓典型的羌、藏杂居地带。白草河在北川县的禹里乡（原治城乡，旧石泉县今北川县治所）附近注入土门河后又称湔江。土门河进入江油市境内又称通口河，并最后在江油市青莲镇附近注入涪江。

　　土门河（湔江）流经地区处于中国地理的第一级阶地青藏高原向第二级阶地四川盆地过渡的地带，属于四川盆地西北缘的山地浅丘地区。而山间的河流两岸或两河交汇处有一些发育较好的台地，地势较为平坦，利于人类定居生活。

　　下关子遗址地处交通要冲。土门河沿线，从茂县县城出发，翻越土地岭，沿土门河（湔江），经茂县光明乡、富顺乡、土门乡、东兴乡，北川县的墩上乡、治城乡、北川县城、江油、安县、绵阳市区等地进入四川盆地腹心地区的交通线路，从古至今都是四川盆地与川西北高原间的一条重要通道[2]。这条交通要道北面还有一条支线，可称为白草河支线。据李绍明先生考证，自北川治城羌族乡（元石泉县治），沿白草河而上，经小坝、片口，以至松潘白羊乡有一条古道，白羊乡以上沿白羊河，通过镇江即达松潘[3]。

　　下关子遗址在行政区划上隶属于阿坝州茂县光明乡马蹄溪村四组和中心村一组（图一），地处涪江一级支流土门河的北岸三级阶地的台地之上，东距光明乡政府驻地约

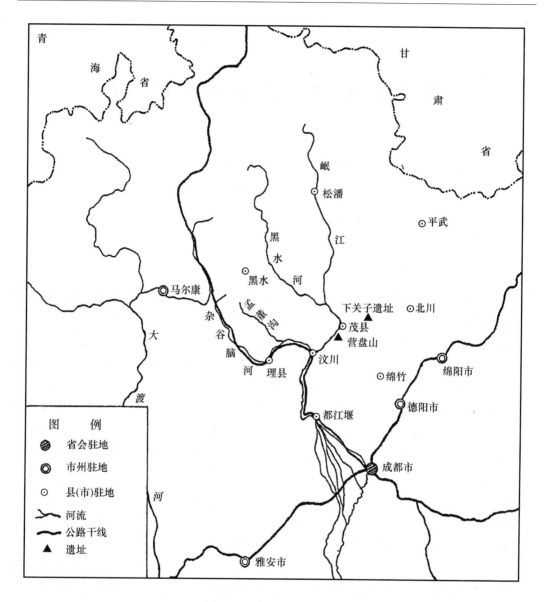

图一　下关子遗址位置图

1000 米，南邻绵阿公路及土门河正流下关子沟，北靠小关子沟，西面为中心村驻地上街。台地地表呈现缓坡状，总面积在 20 万平方米以上（图版二，4）。遗址地表种植大量蔬菜，在台地范围内均可采集到新石器时代的陶片。

现有考古资料表明，下关子遗址所在台地、东部的上关子阶地以及对岸的马蹄溪村台地是土门河流域的古代文化遗存密集分布地，不仅有新石器时代遗址，还有数量庞大的石棺葬，马蹄村汉代石棺葬出土有精美的青铜器，如鐎斗、洗等[4]。

鉴于下关子遗址 2000 年调查采集陶片特征与岷江上游新石器遗址有明显差异，但与绵阳边堆山遗址等有较多联系，我们认为该遗址在深入推进四川盆地的新石器文化体系研究中具有重要的关联作用，值得开展进一步的调查和试掘工作。因此，

2006 年 11 月中旬,成都文物考古研究所、阿坝州文管所、茂县羌族博物馆联合对遗址所在台地及其周邻环境进行了调查,发现台地及附近的马蹄村下关台盗掘石棺葬的活动较为严重。又在调查的基础上选择遗址东部边缘地带进行试掘,布 3 米 × 5 米探方 1 个(方向为 0°,编号 2006SMXT1)。试掘地点位于台地的东部边缘地带,后期农田基本建设改土活动对上部的堆积破坏较多。试掘地层可分为 4 层,新石器文化层堆积厚度约 50 厘米。出土遗物包括陶器、石器、骨器等。

二、地层堆积

本次试掘地点位于遗址东部较窄处的边缘地带,低于遗址中心所在的阶地 2 米以上,上部未见石棺葬遗存。2006SMXT1 的地层堆积可分 4 层,其中第 3、4 层为新石器时代文化层,堆积略呈倾斜状,在探方内局部缺失。现以其东壁为例进行详细介绍(图二)。

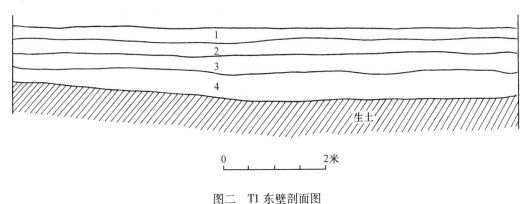

图二　T1 东壁剖面图

第 1 层:灰黄色农耕土层,夹杂石块、植物根茎、塑料残片等杂物。厚 10 ~ 60 厘米。

第 2 层:黄褐色土层,结构较为紧密,在探方中西部缺失,包含石块、陶片、石器、青花瓷片等遗物。距地表深 10 ~ 50 厘米,厚 0 ~ 20 厘米。

第 3 层:灰褐色土层,夹杂白色硝盐及石块,土质干燥,结构疏松,在探方中西部缺失,包含各类陶片、磨制及打制石器、红烧土块、兽骨等遗物。距地表深 30 ~ 45 厘米,厚 0 ~ 25 厘米。

第 4 层:灰黑色土层,主要分布于探方的东北部,包含各类陶片、磨制及打制石器、红烧土块、骨器、兽骨等遗物。距地表深 40 ~ 50 厘米,厚 0 ~ 30 厘米。

第 4 层以下为黄色生土。

其中,第 1 层为近现代地层,第 2 层为明清时期地层,第 3 层及第 4 层为新石器时代地层。

三、出土遗物

　　出土遗物包括陶器、石器、骨器等。陶器包括夹砂黑褐及灰褐陶、泥质灰陶、泥质磨光黑皮陶、泥质褐陶等。纹饰有斜向及交错的绳纹、泥条附加堆纹、戳印纹、较深的锯齿状及较浅的齿状花边口沿装饰、绳纹花边口沿装饰、瓦棱纹、斜向及交错线纹、乳钉纹等（图三~图七；图二一，6、7）。陶器以手制为主，部分经过慢轮修整加工，多数陶器内壁可见明显的刮抹痕迹。主要为平底器，多数器底外折呈假圈足底，器形包括侈口罐、鼓腹罐、长颈鼓腹罐、敛口罐、直口罐、喇叭口壶形器、陶臼等。石器包括打制和磨制石器，器形有刀、穿孔石刀、锛、斧、切割器、砍斫器、尖状器、盘状器等。骨器有笄等。现按照质地予以分类介绍。

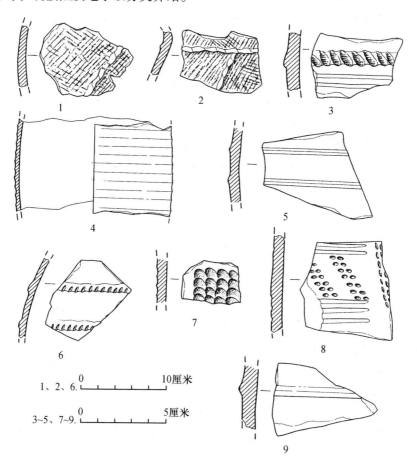

图三　T1 第 4 层出土陶片

1. T1④:4　2. T1④:24　3. T1④:71　4. T1④:49　5. T1④:57　6. T1④:47　7. T1④:116

8. T1④:68　9. T1④:88

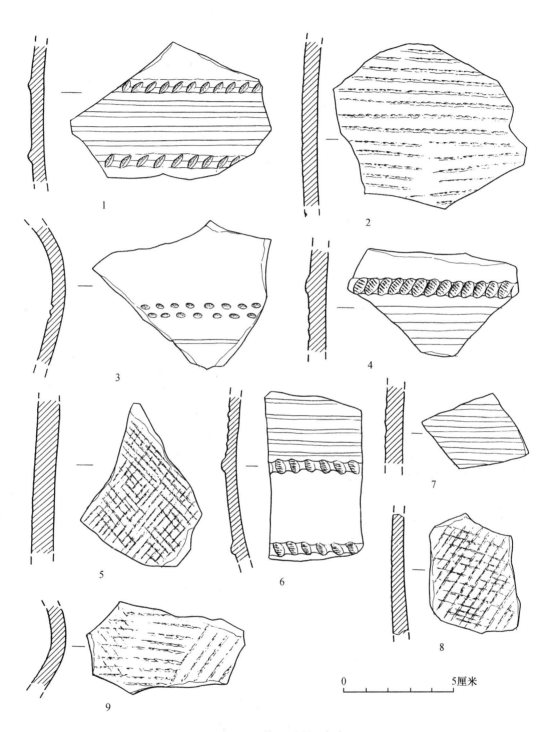

图四 T1 第 4 层出土陶片

1. T1④:80 2. T1④:54 3. T1④:58 4. T1④:86 5. T1④:63 6. T1④:77 7. T1④:79 8. T1④:85 9. T1④:62

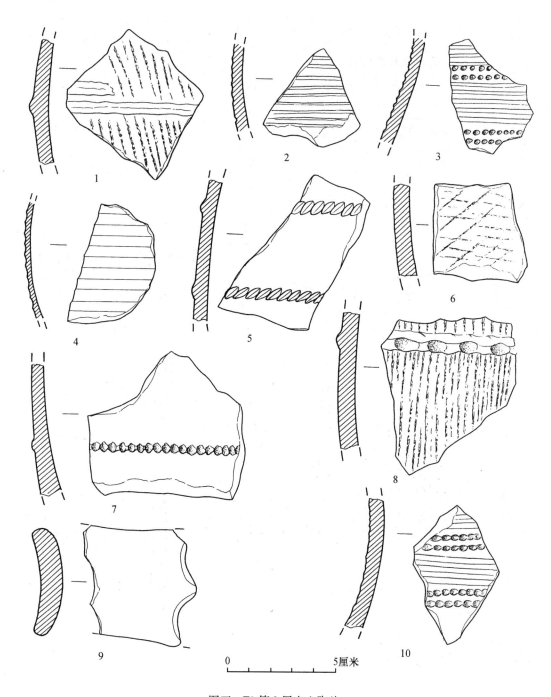

图五　T1 第 3 层出土陶片

1～8、10. 陶片（T1③:15、T1③:32、T1③:23、T1③:19、T1③:24、T1③:35、T1③:22、T1③:33、

T1③:13）　　9. 器耳（T1③:16）

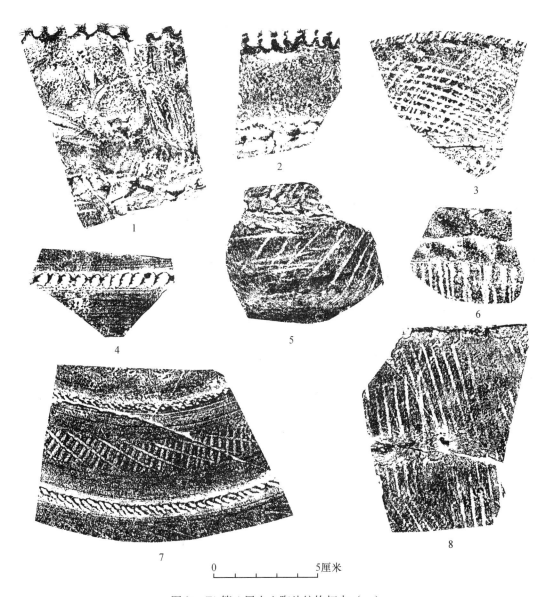

图六　T1 第 4 层出土陶片纹饰拓本（一）

1. T1④: 20　2. T1④: 56　3. T1④: 50　4. T1④: 86　5. T1④: 87　6. T1④: 32　7. T1④: 67、T1④: 34　8. T1④: 42

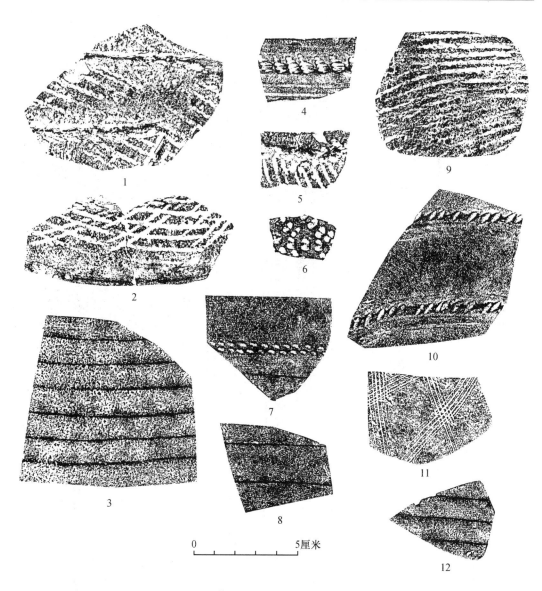

图七　T1 第 4 层出土陶片纹饰拓本（二）

1. T1④: 21　2. T1④: 51　3. T1④: 49　4. T1④: 71　5. T1④: 26　6. T1④: 119　7. T1④: 58　8. T1④: 57
9. T1④: 52　10. T1④: 47　11. T1④: 61　12. T1④: 89

（一）石　　器

出土石器包括打制、磨制两类，以前者数量最多。现依出土地层单位进行详细介绍。

1. T1 第 4 层出土石器

打制石器数量较为丰富，包括砍砸器、砍斫器、切割器等，尤其以剥离加工而成的石片石器数量最多且最具特色。

砍砸器　4件。器体厚重。依表面形状，分为三型。

A型　1件。盘状砍砸器。T1④：13，青灰色，扁平卵石加工而成，周边有砸击使用痕迹。长径13.2、短径12、厚1.8厘米（图八，7）。

B型　2件。方形及梯形砍砸器。T1④：7，白色卵石，两面均保留自然面，下端较宽，有使用的砸击痕迹。长12.3、上宽4.5、下宽8.5、厚3.5厘米（图九，1）。T1④：8，灰色，器体厚重，一面保留卵石自然面，另一面为劈裂面，一侧及下端可见使用痕迹。长9.8、宽9.5、厚2.9厘米（图九，4）。

C型　1件。三角形砍砸器。T1④：10，深灰色，两侧打缺，下端较宽，有砸击使用痕迹。长10.7、最大宽度9.8、厚2.8厘米（图九，2）。

砍斫器　1件。T1④：12，灰白色，一面保留卵石自然面，另一面为劈裂面，周边有使用的打击疤痕。长10、宽8.3、厚2.5厘米（图九，3）。

切割器　2件。依表面形状，分为二型。

A型　1件。梯形。T1④：9，灰白色，两面均保留卵石自然面，刃部较短，背部略长，背部可见加工的打击疤痕，刃部有使用痕迹。刃长6.5、背长13.8、宽8.9、最大厚度1.1厘米（图八，6）。

B型　1件。长梭形。T1④：11，灰色夹白斑，剥离石片加工而成，侧刃，背部可见两处剥片打击点，两面均为劈裂面。长11、宽5、厚度1厘米（图八，4）。

磨制石器数量不多，仅见斧、刀、小锛等类。

斧　2件。灰黑色，通体磨光。T1④：2，刃部略残，平面呈梯形，器体宽大厚重，弧刃，中锋。长13、刃宽7.6、肩宽4.5、最大厚度3厘米（图八，1；图版二，3）。T1④：4，肩部残断，通体磨光，平面略成长方形。残长8.5、宽7、最大厚度2.2厘米（图八，2）。

刀　1件。较薄。T1④：3，褐色，残甚，刃部磨光。残长7.4、厚度0.4厘米（图八，3）。

小锛　1件。T1④：5，深灰色，系从磨光残石器上制取极薄有刃缘的小石片加工而成，平面略呈方形，一面为劈裂面，另一面保留卵石自然面，局部磨光，两侧较锋利，肩部较平，直刃。长4.1、宽3、最大厚度0.7厘米（图八，5）。

2. T1第3层出土石器

打制石器包括切割器和穿孔石片。

切割器　1件。三角形，弧刃。T1③：2，深灰色，表面呈三角形，剥离石片加工而成，一面局部保留卵石面，另一面为劈裂面。长7.5、刃宽6、厚0.8厘米（图一〇，4）。

穿孔石片　1件。T1③：3，圆形，淡绿色，器体小而薄，中有一小穿孔。直径2.5、孔径0.3、厚0.2厘米（图一〇，2）。

磨制石器仅见穿孔石刀。

穿孔石刀　1件。T1③：1，青灰色，表面呈长方形，残断，通体磨光，双向穿孔，直刃，侧锋。残长5.2、宽4.6、最大厚度0.8厘米（图一〇，1）。

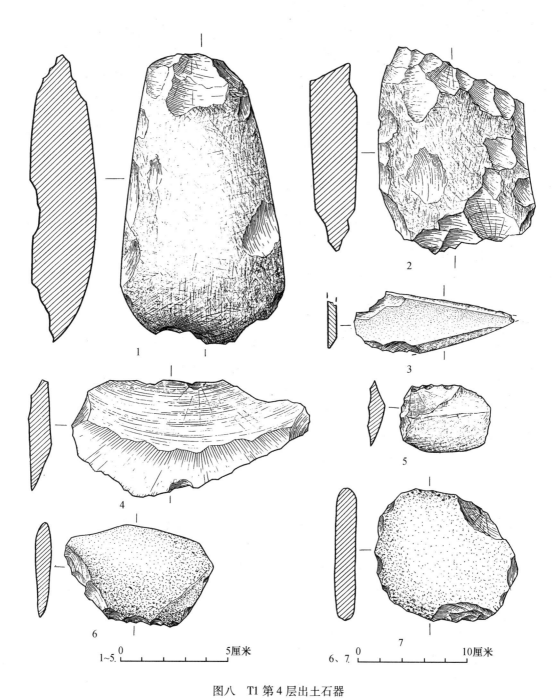

图八　T1 第 4 层出土石器

1、2. 斧（T1④:2、T1④:4）　3. 刀（T1④:3）　4. B 型切割器（T1④:11）　5. 锛（T1④:5）

6. A 型切割器（T1④:9）　7. A 型砍砸器（T1④:13）

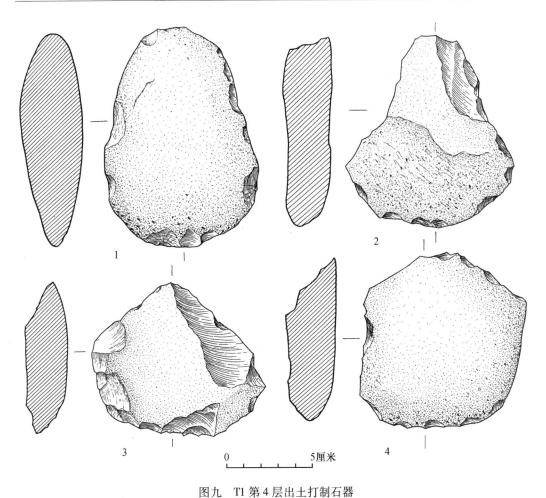

图九　T1 第 4 层出土打制石器

1、4. B 型砍砸器（T1④:7、T1④:8）　2. C 型砍砸器（T1④:10）　3. 砍斫器（T1④:12）

3. T1 第 2 层、第 1 层出土石器和采集石器

切割器　1 件。T1①:6，青灰色，三角形，弧刃，已残断，一面为卵石自然面，另一面为劈裂面。残长 7.1、宽 4、厚 1.1 厘米（图一一，2）。

刮削器　1 件。T1②:2，深灰色，靴形，剥离石片加工而成，刃部内凹，背部有剥片的打击痕迹。长 8.6、宽 5.5、厚 0.9 厘米（图一〇，5）。

尖状器　2 件。T1①:1，已残断，深灰色，两面均为劈裂面，一面周边遍布打击疤点及放射线，另一面近背部可见纵向打击疤点及放射线，背部保留加工台面。残长 7.5、宽 6.6、背 2.3 厘米（图一〇，6）。采:4，灰白色夹横向青色纹理，一端保留加工台面，一侧可见斜向打击疤点及放射线。长 5.7、宽 2.9、厚度 1 厘米（图一一，5）。

刻划器　1 件。采:10，系剥离石片加工而成，略呈椭圆形，一面局部保留卵石面，另一面为劈裂面，可见打击点及放射线，弧刃。长 2.6、宽 2、厚 0.5 厘米（图一一，3）。

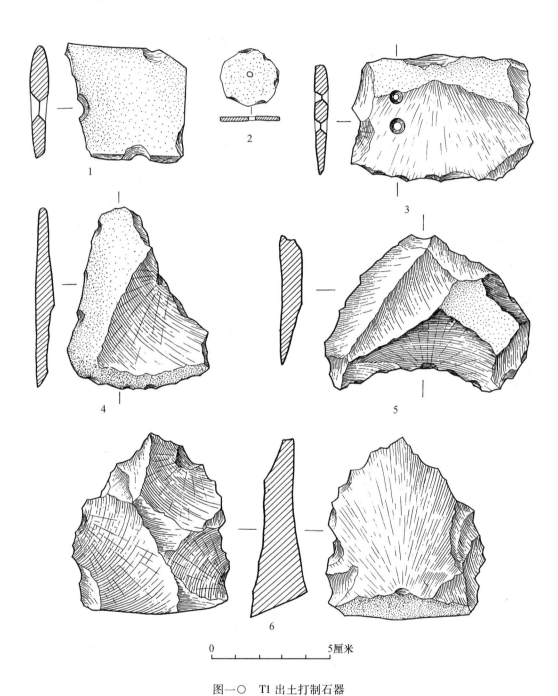

0 ————————— 5厘米

图一○　T1 出土打制石器

1. 穿孔石刀（T1③:1）　2. 穿孔石片（T1③:3）　3. 穿孔石片（T1②:1）　4. 切割器（T1③:2）

5. 刮削器（T1②:2）　6. 尖状器（T1①:1）

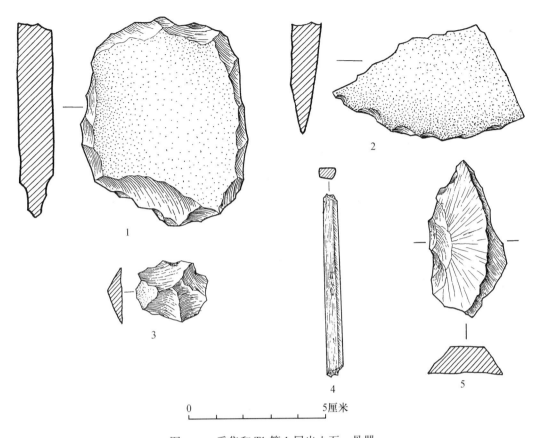

图一一 采集和 T1 第 1 层出土石、骨器

1. 饼形石器（T1①:9）　2. 切割石器（T1①:6）　3. 刻划石器（采:10）　4. 骨笄（T1④:1）
5. 尖状石器（采:4）

饼形器　1 件。T1①:9，灰白色，周边有琢击加工的痕迹。长 7.4、宽 6.1、厚 1.3
厘米（图一一，1）。

穿孔石片　1 件。T1②:1，深灰色，长方形，残断，周边加工平齐，表面有 2 个双
向穿孔。残长 7.5、宽 5.3、孔径 0.3、厚 0.6 厘米（图一○，3）。

（二）陶　　器

数量及种类均较为丰富，以 T1 第 4 层、第 3 层出土数量最多。现按出土地层单位
并依器类进行详细介绍。

1. T1 第 4 层出土陶器

鼓腹罐　1 件。T1④:20，夹砂黑褐陶，大口，锯齿状花边口沿，沿外翻，颈内束，肩加
贴波浪式附加堆纹，内外壁面可见手制刮抹痕。口径 26、残高 9.3 厘米（图一二，1）。

侈口罐　23 件。依据口沿特征，分为二型。

A 型　14 件。有花边口沿装饰。依据花边口沿的制作方法，又可以分为二亚型。

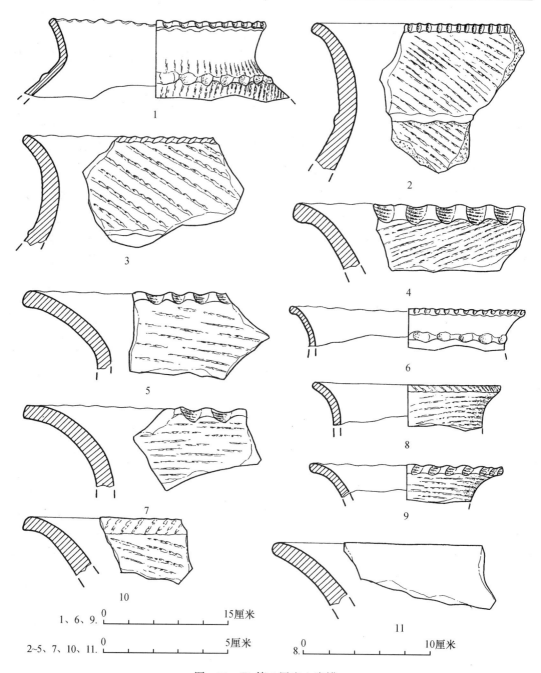

图一二　T1 第 4 层出土陶罐

1. 鼓腹罐（T1④:20）　2、9. Ab 型I式侈口罐（T1④:48、T1④:36）　3、8、10. Ab 型II式侈口罐（T1④:65、T1
④:82、T1④:90）　4~6. Aa 型 I 式侈口罐（T1④:78、T1④:55、T1④:56）　7. Aa 型 II 式侈口罐（T1④:84）
11. B 型侈口罐（T1④:91）

　　Aa 型　5 件。有齿状花边口沿装饰。可分为二式。

　　I式：4 件。有较深的锯齿状花边口沿装饰。T1④:78，夹砂黑褐陶，锯齿状花边
口沿，颈外壁饰斜向绳纹。残高 2.5 厘米（图一二，4）。T1④:55，夹砂红褐陶，颈外

壁饰斜向绳纹。残高3.2厘米（图一二，5）。T1④:56，夹砂黑褐陶，沿外翻，鼓腹，上腹加贴横向泥条附加堆纹。口径28、残高4.5厘米（图一二，6）。T1④:72，夹砂黑褐陶。残高3.2厘米（图一四，2）。

Ⅱ式：1件。有浅齿状花边口沿装饰。T1④:84，夹砂黑褐陶，颈内凹，颈外壁饰斜向绳纹，内壁有手制刮抹痕迹。残高3.2厘米（图一二，7）。

Ab型 9件。装饰绳纹花边口沿。可分为二式。

Ⅰ式：2件。有略深的波浪式绳纹花边口沿装饰。T1④:48，夹砂褐陶，颈部内凹，外壁表面饰斜向绳纹，肩部加饰泥条附加堆纹。残高5.8厘米（图一二，2）。T1④:36，夹砂褐陶，颈部略长，表面饰斜向绳纹，内壁有手制刮抹痕迹。口径23、残高4.2厘米（图一二，9）。

Ⅱ式：7件。有较浅的绳纹花边口沿装饰。T1④:65，夹砂红褐陶，颈外壁饰斜向绳纹，肩部加贴细泥条附加堆纹。残高4.3厘米（图一二，3）。T1④:82，夹砂黑褐陶，绳纹花边口沿，颈外壁饰斜向细绳纹。口径15、残高3.2厘米（图一二，8）。T1④:90，夹砂黑褐陶，器表饰斜向绳纹。残高2.5厘米（图一二，10）。T1④:94，夹砂黑褐陶，颈外壁饰斜向绳纹。残高2.1厘米（图一三，1）。T1④:50，长颈，夹砂灰褐陶，束颈，沿外壁饰交错绳纹，上腹加贴横向泥条附加堆纹。口径24、残高6厘米（图一三，5）。T1④:64，长颈，夹砂灰褐陶，颈外壁饰交错绳纹，上腹加贴横向泥条附加堆纹。残高3.7厘米（图一三，13）。T1④:108，夹砂黑褐陶。残高3.3厘米。

B型 9件。唇面无纹饰。T1④:91，夹砂黑褐陶，圆唇。残高2.4厘米（图一二，11）。T1④:103，夹砂黑褐陶，圆唇。残高1.6厘米（图一三，4）。T1④:110，薄胎，夹砂红褐陶，方唇，颈外壁饰斜向绳纹，肩部加贴泥条附加堆纹。残高2.5厘米（图一三，7）。T1④:87，长颈，夹砂黑褐陶，圆唇，颈外壁饰杂乱的绳纹，上腹饰斜向绳纹并加贴横向泥条附加堆纹。口径22、残高5.7厘米（图一三，8）。T1④:120，夹砂褐陶，方唇。残高1.6厘米（图一三，12）。T1④:43，夹砂黑褐陶，圆唇，沿外翻，颈外壁饰交错绳纹，内壁可见手制刮抹痕迹，肩部加贴泥条附加堆纹。口径18、残高4厘米（图一三，15）。T1④:181，夹砂黑褐陶，尖唇，沿外壁饰斜向绳纹。残高3厘米（图一四，1）。T1④:106，夹砂褐陶，尖唇，沿外壁加贴泥条。残高2.3厘米（图一四，5）。T1④:95，夹砂黑褐陶，表面饰斜向绳纹。

敛口罐 2件。圆唇。T1④:117，夹砂黑褐陶。残高2厘米（图一三，3）。T1④:104，泥质灰陶。残高2.5厘米（图一三，6）。

直口罐 7件。T1④:74，夹砂红褐陶，锯齿状花边口沿，颈外壁饰斜向的细绳纹。残高4.3厘米（图一三，10）。T1④:59，矮颈，泥质灰陶，圆唇，广肩，表面饰斜向线纹。口径13、残高4.4厘米（图一三，2）。T1④:109，夹砂褐陶，方唇，外壁饰纵向细绳纹。残高2.9厘米（图一三，11）。T1④:118，夹砂黑褐陶，尖唇。残高2厘米（图一三，9）。T1④:113，夹砂褐陶，尖唇，沿外壁加贴泥条。残高2.7厘米（图一三，14）。T1④:32，夹砂红褐陶，方唇，上有纵向划痕，口部外壁加贴两道泥条附加堆纹，器表饰纵向绳纹。残高4.9厘米（图一三，16）。T1④:107，夹砂黑褐陶，绳纹花边口沿，厚胎，外壁饰斜向绳纹。

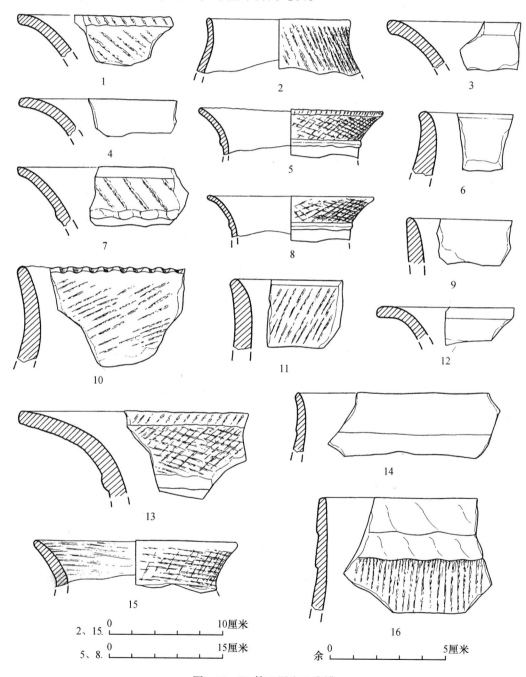

图一三　T1 第4层出土陶罐

1、5、13. Ab 型Ⅱ式侈口罐（T1④:94、T1④:50、T1④:64）　　2、9～11、14、16. 直口罐（T1④:59、
T1④:118、T1④:74、T1④:109、T1④:113、T1④:32）　　3、6. 敛口罐（T1④:117、T1④:104）
4、7、8、12、15. B 型侈口罐（T1④:103、T1④:110、T1④:87、T1④:120、T1④:43）

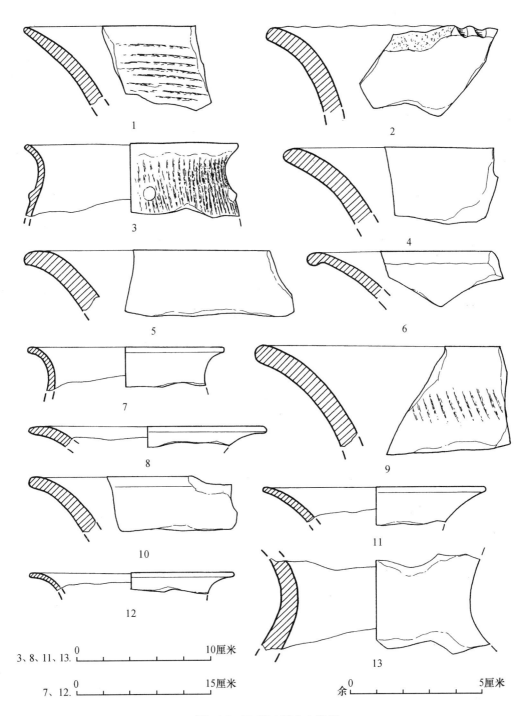

图一四 T1 第 4 层出土陶器

1、5. B 型侈口罐（T1④:181、T1④:106） 2. Aa 型 I 式侈口罐（T1④:72） 3、4. 小口罐（T1④:81、

T1④:97） 6 ~ 13. 喇叭口长颈壶形器（T1④:100、T1④:75、T1④:66、T1④:98、T1④:105、T1④:76、

T1④:60、T1④:45）

小口罐　4件。T1④:81，夹砂黑褐陶，圆唇，卷沿，束颈，鼓腹，上腹饰乳钉。口径16、残高5厘米（图一四，3）。T1④:97，泥质磨光黑皮陶，圆唇，鼓腹。残高2.7厘米（图一四，4）。T1④:18，肩部残片，夹砂黑褐陶，器表饰斜向绳纹并加贴横向及斜向小泥条附加堆纹（图一五，1）。T1④:21，夹砂黑褐陶，腹部残片，器表饰斜向绳纹并加贴斜向小泥条附加堆纹（图一五，2）。

喇叭口长颈壶形器　12件。此类器物数量较多，但多系口沿残片，拼接陶片可复原出肩及上腹的形状（图一五，3），与新津县宝墩遗址出土的喇叭口壶形器形制相似，故参照定名。T1④:100，泥质灰陶，表面磨光，圆唇。残高1.9厘米（图一四，6）。T1④:75，泥质褐陶，表面磨光，内壁有手制刮抹痕迹，圆唇。口径22、残高4.5厘米（图一四，7）。T1④:98，泥质红褐陶，内外表面磨光，圆唇，颈部饰斜向线纹。残高3.9厘米（图一四，9）。T1④:66，泥质灰陶，表面磨光，胎略厚。口径18、残高1.6厘米（图一四，8）。T1④:105，泥质磨光黑皮陶，表面磨光，圆唇。残高2厘米（图

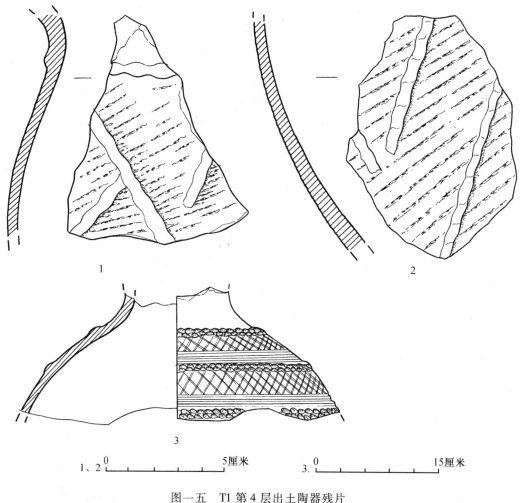

1, 2 ├─┼──────────┤ 5厘米　　3. ├────────────┤ 15厘米

图一五　T1第4层出土陶器残片

1、2. 小口罐（T1④:18、T1④:21）　3. 喇叭口长颈壶形器（T1④:67）

一四，10）。T1④:76，泥质灰陶，表面磨光，圆唇，薄壁。口径17、残高2.7厘米（图一四，11）。T1④:45，泥质灰陶，表面磨光，广肩，厚壁。残高6.8厘米（图一四，13）。T1④:60，泥质磨光黑皮陶。口径23、残高1厘米（图一四，12）。T1④:67，肩部残片，泥质灰陶，表面磨光，器表饰带状细泥条附加堆纹，其上有密集的戳印纹，器表还有带状的交错凹弦纹组成的网格纹，内壁可见手制刮抹痕迹。残高26.5厘米（图一五，3）。T1④:34，泥质灰陶，表面磨光，广肩，肩部加贴较细的横向泥条附加堆纹，其上有密集的戳印纹。T1④:82，泥质灰陶，内外磨光。T1④:112，泥质灰陶，表面磨光，圆唇。

敛口钵 1件。T1④:46，泥质磨光黑皮陶，圆唇，浅腹。口径17、残高3.2厘米（图一六，1）。

敞口钵 1件。T1④:111，泥质褐陶，表面磨光，圆唇，浅腹。残高3.1厘米（图一六，2）。

臼 1件。T1④:6，泥质褐陶，圜底。

器底 12件。平底或假圈足底。T1④:14，夹砂红褐陶，底外折呈假圈足底，外壁表面饰交错线纹。残高4厘米（图一六，3）。T1④:22，夹砂黑褐陶，斜壁。残高3.5厘米（图一六，4）。T1④:23，夹砂褐陶，平底外折呈假圈足底，器表饰绳纹。底径7、残高2.5厘米（图一六，5）。T1④:69，泥质褐陶，平底。底径8、残高1.8厘米（图一六，6）。T1④:53，泥质灰陶，斜壁。底径12、残高1.5厘米（图一六，7）。T1④:73，泥质灰陶，内外壁面磨光。底径12、残高1.8厘米（图一六，8）。T1④:26，夹砂黑褐陶，底外折呈假圈足底，表面饰斜向绳纹。残高1.9厘米（图一六，9）。T1④:25，夹砂黑褐陶，底外折呈假圈足底。底径6、残高2.1厘米（图一六，10）。T1④:70，夹砂黑褐陶，壁面饰交叉成组线纹组成的方格状装饰，外底饰交错线纹。底径8、残高1.5厘米（图一六，11）。T1④:27，夹砂黑褐陶。残高2厘米（图一六，12）。T1④:17，夹砂黑褐陶，平底内凹。T1④:28，夹砂红褐陶，平底外折呈假圈足底。

2. T1 第3层出土陶器

侈口罐 9件。依据口沿特征，分为二型。

A型 9件。有花边口沿装饰。依据花边口沿的制作方法又可以分为二亚型。

Aa型 5件。有齿状花边口沿装饰。可分为二式。

Ⅰ式：2件。有较深的锯齿状花边口沿装饰，夹砂黑褐陶。T1③:27，颈外壁饰交错绳纹。残高3.2厘米（图一七，3）。T1③:30，沿外侧夹贴泥条，颈内凹，表面拍印交错细绳纹。残高2.5厘米（图一七，11）。

Ⅱ式：3件。有浅齿状花边口沿装饰。T1③:8，夹砂褐陶。残高1.9厘米（图一七，6）。T1③:34，夹砂黑褐陶。残高2.7厘米（图一七，8）。T1③:29，夹砂黑褐陶，外壁饰斜向绳纹。残高2.1厘米（图一七，9）。

Ab型 4件。有绳纹花边口沿装饰。可分为二式。

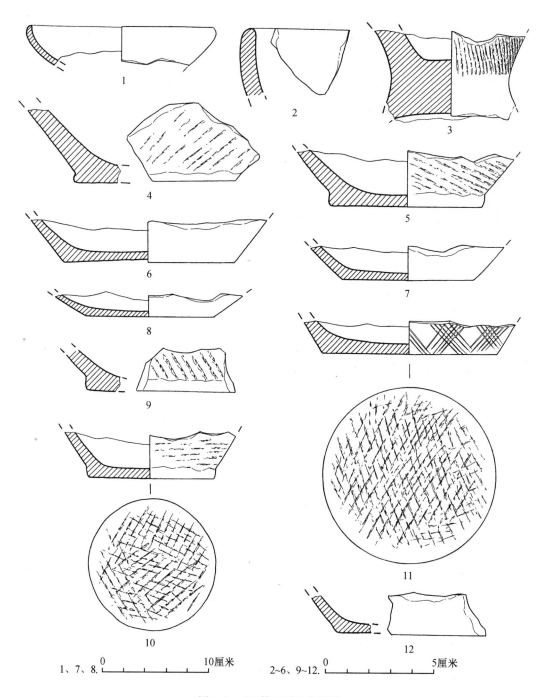

图一六　T1 第 4 层出土陶器

1. 敛口钵（T1④:46）　　2. 敞口钵（T1④:111）　　3～12. 器底（T1④:14、T1④:22、T1④:23、T1④:69、
T1④:53、T1④:73、T1④:26、T1④:25、T1④:70、T1④:27）

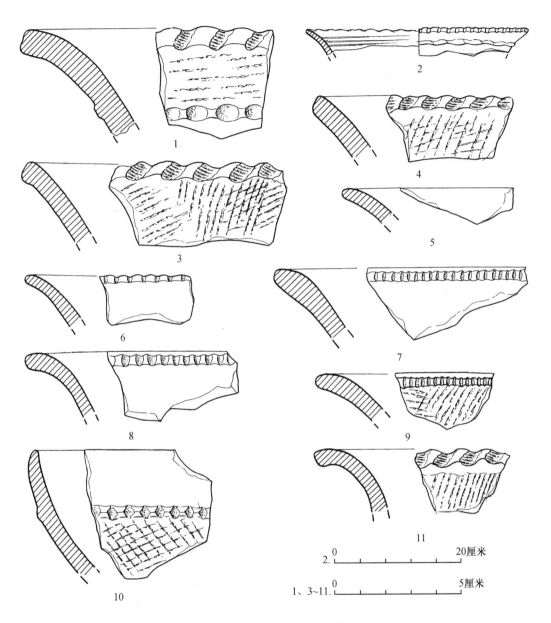

图一七 T1 第3层出土陶器

1、4. Ab 型 I 式侈口罐（T1③:28、T1③:25） 2、7. Ab 型 II 式侈口罐（T1③:5、T1③:26） 3、11. Aa 型 I
式侈口罐（T1③:27、T1③:30） 5. 喇叭口长颈壶形器（T1③:10） 6、8、9. Aa 型 II 式侈口罐（T1③:8、
T1③:34、T1③:29） 10. 深腹钵（T1③:31）

Ⅰ式：2件。有略深的波浪式绳纹花边口沿装饰。T1③:28，夹砂褐陶，颈外壁饰斜向绳纹，上腹加贴泥条附加堆纹。残高4.3厘米（图一七，1）。T1③:25，夹砂黑褐陶，器表饰纵向绳纹。残高2.6厘米（图一七，4）。

Ⅱ式：2件。有较浅的绳纹花边口沿装饰，厚胎。T1③:5，夹砂褐陶，上腹加贴小泥条附加堆纹。口径35、残高4厘米（图一七，2）。T1③:26，夹砂黑褐陶。残高2.8厘米（图一七，7）。

B型　唇面无装饰。

喇叭口长颈壶形器　1件。T1③:10，泥质磨光黑皮陶，圆唇。残高1.4厘米（图一七，5）。

深腹钵　1件。T1③:31，夹砂黑褐陶，圆唇，敛口，腹部饰交错绳纹，上腹加贴泥条附加堆纹。残高5厘米（图一七，10）。

器底　5件。平底。T1③:12，泥质褐陶，内壁有刮抹痕。残高3.3厘米（图一八，1）。T1③:14，泥质灰陶，表面磨光。底径9.5、残高3厘米（图一八，2）。T1③:9，泥质灰陶。底径10、残高2厘米（图一八，3）。T1③:18，泥质褐陶，表面施陶衣并饰斜向划纹。残高2厘米（图一八，4）。T1③:7，泥质褐陶。残高1.8厘米（图一八，5）。

器耳　1件。T1③:16，已残，泥质褐陶，宽扁状，耳端呈三字形。残长5.3、宽5、厚1.1厘米（图五，9）。

第3、4层出土陶器的整体特征差异不大，如陶质陶色均以夹砂褐陶、泥质灰陶为主，另有少量泥质磨光黑皮陶和泥质红褐陶，泥质陶多于夹砂陶；器形包括侈口罐、鼓腹罐、长颈鼓腹罐、敛口罐、直口罐、喇叭口壶形器等，主要为平底器，多数器底外折呈假圈足底；纹饰的种类也差异不大。同时，二者之间也存在细微差别：第3层的线纹较第4层明显增多，绳纹和瓦棱纹则数量减少；第3层不见B型侈口罐，第4层不见折沿盆等。但这尚不足以作为分期的依据。

此外，T1第1、2层等晚期地层也出土了少量新石器陶片（图一九、图二〇），可辨器形包括：

喇叭口长颈壶形器　2件。泥质磨光黑皮陶。T1①:7，圆唇。残高1.2厘米（图一九，5）。T1①:10，颈部残片。残高5厘米（图二〇，1）。

折沿盆　1件。T①:11，泥质褐陶，尖唇，敛口。残高2.6厘米（图一九，7）。

器底　1件。T1②:10，夹砂黑褐陶，平底，内底突起（图一九，8）。

还采集了少量新石器时期陶片（图二一），可辨器形包括：

长颈罐　2件。夹细砂褐陶，圆唇。采:9，敞口。残高2厘米（图二一，2）。采:8，直口。唇面饰两行相交的斜向绳纹，颈表饰纵向细绳纹。残高2.1厘米（图二一，3）。

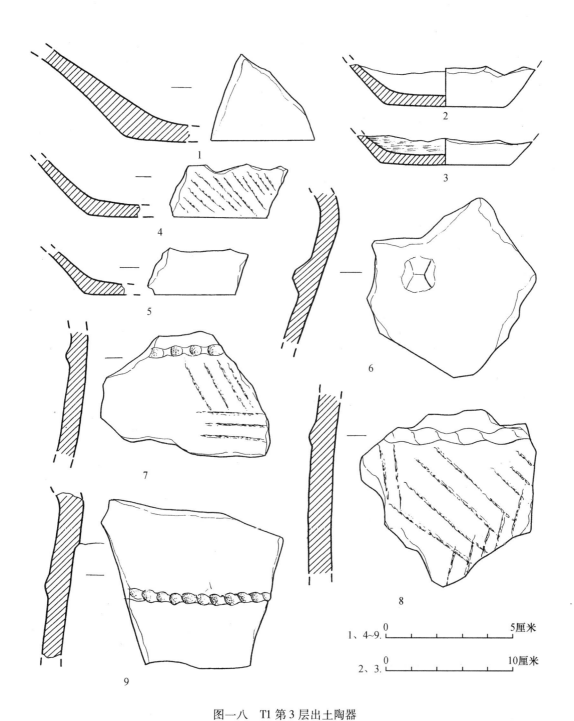

图一八　T1 第 3 层出土陶器

1~5. 器底（T1③:12、T1③:14、T1③:9、T1③:18、T1③:7）　6~9. 陶片（T1③:17、T1③:11、
T1③:21、T1③:6）

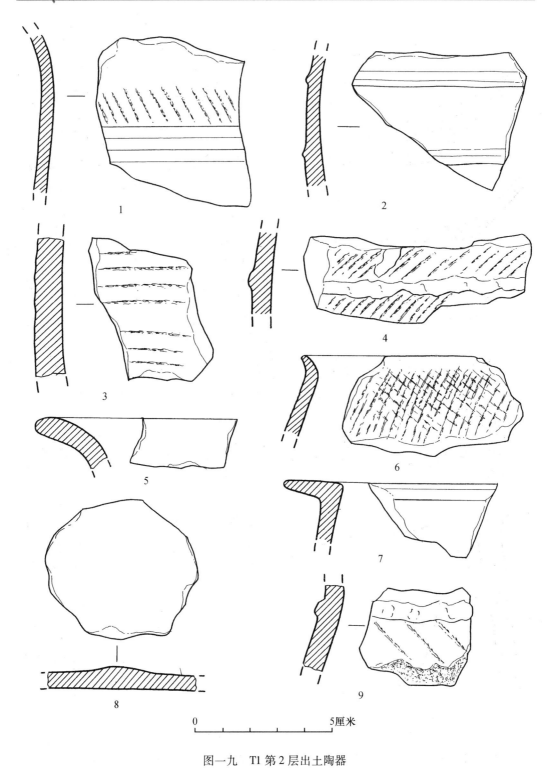

图一九　T1 第 2 层出土陶器

1~4、9. 陶片（T1②:5、T1②:4、T1②:7、T1②:6、T1②:9）　5. 喇叭口长颈壶形器（T1①:7）

6. 敛口罐（T1②:8）　7. 折沿盆（T1①:11）　8. 器底（T1②:10）

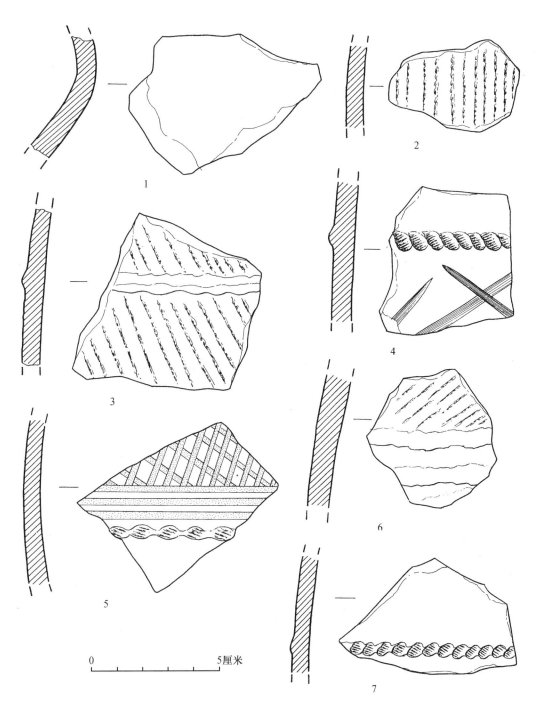

图二○　T1 第 1 层出土陶片

1. T1①: 10　2. T1①: 12　3. T1①: 3　4. T1①: 2　5. T1①: 4　6. T1①: 13　7. T1①: 5

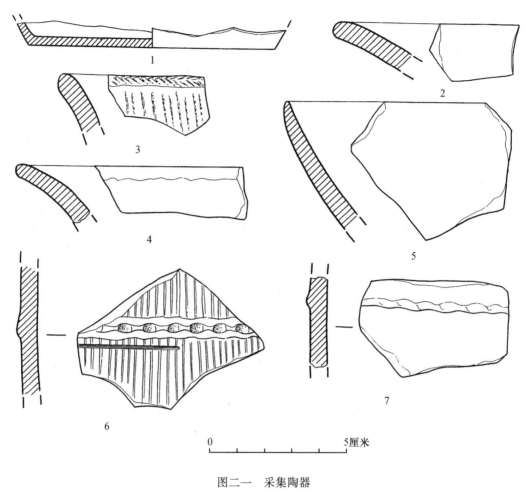

图二一　采集陶器

1. 器底（采：1）　2、3. 长颈罐（采：9、采：8）　4. 喇叭口壶形器（采：2）　5. 敞口钵（采：3）

6、7. 陶片（采：7、采：5）

喇叭口壶形器　1件。采：2，泥质褐陶，内外表面磨光，圆唇，束颈。残高2厘米（图二一，4）。

敞口钵　1件。采：3，夹细砂黑褐陶，尖唇，弧壁。残高4.5厘米（图二一，5）。

器底　1件。采：1，泥质褐陶，斜直壁，平底。底径9.1、残高0.8厘米（图二一，1）。

（三）骨　　器

仅见笄。

笄　1件。T1④:1，淡黄色，残断，断面呈扁状，表面磨光，骨质坚硬。残长6.5、断面长0.6、宽0.4厘米（图一一，4）。

此外，对第 3 层地层中出土的动物骨骼进行了全面收集，鉴定结果发现属种有马、猪、水鹿、斑鹿、麂和鸟类等。其中马虽然仅发现 1 颗左上门齿，但却是川西北地区全新世目前发现的最早的标本材料，为探讨川西北地区马的起源和驯化提供了重要材料。

另外在第 3 层中发现了 1 件人左下颌枝，保留有 P1（第一前臼齿）和 M1（第一臼齿），M1 从磨蚀度观察，有 3 个齿质点，大概为 3°，年龄为 25~30 岁。

四、初 步 认 识

1. 文化性质与年代

下关子遗址 2000 年进行了调查，2006 年的试掘又发现了原生文化层堆积，采集和出土遗物包括锯齿状花边口沿装饰陶片、喇叭口长颈壶形器等，以及夹砂陶表面拍印绳纹、线纹种类和风格，不见火候较高的彩陶和细泥红陶，初步判定下关子遗址的文化内涵与以茂县营盘山遗址[5]等含彩陶文化因素的仰韶时代晚期遗存之间存在较大差异，属于不同的文化系统。但与四川盆地西北缘的绵阳市边堆山遗址[6]、江油市大水洞遗址[7]的文化内涵有些近似。

依据四川盆地西北缘地区的龙山时代诸遗址的文化特征，可初步分为三类[8]：

第一类以岷江上游的茂县白水寨遗址[9]、沙乌都遗址[10]北区为代表，白水寨遗址出土陶片中包含磨光泥质灰陶及黑皮陶瓦棱纹罐、饰小圆点戳印纹泥质陶侈口罐等器物，与营盘山遗址上层部分遗存的同类陶器特征相似；夹砂陶还保留交错绳纹及箍带状附加堆纹的特征，与营盘山遗址主体遗存夹砂陶相似，年代也不会差异太大。沙乌都遗址北区（含北部山脊和南北山脊之间的凹沟地带）出土陶片包括较多的泥质黄褐陶、泥质褐陶等，器形有卷沿高领罐、喇叭口长颈壶形器等，特征与南部山脊灰坑出土及采集陶片略有差异，而与白水寨遗址出土陶片风格相似。两遗址文化面貌的过渡性特征明显。

第二类包括涪江上游的下关子、大水洞遗址，以及岷江上游的茂县沙乌都遗址南区、汶川县高坎遗址[11]等。其陶器特征的共性是主要的，如夹细砂陶所占比例最高，纹饰以绳纹为主体，流行绳纹及锯齿状花边口沿装饰，均为平底器及假圈足器，器形以罐、壶、钵类为主；磨制石器以小型的斧、锛、凿最多。已不像第一类遗址那样带有浓郁的过渡性风格。

第三类以边堆山遗址为代表。与下关子遗址等相比较，出土陶器少见瓦棱纹，而圈足豆在其他遗址不出；下关子等遗址出土的饰绳纹加凹弦纹的泥质陶片、绳纹加箍带状附加堆纹的夹砂陶片等文化因素，则在边堆山遗址少有发现。两者之间的距离相距不远，地理条件较为相似，产生上述文化面貌上的差异主要还是时代不同的原因。再结合沙乌都等遗址与营盘山遗址主体遗存之间的文化联系比较密切的情况，判定边堆山遗址的年代应略晚于前者。

上述三类遗址分别代表了四川盆地西北缘地区的龙山时代考古学文化的不同发展阶段。

第1段：以白水寨遗址的主体遗存为代表，陶器特征与营盘山遗址上层部分地层单位出土同类器物相似。沙乌都遗址北区的部分遗存可归入本段。

第2段：首先发现于沙乌都遗址南区堆积，以2002SMSH1出土的陶器为代表。就目前的材料来看，大水洞、下关子及高坎遗址可以归入此段。

第3段：以边堆山遗址的主体遗存为代表。

以下关子遗址为代表的四川盆地西北缘地区龙山时代考古学遗存与成都平原的宝墩文化[12]之间关系也较为密切，应属于同一文化系统。盆地腹心地区成都平原的新石器时代文化，是以新津县宝墩古城等史前古城遗址为代表的宝墩文化。下关子遗址出土的夹砂灰陶、褐陶侈口罐多装饰绳纹花边口沿装饰，正是宝墩文化的典型特征之一；泥质磨光陶喇叭口长颈壶形器与宝墩遗址出土的泥质灰白陶高领罐、喇叭口壶的形态相近；两处遗址均多见器底外折呈假圈足底；均出土饰瓦棱纹的泥质黑皮陶、泥质灰陶等。这些陶器方面的共性表明四川盆地西北缘龙山时代考古学文化的内涵与成都平原宝墩文化存在较为密切的联系，是否为直接的渊源关系尚待深入研究。

但下关子遗址为代表的这类山地性遗址与地处成都平原的宝墩文化古城遗址相比，在地理环境、地貌特征、年代与文化内涵方面也存在一定差异。如宝墩遗址基本不见下关子侈口罐常见的锯齿状花边口沿装饰；宝墩遗址出土一定数量的矮圈足及圈足器如尊、罐等在下关子遗址也基本未见；同时，宝墩遗址较为常见的盘口尊、水波纹装饰等特征也是下关子遗址所未有的。

四川盆地东北缘地区的广元张家坡遗址[13]、邓家坪遗址[14]、巴中月亮岩遗址[15]、通江擂鼓寨遗址[16]等新石器时代遗址，与盆地西北缘地区以下关子遗址为代表的龙山时代考古学文化遗存之间，尽管在时代上有的有一定差异，有的基本相同，但文化面貌上存在较多的共同性。但各遗址也有不可忽视的自身特点。从总体来看，应属于同一文化系统，即四川盆地土著文化系统，与川西高原含彩陶因素的文化分别属于两个文化系统。

总之，下关子遗址属于四川盆地的龙山时代考古学文化，与中原地区龙山时代早期文化、甘青地区的半山、马厂类型文化大约同时，年代晚于马家窑类型文化，距今年代在4800~4500年间。

鉴于下关子遗址仅进行了小规模试掘，文化内涵尚未全面明晰，地层单位及出土实物资料的数量还比较有限，目前难以进行深入的分期研究。

2. 聚落形态

依据遗址的地理条件、面积等特征，可以将四川盆地西北缘的龙山时代聚落遗址划分为三类：

（1）洞穴型聚落遗址，面积较小，堆积较薄，地理环境条件较差，不利于长期定居生活。以江油大水洞遗址为代表，属于临时性的小聚落。

（2）山间坡地型聚落遗址，背山面水，面积略大，堆积厚薄不均，地理环境条件较好。茂县沙乌都遗址、汶川高坎遗址及绵阳边堆山遗址均属于这类遗址，属于一般性的定居生活聚落。

（3）河谷台地型聚落遗址，地势开阔，面积较大，堆积较厚，地理环境条件优越。可以下关子遗址为代表。下关子遗址所在台地跨越两个行政村（光明乡中心村及马蹄溪村），总面积在20万平方米以上，调查中在台地范围内均采集有龙山时代陶片，遗址的面积与台地不会差别太大。遗址北面隔下关子沟与上关子台地相望，上关子台地的南部缓坡地带也采集有龙山时代陶片和白色大理石环镯形器等遗物，又是一处龙山时代遗址。下关子遗址可能为四川盆地西北缘的中心性大型聚落遗址之一。

在上述三种遗址中，洞穴型遗址出现的时间最早。本地区北川县境内早在旧石器时代晚期就已有人类居住的洞穴型遗址，如烟云洞遗址等[17]。

作为四川盆地西北缘地区一处面积较大的河谷台地型聚落遗址，下关子遗址坐山面水，优越的地理环境条件宜于人类长期定居生活。其分布面积、周边地理环境条件的优越程度、文化层堆积厚度等，均超过附近的沙乌都、高坎、边堆山、大水洞等山间坡地型和洞穴型聚落遗址，可能为四川盆地西北缘地区的一处中心性聚落遗址，值得开展进一步的考古勘探、发掘工作，将为四川地区新石器时代考古研究提供不可多得的实物资料。

同时，下关子遗址的考古新发现，使得岷江上游新石器时代文化和成都平原宝墩文化在时间上、空间上的关系更为密切。

附记：参加2006年调查的人员有成都文物考古研究所蒋成、陈剑，阿坝州文管所陈学志、范永刚、邓小川，茂县羌族博物馆蔡清、刘永文。参加试掘的有陈剑、陈学志、邓小川。资料整理及报告编写为陈剑、陈学志。出土骨骼由何锟宇鉴定。

绘　　图：曹桂梅
拓　　片：代堂才　代福尧
摄　　影：陈　剑
执　　笔：蒋　成　陈　剑　陈学志
　　　　　蔡　清　范永刚

注　释

[1]　成都文物考古研究所、阿坝藏族羌族自治州文物管理所、茂县羌族博物馆：《四川茂县白水寨及下关子遗址调查简报》，《成都考古发现（2005）》，科学出版社，2007 年。

[2]　陈剑：《川西北高原与四川盆地间的史前交通考述——从四川盆地西北缘地区史前考古新发现谈起》，《三星堆研究（二）——三星堆与南方丝绸之路青铜文化学术研讨会论文集》，文物出版社，2007 年；蓝勇：《四川古代交通路线史》，西南师范大学出版社，1989 年。

[3]　李绍明：《北川小坝元代石刻题记考略》，《四川文物》1989 年 2 期。

[4]　资料现存茂县羌族博物馆。

[5]　成都文物考古研究所、阿坝藏族羌族自治州文物管理所、茂县羌族博物馆：《四川茂县营盘山遗址试掘报告》，《成都考古发现（2000）》，科学出版社，2002 年；蒋成、陈剑：《岷江上游考古新发现述析》，《中华文化论坛》2001 年 3 期；蒋成、陈剑：《2002 年岷江上游考古的发现与探索》，《中华文化论坛》2003 年 4 期；成都文物考古研究所、阿坝藏族羌族自治州文物管理所、茂县羌族博物馆：《四川茂县营盘山遗址发掘报告》，待版。

[6]　西南博物院筹备处：《宝成铁路修筑工程中发现的文物简介》，《文物参考资料》1954 年 3 期；中国社会科学院考古研究所四川工作队：《四川绵阳市边堆山新石器时代遗址调查简报》，《考古》1990 年 4 期；何志国：《绵阳边堆山文化初探》，《四川文物》1993 年 6 期；王仁湘、叶茂林：《四川盆地北缘新石器时代考古新收获》，《三星堆与巴蜀文化》，巴蜀书社，1993 年。

[7]　胡昌钰：《四川江油市发现新石器时代洞穴遗址》，《中国文物报》2005 年 11 月 30 日第一版；四川省文物考古研究院、绵阳市博物馆、江油市文物管理所：《四川江油市大水洞新石器时代遗址发掘简报》，《四川文物》2006 年 6 期。

[8]　陈剑：《四川盆地西北缘龙山时代考古新发现述析》，《中华文化论坛》2007 年 2 期。

[9]　成都文物考古研究所、阿坝藏族羌族自治州文物管理所、茂县羌族博物馆：《四川茂县白水寨及下关子遗址调查简报》，《成都考古发现（2005）》，科学出版社，2007 年；成都文物考古研究所、阿坝藏族羌族自治州文物管理所、茂县羌族博物馆：《四川茂县白水寨和沙乌都遗址 2006 年的调查》，《四川文物》2007 年 6 期及本书。

[10]　成都文物考古研究所、阿坝藏族羌族自治州文物管理所、茂县羌族博物馆：《四川茂县沙乌都遗址调查简报》，《成都考古发现（2004）》，科学出版社，2006 年；成都文物考古研究所、阿坝藏族羌族自治州文物管理所、茂县羌族博物馆：《四川茂县白水寨和沙乌都遗址 2006 年的调查》，《四川文物》2007 年 6 期及本书。

[11]　资料现存成都文物考古研究所。

[12]　成都市文物考古工作队、四川联合大学历史系考古教研室、新津县文管所：《四川新津县宝墩遗址的调查与试掘简报》，《考古》1997 年 1 期；中日联合考古队：《四川新津县宝墩遗址 1996 年发掘简报》，《考古》1998 年 1 期；成都市文物考古研究所、四川大学历史系考古教研室、早稻田大学长江流域文化研究所：《宝墩遗址——新津宝墩遗址发掘和研究》，有限会社阿普（ARP），2000 年；王毅、孙华：《宝墩村文化的初步认识》，《考古》1999 年 8 期；王毅、蒋成：《成都平原早期城址的发现及初步研究》，《夏禹文化研究》，巴蜀书社，2000 年；江章华、颜劲松、李明斌：《成都平原的早期古城址群——宝墩文化初论》，《中华文化论坛》1997 年 4 期；江章华、王毅、张擎：《成都平原早期城址群及其考古学文化初论》，《苏秉琦与当代中国考古学》，科学出版社，2001 年。

[13] 中国社会科学院考古研究所四川工作队:《四川广元市张家坡遗址的调查与试掘》,《考古》1991 年 9 期。

[14] 王仁湘、叶茂林:《四川盆地北缘新石器时代考古新收获》,《三星堆与巴蜀文化》,巴蜀书社,1993 年。

[15] 雷雨、陈德安:《巴中月亮岩和通江擂鼓寨遗址调查简报》,《四川文物》1991 年 6 期。

[16] 雷雨、陈德安:《巴中月亮岩和通江擂鼓寨遗址调查简报》,《四川文物》1991 年 6 期;四川省文物考古研究所、通江县文物管理所:《通江擂鼓寨遗址试掘报告》,《四川考古报告集》,文物出版社,1998 年。

[17] 叶茂林、邓天富:《记北川县采集的化石材料》,《四川文物》1993 年 6 期;四川省文物考古研究院、绵阳市博物馆、北川县文物管理所:《四川北川县烟云洞旧石器时代遗址发掘简报》,《四川文物》2006 年 6 期。

附表一　下关子遗址 2006SMXT1 第 4 层出土陶片陶质陶色及纹饰统计表

纹饰 \ 陶质陶色	泥质陶			夹砂陶	合计	百分比（%）
	红褐	灰	黑皮	褐		
斜向线纹	1	4		16	21	3
交错线纹	1	1		8	10	1
平行线纹	2				2	0.3
斜向绳纹				58	58	7
交错绳纹				19	19	2
附加堆纹	4	88	2	93	187	23.7
素面	24	88	43	186	341	43
戳印纹	2	4	3（加磨光）		9	1
凹弦纹	1	7（加绳纹）+1			9	1
压印花边口沿		14			14	2.5
锯齿状花边口沿		13			13	2.5
磨光	9	72			81	10
瓦棱纹	5	8	8+1（加戳印纹）		22	3
合计	49	300	57	380	786	100
	406					
百分比（%）	6.5	38	7.5	48	100	
	52					

附表二　下关子遗址 2006SMXT1 第 3 层出土陶片陶质陶色及纹饰统计表

纹饰 ＼ 陶质陶色	泥质陶			夹砂陶	合计	百分比（%）
	红褐	灰	黑皮	褐		
斜向线纹	1			15	16	11
交错线纹				5	5	4
交错绳纹				1	1	1
附加堆纹	1	15	4	8	28	20
素面	8	27	17	22	74	53
凹弦纹	1				1	1
压印花边口沿				6	6	4
锯齿状花边口沿				4	4	3
磨光		3			3	2
瓦棱纹			2		2	1
合计	11	45	23	61	140	100
	79					
百分比（%）	8	32	16	44	100	
	56					

四川九龙县查尔村石棺葬墓地发掘简报

成都文物考古研究所
甘孜藏族自治州文物局
九龙县旅游文化局

　　九龙县位于四川省西部，甘孜藏族自治州东南部，贡嘎山西南，处在雅安、凉山、甘孜三市州的结合部，北连康定，东、南毗邻石棉、冕宁，西、南与木里接壤，全县面积 6770 平方公里，辖 17 乡 1 镇，总人口 5.2 万人（2002 年）。九龙县地处攀西平原与青藏高原的过渡地带，形成高山、极高山、山地、河谷四大地貌，地势北高南低，高差悬殊，地形复杂，雨量充沛，日照充足，呈典型立体气候，有"一山分四季，十里不同天"之说。九龙县属青藏高原亚湿润气候区，年均气温 8.8℃，1 月平均气温 0.7℃，最低温度 –15.6℃，7 月平均气温 15.2℃，最高温度 31.7℃；年降水量 890 毫米，无霜期 184 天；年日照数 1938 小时。

　　九龙县是一个以藏、汉、彝为主体，回、苗、白、瑶、羌、土家族等 12 个少数民族聚居县，藏、汉、彝 3 个主体民族几乎各占 1/3。长期以来各民族相互交融，共同发展，形成了独具特色的民俗文化，既有藏区特有风貌，又有彝区独有的原始与古朴。九龙是野生动植物的王国、生物多样性的宝库，有瓦灰山、洪坝两个省级自然保护区；有林地面积 28 万公顷，森林覆盖率达 35.4%；有大熊猫、小熊猫、白唇鹿等近百种珍稀动物，珍稀鸟类几十种；有虫草、贝母、灵芝、天麻、雪莲等 360 余种名贵野生中药材；有松茸、牛肝菌等几十种野生菌类资源。县城驻地呷尔镇，距成都 614 公里，距康定 252 公里，县城海拔 2987 米。九龙藏语称"吉日宗"，并有奇卜龙、结署绒之称。含义为"八角"。据载，明穆宗隆庆元年（1567 年），西藏喇嘛来康区传教，在今汤古乡中古村建"吉日寺"，故称"吉日宗"。"九龙"称谓，系设置九龙设治局时，所划辖地包括菩萨龙、三安龙、麦地龙、墨地龙、三盖龙、八阿龙、迷窝龙、洪坝龙、湾坝龙 9 个村寨，均含"龙"字音而得名。

　　查尔村石棺葬墓地位于九龙河（呷尔河）东岸二级阶地上，查尔村南北向冲沟与呷尔河交汇处以北，行政区划隶属于四川省甘孜藏族自治州九龙县呷尔镇查尔村查尔组，地理位置为东经 101°31′，北纬 29°47′，海拔约 2980 米（图一；图版三，1）。隔河与九（龙）冕（宁）公路相望，北距九龙县城呷尔镇约 2 公里。

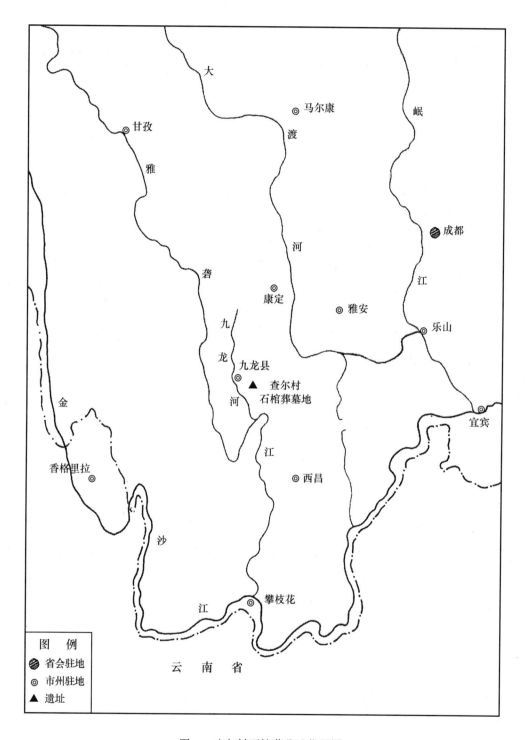

图一　查尔村石棺葬墓地位置图

墓地处于缓坡之上，南北长约 100 米，东西宽约 50 米，总面积约 5000 平方米。2006 年 4 月中旬，查尔村为配合社会主义新农村建设，扩建村内机耕道时发现多座石棺葬。4 月 21 日，应甘孜州文物局的邀请，成都文物考古研究所、阿坝州文物管理所的业务人员进行了现场调查。

施工现场已暴露墓葬 12 座，编号 SJC2006M1～M12，均已残。墓葬表面覆盖有厚 3～4.5 米的泥石流堆积层。墓葬分布较密集，间距为 1.7～2 米（图版三，2）。墓葬方向较为统一，均呈坐北朝南向，其中 M9 方向为北偏东 35°。据调查及村民介绍，墓地内的墓葬可分为 3 组：第 1 组暴露于断坎上，第 2 组位于扩宽的路面下，第 3 组位于机耕道路坎下。已暴露的墓葬中，M3 与 M4 存在上下叠压关系。

墓葬平面形状为梯形，头宽足窄，底宽上窄。埋葬时首先开挖长方形土坑，再以石板或石块砌筑石棺两面侧板，以石板立砌头端及足端挡板，然后以大小不等的石板依次首尾交叠进行覆盖，最后填土（图版三，3）。有的底部铺放石板，有的底部未见石板，尸骨及随葬物品直接置放于黄砂土层上。形成规整的石棺葬和非正规石棺葬两种形制。前者以规整的石板立砌为侧板；后者以石块、片石及卵石夹黄泥砌筑两侧边墙。各墓大小不一，其中 M3 长 2.15、宽 0.75、高 0.8 米。M9 宽 1.1 米。

出土随葬物数量不多，包括陶器、青铜器等。其中 M4 出土陶双耳罐（编号 2006SJCM4:1）1 件，为夹细砂灰褐陶，胎内羼和较细的白色石英颗粒，器表施陶衣并打磨光亮，平口，鼓腹，平底略内凹，器耳宽大，上接口沿，下接罐最大腹径处，口部有两道纵向脊，俯视呈菱形状口，器耳表面有戳印纹。口径 8.2、腹径 13.5、底径 11、通高 14.5 厘米；耳宽 4.5、长 10 厘米（图二）。另有青铜臂钏两件（编号分别为 2006SJCM4:2、2006SJCM4:3），均已残（图版三，4）。

查尔村石棺葬墓地处于雅砻江下游一级支流九龙河（呷尔河）的河谷地带，周边地区发现多处石棺葬墓地，通过比较可以对其年代进行初步判断。查尔村石棺葬 M4 随

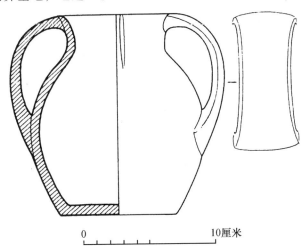

0   10厘米

图二 M4 随葬的陶双耳罐（2006MJCM4:1）

葬陶双耳罐与雅砻江中游的雅江县呷拉本家地、郎德两地石棺葬[1]出土的细泥黑陶双耳罐，泥质灰陶Ⅰ式陶双耳罐，雅砻江上游的甘孜县吉里龙墓地石棺葬[2]Ⅲ式陶双耳罐（M2∶8），雅砻江上游的新龙县谷日石棺葬[3]出土的Ⅰ、Ⅱ、Ⅲ式双耳罐，雅砻江上游一级支流鲜水河流域的石棺葬以炉霍县卡莎湖石棺葬墓地[4]采集的黑陶双耳罐的形态特征相似，只不过陶质陶色及口部等有细微差别。与金沙江中游的巴塘县扎金顶石棺葬墓地[5]M6出土的Ⅰ式陶双耳罐形制也有相似之处。

查尔村石棺葬具备雅砻江流域石棺葬的一些共同特征：①与岷江上游地区典型石棺葬的形制略有差别，有的墓葬四周采用大小不等的石块垒砌，底部铺有石板；②随葬器物少见陶器，多见青铜器、骨器、石器、装饰品等；③随葬的陶双耳罐，器体多较矮胖，口部有两道纵向脊，形成菱形状口。

根据墓葬形制及所出器物与周围地区石棺墓的综合比较，初步判定查尔村石棺葬的年代不晚于汉代前期。

查尔村石棺葬墓群为九龙县境内首次发现的石棺墓，九龙河（呷尔河）为雅砻江下游的一级支流，因此为研究雅砻江流域的石棺墓文化增添了新的实物资料，丰富了川西高原石棺葬的时空分布情况。

附记：参加本次调查的人员有甘孜州文物局的刘玉兵，成都文物考古研究所的陈剑、李平、李彦川，阿坝州文管所的陈学志、范永刚、邓小川。九龙县人民政府对本次调查工作予以大力支持，仅致谢忱。

绘　图：卢引科
摄　影：陈　剑
执　笔：陈　剑　刘玉兵　范永刚

注　释

[1]　甘孜考古队：《四川巴塘、雅江的石板墓》，《考古》1981年3期；甘孜藏族自治州文化馆、雅江县文化馆：《四川雅江呷拉石棺葬清理简报》，《考古与文物》1983年4期。
[2]　四川省文物管理委员会、甘孜藏族自治州文化馆：《四川甘孜县吉里龙古墓葬》，《考古》1986年1期。
[3]　格勒：《新龙谷日的石棺葬及其族属问题》，《四川文物》1987年3期。
[4]　四川省文物考古研究所、甘孜藏族自治州文化局：《四川炉霍卡莎湖石棺墓》，《考古学报》1991年2期。
[5]　甘孜考古队：《四川巴塘、雅江的石板墓》，《考古》1981年3期。

四川西昌市棲木沟遗址 2006 年度试掘简报

成都文物考古研究所
凉山州博物馆
西昌市文物管理所

棲木沟遗址位于西昌市琅环乡红星村五组，地处安宁河西岸的山间坡地之上（图一），高出安宁河河面约 50 米。遗址东西长约 350 米，南北宽约 300 米，面积约 11 万平方米。1975 年长江流域考古调查队发现了该遗址，1987 年文物普查时又调查了该遗址，2003 年 8 月，凉山州博物馆对该遗址进行了进一步的复查，2004 年由四川省考古研究院、凉山州博物馆和西昌市文物管理所组成的联合考古队对该遗址进行了第一次试掘[1]。棲木沟遗址背靠"木耳山"（音译），被一条季节性冲沟一分为二，遗址地表现主要种植小葱、小麦和时令蔬菜。由于历年的耕种，坡改地现象严重，遗址堆积随地势差异保存状况不一，就整体地形而言，堆积随地势呈现西北薄东南厚的态势。

为了配合"安宁河流域考古"区域系统调查项目的进行，2006 年 11 月，由成都文物考古研究所、凉山州博物馆和西昌市文物管理所组成的联合考古队对该遗址进行了第二次试掘。旨在进一步了解该遗址的文化内涵、时代和生业环境等相关信息。本次试掘地点位于 2004 年发掘位置的东面，两地之间相距不到 2 米，地表现种植玉米，地理坐标为北纬 28°02′76.7″，东经 102°08′40.6″；海拔 1527 米 ± 10 米。依地势布方，方向 38°，布 5 米 × 5 米的探方 4 个，加上扩方，实际发掘面积 102 平方米。遗址代码为 2006XLX，探方编号按顺序编排，为 2006XLX T1 ~ T4。本次试掘发现了竖穴土坑墓 3 座，瓮棺葬 1 座，建筑遗迹 1 座，灰坑 3 个以及相当数量的柱洞等遗迹现象（图二），同时出土了相当数量的陶器、石器以及少量的铜器。现将本次发掘的收获简报如下。

一、地层堆积

由于该遗址地处安宁河谷一级台地之上，整个遗址的文化层呈斜坡状堆积，西高东低。发掘地点地势较为平整，文化层大致呈水平状堆积。为了发掘与记录工作的方便，地层经过统一划分。现以 T3 和 T4 的北壁剖面为例，简述如下（图三）。

第 1 层：灰褐色耕土层，结构疏松，厚 20 ~ 30 厘米，堆积形状呈水平状。包含物有植物根茎、现代垃圾及红烧土颗粒和夹砂陶片、瓦片、砖块等。

第 2 层：灰黑色砂土，结构板结，质地坚硬，厚 0 ~ 60 厘米。堆积形状呈水平状。

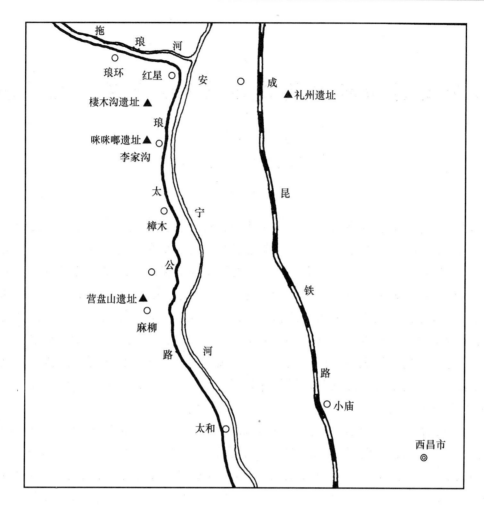

图一　地理位置示意图

包含物有夹砂陶片、青花瓷片、白瓷片等。时代推测为明清时期。该层叠压有 M3 和 W1。

第 3 层：黑灰色砂土，结构较为疏松，厚 0～25 厘米。堆积形状呈水平状，西北相对较薄，东南稍厚。包含物有较为丰富的夹砂和泥质黑陶片、石块、红烧土颗粒、炭屑及少量的石器。陶器有带耳罐、豆、杯、壶、瓮、罐等；石器有砍砸器、刀、斧、锛、砺石等。时代推测为战国至西汉时期。M1、M2、H1～H3、F1 以及柱洞等遗迹单位均叠压于该层之下。

第 4 层：灰黄色砂土，结构紧密，厚 30～35 厘米。堆积形状呈水平状，仅发掘区内东南部有分布。地层堆积中有少量的炭屑和大量的砂砾，未见其他文化遗物出土。

第 4 层以下为结构较为紧密的黄灰色砂砾生土。

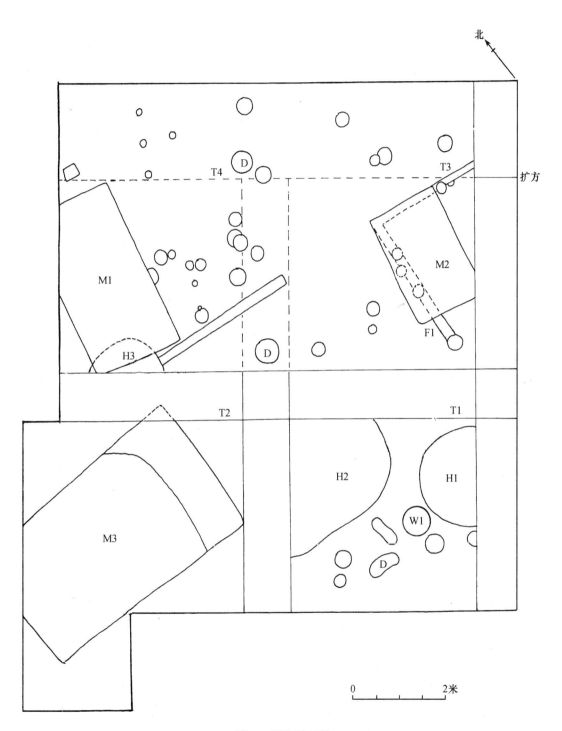

图二 遗迹平面图

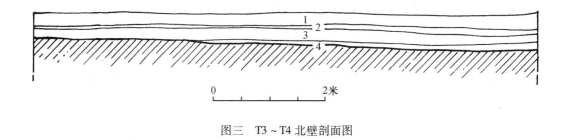

图三　T3～T4 北壁剖面图

二、第 3 层下遗迹及出土遗物

　　此次发掘发现的遗迹现象有土坑墓、瓮棺葬、灰坑以及建筑遗迹等。这些遗迹现象多叠压于第 3 层之下，相互打破关系清晰。土坑墓发现 2 座，坑口均被扰动，墓室遭到了严重的破坏。其平面形状均为长方形竖穴土坑墓，墓室内未发现葬具和人骨痕迹。两墓均出土有一定数量的随葬品。另外在发掘区内第 3 层下还发现大量的柱洞遗迹，柱洞的平面形状以圆形居多，另有少量的椭圆形。由于发掘面积有限和保存现状不佳，与这些柱洞遗迹相关的建筑遗迹的形式与形状并不清晰，从平面上难以寻到其分布规律。灰坑的平面形状以圆形居多，底多呈锅底状，填土中出土的文化遗物较少，主要为灰烬、碎陶片和砾石等。陶片较为残碎，均不可辨其器形，但陶质和陶色则与第 3 层的常见的陶器质地与颜色一致。

1. M1

　　位于 T4 的西侧，为竖穴土坑墓。由于距离现地表较浅，墓葬的开口被严重扰乱，开口于第 3 层之下，南部叠压于 H3 之上，打破生土。方向 20°。平面形状呈长方形，长约 3.66、宽 1.8、残深 0.26 米，墓口距离地表 0.34 米，底距地表 0.6 米，底部随坡势而倾斜，西北高东南底。墓室内的填土为黄黑色黏土，结构紧密，内含有少量的木炭灰烬，夹杂有大量的碎陶片。由于距地表浅，墓室内的随葬品被严重扰乱，除了中部的壶、罐、杯、铜环以及北部的石刀未被扰动，可确定为随葬品外，其余器物均被扰动。特别是墓室西北部的地势较高的位置有着大量的陶片分布，从墓底残碎陶片的质地、颜色以及器形分析，这些碎陶片也可能是该墓室的随葬品。其余器物为填土中出土，无法确认其是否为随葬品。墓室内未发现人骨和葬具的痕迹，葬式和葬具不明（图四）。

　　杯　8 件。依据口部形态的差异，可分二型。

　　A 型　5 件。多为残片。敞口，杯壁上部内弧，一般为高圈足。M1:5，泥质黑皮陶。尖圆唇，深腹。杯下腹装饰七道平行凹弦纹。口径 10.5、通高 17.5 厘米；足高 8.6、足径 5.8 厘米（图五，3）。M1:19，泥质黑皮陶。圆唇。口径 12、残高 2.5 厘米（图六，3）。M1:12，泥质红皮陶。圆唇，深腹。口径 10.5、残高 6.5 厘米（图六，5）。M1:10，泥质黑皮陶。尖唇。口径 9、残高 2 厘米（图六，6）。M1:11，泥质黑皮陶。圆唇。口径 11、残高 3 厘米（图六，7）。

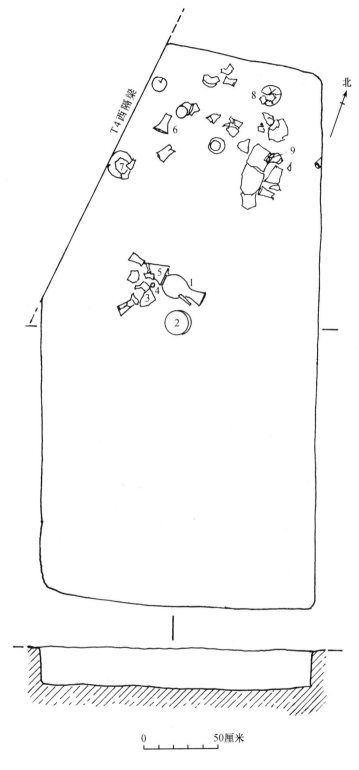

图四　M1 平、剖面图
1. 壶　2. 罐　3、5. 杯　4. 铜环　6、7. 舢形器　8. 瓮　9. 石刀

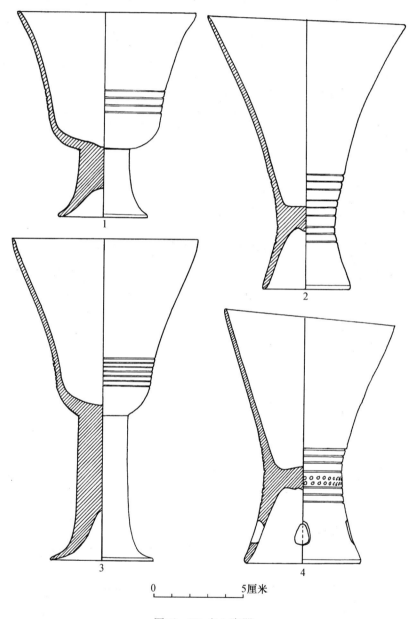

图五　M1 出土陶器

1. B 型杯（M1:8）　2、4. 觚形器（M1:7、M1:6）　3. A 型杯（M1:5）

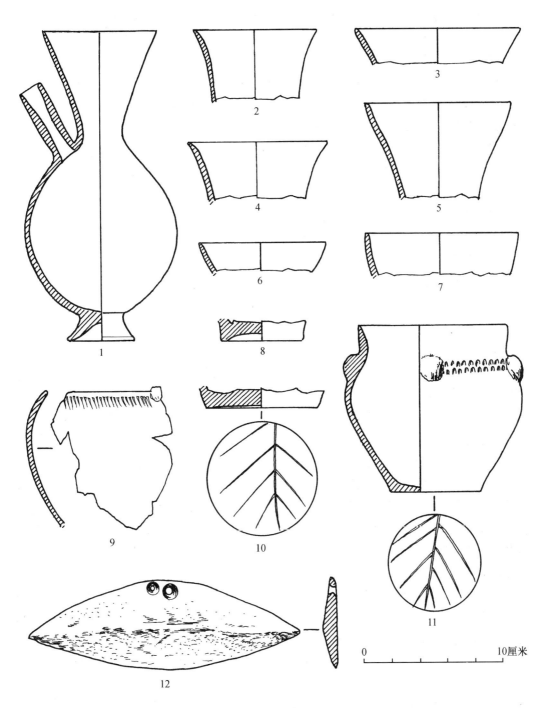

图六　M1 出土陶、石器

1. 带流壶（M1∶1）　　3、5～7. A 型杯（M1∶19、M1∶12、M1∶10、M1∶11）　　2、4. B 型杯（M1∶13、M1∶15）

8. B 型器底（M1∶24）　　9. 瓮形器（M1∶25）　　10. A 型器底（M1∶21）　　11. 罐（M1∶2）　　12. 石刀（M1∶9）

B 型 3 件。侈口，杯壁上部外微弧，一般为矮圈足。M1：8，泥质黑皮陶。尖圆唇，腹部相对较浅。杯下腹装饰四道平行凹弦纹。口径 10、通高 11.2 厘米；足高 3.8、足径 5 厘米（图五，1）。M1：13，泥质黑皮陶。平唇。口径 9、残高 5 厘米（图六，2）。M1：15，泥质黑皮陶。圆唇。口径 10、残高 4 厘米（图六，4）。

瓠形器 2 件。口部不在同一平面之上是此类器物一大特点。侈口，深腹，矮圈足。M1：7，泥质黑皮陶。尖圆唇。杯腹部和圈足上装饰十道平行凹弦纹。口径 11、通高 14.5 厘米；足高 4.5、足径 5 厘米（图五，2）。M1：6，泥质黑皮陶。尖圆唇。杯腹部和圈足上装饰七道平行凹弦纹，其中在圈足和杯结合处两条弦纹间装饰两圈戳印圆圈纹。口径 9.5、通高 13.5 厘米；足高 5.3、足径 6.5 厘米（图五，4）。

带流壶 1 件。M1：1，夹砂灰陶。尖唇，侈口，束颈，肩部上有一管状流，球形腹，喇叭状圈足。口径 8.4、通高 21.6、底径 5 厘米（图六，1）。

罐 1 件。M1：2，夹砂灰褐陶。尖唇，侈口，弧肩，鼓腹，平底。肩部上装饰一圈由三条戳印点纹组成的纹饰带，纹饰带上有对称的乳钉；底部施叶脉纹。口径 10.7、通高 11.4、底径 6.5 厘米（图六，11）。

器底 3 件。依据底部形态差异，可分二型。

A 型 2 件。平底。M1：21，夹砂灰褐陶。平底微内凹。底部装饰叶脉纹。底径 8、残高 3、底厚 1 厘米（图六，10）。

B 型 1 件。凹底，即假圈足。M1：24，夹砂灰褐陶。底径 5.8、残高 1.5、底厚 0.7～1.5 厘米（图六，8）。

瓮形器 1 件。M1：25，夹砂灰褐陶。口部残，鼓肩。肩部装饰有戳印条纹和弦纹，近唇部还有乳钉装饰。残高 9.5 厘米（图六，9）。

圈足 8 件。为杯的圈足，均为泥质陶。依据足部高矮，可分二型。

A 型 4 件。高圈足，足部呈倒置喇叭口状；足部细长，胎壁相对较薄。M1：28，泥质黑皮陶。残留杯身下部，近圈足处装饰数圈凸弦纹。器残高 8、足径 6、足高 6 厘米（图七，1）。M1：22，泥质黑皮陶。足径 5.8、足残高 8.5 厘米（图七，5）。M1：16，泥质黑皮陶。足径 7、足高 9 厘米（图七，4）。M1：19，泥质黑皮陶。足部中部装饰四个镂孔。足残高 8 厘米（图七，3）。

B 型 4 件。矮圈足，足部呈倒置侈口状；足部短粗，胎壁较厚。M1：23，泥质黑皮陶。器残高 8、足径 6.1、足高 4.4 厘米（图七，2）。M1：17，泥质黑皮陶。足部中部装饰两圈戳印圆圈纹。足径 6.8、足残高 5.5 厘米（图七，6）。M1：18，泥质黑皮陶。足径 6.8、足残高 2.5 厘米（图七，7）。M1：26，泥质黑皮陶。足径 6.6、足高 4 厘米（图七，8）。

桥形耳 1 件。M1：27，夹砂灰褐陶。高约 3.4、厚 0.7 厘米（图七，9）。

石刀 1 件。M1：9，褐灰色硅质岩，表面磨制光滑。平面形状呈梭子状，中部起棱，顶部有两个对穿圆孔，弧刃。通长 19.6、最宽处 6、厚 0.4～1.2 厘米（图六，12）。

铜环 1 件。因锈蚀严重，无法提取。

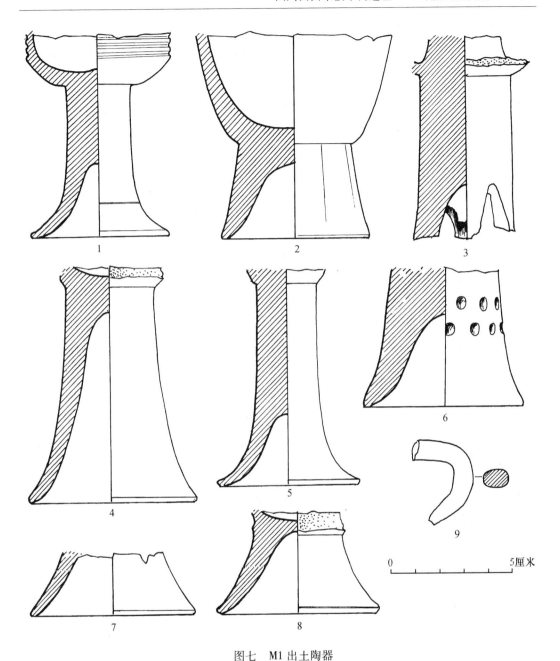

图七　M1 出土陶器

1、3～5. A 型圈足（M1:8、M1:19、M1:16、M1:22）　　2、6～8. B 型圈足（M1:23、M1:17、M1:18、M1:26）

9. 桥形耳（M1:27）

2. M2

位于 T3 的东侧，为竖穴土坑墓。由于距现地表较浅，墓葬的开口被严重扰乱，开口于第 3 层之下，大部叠压于 F1 之上，打破生土。方向 10°。平面形状呈长方形，长约 2.4、宽 1.56、残深 0.15 米，底部随坡势而倾斜，北高南低。墓室内的填土为黄黑色黏土，结构紧密，内含少量的木炭灰烬，夹杂有大量的碎陶片，由于距地表浅，墓室内的随葬品被严重扰乱，除了北部的石刀未被扰动，能确认为墓葬随葬品外，墓室底部其余的器物均被严重扰动，但从质地和器形观察，很可能为该墓随葬品。墓室的填土出土了一批陶片，可辨器形有杯、圈足器等，暂无法确认其是否为墓室随葬品。未发现人骨和葬具的痕迹（图八）。

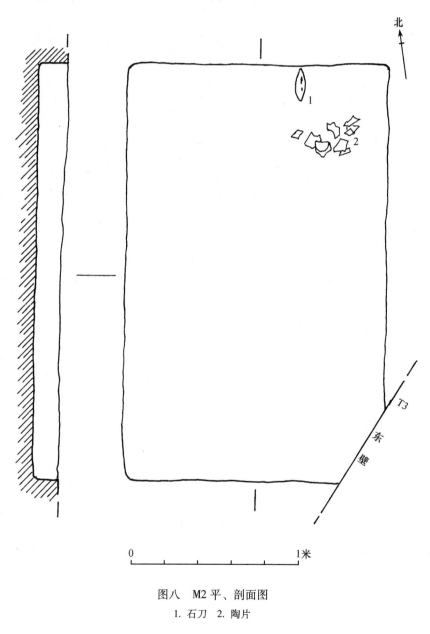

图八　M2 平、剖面图
1. 石刀　2. 陶片

圈足　8 件。为杯的圈足，均为泥质陶。依据足部高矮，可分二型。

A 型　4 件。高圈足，足部呈倒置呈喇叭口状；足部细长，胎壁相对较薄。M2：5，泥质黑皮陶。器残高 7、足径 5 厘米（图九，12）。

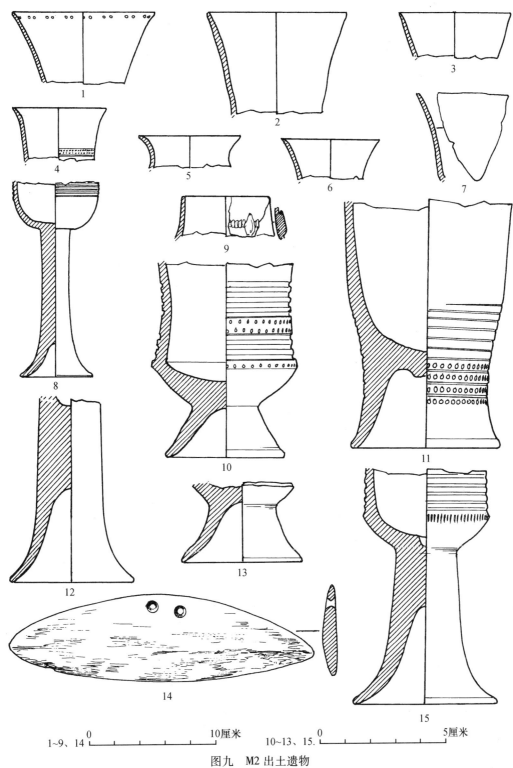

图九 M2 出土遗物

1、2. 壶（M2:19、M2:12） 3、4、6、7. B 型杯形器（M2:11、M2:9、M2:10、M2:6） 5. 罐（M2:15）
8. A 型圈足杯（M2:7） 9. C 型杯形器（M2:14） 10. Bb 型圈足杯（M2:4） 11. 觚形器（M2:8） 12. A 型
圈足（M2:5） 13. B 型圈足（M2:2） 14. 石刀（M2:1） 15. Ba 型圈足杯（M2:3）

B 型 4 件。矮圈足，足部呈倒置呈侈口状；足部短粗，胎壁较厚。M2：2，泥质黑皮陶。足径4.8、足残高3厘米（图九，13）。

瓿形器 1 件。口部残，矮圈足。M2：8，泥质黑皮陶。杯腹部和圈足上装饰十道平行凹弦纹，在圈足上还装饰戳印圆圈纹与弦纹组成的纹饰带。残高9.6、足高3.6、足径6厘米（图九，11）

杯形器 6 件。依据口部形态的差异，可分三型。

A 型 1 件。侈口。M2：13，泥质黑皮陶。尖唇，近直腹。腹部上装饰两条弦纹间填以戳印点纹的纹饰带，纹饰带下再饰以交叉细网格划纹。口径7.5、残高4厘米。

B 型 4 件。喇叭口状。M2：11，泥质黑皮陶。尖唇，斜腹。近口部杯壁上遗留有轮制痕迹。口径9、残高3.5厘米（图九，3）。M2：9，泥质黑皮陶，器壁较薄。尖唇，斜腹。腹部上装饰由数条弦纹将戳印点纹分割组成的纹饰带。口径7.5、残高4厘米（图九，4）。M2：10，泥质黑皮陶，器壁较薄。尖唇，斜腹。口径7.5、残高3厘米（图九，6）。M2：6，泥质黑皮陶。尖圆唇，斜腹。复原口径12、残高6.7厘米（图九，7）。

C 型 1 件。直口。M2：14，泥质黑皮陶。圆唇，弧腹。上腹部装饰着由两条弦纹间填以两圈戳印点纹组成的纹饰带；纹饰带还可见"鸡冠状"乳钉装饰。口径7、残高3.2厘米（图九，9）。

壶 2 件。口部形态一般都呈喇叭口状，一般都为带流壶。M2：19，泥质黑陶。尖圆唇，斜腹。口部内侧装饰着一圈两个一组的戳印点纹。口径11.5、残高5.5厘米（图九，1）。M2：12，夹砂褐陶。尖圆唇，斜腹。口径11、残高7.9厘米（图九，2）。

罐 1 件。M2：15，夹砂灰褐陶。圆唇，敞口，卷沿，束颈。口径8、残高2.5厘米（图九，5）。

圈足杯 3 件。依据杯身下腹部形态差异，可分二型。

A 型 1 件。弧腹，一般为高圈足，近灯形器。M2：7，泥质黑皮陶。深腹，喇叭口状高圈足。腹部装饰数道凹弦纹。腹径7、器残高15厘米；足高11.5、足径6厘米（图九，8）。

B 型 2 件。折腹，一般圈足相对较矮。依据足部高矮差异，可分二亚型。

Ba 型 1 件。高圈足。M2：3，泥质磨光黑皮陶。深腹，喇叭口状高圈足。腹部装饰数道凹弦纹和一条戳印纹带。腹径5、器残高9厘米；足高6、足径5.8厘米（图九，15）。

Bb 型 1 件。矮圈足。M2：4，泥质黑陶。深腹，喇叭口状矮圈足。腹部装饰数道凹弦纹和三圈戳印点组成的纹饰带。腹径5、器残高7.5厘米；足高3、足径4.8厘米（图九，10）。

石刀 1 件。M2：1，青灰色硅质岩，表面磨制光滑。平面形状近梭子状，中部微起棱，顶部有两个对穿圆孔，弧刃。通长24.4、最宽处6.8、厚0.2～1.2厘米（图九，14）。

3. H1

位于T1东部，H2位于其西侧。H1的地势高于H2。开口于第3层之下，打破生土。其东侧叠压于发掘区外，未扩方清理。坑口平面形状大致呈圆形，坑壁呈弧形，斜坡状底。坑口直径 1.11~2.4、深 0.21~0.42 米。填土为灰褐色砂土，结构疏松，包含物有红烧土颗粒、夹砂陶片、草木灰烬等（图一〇，1）。

4. H2

位于 T1 西部，H1 位于其东侧。开口于第 3 层之下，打破生土。其东侧叠压于 T2 的东隔梁下，未扩方清理。坑口平面形状大致呈椭圆形，坑壁呈斜坡状，锅底状底。坑口直径 1.98~2.85、深 0.51 米。填土为灰褐色砂土，结构疏松，包含物有红烧土颗粒、夹砂陶片、草木灰烬等，陶片较为少见（图一〇，2）。

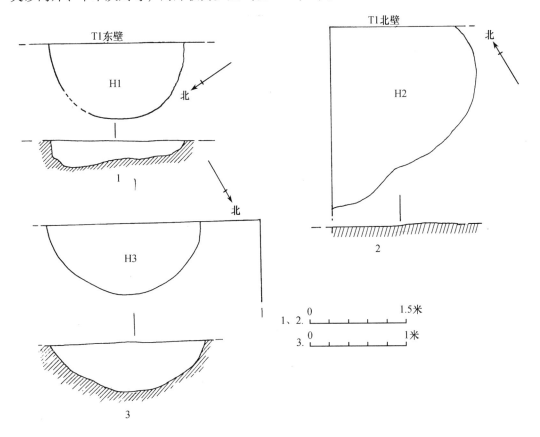

图一〇　H1~H3 平、剖面图

5. H3

位于 T4 西南部，M3 位于其北侧，被 M1 打破。开口于第 3 层之下，打破生土。其东侧叠压于 T2 的北隔梁下，未扩方清理。坑口平面形状大致呈椭圆形，坑壁呈斜坡状，锅底状底。坑口直径 1.05~2.4、深 0.78 米。填土为灰褐色砂土，结构疏松，包含物有红烧土颗粒、夹砂陶片、草木灰烬等，陶片较为少见（图一〇，3）。

6. F1

位于 T3 东南，叠压于 M2 之下，打破第 4 层。其东北部位于发掘区外，未扩方清理。该建筑整体平面形状大致呈长方形，揭露长度 2.68、宽约 2.04 米。其建造形式为基槽式，揭露部分基槽内发现 6 个柱洞，柱洞平面形状以圆形多见，另有少量近似椭圆形，柱洞填土为浅褐灰色黏土，结构疏松，内含少量夹砂陶片和炭屑。柱洞坑口直径一般为 0.15 ~ 0.3、深 0.15 ~ 0.2 米（图一一）。

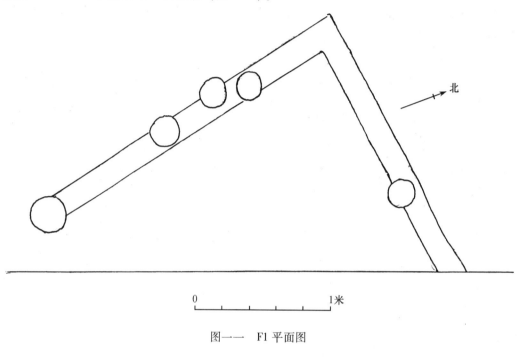

图一一　F1 平面图

三、第 3 层出土遗物

本次发掘地层出土遗物主要集中在第 3 层，由于后期人为耕作活动的影响，其原生地层堆积遭到了极大的破坏，仅出土了少量的陶片和石器。陶片主要以泥质黑皮陶居多，另有少量的夹砂灰褐陶。器形主要有双耳罐、壶、杯、无耳罐等。其中夹砂陶主要见双耳罐、壶、罐等；而黑皮陶则以杯最多见。陶器表面多饰以纹饰，常见的有叶脉纹、锥刺纹、戳印点纹、弦纹、绳纹等（图一二）。石器以砍砸器居多，另有少量的斧、杵、砺石等。

无耳罐　12 件。依据口部形态的差异，可分四型。

A 型　4 件。侈口。依据沿部形态差异，可分二亚型。

Aa 型　2 件。卷沿。T1③:12，夹砂灰褐陶。圆唇，束颈。颈部和肩部装饰有粗绳纹。口径 35、残高 9 厘米（图一三，13）。

Ab 型　2 件。折沿，小口，口部近盘口。T1③:23，夹砂灰褐陶。口径 16、残高 3

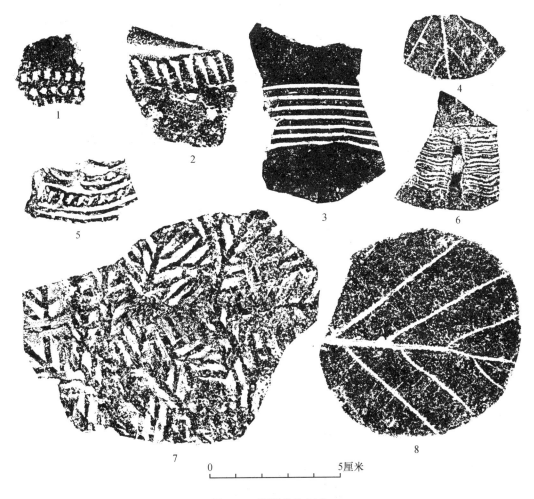

图一二　陶器纹饰拓片

1. 戳印纹（M1:6）　2. 压印纹（M1:9）　3. 弦纹（M1:5）　4、8. 叶脉纹（M1:14、M3:31）　5. 附加堆纹
与压印纹（T4③:4）　6. 划纹与附加堆纹（M3:21）　7. 绳纹（M3:18）

厘米（图一三，5）。

B 型　6 件。敞口，圆唇，卷沿。T3③:15，夹砂褐陶。溜肩。肩部和颈部结合部装饰数道水波划纹。口径 22、残高 7.5 厘米（图一三，4）。T3③:20，夹砂红褐陶。口径 12、残高 4 厘米（图一三，6）。T1③:22，夹砂灰褐陶。口径 18、残高 4.5 厘米（图一三，7）。

C 型　1 件。敛口。T1③:10，夹砂褐陶。圆唇，折沿。口径 18、残高 4 厘米（图一三，3）。

D 型　1 件。近直口。T1③:18，夹砂褐陶。尖圆唇。口径 29、残高 4.5 厘米（图一三，10）。

高领罐　1 件。侈口，折沿，高领。T3③:17，夹砂灰褐陶。口径 26、残高 6.5 厘米（图一三，2）。

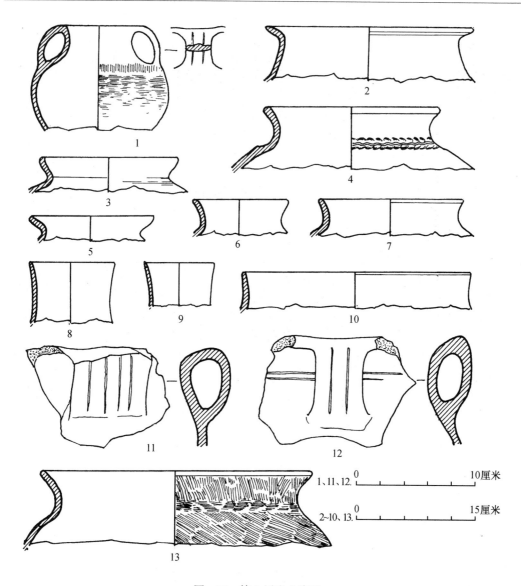

图一三　第3层出土陶器

1. 双耳罐（T3③:12）　2. 高领罐（T3③:17）　3. C型无耳罐（T1③:10）　4、6、7. B型无耳罐（T3③:15、T3
③:20、T1③:22）　5. Ab型无耳罐（T1③:23）　8. A型杯（T3③:10）　9. B型杯（T4③:3）　10. D型
无耳罐（T1③:18）　11、12. 带耳罐（T3③:13、T3③:11）　13. Aa型无耳罐（T1③:12）

杯（壶形器）　3件。均为泥质，胎土质地细腻。依据口部形态差异，可分二型。

A型　2件。敞口。T3③:10，泥质黑皮陶。尖唇，深腹。口径11、残高7.5厘米（图一三，8）。

B型　1件。侈口。T4③:3，泥质黑皮陶。尖唇，深腹。口径9、残高5厘米（图一三，9）。

带耳罐　8件。矮领。短耳，耳从唇部一直延伸到肩部。耳部剖面呈竖椭圆形，宽鋬耳。T3③:13，夹砂灰褐陶。口微敛。耳面由五条泥条捏合而成。残高8.4厘米；耳长 6.2、宽 6.4 厘米（图一三，11）。T3③：11，夹砂褐陶。敞口。耳面上有两道凹槽。颈和肩结合部装饰有两道弦纹。残高 8.8 厘米；耳长 3.2、宽 2.2 厘米（图一三，12）。

双耳罐　2 件。体量较小。T3③：12，夹砂灰褐陶。口微侈，矮领，鼓肩。短耳，耳从唇部一直延伸到肩部。耳部剖面呈斜椭圆形，宽銎耳，耳面上有两道凹槽，耳中部横装饰附加泥条纹。肩部以下部分装饰细绳纹。口径 7、残高 8.6 厘米；耳长 3.2、宽 2.2 厘米（图一三，1）。

杯　3 件。器物均为残件，未见可复原者。依据足部高矮和腹部形态差异，可分二型。

A 型　2 件。高圈足，深弧腹。T4③：2，泥质黑陶。器残高 7.4 厘米；足高 3.5、足径 5.3 厘米（图一四，1）。

B 型　1 件。矮圈足，下腹部呈折腹状。T3③：16，泥质黑陶。足部底部微内斜。器残高 5.7 厘米；足高 2、足径 5.3 厘米（图一四，2）。

网坠　1 件。T1③：20，夹砂红褐陶。平面形状呈梭子状。顶端遗留绳索绑缚的痕迹，一端残缺一部。两端有孔道，中部上下也有孔道，两条孔道形成十字交叉状。通长 8.4、直径 2.5、壁厚 1.1～1.3、孔径 0.2～0.3 厘米（图一四，5）。

器流　2 件。T1③：20，夹砂灰褐陶。圆管状。长 9.8、直径 2、壁厚 0.5 厘米（图一四，10）。T1③：23，夹砂褐陶。残长 6.7、直径约 1.8、壁厚约 0.4 厘米（图一四，11）。

圈足　5 件。依据足部的高矮和平面形态差异，可分二型。

A 型　3 件。高圈足，足部呈倒置杯状。T4③：3，泥质黑陶。器残高 8.7 厘米；足高 8.4、足径 6.5 厘米（图一四，4）。

B 型　2 件。矮圈足，足部呈倒置碗状。T3③：22，泥质黑陶。器残高 3 厘米；足高 2.8、足径 6.5 厘米（图一四，3）。

器底　6 件。均为小平底。T1③：25，夹粗砂褐陶。底部装饰有叶脉纹。底径 8、残高 3.5、底厚 1～1.4 厘米（图一四，6）。T4③：19，夹砂灰褐陶。底部装饰有叶脉纹。底径 7.5、残高 2、底厚 0.8～1 厘米（图一四，7）。T2③：9，夹砂黑褐陶。底部装饰有叶脉纹。底径 5.1、残高 1.5、底厚 0.5～0.7 厘米（图一四，8）。T3③：20，夹砂灰褐陶。底径 7、残高 1、底厚 0.6 厘米（图一四，9）。

石斧　1 件。T3③：1，灰色石质。平面形状呈长方形，弧刃。刃部两端各有一个崩疤。背面近刃部残缺一段。通长 9.9、厚 1.7、宽 2.5～4 厘米（图一五，1）。

石杵　3 件。长条状。T3③：3，残断，灰褐色砾石。研磨面有显著研磨痕迹，已磨平。残长 9.5、厚 2.9～3.7、宽约 4 厘米（图一五，2）。T3③：5，褐色砾石。研磨面有显著研磨痕迹。平面形状呈椭圆形。通长 14.5、厚 3.5、宽约 4.3 厘米（图一五，5）。

盘状砍砸器　5 件。一般都是砾石，平面形状呈圆形，石器周边有显著的打制痕迹，上下两个台面保留自然面。T4③：1，灰褐色砾石。直径 7.5～8、厚 3 厘米（图一五，4）。

砺石　4 件。从残留面观察，其平面形状为盘状或圆形。T1③：2，灰褐色砂岩。残长 11、宽 6.5～7.7、厚 1.2～2.9 厘米（图一五，6）。

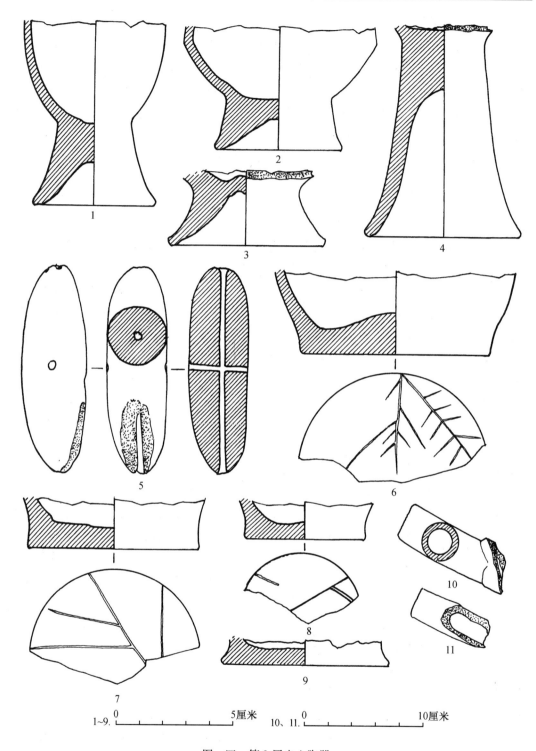

图一四　第3层出土陶器

1. A型杯（T4③:2）　2. B型杯（T3③:16）　3. B型圈足（T3③:22）　4. A型圈足（T4③:3）　5. 网坠
（T1③:20）　6~9. 器底（T1③:25、T4③:19、T2③:9、T3③:20）　10、11. 器流（T1③:20、T1③:23）

图一五 第 3 层出土石器

1. 石斧（T3③:1） 2、5. 石杵（T3③:3、T3③:5） 3. 石器（采:1） 4. 盘状砍砸器（T4③:1）
6. 砺石（T1③:2）

石器　1件。平面形状呈长条状。采:1，灰色砾石。一端细，一端粗。长12、宽1.1~2.1、厚1.1厘米（图一五，3）。

四、第 2 层下的遗迹与遗物

第2层下的遗迹仅发现 M3 和 W1，它们均打破第3层，由于距离地表较浅，坑口被严重扰动

1. M3

位于 T2 中部，为竖穴土坑墓。墓葬的开口被严重扰乱，开口于第2层之下，打破第3层。方向84°，与 M1 和 M2 接近垂直。平面形状呈长方形，长约4.98、宽3.1、残深0.6米；底部东部有一长条状生土二层台，高0.2、宽1~1.64米。斜直壁，平底。墓内填土为灰褐色砂土，结构疏松，内含大量的木炭灰烬，夹杂大量的碎陶片和石器以及砾石等。这些陶片的质地、颜色以及石器类型与第3层中出土的同类遗物一致。墓室内未发现人骨和葬具以及随葬品的痕迹（图一六）。

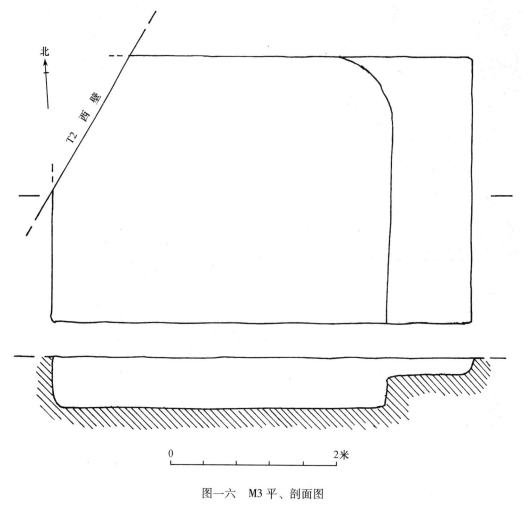

0　　　　　　　　　2米

图一六　M3 平、剖面图

砍砸器 5件。器形和石料大致一致，平面形状呈圆盘状。均为鹅卵石打制而成，器物周缘遗留有显著的崩疤和反射线状破裂面，而器物的正反两面一般都为岩石的自然面。M3:5，灰褐色砾石。直径7.3~7.5、厚2.4厘米（图一七，1）。M3:6，灰色砾石。直径8.2~8.4、厚2.6厘米（图一七，2）。M3:1，青灰色砾石。直径10.4~10.6、厚4.2厘米（图一七，3）。

2. W1

位于 T1 中部，H1 西南，西为 H2。开口于第 2 层之下，打破第 3 层。瓮口方向为西北向。坑口平面形状呈椭圆形，坑壁呈弧形；坑底呈弧状，不甚规整。由于距地表较浅，坑口被严重扰乱。现存坑口直径为 0.51~0.54、残深 0.28~0.3、底径 0.25 米。填土为灰褐色砂土，结构略为紧密，内含少量的红烧土颗粒及少量炭屑和残陶片，堆积形状随地势呈斜坡状。瓮棺内随葬 1 件陶罐，未发现人骨遗留（图一八）。

瓮 1件。W1:1，夹砂灰褐陶。口沿残，弧肩，深腹，下腹内收，平底。腹最大径30、残高37.6、底径14.8厘米（图一九，1）。

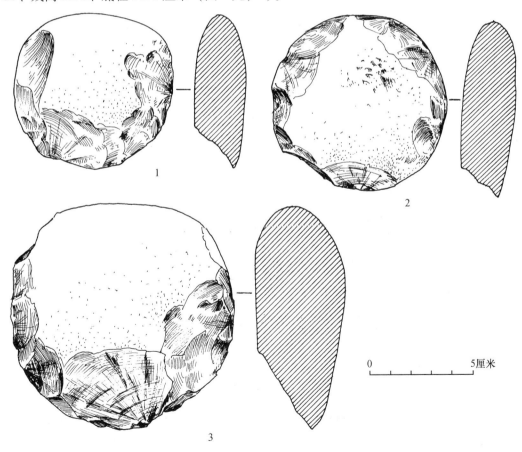

1

2

0   5厘米

3

图一七 M3 出土砍砸器

1. M3:5 2. M3:6 3. M3:1

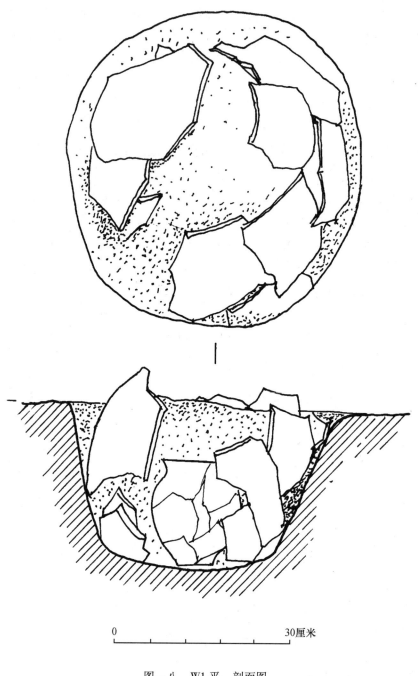

0   30厘米

图一八　W1 平、剖面图

罐　1 件。W1:2，夹砂灰褐陶。侈口，卷沿，束颈，弧肩，鼓腹，下腹内收，小平底。口径 12.8、通高 19.2、底径 5.6 厘米（图一九，2）。

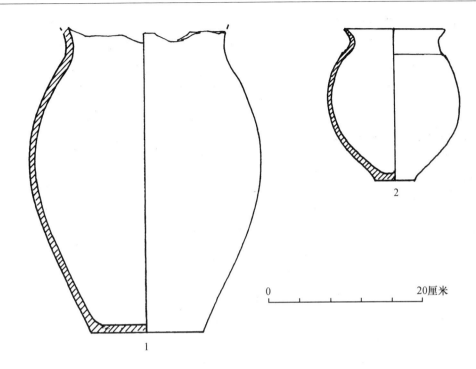

图一九　W1 瓮棺及出土陶罐
1. 陶瓮（W1∶1）　　2. 陶罐（W1∶2）

五、结　　语

棱木沟遗址 2006 年度的发掘共发现了 3 座长方形竖穴土坑墓、1 座瓮棺、3 个灰坑以及 1 座建筑遗迹和大量的柱洞，同时还出土了许多具有鲜明地域特色的遗物。这些遗迹与遗物的发现与出土充分反映出该遗址是安宁河流域一处延续时间较长的重要聚落。本次发现的长方形竖穴土坑墓为安宁河流域东周时期丧葬习俗研究提供了重要的考古材料，它反映出安宁河流域古代居民在东周时期除了流行大石墓外，土坑墓也是其重要的埋藏方式。这些墓葬中出土的随葬器物具有鲜明地域特征，它们的出土极大地丰富了安宁河流域先秦文化的内涵与外延。墓室内（M1、M2）随葬遗物以泥质黑皮陶为主的圈足杯、带流壶、瓢形器、罐等陶器以及石刀等是其基本组合形式，虽然墓葬由于距离地表太浅，被严重破坏，其原初的随葬器物组合已经不可能完全复原，但其填土和墓底遗留的陶片仍为我们了解该时期墓葬随葬器物的组合与形制提供了重要的实物依据。

虽然该遗址的地层堆积遭后期人为活动的严重扰动，保存状况不甚理想。但从叠压于该层下的遗迹单位出土的遗物与第 3 层出土遗物的差异程度来看，该遗址有着清晰的叠压或打破关系。我们可将该遗址初步分为三个时期：

第一期　包括 H1、H2、H3 和 F1。均叠压于第 3 层下，其中 M1 打破 H3，M2 叠压于 F1 之上，H1 和 H2 同 H3 出土器物和形制一样，它们应为同时期遗存，我们认为灰坑与建筑遗迹的时代要早于同一层位的墓葬。F1 的建筑形式和平面形状同 2004 年度发掘的晚期阶段的建筑遗迹（叠压于 3B 层下）的形状与建筑方法和形式非常接近，它们可能为同一时期的遗存，原报告认为该遗址晚期遗存的时代约在战国中期。2004 年度发现的属于横栏山文化类型的陶器在本年度的发掘中没有发现[2]，推测可能是后期破坏所致。我们初步认为该遗址以 H1、H2、H3 和 F1 为代表第一期应当同 2004 年度晚期遗存的时代接近，可能为战国中晚期。

第二期　包括 M1、M2 和第 3 层。M1 和 M2 均叠压于第 3 层下，因此该期也可分早、晚两段。M1 和 M2 为早段，出土遗物以圈足杯、瓠形器、带流壶、穿孔石刀等为其基本组合。M1 和 M2 出土的圈足杯、瓠形器、圈足带流壶同西昌赵山碑器物坑[3]、拉克四合大石墓[4]、坝河堡子 M4、M6[5] 等出土的同类器物一致，并且两地之间的直线距离非常接近，可能属于同一文化遗存。赵山碑器物坑的时代在西汉早中期，拉克四合大石墓 M4、M6 时代约在战国中晚期，坝河堡子 M4、M6 的时代约在西汉中期以前。这些陶器风格与礼州遗址[6] 土坑墓中出土的同类器物有着明显的承袭关系，特别是带流壶属于较为晚近的形式，流已经移至肩与领的结合部，礼州遗址的时代目前研究认为属于春秋时期[7]。该期遗物风格属于晚近形式，因此第二期早段的时代大约在战国晚期至西汉早期之间。第 3 层为该期的晚段，出土的器物主要为宽双耳罐、高领罐、石杵、盘状砍砸器等。第 3 层下的土坑墓出土的杯、瓠形器、带流壶、穿孔石刀等则与第 3 层出土的以双耳罐为大宗器物组合差异较大，它们的器物组合有着明显的差异。二者之间也有着共同的器物，如杯、罐、壶等，虽然第 3 层出土了部分与 M1、M2 出土相似陶器，但地层中常见的砍砸器、宽双耳罐却不见于 M1 和 M2，其共同文化因素的遗物或许是后期扰动早期堆积所致。第 3 层出土的双耳罐、石杵、盘状砍砸器以及流行剔刺纹、叶脉纹、绳纹等陶器装饰同王家田遗址[8]，大石墓第二、三期[9] 之间的同类器物非常接近。第 3 层出土的宽錾双耳罐、无耳卷沿罐、高领罐等器物是安宁河流域大石墓和同时期遗址中流行的器物，且未发现典型中原汉文化器物，传统上认为西南夷地区出现典型汉文化的因素的时期一般在西汉中期以后，因此第二期晚段的时代推测大致在西汉中晚期。

第三期　包括 M3 和 W1。M3 保存状况相对较好，墓室方向与 M1、M2 不一样，墓室结构相对复杂，出现了生土二层台，遗憾的是该墓室内未发现随葬器物，对于彼此之间的横向比较缺乏必需的实物资料，但墓室填土中发现的砍砸器以及陶片的质地与颜色与第 3 层堆积中出土的同类器物一致，我们认为该墓的时代晚于第 3 层。而瓮棺葬出土的器物与营盘山遗址发现的瓮棺葬的葬式和形制则基本一致，其时代可能接近。由于该遗址中未发现典型汉文化遗物的出土，而一般认为典型汉文化遗物在安宁河流域乃至西南夷地区的出现普遍是在西汉中期以后。M3 的墓葬形制和结构同西昌经久马鞍山遗址发现的 M1 非常接近[10]，而 W1 同营盘山遗址发现的瓮棺葬的形制亦非常接近[11]，马鞍山遗址 M1 出土了釜、罐等西昌地区东汉初期的遗物，而营盘山瓮棺葬的时代约在西汉晚期至东汉初，因此推测第三期的时代可能在西汉晚期至东汉初。

棱木沟遗址 2006 年的发掘揭示出该遗址是一个延续时间较长的大型台地聚落，遗址面积达到了 11 万平方米左右。横栏山文化类型陶器的出土显示出从距今 4000 年左右即已经有人群在此活动[12]。到了战国时期，该聚落的规模得到了大规模扩张，并形成了自身的特色，即以泥质黑皮陶为主的圈足杯、瓢形器、带流壶为基本组合的安宁河流域土著特色的文化风格，他们与来自西北地区的以双耳罐为主要文化特色的族群在安宁河流域共同繁衍生息。但到了战国晚期后，以双耳罐、大石墓为代表的夷人族群文化逐渐"涵化"这些土著居民，大石墓文化因素逐渐成为该流域的主导力量，这个时期原有的土著文化因素逐渐成为大石墓文化因素的一个重要组成部分和内容。西汉中晚期以后随着来自巴蜀地区汉文化的影响的深入，大石墓文化因素在强势汉文化的影响下，逐渐被边缘化，其土著文化因素逐渐消失。该遗址的发掘进一步丰富了安宁河流域青铜时代的文化内涵，它揭示出该流域古代文化面貌的多样性与复杂性。棱木沟遗址的发掘揭示出以 M1 和 M2 为代表的杯、瓢、壶等基本组合显示出该文化同传统意义上大石墓文化传统的差异，它需要我们在今后的讨论与研究中特别注意，讨论文化面貌与时代时需要特别注意其不同的文化渊源与流向的问题。由于发掘面积和保存状况的局限，许多问题不能得到充分的解释，因此，对于该遗址的认识还有待于进一步的分析与研究。由于该遗址近年遭到日益严重的破坏，笔者认为要充分揭示该遗址的文化面貌与聚落特征，有必要对该遗址尽快进行发掘与保护研究。

附记：参加本次考古调查的有凉山州博物馆刘弘、唐亮、武科、张蓉；西昌市文物管理所王昊、姜先杰、马玉萍、周国蓉，成都文物考古研究所周志清、索德浩、杨永鹏、李平。

绘　图：杨文成　王　楠
拓　片：代福尧
执　笔：周志清　唐　亮
　　　　索德浩　姜先杰

注　释

［1］　四川省文物考古研究院等：《凉山州西昌市棱木沟遗址试掘简报》，《四川文物》2006 年 1 期。
［2］　成都文物考古研究所等：《四川西昌市大兴横栏山遗址调查试掘简报》，《成都考古发现（2004）》，科学出版社，2006 年。
［3］　四川省文物考古研究院等：《凉山州西昌市麻柳村灰坑清理简报》，《四川文物》2006 年 1 期
［4］　凉山彝族自治州考古队：《四川凉山喜德拉克公社大石墓》，《考古》1978 年 2 期。
［5］　四川省金沙江渡口西昌段、安宁河流域联合考古调查队：《西昌坝河堡子大石墓发掘简报》，《考古》1976 年 5 期；西昌地区博物馆等：《西昌坝河堡子大石墓第二次发掘简报》，《考古》1978 年 2 期。
［6］　礼州遗址联合考古发掘队：《四川西昌礼州新石器时代遗址》，《考古学报》1980 年 4 期。
［7］　江章华：《安宁河流域考古学文化试析》，《四川文物》2007 年 5 期。
［8］　四川省文物考古研究院等：《凉山州四川德昌县王家田遗址发掘简报》，《四川文物》2006 年 1 期。

[9]　四川文物考古研究院等：《安宁河流域大石墓》，文物出版社，2006 年，134～135 页。

[10]　成都文物考古研究所等：《四川西昌市经久马鞍山遗址调查试掘简报》，《成都考古发现（2005）》，科学出版社，2007 年。

[11]　成都文物考古研究所等：《四川西昌营盘山遗址发掘简报》，《成都考古发现（2005）》，科学出版社，2007 年。

[12]　横栏山遗址 2004 年发掘的碳-14 数据：《北京大学加速器质谱（AMS）碳-14 测试报告》，木炭标本为 BAO5441-2004XDHT102③：3710 ± 40（年），BAO5442-2004XDHT102 ④：4020 ± 40（年）；陶片标本 BAO5448-2004XDHT202③：4390 ±40（年），BAO5449-2004XDHT202④：3810 ± 40（年）；北京大学速器质谱实验室第四纪年代测定实验室，2006 年 3 月 30 日。

2006 年度四川会理县东咀遗址发掘简报

成都文物考古研究所
凉 山 州 博 物 馆
会 理 县 文 物 管 理 所

　　会理是古代"南方丝绸之路"入滇的要津，其重要的地理位置，素有"川滇锁钥"的盛誉。位于东经 101°52′~102°38′，北纬 26°5′~27°12′，北距西昌市 185 公里，南距攀枝花市 120 公里（图一）。其境内山峦起伏，河流纵横，沟谷相间，山地、丘陵、平坝是其主要的自然地理景观，平坝较少。地势北高南低，一般海拔 2000 米左右，相对高差则达 800~1000 米，有"一山分四季，十里不同天"之说。境内主要河流有成河、摩挲河、岔河、矮郎河等十余条。气候属于中亚热带西部半湿润气候区，高海拔、低纬度使其气候呈现冬无严寒、夏无酷暑的特点。垂直差异大，高山积雪与峡谷炎热并见。元鼎六年（公元前 111 年），武帝诛杀邛君、笮侯，以邛都为越嶲郡（西昌），置邛都、定笮、苏云、台等、会无、三绛、卑水、姑复、遂久、青蛉、灵光、笮秦、大笮、潜街、阐等 15 县。会无即今会理，三绛在今会理县所属黎溪境。此为会理正式建置见于文字记载之始，此后历经 2000 多年其境域变化一直不大。

　　东咀遗址位于会理县南阁乡南阁村 5 组北面的一级台地之上，距离会理县城城关镇约 5 公里。遗址地处麻郎河和成河交汇之处，遗址北面山坡上为雷家山墓地。遗址地表现种植麦子和各种时令蔬菜。它于 1977 年三江联合考古调查队发现，2005 年 12 月凉山州博物馆和会理县文物管理所对其进行第一次考古调查与试掘，取得了重要的收获，发现一些建筑遗迹，出土了相当数量的陶、石器[1]。为了配合安宁河流域先秦遗址的系统调查与研究，2006 年 11 月，成都文物考古研究所会同凉山州博物馆、会理县文物管理所组成联合考古调查队对会理县境内的先秦遗址进行了初步的考古调查，并选择东咀遗址进行详细的调查与试掘，以图了解该遗址的分布范围、时代、文化内涵以及性质等相关问题。该遗址早期文化堆积的地层为黑色砂土，以该堆积层出现的范围为面积测量依据，使用 GPS 测得该遗址现存面积约 15000 平方米。本次试掘地点位于 2005 年发掘点南侧。二者之间仅隔着一条北隔梁，地表现种植时令蔬菜、小麦和烤烟等作物。发掘地点地理位置为东经 102°15′66.4″，北纬 26°36′49.1″，海拔 1719 米 ±12 米。布方随地势按正北向，探方编号接 2005 年发掘的探方顺序编排。共布 4 米×5 米探方 3 个，加上扩方，实际发掘面积为 70.75 米。本年度的考古发掘发现了 5 座灰坑、2 座建筑遗迹和大量的柱洞以及出土了一定数量的陶、石器。现将本次发掘收获简报如下。

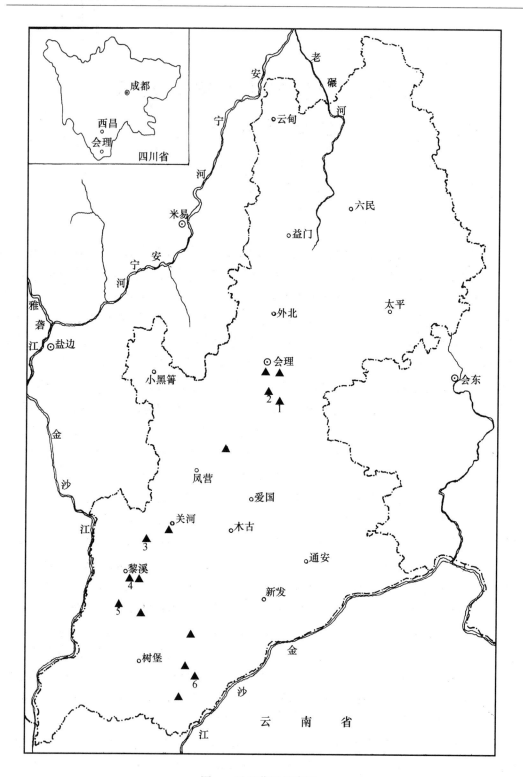

图一　地理位置示意图
1. 东咀遗址　2. 雷家山墓地　3. 莲塘遗址　4. 唐家坡遗址　5. 簸箕湾墓地　6. 小营盘山石棺墓地

一、地层堆积

由于该遗址地处成河和麻郎河两条河流交汇的一级台地之上，属于山前缓坡台地。土质含砂重，土壤肥沃，便于农作物的栽种，长期以来当地及周边地区为会理县境内的重要耕作区。本次发掘地点选择的位置紧靠麻郎河的边缘，麻郎河床分布有大量的青灰色砾石，这些砾石与雷家山 M1 内随葬的砾石的石质一致，它们之间可能存在着某种联系。由于受到麻郎河长期的冲刷，遗址东部的堆积遭到了严重的破坏，黑色的文化堆积暴露于河埂断面上，破坏严重。该遗址的文化堆积层分布呈斜坡状，西高东低，厚薄差异较大。为了发掘工作和记录的方便，地层经过统一的划分。现以 T5 ~ T6 东壁剖面为例（图二），简述如下。

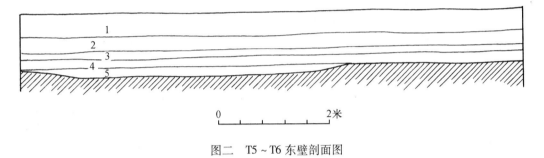

图二 T5 ~ T6 东壁剖面图

第 1 层：灰褐色耕土层，结构疏松，厚 30 ~ 40 厘米。堆积形状呈水平状。由于现地表主要种植蔬菜，填土包含物中有大量的植物根茎、近现代垃圾。为近现代地层。

第 2 层：褐色黏土，结构紧密，厚 20 ~ 30 厘米。堆积形状呈斜坡状，于整个发掘区均有分布。包含物有夹砂陶片、炭屑和残石器以及大量的青花瓷片和绿釉瓷片等。为明清地层。

第 3 层：黄褐色砂土，结构疏松，厚 10 ~ 15 厘米。堆积形状呈斜坡状，西薄东厚，局部堆积，发掘区西南部缺失。包含物中含有大量的碎石和少量的炭屑，无其他文化遗物发现，可能为淤积层。该层下叠压有 F1、F2，该处第 4、5 层缺失，因此直接打破生土。

第 4 层：黑灰色黏土，结构疏松，厚 10 ~ 25 厘米。堆积形状呈斜坡状，西薄东厚，局部堆积，发掘区西南部缺失。包含物为少量的夹砂陶片和大量的炭屑、小碎石。该堆积主要分布于发掘区地势相对较低的东部，西部缺失。陶器可辨认的器形有带耳罐、侈口罐、钵形器、角形把手等，另有少量残石片。

第 5 层：红褐色黏土，结构紧密，厚 0 ~ 15 厘米。堆积形状呈斜坡状，局部堆积，仅见于发掘区东北部。该堆积多被开口于 3 层下的遗迹打破或扰乱。包含物有少量的炭屑、烧土颗粒，未见其他文化遗物。该层下叠压有 H1 ~ H5 及柱洞。

遗迹现象均发现在生土面上。

第 5 层以下为结构紧密的黄褐色生土。

二、遗迹及出土遗物

该发掘区内共发现5个灰坑，平面形状呈圆形、椭圆形、长方形以及不规则状，建筑遗迹发现2座，此外，还发现了大量的柱洞，平面形状有圆形和椭圆形（图三）。

1. H1

位于T7的东北部。开口于第5层之下，打破生土。坑口平面形状呈不规则状，坑壁未经人为加工处理，呈弧形；坑底呈锅底状，凹凸不平。坑口长为0.76～1.5、残深0.06～0.15、底部长为0.6～0.8米。填土为黑灰色黏土，结构略为紧密，内含少量的红烧土块和颗粒、炭屑和石块，堆积形状随地势呈斜坡状。包含物有夹砂陶片和残石器等（图四）。

罐　5件。均为残件。器物的口沿都装饰有锯齿状花边或抹断绳纹，亦可称作绳纹花边口沿罐。依据口部形态的差异，可分三型。

A型　2件。侈口，卷沿，束颈。H1:10，夹砂褐陶。近平唇，唇部装饰有粗绳纹。口径12、残高4厘米（图五，1）。H1:7，夹砂褐陶。圆唇，唇部装饰有锯齿状花边。口径21、残高4厘米（图五，2）。

B型　1件。直口。H1:9，夹砂红褐陶。圆唇，宽沿外翻，矮领。唇部装饰锯齿纹。口径16、残高3.5厘米（图五，3）。

C型　2件。敞口，高领。H1:8，夹砂红褐陶。圆唇。唇部装饰有抹断绳纹。口径18、残高4厘米（图五，4）。H1:2，夹砂褐陶。近平唇。唇部装饰有抹断绳纹。残高2.3厘米（图五，7）。

石坯　2件。H1:3，灰白色石质。形状不规整，破裂面上有许多崩疤痕迹。长4.2、宽1.7、厚1.8厘米（图五，6）。

残石器　1件。H1:1，灰色石质。有一平面磨制光滑。残长约5、宽1～3.2、厚0.5～1.5厘米（图五，5）。

2. H2

位于T5的南部与T6的北部交接处。开口于第5层下，打破H3。坑口平面形状呈圆形，坑壁未发现加工处理痕迹，近直壁；坑底呈斜坡状，不甚规整。坑口直径为2.9～3.1、深0.1～0.16、底部长为2.82～3.06米。填土为黑灰色黏土，结构略为紧密，内含少量的红烧土颗粒和炭屑，底部有大量的石块和残石器或坯料堆积。包含物有少量的夹砂陶片和残石器等（图六）。

无耳罐　3件。依据口部形态差异，可分三型。

A型　1件。敞口。H2:6，夹砂灰褐陶。圆唇，近唇部内侧有一凹槽。口径15、残高4厘米（图七，1）。

B型　1件。喇叭口。H2:10，夹砂褐陶。尖圆唇。口径16、残高2厘米（图七，2）。

C型　1件。侈口。H2:2，夹粗砂褐陶。尖圆唇。口径14、残高5.5厘米（图七，3）。

器底　4件。均为平底。H2:1，夹砂褐陶。厚底。底径8.5、残高3厘米（图七，4）。H2:3，夹砂褐陶。薄底。底径6、残高2厘米（图七，5）。H2:8，夹砂灰褐陶。

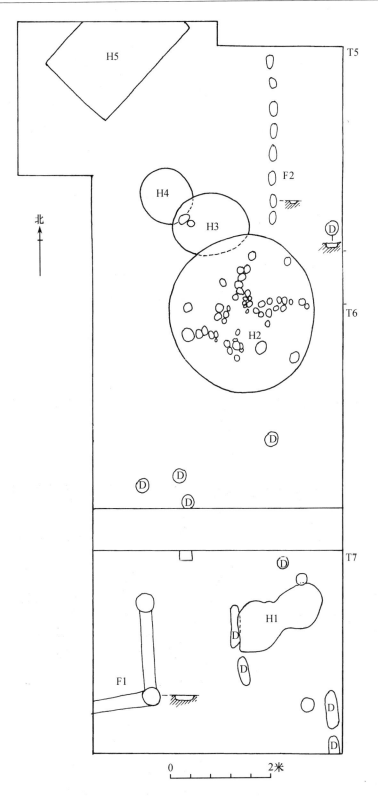

图三 T5～T7 遗迹平面图

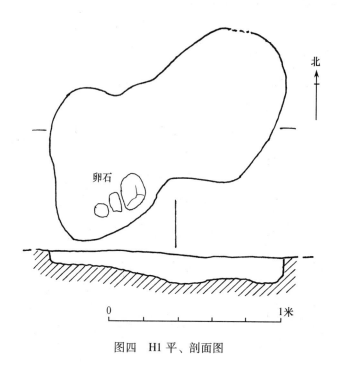

图四　H1 平、剖面图

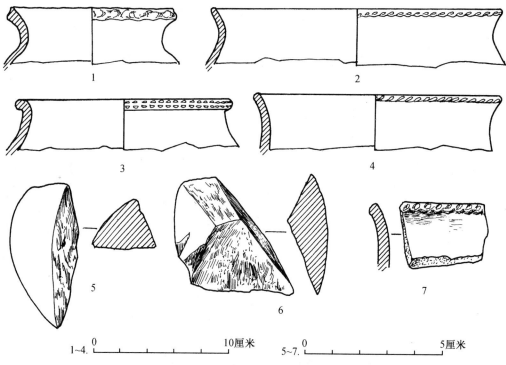

图五　H1 出土陶、石器

1~2. A 型罐（H1:10、H1:7）　　3. B 型罐（H1:9）　　4、7. C 型罐（H1:8、H1:2）　　5. 残石器（H1:1）
6. 石坯（H1:3）

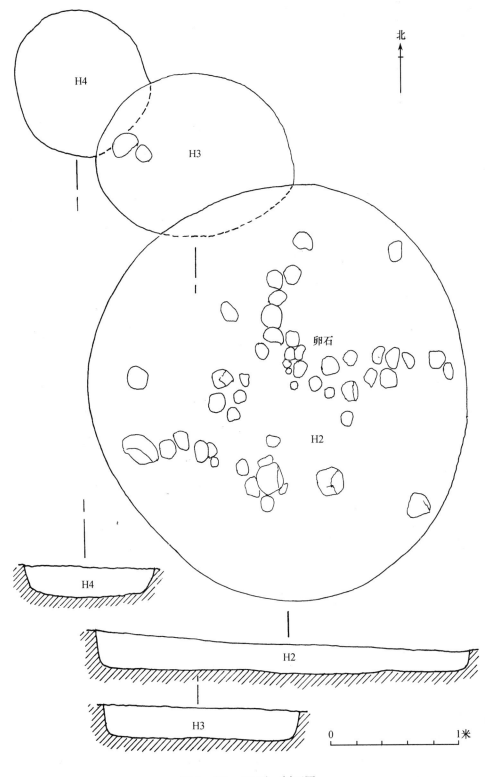

北

卵石

H4

H3

H2

H4

H2

H3

0   1米

图六　H2～H4 平、剖面图

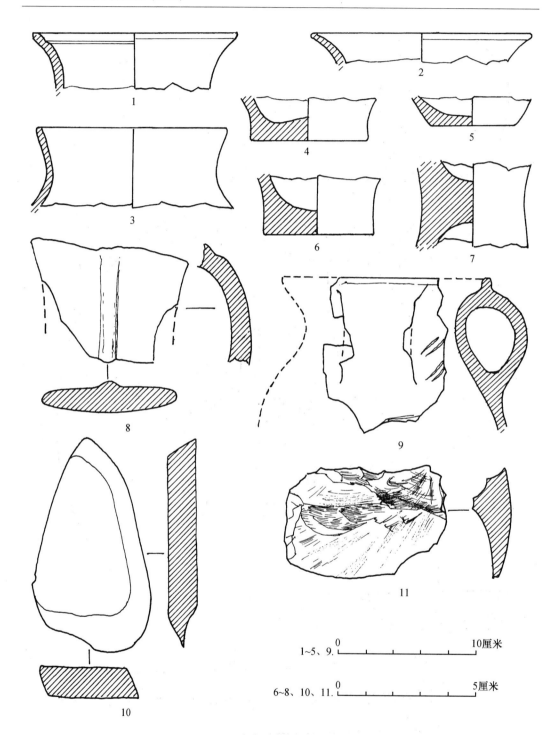

图七 H2 出土陶、石器

1. A 型罐（H2：6）   2. B 型罐（H2：10）   3. C 型罐（H2：2）   4～6. 器底（H2：1、H2：3、H2：8）   7. 器足（H2：7）   8. 鋬耳（H2：9）   9. 带耳罐（H2：11）   10. 砺石（H2：5）   11. 残石坯（H2：4）

小平底，底部较厚，平底微内凹，可能为瓶的底。底径 4、残高 2 厘米（图七，6）。

器足　1 件。可能为圈足。H2：7，泥质黑陶。残高 2.9 厘米（图七，7）。

鋬耳　1 件。仅存耳部，口沿不明。桥形耳。H2：9，夹砂褐陶。耳残长 4、厚 0.7 厘米；器物残高 4.2、厚 0.8 厘米（图七，8）。

带耳罐　1 件。宽鋬耳。H2：11，夹砂灰褐陶。敞口，卷沿，束颈。鋬耳近唇部，耳部较短。口径 17、残高 10.5 厘米；耳长 3.3、宽 2.5、厚 0.5 厘米（图七，9）。

砺石　1 件。H2：5，灰白色砾石。平面形状近三角形，一面磨制光滑。长 7.4、宽 3.5、厚 1 厘米（图七，10）。

残石坯　3 件。H2：4，灰色石质。形状不规整，器物表面遗留显著的打制痕迹和大量的放射线，台面上与许多崩疤。长 5.8、宽 3.5、厚 0.3 ~ 1.5 厘米（图七，11）。

3. H3

位于 T5 的南部。开口于第 5 层之下，被 H2 打破，打破 H4。坑口平面形状近椭圆形，坑壁未发现人为加工处理之痕迹，近弧壁；坑底近平底状，较为规整。坑口直径为 1.2 ~ 1.52、深 0.1 ~ 0.26、底部长为 1.02 ~ 1.36 米。填土为黑灰色砂土，结构疏松，内含少量的红烧土颗粒和大量的炭屑、木炭，底部有少量的石块堆积。包含物有少量的夹砂灰褐陶片、黑色陶片和残石器、石块等（图六）。

无耳罐　5 件。依据口部形态差异，可分三型。

A 型　2 件。敞口，近平唇。H3：10，夹砂褐陶。口径 12、残高 1.5 厘米（图八，2）。H3：7，夹粗砂黑褐陶。口径 14、残高 2.5 厘米（图八，4）。

B 型　1 件。喇叭口。H3：8，夹砂褐陶。尖圆唇。口径 10、残高 2 厘米（图八，5）。

C 型　2 件。侈口。H3：9，夹粗砂黑褐陶。尖唇。口径 11、残高 2 厘米（图八，1）。H3：6，夹砂褐陶。圆唇。口径 13、残高 1.5 厘米（图八，3）。

石凿　1 件。H3：5，蓝灰色石质。平面形状近长条锥形，尖部残断。残长 11.9、宽 1.4、厚 0.8 厘米（图八，7）。

残石斧　1 件。仅存刃部。H3：2，灰绿色石质。弧刃，近刃部有三个单面针状钻孔。残长 4.1、宽 6.3、厚 1.4 厘米（图八，6）。

4. H4

位于 T5 中部。开口于第 5 层之下，被 H3 打破。坑口平面形状呈圆形，坑壁未发现人为加工处理之痕迹，弧壁；坑底近平底状，较为规整。坑口直径为 1.02 ~ 1.1、深 0.14 ~ 0.2、底部长为 0.94 ~ 1.28 米。填土为黑灰色砂土，结构疏松，内含少量的红烧土颗粒和木炭屑以及石块。包含物有少量的夹砂灰褐陶片和黑陶片（图六）。

无耳罐　4 件。依据口部形态差异，可分二型。

A 型　1 件。敞口，近平唇。H4：7，夹砂褐陶。圆唇，卷沿。口径 14.5、残高 5 厘米（图九，1）。

B 型　3 件。侈口。因出土标本较小，其口径不可复原。H4：6，夹砂褐陶。平唇，卷沿。器物口沿外侧有粗缝隙。残高 3.9 厘米（图九，2）。H4：5，夹粗砂灰褐陶。尖

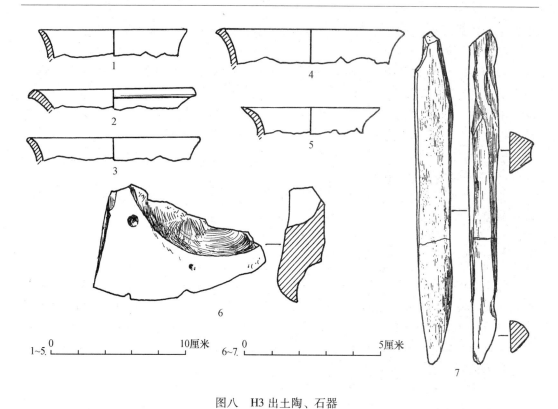

图八　H3 出土陶、石器

1、3. C 型无耳罐（H3：9、H3：6）　　2、4. A 型无耳罐（H3：10、H3：7）　　5. B 型无耳罐（H3：8）　　6. 残石斧
（H3：2）　　7. 石凿（H3：5）

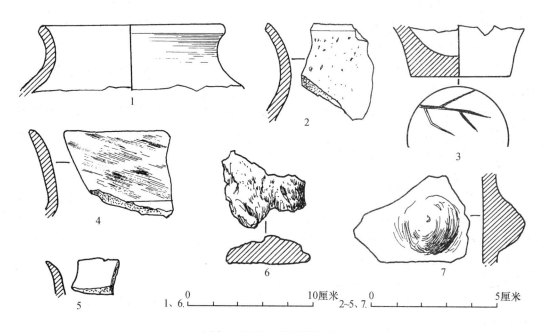

图九　H4 出土陶器及其他

1. A 型无耳罐（H4：7）　　2、4、5. B 型无耳罐（H4：6、H4：5、H4：8）　　3. 器底（H4：3）　　6. 草拌泥块
（H4：2）　　7. 陶片（H4：1）

唇。器物口沿外侧有刮磨处理。残高 3.4 厘米（图九，4）。H4:8，泥质黑陶。尖唇。残高 1.4 厘米（图九，5）。

器底　1 件。平底。H4:3，夹砂褐陶。厚底。底部装饰有叶脉纹。底径 4、残高 2、底厚 1 厘米（图九，3）。

陶片　1 件。H4:1，夹砂灰褐陶。陶片上有乳钉装饰。陶片残长 4.6、残宽 3.4、乳钉高 1 厘米（图九，7）。

草拌泥块　1 件。H4:2，夹砂黑灰陶。器物表面可清晰辨认出稻草痕迹。形状不规整（图九，6）。

5. H5

位于 T5 中部。开口于第 5 层之下，打破生土。坑口平面形状呈长方形，坑壁未发现人为加工处理之痕迹，直壁；平底坑底，较为规整。坑口长 2.3、宽 1.64、深 0.12～0.18、底部长 2.26、宽 1.58 米。填土为灰黑色黏土，结构紧密，内含少量的红烧土颗粒。包含物有少量的夹砂陶片（图一〇）。

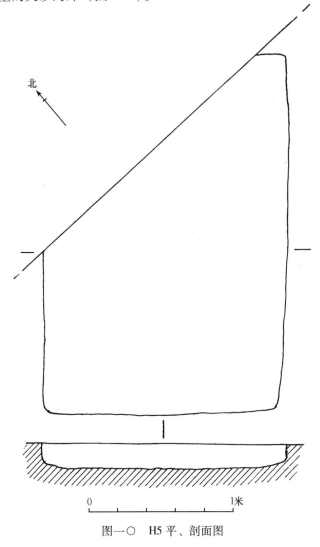

北

0　　　　　　　1米

图一〇　H5 平、剖面图

器底　1件。平底。H5:2，夹砂褐陶。底径8、残高3.5、底厚0.4厘米（图一一，1）。

石刀残片　1件。H5:4，灰色页岩片石。刃部不存，石刀残片上遗留有"舌"状穿孔。残长4.1、残宽4、厚0.7厘米（图一一，2）。

残石器　1件。H5:1，灰蓝色石质。刃部不存，仅存顶部。一面为磨制面，一面为断裂面。残长5.4、残宽4.5、厚0.3~2厘米（图一一，3）。

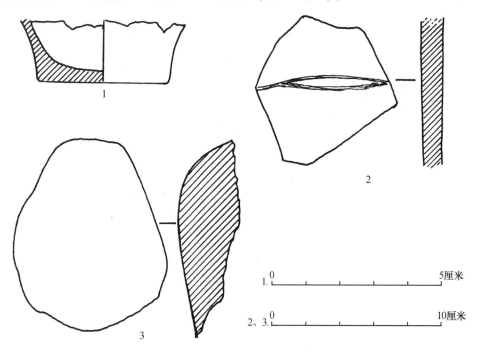

图一一　H5 出土陶、石器

1. 器底（H5:2）　2. 石刀残片（H5:4）　3. 残石器（H5:1）

6. F1

位于 T7 西北，开口于3层之下，打破生土层。由于未扩方，该房址整体平面形状不明。目前在探方内仅发现一排柱洞，柱洞平面形状以圆形多见，另有少量近似椭圆形，柱洞解剖发现填土为浅褐灰色黏土，结构疏松，内含少量夹砂陶片和炭屑。柱洞坑口直径一般为0.2~0.3、深0.15米（图三）。

7. F2

位于 T6 东南，开口于第3层之下，打破生土层。由于未扩方，该建筑具体情况不明。从柱洞排列情形观察，推测其平面形状为长方形。目前在探方内仅发现一排柱洞和北边转角的柱洞。柱洞平面形状以椭圆形为主，另有个别圆形。柱洞经解剖发现其填土为浅褐灰色黏土，结构疏松，内含零星炭屑。柱洞坑口直径0.2~0.4、深0.1~0.15米（图三）。

三、第 5 层遗物

第 5 层出土的遗物主要有陶器和石器，其中陶片出土数量最多。由于陶片残损严重，器物未有可修复者。陶片的质地以夹砂陶最为多见，另有极少量的泥质陶片；夹砂陶以灰褐和褐色最多见，另有少量的红褐、灰褐、黑褐等；泥质陶仅见黑和灰色。素面陶占大宗，纹饰最常见的是绳纹、水波划纹、压印叶脉纹等（图一二）。器形可辨认的有双耳罐、绳纹花边口沿罐、壶、钵、瓮、高领罐等。石器分打制和磨制，少见完整的器物，多为残件和坯料或半成品等，石质多为砾石。器形可辨的有斧、锛、刀、砺石等。

0   5 厘米

图一二　陶器纹饰拓片

1. 叶脉纹（T5⑤:24）　　2~4. 水波划纹（T5⑤:13、T7⑤:5、4、T6⑤:4）　　5. 方格划纹（T7⑤:2）

6. 戳印和划纹（H1:11）　　7. 绳纹（H1:14）

绳纹花边口沿罐　3件。均为残件。器物的口沿都装饰有锯齿状花边或抹断绳纹以及缠绕状绳索纹。依据口部形态的差异，可分二型。

A型　2件。敞口。T7⑤：1，夹砂褐陶。方唇，卷沿，束颈。唇部装饰抹断绳纹，肩部则装饰三重水波划纹带。口径19、残高4.5厘米（图一三，6）。T5⑤：16，夹砂褐陶。圆唇，卷沿，束颈。唇部装饰附加绳纹。口径17、残高4厘米（图一三，7）。

B型　1件。侈口。T5⑤：18，夹砂灰褐陶。近方唇。唇部装饰粗绳索纹。残高1.9厘米（图一三，10）。

高领罐　1件。敞口。T5⑤：21，夹砂褐陶。尖唇。口径30、残高3厘米（图一三，5）。

小口罐　5件。依据口部和沿部形态的差异，可分二型。

A型　3件。侈口，卷沿。T5⑤：19，夹砂红褐陶。尖唇。口径14、残高3厘米（图一三，2）。T6⑤：5，夹砂褐陶。圆唇。口径13、残高3厘米（图一三，3）。T5⑤：15，夹砂褐陶。圆唇。口径19、残高2.5厘米（图一三，8）。

B型　2件。敞口，折沿。T5⑤：11，夹砂灰褐陶。尖唇。口径10、残高2.5厘米（图一三，1）。T5⑤：12，夹砂黑褐陶。圆唇，束颈。口径18、残高4厘米（图一三，4）。

瓮形器　1件。残损严重，体形较小，不可复原。T5⑤：23，夹砂灰褐陶。圆唇，侈口。唇部有明显的孔隙，是否有意而为之，不明。残高1.6厘米（图一三，13）。

钵　2件。器物残损严重，保存体量较小。依据口部形态差异，可分二型。

A型　1件。敛口。T5⑤：20，夹砂灰褐陶。圆唇，弧腹。残高3.2厘米（图一三，12）。

B型　1件。侈口。T6⑤：8，夹砂褐陶。圆唇，斜腹。残高2厘米（图一三，11）。

带耳罐　1件。T5⑤：9，夹砂灰褐陶。敞口，圆唇，束颈。唇部至颈部间有小宽鋬耳。残长6.4、宽2.2、厚0.6厘米；器物残高8.6厘米（图一三，16）。

角形鋬手　1件。T5⑤：14，夹砂褐陶。仅存鋬手，呈角状。鋬手长1.5、宽1.1、厚0.6厘米；器物残高2.6厘米（图一三，18）。

壶　1件。T6⑤：3，夹砂灰陶。喇叭口，尖唇，束颈。口径17、残高4厘米（图一三，9）。

器底　3件。依据底部形态差异，可分二型。

A型　2件。平底。T5⑤：10，平底内凹。夹砂红陶。底径8、残高1.5、底厚1.5厘米（图一三，14）。T5⑤：25，小平底。夹粗砂褐陶。底径4.6、残高3、底厚1.4厘米（图一三，15）。

B型　1件。凸底，是平底外凸一种形式。T6⑤：5，底部残缺。夹砂褐陶。底径约3.4、残高1.4、底厚1厘米（图一三，17）。

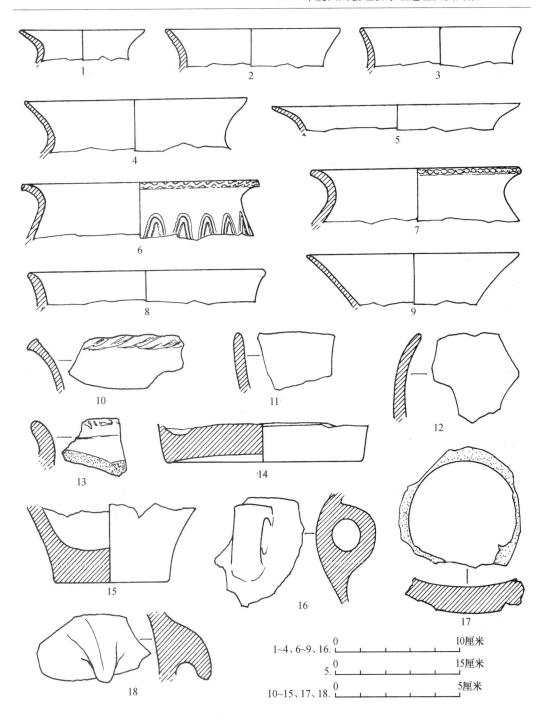

图一三　第 5 层出土陶器

1、4. B 型小口罐（T5⑤：11、T5⑤：12）　2、3、8. A 型小口罐（T5⑤：19、T6⑤：5、T5⑤：15）　5. 高领罐
（T5⑤：21）　6、7. A 型绳纹花边口沿罐（T7⑤：1、T5⑤：16）　9. 壶（T6⑤：3）　10. B 型绳纹花边口沿罐
（T5⑤：18）　11. B 型钵（T6⑤：8）　12. A 型钵（T5⑤：20）　13. 瓮形器（T5⑤：23）　14、15. A 型器底
（T5⑤：10、T5⑤：25）　16. 带耳罐（T5⑤：9）　17. B 型器底（T6⑤：5）　18. 角形錾手（T5⑤：14）

　　石斧　1件。T7⑤：11，灰色砾石。顶部残断，平面形状呈三角形，弧刃。刃部一角有一个放射状崩疤。残长7.5、厚2、宽1.7~6.7厘米（图一四，5）。

　　石刀　2件。均为残件，磨制精细。T5⑤：6，灰色页岩片石。残存一部刃部。残长3.3、残宽3.5、厚0.4厘米（图一四，2）。T6⑤：8，灰色页岩片石。刃部残存一部，石刀残片上遗留有"舌"状穿孔。残长7.4、残宽4、厚0.5厘米（图一四，7）。

　　石锛　1件。T5⑤：5，灰色砾石。身部的大部分不存，平面形状呈长方形，单面弧刃。刃部一角和侧边有缺口。残长3、厚1.1、宽4.9厘米（图一四，6）。

　　半成品　1件。T5⑤：4，灰褐色砾石。平面形状呈近长方形。石器一面磨制规整。长3.4、宽2、厚0.3~0.7厘米（图一四，4）。

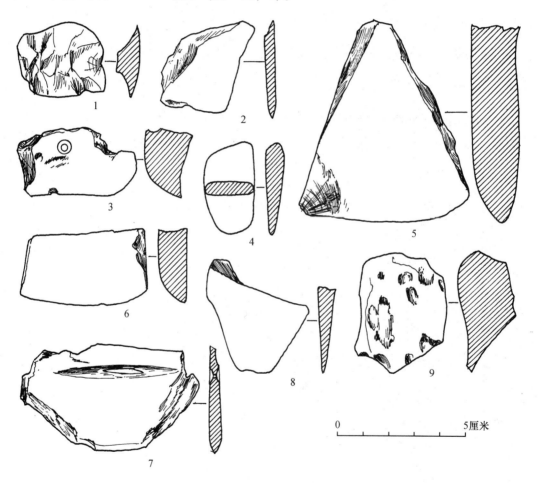

图一四　第5层出土石器

1、8. 石器残片（T5⑤：8、T7⑤：7）　　2、7. 石刀（T5⑤：6、T6⑤：8）　　3、9. 钻孔石（T5⑤：7、T7⑤：8）

4. 半成品（T5⑤：4）　　5. 石斧（T7⑤：11）　　6. 石锛（T5⑤：5）

石器残片　2件。T5⑤:8，灰绿色砾石。平面形状呈不规则状。石器一面磨制规整，一面为岩石自然破裂面，可能是石器制作或使用过程中碰撞脱落而致。长3.4、宽2.8、厚0.2~0.8厘米（图一四，1）。T7⑤:7，灰色砾石。顶部残断，平面形状呈不规则状。石器两面磨制规整，近底部有一缺口。残长4.3、宽1.3~3.8、厚0.1~0.7厘米（图一四，8）。

钻孔石　5件。此类石器没有一定的形状，平面形状普遍呈不规则状。其表面最大的特点是布满了针状和镞状的钻痕。T5⑤:7，灰色砾石。石器一面经过磨制，表面有多个钻痕。它可能是利用残石器半成品废弃物。残长2.6、宽4.7、厚2厘米（图一四，3）。T7⑤:8，灰白色砾石。石器平面呈柱状，器身四周布满钻痕。残长4.6、宽3.5、厚2.1厘米（图一四，9）。

四、第4层出土遗物

绳纹花边口沿罐　1件。为残件。器物的口沿都装饰有锯齿状花边或抹断绳纹以及缠绕状绳索纹。T5④:3，夹砂褐陶。敞口，厚圆唇，卷沿，束颈。残高3.2厘米（图一五，1）。

侈口罐　1件。T6④:10，夹砂灰褐陶。侈口，圆唇，卷沿。残高2.6厘米（图一五，2）。

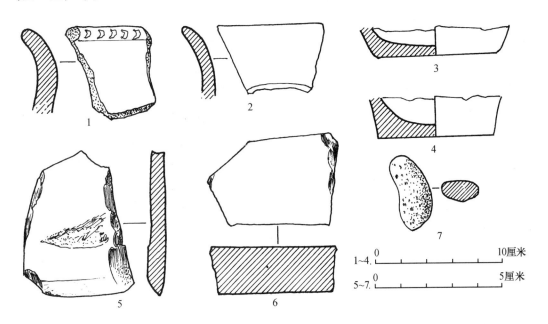

图一五　第4层出土陶、石、铜器
1. 绳纹花边口沿罐（T5④:3）　2. 侈口罐（T6④:10）　3、4. 器底（T5④:11、T5④:21）
5. 石锛（T5④:1）　6. 砺石（T5④:2）　7. 铜器（T6④:11）

器底 2件。平底。T5④：11，夹砂灰陶。底径10、残高2、底厚0.4厘米（图一五，3）。T5④：21，小平底。夹砂褐陶。底径9、残高3、底厚0.4厘米（图一五，4）。

石锛 1件。T5④：1，灰色砾石。顶部残，平面形状呈梯形，单面弧刃。刃部一角和侧边有缺口。残长3、厚1.1、宽4.9厘米（图一五，5）。

砺石 1件。T5④：2，褐色砂岩。平面形状呈长方形，一面磨制光滑。残长5.4、宽3.4、厚1.7厘米（图一五，6）。

铜器 1件。T6④：11，平面形状呈腰子状。器物表面遗留有显著的砂眼孔隙，铸造粗糙。长约2.7、厚0.7、宽1～1.3厘米（图一五，7）。

五、结　语

通过对东咀遗址2006年度的考古调查与发掘，我们发现该遗址灰坑的坑口和坑壁均较规整，现保存的深度较浅，其平面形状以圆形居多，另见长方形和不规则状。其中圆形灰坑内的填土包含有较多的木炭灰烬，夹杂着大量的砾石块，这些砾石大都残断，少量的砾石表面发现有加工的痕迹或为半成品，这是否反映出此类灰坑的用途为加工场所？结合地层堆积中大量砾石半成品和坯料的伴随出土，我们认为这些灰坑可能为当时东咀遗址的居民从事加工石制品的场所之一。H1、H2、H3之间相互打破，其灰坑的平面形制和出土物一致，它们应为同一时期的遗存，打破关系反映出灰坑形成的先后过程和制作程序方面的信息，它或许是当时居民有意识行为的结果。同时揭露的建筑遗存的建筑方法有柱洞式和基槽式两种，基槽式建筑的柱洞规整，坑壁较直，填土中包含有少量的碎陶片，它主要分布于发掘区的西南部；另外在地层堆积中还发现了少量的草拌泥块，草拌泥表面稻梗的痕迹清晰可见，可见此类建筑用途并非临时建筑或窝棚类的简易建筑，而是其居民长期居住的场所；柱洞式建筑的平面分布密集，主要分布于发掘区的北部，平面形状主要有圆形和椭圆形，另有少量的不规则形；由于发掘面积小，其建筑的平面形状不明。该遗址出土的成型石器较少，但多见石器的半成品、坯料、残断石器、石片或石块等。石器磨制技术相对粗糙，器形单一，以生产工具为主，器类有斧、锛、刀、钻孔石等。陶器以夹砂褐陶为主，次为灰、黑陶，泥质陶不见。器形仅见平底器，不见三足器、圈足器和圜底器。带耳罐、绳纹花边口沿罐、壶是该遗址最常见的器物。

该遗址出土的陶器与2005年发掘出土的陶器在文化面貌上基本一致，所不同的是带耳罐和大量石制品是本次发掘的主要发现，它丰富了该遗址的文化内涵。该遗址第5层及叠压其下遗迹出土的遗物与第4层出土遗物的文化风格一致，二者年代相距不远，应为同一时期。2006年度发掘出土的遗物与安宁河流域发现的大石墓出土的器物差异甚远；石刀、梯形石斧、石锛等器物则与礼州遗址[2]出土的同类器相近。锯齿状花边口沿罐、高领侈口罐、水波划纹装饰风格等与横栏山遗址[3]、云南元谋大墩子[4]、永仁菜园子遗址[5]出土的同类器物与装饰风格相近；而带耳陶器、碗形器、A型绳纹花边口罐等则与云南永仁磨盘地[6]、剑川海门口遗址[7]出土的同类器物接近。而大兴横栏山遗址出土遗物反映出其社会阶段属于当地的新石器时代文化，距今4000 多年，大墩子和菜园子遗址的时代距今 3000 年左右，海门口遗址反映的是青铜时代的文化面貌，最新的研究成果认为海门口遗址的时代在春秋晚期[8]。由于该遗址出土的器物在海门口遗址中可大量寻见，并且已经出现了青铜器，但青铜器制作显得较为粗糙，冶炼技术不成熟，同时未见成熟的青铜器物。因此我们初步推测认为东咀遗址的相对年代很可能在西周晚期至春秋这一时段，其社会阶段可能已经进入了青铜时代。由于考虑到该遗址目前缺乏相关的碳-14年代数据和可资对比的考古学材料，以及周边地区考古学年代体系构建与研究的滞后，该遗址时代的推测尚需进一步的讨论与研究。

东咀遗址调查发现的遗迹和出土的遗物，揭示了该遗址是一个大型的台地聚落，面积大，堆积厚，建筑形式简单，遗物少，反映了其特殊的功能，它与安宁河谷地带分布的遗址的文化面貌和经济生业形态有着较大的差异。东咀遗址的调查与发掘，丰富了属于雅砻江支流的成河流域的考古学资料。该遗址的揭露将有助于我们对于成河两岸复杂多样的生态环境与早期人类文化遗存之间关系与互动性的研究探讨。

附记：参加本次考古调查的有凉山州博物馆刘弘、唐亮、武科，会理县文物管理所唐翔，成都文物考古研究所周志清、索德浩、杨永鹏、李平。

绘　图：杨文成
拓　片：代福尧
执　笔：周志清　唐　翔　唐　亮　索德浩

注　释

[1]　资料现存会理县文物管理所。
[2]　礼州遗址联合考古发掘队：《四川礼州遗址新石器时代遗址》，《考古学报》1980 年 4 期。
[3]　成都文物考古研究所等：《四川西昌市大兴横栏山遗址调查简报》，《成都考古发现（2004）》，科学出版社，2006 年；西昌市文物管理所：《四川西昌市横栏山新石器时代遗址调查》，《考古》1998 年 2 期。
[4]　云南省博物馆：《元谋大墩子新石器时代遗址》，《考古学报》1977 年 1 期。

［5］［6］ 《云南永仁菜园子、磨盘地遗址 2001 年发掘报告》，《考古学报》2003 年 2 期。

［7］ 云南省博物馆筹备处：《剑川海门口古文化遗址清理简报》，《考古通讯》1958 年 6 期；肖明华：《云南剑川海门口青铜时代早期遗址》，《考古》1995 年 9 期。

［8］ "海门口遗址出土的铜器，经鉴定的 18 件铜器中出现了高锡青铜和铜铅合金，红铜器较少；同时该遗址出土的铜器存在着铸造、热锻、热锻后加工等多种加工方法，说明当时金属加工技术是比较进步的。对比万家坝遗址的材料，……认为该遗址出土铜器的年代推定在春秋晚期。"李晓芩、韩汝玢：《云南剑川海门口遗址出土铜器的技术分析及其年代》，《考古》2006 年 7 期。

成都高新西区普天电缆古遗址发掘简报

成都文物考古研究所

　　成都普天电缆股份有限公司地点位于成都市高新西部园区，总占地 200 亩。东距成都市中心约 10 公里，地理位置为北纬 30°43′59.3″，东经 103°57′13.3″，海拔 515 米 ± 8 米（图一）。为了配合成都普天电缆股份有限公司的建设，成都文物考古研究所于 2006 年 2 月下旬，对该地点进行了考古勘探，共布 10 米 ×2.5 米探沟 50 条。勘探结果显示在该工地的东北部发现了古代遗址的文化堆积，通过使用 etrex12channe（GPS）测量现存面积大约为 1375 平方米。该地点北侧为恒达科技园，东侧则为民房，西侧为金网通有限公司，南边为四川大学锦成学院。地表现地貌已经被平整，原来为耕地，主要种植水稻。为了了解该地点的古遗址文化面貌、时代特征以及文化内涵，成都文物考古研究所于 2006 年 3 月 4 日至 4 月 22 日，对该地点进行了小规模的发掘，按正北向布 10 米 ×10 米的探方 2 个，5 米 ×5 米的探方 10 个，实际发掘面积为 360 平方米；遗址代码为 2006CGP，探方编号为顺序编号 2006CGPT1 ～ T12。该地点古遗址的发掘出土了丰富的陶片，遗迹现象发现有灰坑、陶窑、灰沟等（图二）。现将本次发掘的情况简报如下。

一、地 层 堆 积

　　该地点发掘区内的地层经过统一划分，根据土质土色及包含物的差异可以分为 4 层。地层堆积以 T1 东壁剖面为例（图三），简述如下。

　　第 1 层：耕土层，黑灰色腐殖土，结构疏松，厚 5 ～ 10 厘米。包含物有大量的现代垃圾和建筑垃圾以及植物根茎，整个发掘区内均有分布。

　　第 2 层：黄灰色砂土，土壤有板结现象，结构紧密，距地表 5 ～ 10 厘米，厚 10 ～ 20 厘米。该层出土了少量的明清时期的瓷片。地层呈水平状堆积，整个发掘区内均有分布。

　　第 3 层：灰黄色黏土，结构紧密，距地表 20 ～ 25 厘米，厚 45 ～ 55 厘米。本层含少量唐宋时期瓷片，时代推测为唐宋时期。该层下叠压有 G1。

　　第 4 层：灰褐色黏土，结构相对疏松，夹杂大量红烧土颗粒。距地表 50 ～ 55 厘米，厚 20 ～ 25 厘米。近水平状堆积，整个发掘区均有分布。地层中出土夹砂陶片较多，破碎严重。陶系有夹砂灰褐、红褐、褐陶；泥质陶有灰白、黑皮陶等，泥质陶比例少于夹砂陶。可辨器形有小平底罐、敛口罐、尖底杯、尖底盏、圈足罐、器盖、釜形器、瓮、簋形器、高领罐、豆柄、盆、缸等。时代推测为西周时期。H1 ～ H4、Y1 ～ Y3 叠压于该层下。

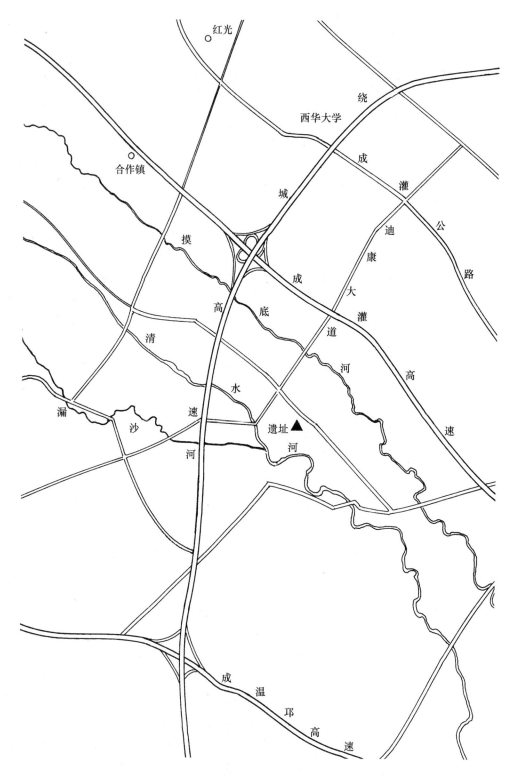

图一　遗址地理位置示意图

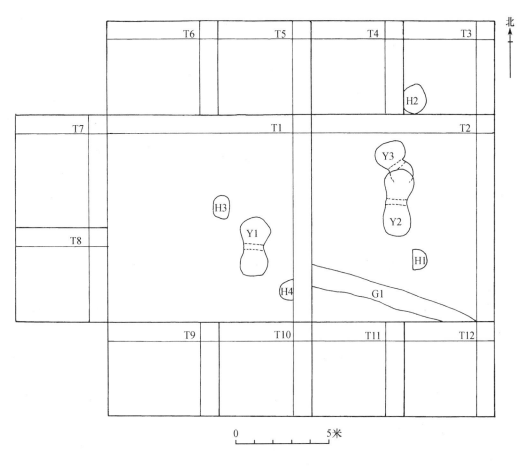

图二　探方与遗迹分布图

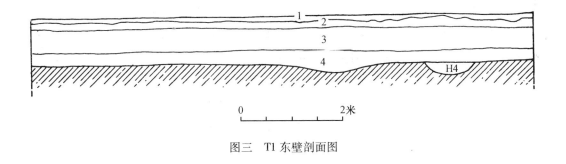

图三　T1 东壁剖面图

第 4 层以下为结构紧密的黄褐色生土。

二、第 4 层下的遗迹及出土遗物

叠压于第 4 层下的遗迹发现 4 个灰坑和 3 座陶窑。灰坑的平面形状以椭圆形多见，坑壁均未发现人为加工之痕迹，底部多为坡状底，填土中的包含物多为夹砂陶片。陶窑为小型馒头窑，保存情况较差，窑顶和火膛以及窑门均不存，窑室为斜坡状，窑室和火膛的烧结面较薄。窑室内的填土中出土了少量的夹砂陶片和大量炭灰以及少量的红烧土颗粒。窑壁普遍较薄，表明其使用时间可能不长。

1. H1

位于T2东北部。开口于第4层下，打破生土。坑口平面形状近圆形，锅底。坑口残长2.34～2.44、宽3.94、深0.3～0.4米，底和内壁均无人为加工之痕迹。坑内填土为灰黑色砂土，结构疏松。填土中包含物主要为陶片，另有少量的黑灰色灰烬，坑底放置1件可完整修复的高领罐。陶系仅见夹砂陶。可辨器形有高领罐、小平底罐、瓮形器、尖底器等（图四，1）。

高领罐　2件。H1：6，夹砂黄褐陶。圆唇，唇外有凸棱；近直口，圆鼓肩，弧腹，小平底。口径12.5、腹部最大径28、通高31.5、底径7厘米（图五，1）。H1：1，夹砂灰褐陶。口微侈，尖唇，折沿。口径15.6、残高7.5厘米（图五，2）。

小平底罐　1件。H1：3，夹砂灰褐陶。陶片较残碎，敛口，卷沿，鼓肩。残高3厘米（图五，3）。

瓮　1件。H1：2，夹砂灰褐陶。敛口，厚方唇，折沿。复原口径约40、残高3厘米（图五，4）。

瓮形器　1件。尖唇，折沿，弧肩。H1：4，夹砂灰褐陶。敛口，矮领。复原口径约45、残高4.8厘米（图五，5）。

器座　1件。H1：5，夹砂灰褐陶。一端残，平面形状呈筒形。外壁上装饰有三条平行穿孔纹。直径4.8、残长15.8厘米（图五，8）。

2. H2

位于T3西南角，开口于第4层下，打破生土；由于该坑西南部分叠压于发掘区外，未扩方清理。坑口平面呈不规则状，直壁，坡底。坑口长约1.3、宽0.84～1.5、深0.3～0.44米。坑内填土为黑灰色砂土，结构较疏松。填土中包含物大部分为残陶片，主要有夹砂灰褐陶，另有少量的泥质陶。可辨器形有尖底器、器盖等（图四，2）。

尖底盏　1件。H2：1，泥质灰陶。尖唇，敛口，鼓肩，弧腹，尖底呈乳凸状。肩部上饰一条凹弦纹。口径12.8、通高5厘米（图五，7）。

器盖　1件。H2：2，夹砂灰褐陶。盖口平面呈覆碗形，矮纽。器盖直径13、通高7厘米；纽部直径3.4厘米（图五，6）。

3. H3

位于T1西北部偏中，开口于第4层下，打破生土。坑口平面近似椭圆状，近直壁，平底。坑口长约1.2、宽约0.9、深0.38米，四壁无人为加工之痕迹。坑内填土为黑灰色黏土，结构较紧密。填土中包含物主要为陶片，另有少量的炭屑。陶片数量较少，且

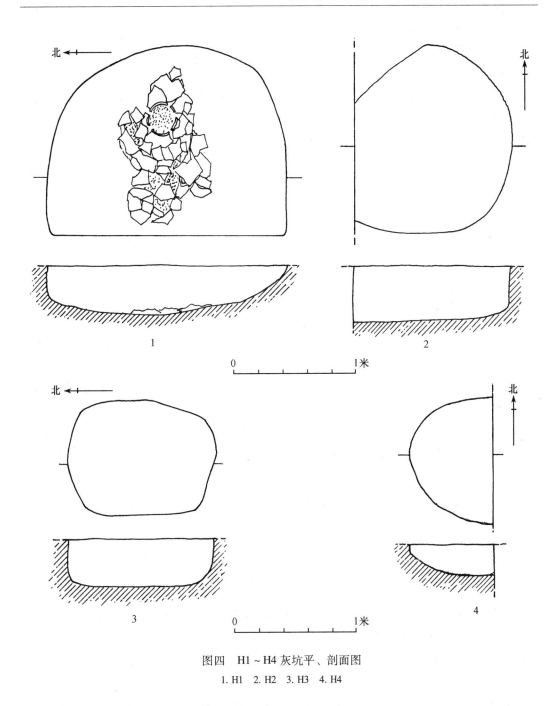

图四　H1～H4 灰坑平、剖面图

1. H1　2. H2　3. H3　4. H4

保存情况较差，主要为夹砂陶。可辨器形有敛口瓮、小平底罐、盆形器、器座等（图四，3）。

小平底罐　2件。圆尖唇，卷沿，敛口，鼓肩。H3:11，夹砂灰褐陶。口径9、残高4厘米（图六，1）。H3:13，夹砂灰褐陶。口径9、残高3厘米（图六，3）。

罐　4件。依据口部形态的差异，可分二型。

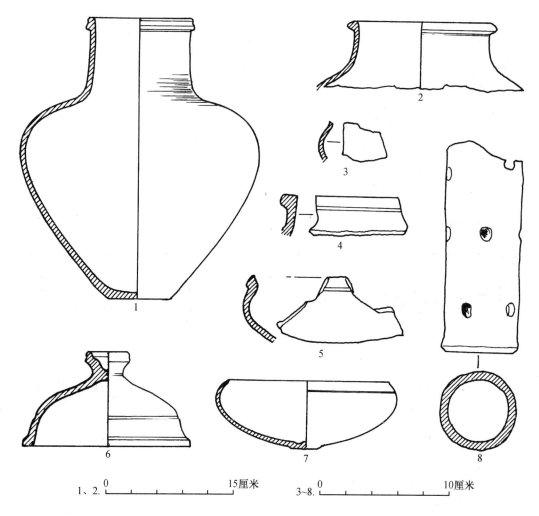

图五　H1、H2 出土陶器

1、2. 高领罐（H1:6、H1:1）　3. 小平底罐（H1:3）　4. 瓮（H1:2）　5. 瓮形器（H1:4）　6. 器盖（H2:2）

7. 尖底盏（H2:1）　8. 器座（H1:5）

　　A型　3件。敛口，折沿。H3:7，夹砂灰褐陶。方唇。口径19、残高4.5厘米（图六，5）。H3:12，夹砂灰褐陶。敛口，尖唇，折沿。肩部饰一条凹弦纹。口径40、残高6.5厘米（图六，6）。H3:9，夹砂灰褐陶。圆唇，敛口，折沿。口径48、残高8厘米（图六，7）。

　　B型　1件。侈口。H3:8，夹砂灰褐陶。圆尖唇，侈口，折沿，弧肩。口径27、残高5厘米（图六，9）。

　　高领罐　1件。侈口，卷沿。H3:6，夹砂灰褐陶。圆尖唇，唇外有凸棱。唇部外侧饰联珠纹。口径26、残高5厘米（图六，11）。

　　敛口瓮　2件。敛口，圆唇，鼓肩。H3:2，夹砂灰褐陶。口径32、残高8厘米（图六，2）。H3:3，夹砂灰褐陶。口径38、残高8厘米（图六，4）。

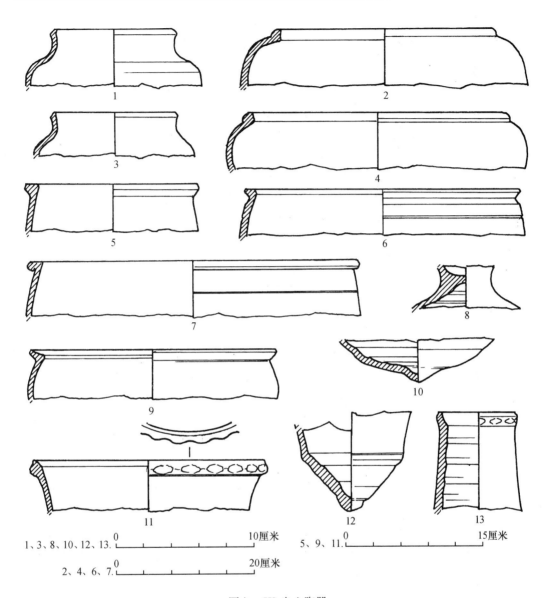

图六 H3 出土陶器

1、3. 小平底罐（H3：11、H3：13）　2、4. 敛口瓮（H3：2、H3：3）　5～7. A 型罐（H3：7、H3：12、H3：9）
8. 圈足（H3：10）　9. B 型罐（H3：8）　10. A 型器底（H3：4）　11. 高领罐（H3：6）　12. B 型器底（H3：12）
13. 器座（H3：1）

　　圈足　4 件。足部残，平面形状不明。H3：10，夹砂褐陶。残高 3 厘米（图六，8）。
　　器座　1 件。H3：1，夹砂灰褐陶。下端残，平面形状呈筒状。内壁泥条盘筑痕迹显
著。敛口，尖唇。直径 6、残高 7 厘米（图六，13）。
　　器底　5 件。均为尖底器的底，器物内壁泥条盘筑痕迹明显。依据底部形态的差
异，可分二型。
　　A 型　4 件。锥状底，此类器为尖底盏的底。H3：4，夹砂灰褐陶。残高 3 厘米（图

六，10）。

B 型　1 件。乳头状底，此类器为尖底杯的底。H3∶12，夹砂灰褐陶。残高 7 厘米（图六，12）。

4. H4

位于 T1 东南部，开口于第 4 层下，打破生土，部分叠压于 T1 东隔梁外，未扩方清理。坑口平面呈椭圆状，直壁，锅底状底。坑口短径约 1.4、复原长径约 2、深 0.16～0.38 米。坑内填土为黑灰色砂土，结构疏松。填土中包含物主要为陶片、红烧土颗粒以及少量的木炭。出土的陶片数量较少，且保存情况较差，多不可辨认其器形。主要有夹砂陶，另有少量的泥质灰陶。可辨器形有瓮形器、高领罐、尖底器、圈足器等（图四，4）。

高领罐　2 件。依据口部形态的差异，可分二型。

A 型　1 件。敞口，卷沿。H4∶4，夹砂灰褐陶。圆唇。领部内壁泥条盘筑痕迹明显。口径 18、残高 10 厘米（图七，5）。

B 型　1 件。侈口，折沿。H4∶7，夹砂灰褐陶。圆唇，折沿，鼓肩，深弧腹，平底。口径 17、腹部最大径 33、通高 37、底径 11 厘米（图七，1）。

壶形器　1 件。H4∶11，夹砂灰褐陶。尖圆唇，口微敛，折沿，高领。口径 9、残高 4.5 厘米（图七，6）。

瓮形器　3 件。依据口部形态的差异，可分二型。

A 型　2 件。敛口，圆唇，鼓肩，矮领。H4∶1，夹砂灰褐陶。口径 47、残高 7 厘米（图七，3）。H4∶5，夹砂灰褐陶。口径 42、残高 10 厘米（图七，4）。

B 型　1 件。侈口，圆唇，高领。H4∶2，夹砂灰褐陶。口径 44、残高 6 厘米（图七，2）。

圈足　5 件。依据足部高矮和平面形状差异，可分二型。

A 型　4 件。矮圈足，足部内敛。H4∶14，夹砂褐陶。足径 11、高 1.6 厘米；器残高 3 厘米（图七，9）。

B 型　1 件。高圈足，足部外侈。H4∶10，夹砂灰黄陶。捏制而成。足径 8、残高 7 厘米（图七，7）。

器纽　1 件。平面形状呈横 "8" 字形。H4∶15，夹砂灰褐陶。残高 3.4 厘米（图七，8）。

器底　3 件。均为尖底器的底，器物内壁泥条盘筑痕迹明显。小平底，此类器为尖底盏的底。H4∶16，夹砂灰褐陶。残高 3.4 厘米（图七，11）。H4∶13，夹砂褐陶。残高 3.6 厘米（图七，10）。

5. Y1

位于 T1 的东北部，开口于第 4 层下，打破生土。由窑室、火膛、火门、工作坑

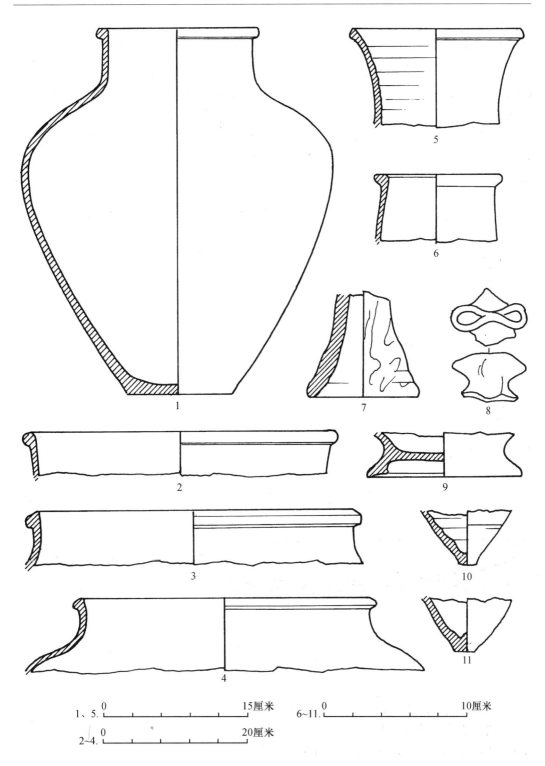

图七 H4 出土陶器

1. B 型高领罐（H4∶7） 2. B 型瓮形器（H4∶2） 3、4. A 型瓮形器（H4∶1、H4∶5） 5. A 型高领罐（H4∶4） 6. 壶形器（H4∶11） 7. B 型圈足（H4∶10） 8. 器纽（H4∶15） 9. A 型圈足（H4∶14） 10、11. 器底（H4∶13、H4∶16）

（操作坑）组成。窑室平面形状呈椭圆形，填土为灰褐色砂土，结构较为疏松，夹杂少许红烧土颗粒或块，出土尖底器、高领罐、瓮形器、器座等残片。窑室直径1.5~1.6米，窑室的窑床呈斜坡状，西南高东北低；窑顶塌落，情况不明，窑壁烧结层较薄，厚0.01~0.02米；火膛残破，不可复原。火门位于工作坑前面，形状呈圆弧形，已经挖塌落，东西宽0.3、南北长0.98米；工作坑平面形状呈不规则梯形状，填土为灰褐色砂土，结构疏松，包含物有少量陶片，并夹杂少许红烧土颗粒。东西宽1.3、南北长1.46、深0.08~0.24米（图八）。

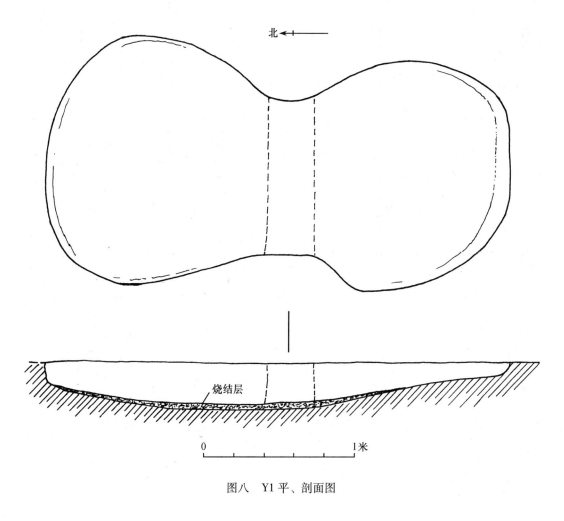

图八　Y1平、剖面图

瓮形器　7件。依据领部和口部形态的差异，可分二型。

A型　4件。敛口，无领器，圆唇，鼓肩。Y1:12，夹砂灰褐陶。肩部上有明显的轮磨痕迹。口径50、残高6厘米（图九，7）。

B型　3件。侈口，矮领器，尖唇，卷沿，溜肩。Y1:52，夹砂灰褐陶。窄沿。口径45、残高7厘米（图九，3）。Y1:45，夹砂灰褐陶。窄沿，厚唇。复原口径约45、残高11厘米（图九，8）。

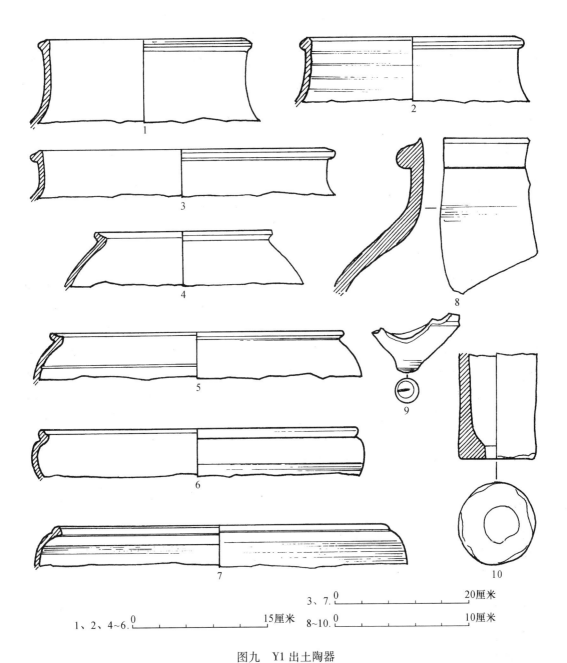

图九　Y1 出土陶器

1、2. A 型罐（Y1∶36、Y1∶13）　　3、8. B 型瓮形器（Y1∶52、Y1∶45）　　4、5. Ba 型罐（Y1∶16、Y1∶44）　　6. Bb
型罐（Y1∶18）　　7. A 型瓮形器（Y1∶12）　　9. 器底（Y1∶31）　　10. 器座（Y1∶23）

罐　10 件。依据领部形态的差异，可分二型。

A 型　3 件。高领罐。圆唇，口微敛，卷沿。Y1∶36，夹砂灰褐陶。口径 24、残高
9 厘米（图九，1）。Y1∶13，夹砂灰褐陶。领部内壁泥条盘筑痕迹明显。口径 25、残高
7 厘米（图九，2）。

B 型　7 件。无领罐。依据肩部和沿部的形态的差异，可分二亚型。

Ba 型　5 件。圆肩，折沿。Y1∶16，夹砂灰褐陶。尖圆唇。口径 20、残高 6 厘米（图九，4）。Y1∶44，夹砂灰褐陶。圆唇。肩部内侧饰一道凹弦纹。口径 33、残高 5 厘米（图九，5）。

Bb 型　2 件。鼓肩，卷沿。Y1∶18，夹砂灰褐陶。厚圆唇。腹部装饰细弦纹，器物外壁有明晰的轮磨痕迹。口径 36、残高 5.1 厘米（图九，6）。

器座　1 件。平面形状呈筒形，中空。Y1∶23，夹砂灰褐陶。底径 6、残高 7.5 厘米（图九，10）。

器底　3 件。为尖底器的底。乳头状底，此类器为尖底盏的底。Y1∶31，夹砂灰褐陶。残高 4.2 厘米（图九，9）。

6. Y2

位于 T2 的中部，开口于第 4 层下，打破 Y3。由窑室、火膛、火门、工作坑（操作坑）组成。窑室平面形状呈椭圆形，填土为灰褐色砂土，结构较为疏松，出土了少量夹砂碎陶片，均不可辨认其器形。窑室直径 1.4～1.48 米，窑室的窑床呈斜坡状，西南高东北低；窑顶塌落，情况不明，窑壁烧结层较薄，厚 0.01～0.04 米；火膛残破，不可复原。火门位于工作坑前面，形状呈圆弧形，已经挖塌落，东西宽 0.3 米，南北长 0.98 米；工作坑平面形状呈不规则梯形状，填土为灰褐色砂土，结构疏松，包含有少量陶片，并夹杂少许红烧土颗粒。东西宽 1.7 米，南北长 1.54 米，深 0.12～0.36 米（图一〇）。

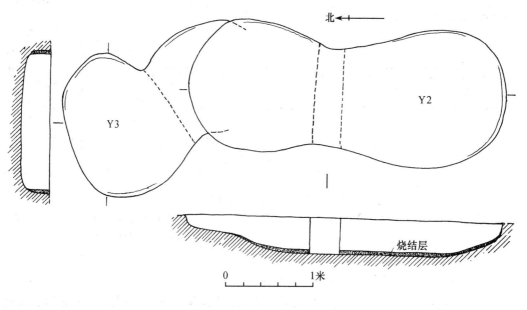

图一〇　Y2、Y3 平、剖面图

7. Y3

　　位于 T2 的中部，开口于第 4 层下，Y3 打破其工作坑。由窑室、火膛、火门、工作坑（操作坑）组成。窑室平面形状呈不规则椭圆形，填土为灰褐色砂土，结构疏松，出土了少量夹砂陶片，器形可辨的有罐、器盖、瓮等。窑室直径 1.2 ~ 1.66 米，窑室的窑床呈斜坡状，西南高东北低；窑顶塌落，情况不明，窑壁烧结层较薄，厚 0.01 ~ 0.04 米；火膛残破，不可复原。Y2 的窑室打破了 Y3 的火门、火膛和大部分工作坑，均不可复原（图一〇）。

　　罐　7 件。依据领部形态差异，可分二型。

　　A 型　5 件。无领罐。依据口部和肩部形态的差异，可分二型。

　　Aa 型　3 件。侈口，窄鼓肩。Y3：16，夹砂灰褐陶。尖圆唇，折沿，束颈。口径 32、残高 8 厘米（图一一，4）。Y3：1，夹砂灰褐陶。口径 36、残高 7.2 厘米（图一一，5）。

　　Ab 型　2 件。敛口，广溜肩。Y3：4，夹砂灰褐陶。尖唇，卷沿，束颈。口径 21、残高 6 厘米（图一一，2）。

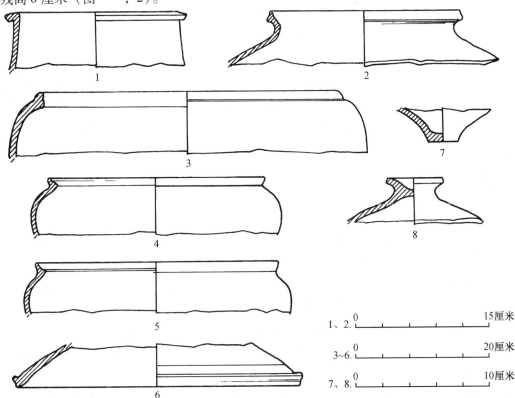

图一一　Y3 出土陶器

1. B 型罐（Y3：13）　2. Ab 型罐（Y3：4）　3. 瓮（Y3：21）　4、5. Aa 型罐（Y3：16、Y3：1）　6. 器盖（Y3：11）
7. 器底（Y3：17）　8. 器纽（Y3：10）

B型　2件。高领罐。Y3：13，夹砂灰褐陶。圆唇，口微敛，折沿。口径20、残高6厘米（图一一，1）。

器盖　1件。纽部残，盖身呈覆盘状。Y3：11，夹砂灰褐陶。直径42、残高6厘米（图一一，6）。

瓮　1件。敛口，圆唇，鼓肩。Y3：21，夹砂灰褐陶。口径44、残高9厘米（图一一，3）。

器纽　2件。纽部平面形状呈横喇叭状。Y3：10，夹砂灰褐陶。纽部直径4、残高3.5厘米（图一一，8）。

器底　3件。为尖底器的底。小平底，此类器为尖底盏的底。Y3：17，夹砂灰褐陶。底径2.2、残高2.4厘米（图一一，7）。

三、第4层出土遗物

第4层出土遗物主要为陶片，另见少量的石器。陶器以夹砂陶为主，泥质陶较少；夹砂陶以灰褐陶为主，次为灰褐、黄，器形主要有罐、瓮、盏等；泥质陶主要有灰、褐，器形仅见部分尖底杯、器盖，数量相对较少。陶片中以素面陶多见，纹饰种类较少，以绳纹多见，另有弦纹、菱形纹、镂孔、戳印纹、联珠纹、网格纹、乳钉纹等（图一二）。陶片大多残碎，绝大多数不能复原，常见的陶器有小平底罐、敛口罐、尖底杯、尖底盏、圈足罐、器盖、瓮、高领罐、豆柄、盆、缸、器座等。陶器的制法以泥条盘筑为主，多数器物经过慢轮修整。圈足和器底为二次黏接。夹砂陶火候较低，而泥质陶的火候则普遍较高。石器出土数量较少，器类单一，仅见斧和锛；这些石器磨制精致，体量相对较小。

1. 陶器

高领罐　20件。依据口部形态的差异，可分四型。

A型　7件。近直口。领部内侧遗留有明显的泥条盘筑痕迹。T6④：9，夹砂灰褐陶。圆唇，折沿，直领。口径22、残高8.5厘米（图一三，3）。T4④：10，夹砂灰褐陶。圆唇，折沿，近直领，口略侈。口径15、残高9.5厘米（图一三，6）。T2④：167，夹砂灰褐陶。方唇，折沿，直领。口径13、残高8厘米（图一三，8）。T2④：59，夹砂灰褐陶。尖唇，折沿，直领。口径22、残高6.5厘米（图一三，9）。

B型　11件。敛口。T2④：37，夹砂灰褐陶。方唇，折沿，口略侈。口径24、残高8厘米（图一三，1）。T2④：134，夹砂灰褐陶。尖唇，折沿，直领。口径24、残高10厘米（图一三，2）。T1④：32，夹砂灰褐陶。尖唇，折沿，近直领。口径25、残高8厘米（图一三，4）。T2④：30，夹砂灰褐陶。厚圆唇，折沿，直领。口径27、残高9.5厘米（图一三，5）。T2④：123，夹砂灰褐陶。圆唇，折沿，近直领。口径21、残高7厘米（图一三，10）。

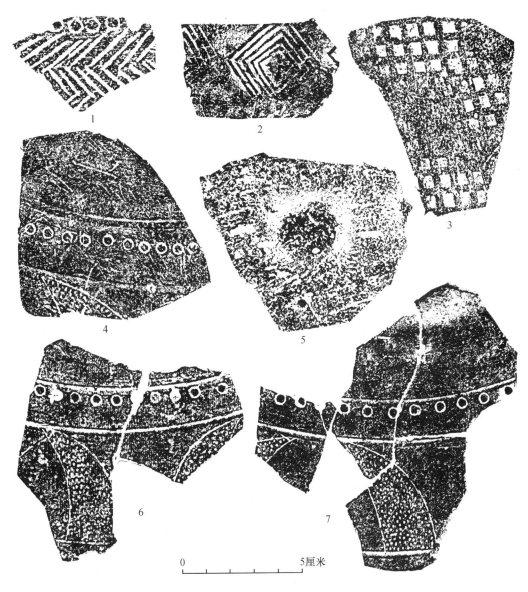

图一二 第4层陶器纹饰拓片

1. 联珠纹与折线纹（T4④:51） 2. 菱形纹（T1④:44） 3. 网格印纹（T2④:44） 4、6、7. 戳印点纹、
联珠纹饰带（T2④:139、T10④:6、T2④:138） 5. 乳钉纹（T2④:115）

C 型 1件。侈口。T4④:22，夹砂灰褐陶。尖唇，近子母口，折沿。领部上装饰一条凹弦纹。口径22、残高7.2厘米（图一三，7）。

D 型 1件。喇叭口。T2④:95，夹砂灰褐陶。圆唇，宽卷沿外翻。领部内侧有明显的泥条盘筑痕迹。口径22、残高9厘米（图一六，3）。

罐 16件。依据口部形态的差异，可分二型。

A 型 11件。敛口。此类罐多为小平底罐，口径和器形相对较小，胎壁普遍薄。

图一三　第4层出土陶器

1、2、4、5、10. B型高领罐（T2④:37、T2④:134、T1④:32、T2④:30、T2④:123）　3、6、8、9. A型高领
罐（T6④:9、T4④:10、T2④:167、T2④:59）　7. C型高领罐（T4④:22）　11、12、14. A型瓮形器（T2④:113、
T2④:6、T2④:79）　13. Ab型瓮形器（T4④:26）

依据肩部形态的差异可分三亚型。

Aa 型　7 件。溜肩，肩部相对较广。尖唇，卷沿。T4④:29，夹砂灰褐陶。口径 16、残高 4.5 厘米（图一四，2）。T4④:41，夹砂灰褐陶。口径 17、残高 3.5 厘米（图一四，3）。T4④:45，夹砂灰褐陶。口径 24、残高 4.5 厘米（图一四，4）。T2④:33，夹砂灰褐陶。口径 17、残高 4.5 厘米（图一四，5）。T4④:31，夹砂灰褐陶。口径 21、残高 4.5 厘米（图一四，7）。

Ab 型　3 件。圆鼓肩，肩部较窄。圆唇，卷沿。T8④:4，夹砂灰褐陶。口径 16、残高 3.5 厘米（图一四，1）。T10④:9，夹砂灰褐陶。口径 32、残高 5.5 厘米（图一四，11）。

Ac 型　1 件。折肩，斜腹。圆唇，折沿。T5④:1，夹砂灰褐陶。口径 28、残高 6 厘米（图一四，6）。

B 型　5 件。侈口。依据肩部形态的差异，可分二亚型。

Ba 型　4 件。弧肩。T2④:70，夹砂灰褐陶。圆唇，卷沿，束颈。肩部上饰一条弦纹。口径 24、残高 6.5 厘米（图一四，8）。T4④:25，夹砂灰褐陶。圆唇，折沿。口径 18、残高 4.5 厘米（图一四，9）。

Bb 型　1 件。圆鼓肩。T2④:148，夹砂灰褐陶。尖唇。口径 34、残高 5.5 厘米（图一四，10）。

敛口瓮　30 件。依据肩部形态的差异，可分三型。

A 型　21 件。鼓肩。圆唇，唇部内凹；窄肩。T1④:14，夹砂灰褐陶。口径 30、残高 8 厘米（图一五，5）。T2④:141，夹砂灰褐陶。圆唇。口径 36、残高 8 厘米（图一五，7）。T1④:47，夹砂灰褐陶。口径 33、残高 7 厘米（图一五，8）。T4④:38，夹砂灰褐陶。口径 45、残高 10 厘米（图一五，9）。

B 型　5 件。圆肩。唇部内凹。T6④:1，夹砂灰褐陶。尖唇。口径 48、残高 6.5 厘米（图一五，10）。T6④:12，夹砂灰褐陶。圆唇。肩部饰三条细弦纹。口径 48、残高 15 厘米（图一五，11）。

C 型　4 件。溜肩。广肩，圆唇。T2④:75，夹砂灰褐陶。肩部饰一条凹弦纹。口径 28、残高 7 厘米（图一五，1）。

瓮形器　31 件。依据领部形态的差异，可分二型。

A 型　18 件。高领。依据口部形态的差异，可分二亚型。

Aa 型　15 件。近直口，折沿。T2④:113，夹砂灰褐陶。尖唇。口径 37、残高 8.5 厘米（图一三，11）。T2④:6，夹砂灰褐陶。圆唇。口径 42、残高 10 厘米（图一三，12）。T2④:79，夹砂灰褐陶。圆唇，口微侈。口径 44、残高 8 厘米（图一三，14）。T1④:29，夹砂灰褐陶。圆唇，口微侈。口径 42、残高 9 厘米（图一四，14）。T2④:172，夹砂灰褐陶。圆唇，溜肩。肩部内壁有明显的轮磨痕迹。口径 40、残高 12 厘米（图一四，15）。

Ab 型　3 件。侈口。T4④:26，夹砂灰褐陶。近方唇，折沿。口径 38、残高 8 厘米

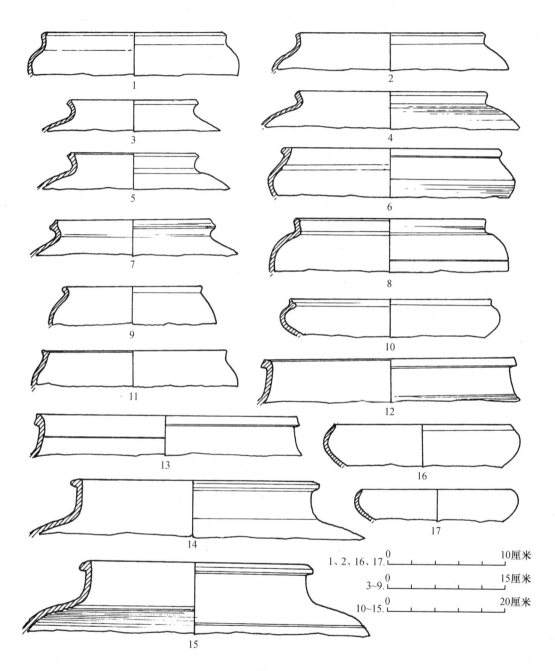

图一四 第4层出土陶器

1、11. Ab 型罐（T8④:4、T10④:9）   2~5、7. Aa 型罐（T4④:29、T4④:41、T4④:45、T2④:33、T4④:31）

6. Ac 型罐（T5④:1）   8、9. Ba 型罐（T2④:70、T4④:25）   10. Bb 型罐（T2④:148）   12、13. B 型瓮形器

（T2④:112、T2④:137）   14、15. Aa 型瓮形器（T1④:29、T2④:172）   16、17. A 型尖底盏

（T3④:15、T3④:13）

（图一三，13）。

B 型　4 件。矮领，敞口，折沿。T2④：112，夹砂灰褐陶。方唇。口径 43、残高 7 厘米（图一四，12）。T2④：137，夹砂灰褐陶。尖圆唇。口径 45、残高 6.5 厘米（图一四，13）。

C 型　9 件。无领，侈口，折沿。依据肩部形态的差异，可分二亚型。

Ca 型　7 件。鼓肩。T2④：77，夹砂灰褐陶。尖圆唇。口径 34、残高 7.5 厘米（图一五，3）。T2④：158，夹砂褐陶。尖圆唇。口径 36、残高 6.5 厘米（图一五，4）。T2④：152，夹砂灰褐陶。尖唇。口径 30、残高 6.5 厘米（图一五，6）。

Cb 型　2 件。溜肩。T2④：80，夹砂灰褐陶。尖唇。口径 28、残高 7 厘米（图一五，2）。

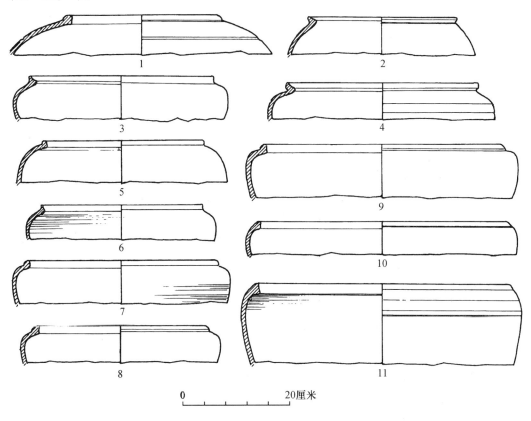

图一五　第 4 层出土陶器

1. C 型敛口瓮（T2④：75）　　2. Cb 型瓮形器（T2④：80）　　3、4、6. Ca 型瓮形器（T2④：77、T2④：158、T2④：152）
5、7~9. A 型敛口瓮（T1④：14、T2④：141、T1④：47、T4④：38）　　10、11. B 型敛口瓮（T6④：1、T6④：12）

盆　12 件。依据口部和腹部形态的差异，可分二型。

A 型　9 件。敛口，窄沿。依据腹部形态的差异，可分二亚型。

Aa 型　4 件。斜腹。T4④：28，夹砂灰褐陶。圆唇，卷沿。腹部饰一道凹弦纹。口径 48、残高 7.5 厘米（图一六，4）。T3④：1，夹砂灰褐陶。方唇，折沿。腹部饰一道凹弦纹。口径 48、残高 12 厘米（图一六，7）。

Ab 型　5 件。弧腹。T5④：3，夹砂灰褐陶。尖圆唇，折沿。腹部饰一道凹弦纹。口径 46、残高 8.5 厘米（图一六，5）。T2④：127，夹砂灰褐陶。厚圆唇，折沿。腹部上装饰圆形乳钉和弦纹。复原口径 52、残高 9 厘米（图一六，8）。T1④：60，夹砂灰褐陶。厚唇，折沿。腹部上装饰圆形乳钉。复原口径约 48、残高 8.4 厘米（图一六，9）。T2④：20，夹砂灰褐陶。厚圆唇，折沿。腹部上装饰圆形乳钉和弦纹。复原口径约 50、残高 12 厘米（图一六，10）。

B 型　3 件。侈口，斜腹。T1④：31，夹砂灰褐陶。方唇，卷沿。腹部饰一道凹弦纹。口径 49、残高 11 厘米（图一六，6）。

尖底盏　9 件。依据口部形态的差异，可分二型。

A 型　5 件。钵形盏。敛口，鼓肩，弧腹。T3④：15，泥质灰陶。圆唇。口径 15、残高 3.5 厘米（图一四，16）。T3④：13，夹砂灰褐陶。尖唇。口径 13、残高 2.6 厘米（图一四，17）。

B 型　4 件。敞口，弧腹；乳头状尖底或小平底。T5④：11，夹砂灰褐陶。圆唇，弧腹，乳头状尖底。口径 13、通高 5 厘米（图一六，1）。T8④：13，夹砂灰褐陶。圆唇外翻，卷沿，小平底。口径 15.2、通高 6 厘米（图一六，2）。

尖顶帽形器　1 件。角形盏。侈口，弧壁。泥条盘筑。T2④：174，夹砂灰褐陶。圆唇，浅腹，乳钉状尖底。口径 6、通高 4.5 厘米（图一七，15）。

器盖　7 件。纽部均残。依据盖身平面形状的差异，可分二型。

A 型　4 件。覆碗状。T10④：7，夹砂灰褐陶。器盖直径 18、残高 3 厘米（图一七，4）。T3④：20，夹砂灰褐陶。器盖直径 18、残高 3 厘米（图一七，6）。

B 型　3 件。覆盘状。依据口部形态的差异，可分二亚型。

Ba 型　2 件。侈口，浅盘。T3④：6，夹砂灰褐陶。器盖直径 17.2、残高 3.2 厘米（图一七，5）。

Bb 型　1 件。喇叭口，深盘。T2④：176，夹砂灰褐陶。器盖直径 22.5、残高 3.1 厘米（图一七，7）。

器座　1 件。平面形状呈筒形，中空；泥条盘筑。T3④：5，夹砂黄褐陶。下端残，外壁上装饰圆形穿孔。上部口径 6、残高 9.5 厘米（图一七，20）。

豆柄　2 件。圆管状，中空。T7④：2，夹砂灰褐陶。直径 2.6、残高 8.6 厘米（图一七，19）。

器纽　7 件。依据纽部平面形态的差异，可分二型。

A 型　5 件。喇叭口状。T2④：129，夹砂灰褐陶。直径 3.8、残高 2 厘米（图一七，10）。

B 型　2 件。盘口状。T7④：4，夹砂灰褐陶。直径 3.5、残高 3 厘米（图一七，8）。

器底　13 件。依据器物底部形态的差异，可分二型。

A 型　3 件。平底器平底，一般为小平底罐的底。T1④：43，夹砂灰褐陶。底径 3.8、残高 2.5、厚 1.2 厘米（图一七，11）。

B 型　10 件。尖底器小平底。依据底部所属器物形态的差异，可分二亚型。

Ba 型　3 件。尖底杯小平底，呈乳头状。T1④:1，夹砂灰褐陶。底径 0.8、腹径 8、残高 6、厚 0.4 厘米（图一七，12）。

Bb 型　7 件。尖底盏小平底。T8④:3，夹砂灰褐陶。底径 1.6、残高 3、厚 0.8 厘米（图一七，13）。

圈足　19 件。依据圈足高矮，可分二型。

A 型　16 件。矮圈足，足内有倒刺，平面形状呈覆碗状。T3④:4，夹砂褐陶。足径 11.2、器残高 5 厘米（图一七，2）。T3④:120，夹砂灰褐陶。泥条盘筑。足径 11.5、足高 2.6 厘米；器残高 4 厘米（图一七，3）。T1④:65，夹砂灰褐陶。足径 8.4、足高 3.2 厘米；器残高 4.6 厘米（图一七，9）。

B 型　3 件。高圈足，平面形状呈覆杯状。T1④:24，夹砂灰褐陶。泥条盘筑。足径 10、足残高 7 厘米（图一七，1）。T1④:75，夹砂黄褐陶。捏制。足上有穿孔装饰；圈足外壁遗留明显的捏制痕迹。足径 9、足残高 11.5 厘米（图一七，18）。

器流　1 件。细管状。T2④:125，泥质灰陶。口径 1.4、残长 5 厘米（图一七，14）。

壶形器　3 件。口微敛，卷沿，高领。T2④:128，夹砂灰褐陶。尖唇。口径 21、残高 6.5 厘米（图一七，16）。T2④:154，夹砂灰褐陶。尖唇。领部外有明显的轮磨痕迹。口径 14、残高 7 厘米（图一七，17）。

2. 石器

共出土 3 件，器形有斧、锛。磨制粗糙，器物多不完整。

斧　2 件。T1④:82，灰色石质，顶部略残。平面形状呈长方形，弧刃，刃部磨制精致，顶部和斧身有少量崩疤痕迹。残长 7.8、宽 3~4.2、厚 1 厘米（图一六，11）。T1④:83，灰褐色石质。平面形状呈长条形，弧刃，刃部磨制粗糙，腰部有许多崩疤痕迹。长 8.2、宽 3.5、厚 1 厘米（图一六，13）。

锛　1 件。T2④:126，灰黑色石质，顶部和刃部均残。平面形状呈长条形。残长 8.5、宽 3.6、厚 1.4 厘米（图一六，12）。

四、第 3 层下的遗迹及出土遗物

第 3 层下的遗迹仅发现 1 条灰沟，其他遗迹不见，其填土颜色与土质和出土遗物与第 4 层截然不同。

G1

位于 T2 西南部，开口于第 3 层下，打破第 4 层，西南段分布于发掘区外，未扩方清理。沟口平面呈长条形，弧壁、弧底。坑口长约 9.3、宽 0.7~1.3、深 0.6~0.45 米。坑内填土为黑灰色砂土，结构疏松。填土中包含物主要为夹砂陶片，可辨器形有碗、釜、盆、瓦片等（图一八）。

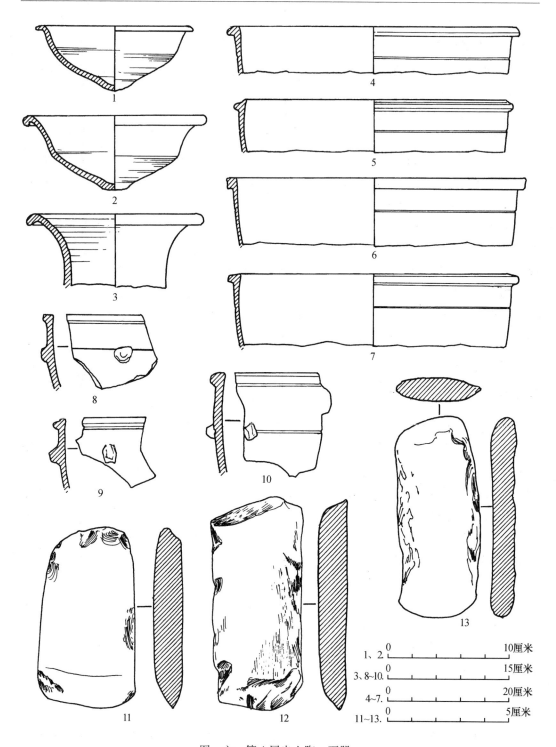

图一六　第4层出土陶、石器

1、2. B 型尖底盏（T5④：11、T8④：13）　3. D 型高领罐（T2④：95）　4、7. Aa 型盆（T4④：28、T3④：1）

5、8~10. Ab 型盆（T5④：3、T2④：127、T1④：60、T2④：20）　6. B 型盆（T1④：31）　11、13. 石斧（T1④：82、

T1④：83）　12. 石锛（T2④：126）

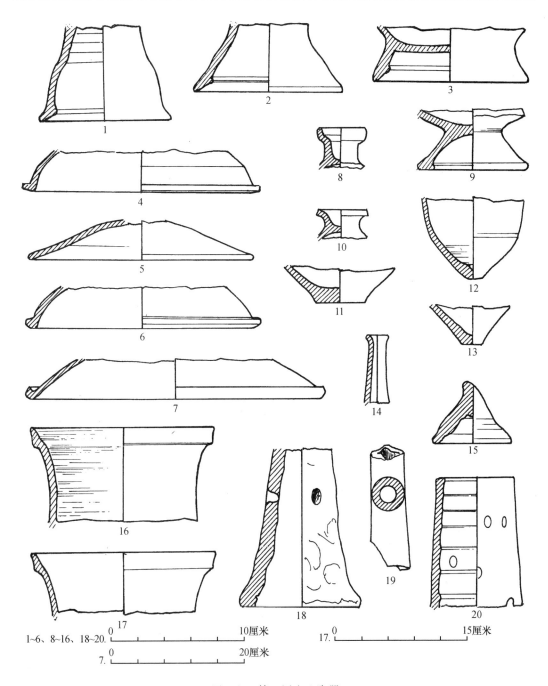

图一七　第4层出土陶器

1、18. B 型圈足（T1④：24、T1④：75）　　2、3、9. A 型圈足（T3④：4、T3④：120、T1④：65）　　4、6. A 型器盖
（T10④：7、T3④：20）　5. Ba 型器盖（T3④：6）　7. Bb 型器盖（T2④：176）　8. B 型器纽（T7④：4）　10. A 型
器纽（T2④：129）　11. A 型器底（T1④：43）　12. Ba 型器底（T1④：1）　13. Bb 型器底（T8④：3）　14. 器流
（T2④：125）　15. 尖顶帽形器（T2④：174）　16、17. 壶形器（T2④：128、T2④：154）　19. 豆柄（T7④：2）
20. 器座（T3④：5）

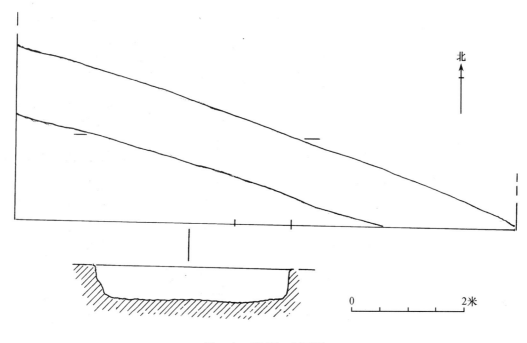

图一八　G1 平、剖面图

碗　2 件。依据沿部和腹部的形态差异，可分二型。

A 型　1 件。折腹明显，斜腹，小平底。G1:1，夹砂灰陶。圆唇，卷沿。口径 12、通高 4、底径 4.8 厘米（图一九，1）。

B 型　1 件。折腹不明显，弧腹，底部较大。G1:7，夹砂灰陶。方唇，折沿。口径 23.5、通高 6.5、底径 8 厘米（图一九，2）。

釜　4 件。器物内壁遗留有明显的轮制痕迹。依据口部和沿部形态的差异，可分二型。

A 型　1 件。侈口，折沿。G1:11，夹砂灰褐陶。方唇。口径 25、残高 4 厘米（图一九，5）。

B 型　3 件。喇叭口，多圆唇，卷沿，高领，鼓肩。G1:9，夹砂灰褐陶。口径 24、残高 12 厘米（图一九，3）。G1:13，夹砂灰褐陶。口径 30、残高 8.5 厘米（图一九，4）。G1:8，夹砂灰褐陶。圆唇。口径 41、残高 6 厘米（图一九，6）。

盆　3 件。依据口部形态的差异，可分二型。

A 型　2 件。敞口，宽卷沿外翻，腹部一般都有明显的轮磨痕迹。G1:12，夹砂灰陶。圆唇。口径 52、残高 5 厘米（图一九，8）。G1:10，夹砂灰陶。圆唇。腹中部装饰一道折棱。口径 45、残高 6 厘米（图一九，9）。

B 型　1 件。敛口，折沿。G1:3，夹砂灰陶。方唇。口径 33、残高 4 厘米（图一九，7）。

板瓦　1 件。G1:4，横切面呈弧形，夹细砂灰褐陶。表面装饰有纵向平行粗绳纹。

厚 1.5、残长 10.2 厘米（图一九，10）。

　　筒瓦　2 件。G1∶2，横断面呈半圆形，一端有内束之短领。泥条盘筑，泥制灰陶，中夹细砂。瓦面饰纵向平行粗绳纹。领残，厚约 1.3、残长 6.6 厘米（图一九，11）。

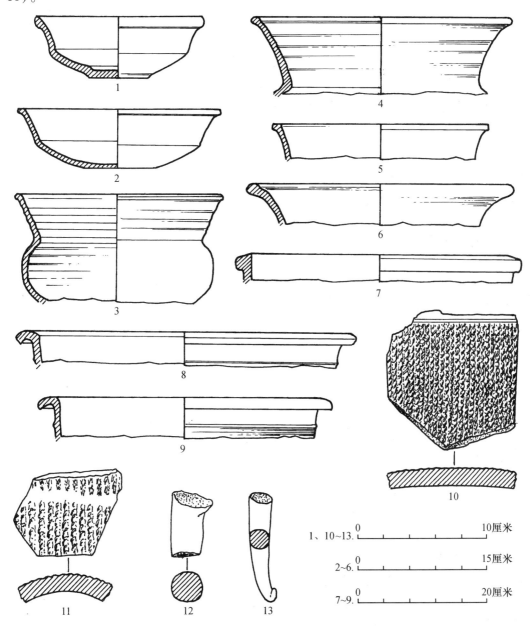

图一九　G1 出土遗物

1. A 型碗（G1∶1）　2. B 型碗（G1∶7）　3、4、6. B 型釜（G1∶9、G1∶13、G1∶8）　5. A 型釜（G1∶11）　7. B 型盆（G1∶3）　8、9. A 型盆（G1∶12、G1∶10）　10. 板瓦（G1∶4）　11. 筒瓦（G1∶2）　12、13. 鼎足（G1∶6、G1∶5）

鼎足 2件。平面形状呈象鼻状。G1：6，夹砂灰褐陶。下端残。直径2.4、残高4.8厘米（图一九，12）。G1：5，夹砂灰褐陶。直径1.4、残高8厘米（图一九，13）。

五、结　语

成都普天电缆有限公司地点发现的商周时期的遗存保存情况较差，仅发现4个灰坑、3座陶窑，其他遗迹现象未见，遗迹和地层堆积中出土的遗物不够丰富，给我们认识该地点的文化面貌带来较大的困难。通过观察第4层及其叠压于其下的遗迹出土的陶片，可以发现该地点商周时期地层堆积中陶片出土的数量巨大，但均较为残碎。陶器以夹砂陶为主，泥质陶较少；夹砂陶以灰褐陶为主，次为红褐、黄褐，泥质陶主要有黑皮、灰白陶。纹饰单一，绳纹多见，另有弦纹、划纹、戳印纹、联珠纹等。陶片大多残碎，多不能复原，常见的陶器有小平底罐、盆、罐、瓮、器盖、高领罐、尖底杯、尖底盏、圈足器等。陶器制法以泥条盘筑为主，多数器物经过慢轮修整。我们认为该遗址出土的陶片的质地与颜色以及器物风格和特征与金沙遗址"兰苑"地点[1]、三合花园地点[2]、十二桥遗址第12、13层[3]、指挥街[4]、西华大学六号教学楼地点的第6层[5]等地点出土的同类器物非常相近，这些遗址的时代大致在商周之际。但该地点的小平底罐、高柄豆形器、"8"字形捉手等典型商周之际的器物已经少见，已经广泛出现了尖底杯、尖底盏、圈足器、敛口鼓肩罐、高领罐、窄沿盆等西周时期常见的遗物，特别是尖底器与圈足器、瓮形器的大量出现是该遗址堆积中出土陶器的一大特色。但该层亦不见西周中晚期常见的釜形器、大敞口瓮形器、簋形器等器物。具有明显的过渡性特征，如尖底杯和尖底盏的底以小平底多见，乳头状尖底少见，尖底盏的腹部相对较深；瓮形器少见厚胎大喇叭口或敞口；商代晚期至西周早期常见的小平底罐、高柄豆形器、横"8"字形捉手、瓶、三足器少见或不见。考虑到保存情况和发掘面积的有限，再加上陶片的残碎影响我们的认识与分析，判定时代时考虑较晚的因素，因此初步推测该地点商周时期的堆积时代为西周前期。由于该层出土的小平底罐、瓮形器、尖底杯、尖底盏、盆、高领罐等与相邻的高新西区"大唐电信二期"[6]、金沙遗址"罡正"[7]、"国际花园"第5B层[8]等地点出土的同类器物相近。不见釜、矮圈足豆、敛口浅腹尖底盏、高领瓮、盆等西周晚期至春秋中晚期这一时段内常见的器物，故其时代推测为西周中期。而叠压于第3层下的G1的出土遗物与第4层出土的器物截然不同，其出土的釜、碗、盆、鼎足、绳纹瓦片与电子科技大学清水河校区学生宿舍地点汉代遗址[9]出土的同类器物非常接近，未发现战国晚期常见的尖底盏、矮圈足豆以及西汉中晚期后常见典型汉文化遗存的器物。我们初步认为G1的时代可能在西汉前期。由于该地点发掘面积较小，堆积保存不理想，出土遗物贫乏，我们对该地点的认识较为粗浅，对该区域的深入了解有赖于对该地区进一步的考古调查与发掘。普天电缆地点的发掘为成都平原早期古代遗址提供了一处新的商周时期的遗址点，有利于进一步推进成都平原先秦时期的区域考古调查与研究。

附记：领队刘雨茂，工作人员有宋世有、杨兵、刘雨茂、周志清。

绘　图：杨文成
执　笔：周志清　刘雨茂

注　释

［1］　成都文物考古研究所：《成都市金沙遗址"兰苑"地点发掘简报》，《成都考古发现（2001）》，科学出版社，2003 年。

［2］　成都文物考古研究所：《成都市黄忠村遗址 1999 年度发掘的主要收获》，《成都考古发现（1999）》，科学出版社，2001 年。

［3］　四川省文物管理委员会等：《成都十二桥商代建筑遗址第一期发掘简报》，《文物》 1987 年 12 期。

［4］　成都市博物馆等：《成都指挥街周代遗址发掘报告》，《南方民族考古》第一辑，四川科学技术出版社，1987 年。

［5］　成都文物考古研究所：《西华大学六号教学楼地点古遗址发掘简报》，《成都考古发现（2004）》，科学出版社，2006 年。

［6］　成都文物考古研究所：《成都市高新西区"大唐电信二期"地点发掘简报》，《成都考古发现（2003）》，科学出版社，2005 年。

［7］　资料现存成都文物考古研究所金沙遗址工作站。

［8］　成都文物考古研究所：《金沙遗址国际花园地点发掘简报》，《成都考古发现（2004）》，科学出版社，2006 年。

［9］　成都文物考古研究所：《成都电子科技大学清水河校区学生宿舍地点汉代遗址发掘简报》，《成都考古发现（2005）》，科学出版社，2007 年。

成都电子科技大学清水河校区实验楼地点古遗址发掘简报

成都文物考古研究所

　　成都电子科技大学清水河校区位于成都市高新西部园区西南部的合作镇，东距成都市中心约12公里，与合作镇政府相邻。实验楼地点位于郫县合作镇六组，北距行政大楼商周遗址地点约100米，中间隔废弃河道马河相望，地理位置为北纬30°45′20.3″，东经103°55′40.2″，海拔为539米±9米（图一）。为配合电子科大清水河校区的建设，成都文物考古研究所于2006年3月中旬对其进行了考古勘探，勘探结果显示在工地中部的实验楼地点发现了汉代和宝墩文化时期的文化堆积，通过使用 etrex12channe（GPS）测量现存面积大约为4000平方米，古遗址分布区域历来为耕作区，大部分早期文化堆积被人为农耕活动严重破坏，保存情况不甚理想。地表现主要为杂草，遗址主要分布于马河的北岸的一级台地之上。为了了解该地点古遗址的文化堆积面貌及时代特征，成都文物考古研究所于2006年5月下旬对该地点进行了抢救性地发掘，按正北向布5米×5米的探方85个，实际发掘面积为1360平方米；遗址代码为2006CGD，探方编号按坐标编号。出土了丰富的陶片，遗迹现象主要发现有灰坑、陶窑、灰沟以及唐宋时期墓葬（另文报告）。现将本次发掘的收获简报如下。

一、地层堆积

　　发掘区内的地层经过统一划分，根据土质土色及包含物的差异可以分为5层。地层堆积以T1941和T2041的北壁剖面为例（图二），简述如下。

　　第1层：耕土层，黑灰色腐殖土，结构疏松，厚15～25厘米。包含物有大量的现代垃圾和植物根茎及近现代瓷片，于整个发掘区内均有分布。

　　第2层：灰黄色砂土，结构相对紧密，距地表25～30厘米，厚25～35厘米。包含物有青花瓷片和青砖，于整个发掘区内均有分布，为明清时期堆积。该层下叠压有1条河道。

　　第3层：黄灰色砂土，结构疏松，距地表50～62厘米，厚20～40厘米，于整个发掘区内均有分布。本层包含少量唐宋时期的瓷片、陶片和红砖，为唐宋时期的堆积。该层下叠压数条灰沟和灰坑。

　　第4层：灰色黏土，泛黄褐斑，土壤有轻度板结现象，结构较紧密，距地表85～125厘米，厚0～25厘米。包含物有绳纹瓦片、钵、罐、釜、鼎足、铁器和钱币等，为

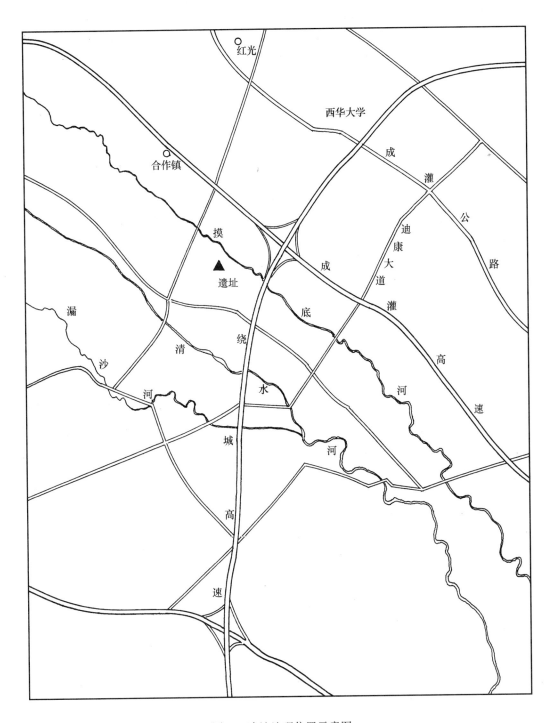

图一　遗址地理位置示意图

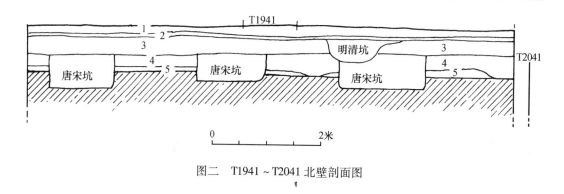

图二　T1941～T2041 北壁剖面图

汉代时期的堆积。该层下叠压有 G1。该层堆积被唐宋时期的河沟破坏或扰动严重，堆积层多残损不全。

第5层：褐色黏土，结构紧密。多被唐宋时期堆积破坏，主要分布于发掘区的东南部。堆积中包含有少量的夹砂陶片和黑色木炭灰烬。为宝墩时期的堆积。

第5层以下为结构紧密的黄褐色生土。

二、第 5 层下遗迹与遗物

第5层下的遗迹仅发现3个灰坑和1座陶窑，这些遗迹保存状况不甚理想，出土遗物较少。灰坑的平面形状多不规整，坑壁均未发现人为加工的痕迹，坑底多为自然坑底。坑内填土中出土的遗物较少，且残碎。陶窑规模非常小，平面形状为馒头形，窑壁有明显的烧结面，窑室内未发现遗物。

1. H2

位于 T2339 北部。开口于第5层下，打破生土。坑口平面形状近不规则椭圆形，直壁，近平底。坑口残长 2.3～2.66、深 0.16～0.24 米，底和壁均无人为加工之痕迹。坑内填土为褐色黏土，结构紧密。填土中包含物主要为夹砂陶片，另有少量的黑灰色灰烬，坑底有少量砾石块。陶片可辨器形有尊、喇叭口高领罐、器盖、圈足器等（图三，1）。

尊　4件。依据沿部宽窄的差异可分二型。

A 型　3件。宽沿尊。依据口部形态差异，可分二亚型。

Aa 型　1件。敞口。H2:1，泥质红陶。尖唇，宽沿外翻，高领。口径 18、残高 4 厘米（图四，4）。

Ab 型　2件。侈口。H2:6，泥质红陶。尖唇。口径 28、残高 5 厘米（图四，5）。H2:7，泥质红陶。方唇，近盘口。口径 28、残高 3.5 厘米（图四，6）。

B 型　1件。窄沿尊。H2:2，泥质红陶。圆唇，敞口。口径 19、残高 4 厘米（图四，3）。

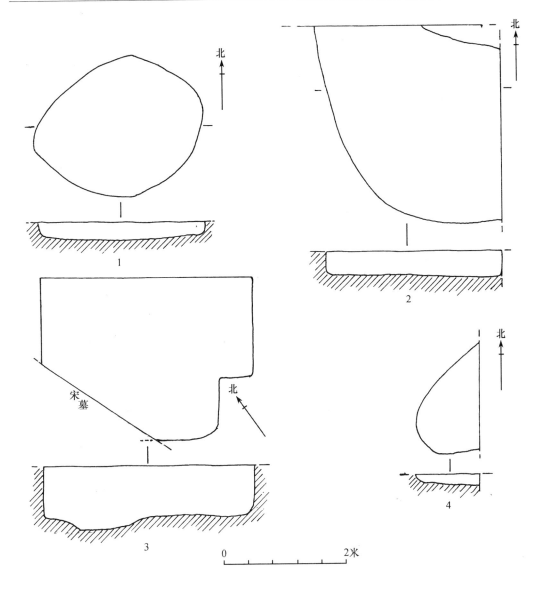

图三 H2~H5 平、剖面图
1. H2 2. H3 3. H4 4. H5

喇叭口高领罐　2 件。H2：9，泥质红陶。圆唇。口径 18、残高 3 厘米（图四，1）。H2：12，泥质灰白陶。尖唇。口径 21、残高 3.5 厘米（图四，2）。

绳纹花边口沿罐　1 件。H2：19，夹砂灰褐陶。方唇，侈口，折沿。唇部装饰抹断绳纹，通体饰有交错绳纹。口径 35、残高 7 厘米（图四，7）。

器盖　2 件。呈覆盘状，器纽均不存。H2：11，夹砂褐陶。盖口呈锯齿状。复原直径约 16、残高 1.6 厘米（图四，10）。H2：8，泥质灰褐陶。盖面饰有草叶划纹。复原直径约 14、残高 2 厘米（图四，9）。

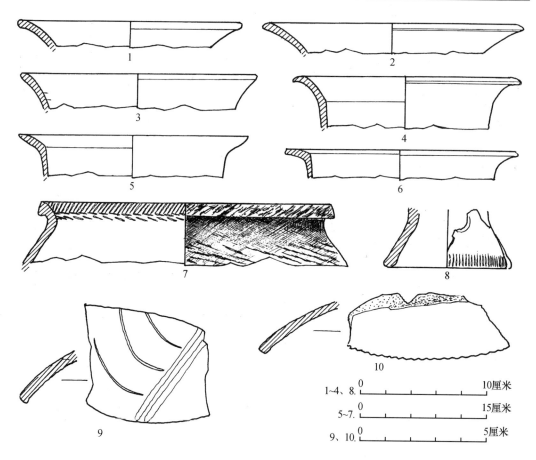

图四　H2 出土陶器

1、2. 喇叭口高领罐（H2:9、H2:12）　　3. B 型尊（H2:2）　　4. Aa 型尊（H2:1）　　5、6. Ab 型尊（H2:6、H2:7）
7. 绳纹花边口沿罐（H2:19）　　8. 圈足（H2:5）　　9、10. 器盖（H2:8、H2:11）

　　圈足　1件。H2:5，夹砂褐陶。足部外侈。圈足中部装饰有圆形镂孔，足根则饰有一圈戳印条纹。足径约10、残高4.5厘米（图四，8）。

2. H5

　　位于 T2143 东北角。开口于第5层下，打破生土。该坑东部位于发掘区外，未扩方清理。坑口平面形状呈不规则椭圆形，坡底。坑口残长1.06～1.7、深0.14米。坑内填土为褐色黏土，结构紧密。填土中包含物主要为夹砂陶片，坑底有一堆碎陶片。可辨器形为喇叭口高领罐（图三，4）。

　　喇叭口高领罐　1件。H5:1，泥质红陶。圆唇，大喇叭口，圆肩。肩部装饰有五道弦纹。口径20、残高17厘米（图五）。

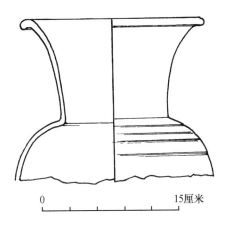

图五　喇叭口高领陶罐（H5∶1）

3. H7

位于 T2641 西北角。开口于第 5 层下，打破生土。该坑西北部位于隔梁内，未扩方清理。坑口平面形状呈椭圆形，弧壁，平底。坑口长 0.9～0.92、深 0.2 米。坑内填土为褐色黏土，结构紧密。填土中包含物主要为夹砂陶片，可辨器形为尊、豆、喇叭口高领罐、圈足器、小平底器等（图六，2）。

尊　2 件。依据口部形态差异，可分二型。

A 型　1 件。敞口。H7∶5，泥质红陶。圆唇，宽沿外翻，高领。口径 22、残高 3.5厘米（图七，2）。

B 型　1 件，盘口。H7∶3，泥质红陶。圆唇。口径 26、残高 3.5 厘米（图七，3）。

豆盘　1 件。H7∶1，泥质黑皮陶。尖圆唇，口微侈。盘径 21、残高 1.8 厘米（图七，1）。

喇叭口高领罐　2 件。H7∶8，泥质红陶。厚圆唇。口径 25、残高 12 厘米（图七，5）。

罐　1 件。H7∶4，夹砂红褐陶。方唇，敞口，卷沿。唇部和颈部施有细绳纹。口径15.4、残高 2.2 厘米（图七，4）。

圈足　2 件。依据足部形态差异，可分二型。

A 型　1 件。H7∶2，夹砂褐陶。足部外侈。圈足中部装饰有对称圆形镂孔，足根则饰有两圈平行戳印点纹。足径约 14、残高 4 厘米（图七，8）。

B 型　1 件。H7∶9，夹砂褐陶。足部内收。圈足中部装饰有圆形镂孔，足根则饰有两圈平行戳印月牙纹。足径约 10、残高 5 厘米（图七，6）。

器底　2 件。均为平底。H7∶6，夹砂灰褐陶。小平底。足部装饰有戳印圆坑纹。足径 5、残高 4.5 厘米（图七，7）。

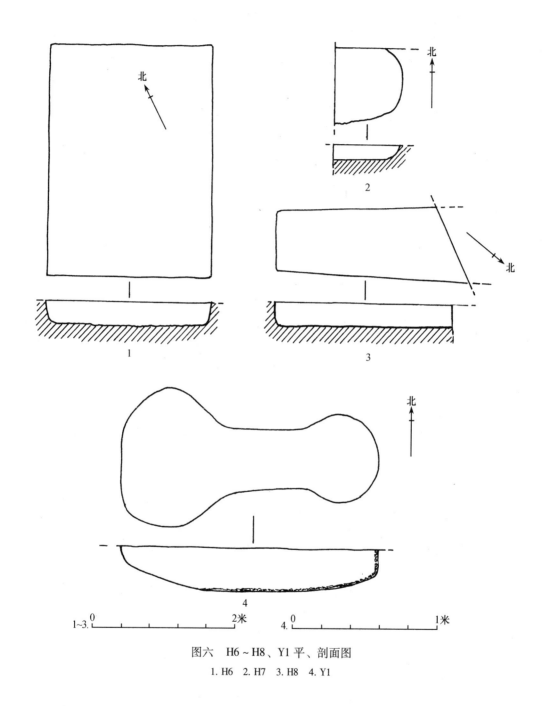

图六　H6～H8、Y1 平、剖面图

1. H6　2. H7　3. H8　4. Y1

4. Y1

位于 T2941 的西南部，开口于第 5 层下，打破生土。由窑室、火膛、工作坑（操作坑）组成。窑室平面形状近不规则梯形，填土为灰褐色黏土，结构较为紧密，夹杂少许红烧土颗粒，未出土文化遗物。窑室直径 0.72～0.94 米，窑室的窑床呈斜坡状，西北

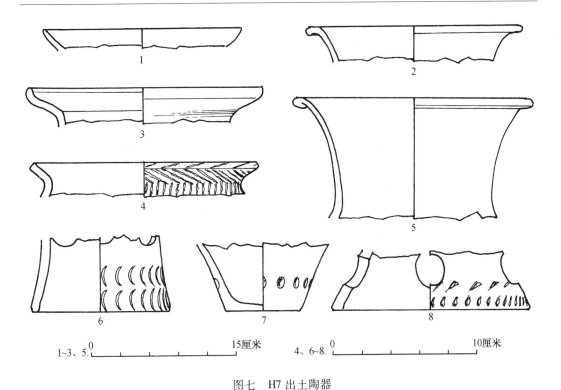

图七 H7 出土陶器

1. 豆盘（H7:1）　2. A 型尊（H7:5）　3. B 型尊（H7:3）　4. 罐（H7:4）　5. 喇叭口高领罐（H7:8）　6. B
型圈足（H7:9）　7. 器底（H7:6）　8. A 型圈足（H7:2）

高东南低；窑顶塌落，情况不明，窑壁较薄，厚 0.01～0.02 米；火膛残破，不可复原，平面形状呈长条形，相对商周时期的陶窑的火膛较长略窄。火门位于工作坑前面，已经被破坏，不明其形状；工作坑平面形状呈圆形，填土为灰褐色黏土，结构疏松，无文化遗物，夹杂少许红烧土颗粒和大量的草木灰。东西长 0.5、南北宽 0.6、深 0.08～0.28 米（图六，4）。此类陶窑的规模相对于商周时期陶窑的小，目前宝墩时期发现的数量较少，它是否代表了成都平原新石器时期陶窑的普遍形式还不得而知。

三、第 5 层遗物

第 5 层出土的遗物以陶器为大宗，质地以夹砂陶为主，主要是灰褐，次为红褐、黄褐；泥质陶中以橙黄陶多见，另有少量的黑皮、灰白陶。素面陶占出土陶片约一半，纹饰以绳纹最常见，另有戳印纹、划纹、凸棱纹等（图八）；可辨器形的陶器有绳纹花边口沿罐、喇叭口高领罐、敞口圈足尊、盘口尊、器盖、圈足豆等。

绳纹花边口沿罐　72 件。是该遗址出土最多的一类陶器，以夹砂红褐陶常见，次为夹砂灰褐陶。其最大的特点是其唇部压印成呈锯齿状或波浪形的花边纹饰。根据口沿的宽窄，可将其分为二型。

A 型　30 件。宽沿、厚唇，唇部压印粗绳纹或捺窝绳纹。依据口部和肩部形态差异，可分二亚型。

Aa 型　14 件。侈口，广肩。T2043⑤：9，夹砂红褐陶。方唇，束颈。颈部饰有绳纹。口径 30、残高 6 厘米（图九，2）。T2743⑤：3，夹砂红褐陶。方唇，卷沿，束颈。颈部饰有斜向绳纹。口径 32、残高 5.5 厘米（图九，6）。T2439⑤：3，夹砂红褐陶。方唇，卷沿，束颈。唇部内侧饰有戳印短线纹；颈部饰有交错绳纹。口径 51、残高 6 厘米（图九，15）。

Ab 型　16 件。敞口，窄肩。T2042⑤：7，夹砂褐陶。方唇，卷沿。颈部饰有交错绳纹。口径 26、残高 5 厘米（图九，1）。T2242⑤：4，夹砂红褐陶。方唇，卷沿。颈部饰有斜向绳纹。口径 26、残高 5 厘米（图九，3）。T2048⑤：2，夹砂褐陶。方尖唇，折沿，近盘口。颈部饰有交错绳纹。口径 24、残高 7 厘米（图九，5）。T2643⑤：1，夹砂红褐陶。方尖唇，卷沿，近盘口。颈部饰有斜向绳纹。口径 24、残高 5 厘米（图九，7）。T2140⑤：5，夹砂红褐陶。圆唇，卷沿。唇部装饰抹断绳纹，颈部则饰交错绳纹。口径 20、残高 5 厘米（图九，11）。T2212⑤：3，夹砂褐陶。方尖唇，近盘口，折沿。颈部饰有斜向绳纹。口径 22、残高 4 厘米（图九，13）。

B 型　42 件。窄沿，唇部饰压印或抹断绳纹。依据口部和肩部的形态差异，可将其分二亚型。

Ba 型　12 件。侈口，广肩。T2241⑤：4，夹砂红褐陶。方唇，卷沿。唇部饰抹断绳纹，颈部饰有交错绳纹。口径 32、残高 5.5 厘米（图九，4）。T2242⑤：2，夹砂红褐陶。方唇，折沿。唇部饰抹断绳纹，颈部饰有交错绳纹。口径 42、残高 6.5 厘米（图九，8）。T2140⑤：2，夹砂红褐陶。圆唇，折沿，束颈。颈部饰有一带斜向绳纹。口径 24、残高 4 厘米（图九，9）。T2340⑤：1，夹砂褐陶。方唇，折沿。唇部饰压印绳纹，颈部饰有交错绳纹。口径 43、残高 6.5 厘米（图九，10）。T2242⑤：5，夹砂红褐陶。方唇，卷沿。唇部饰抹断绳纹，颈部饰有斜向绳纹。口径 46、残高 8 厘米（图九，12）。T2242⑤：8，夹砂红褐陶。方唇，折沿。唇部饰压印绳纹，颈部饰有斜向绳纹。口径 47、残高 6 厘米（图九，16）。

Bb 型　30 件。敞口，窄肩。T2043⑤：3，夹砂褐陶。方唇，卷沿。颈部饰有斜向绳纹。口径 45、残高 7 厘米（图九，14）。

罐　3 件。依据领部形态的差异，可分二型。

A 型　1 件。有领罐。T2243⑤：1，夹砂灰褐陶。口微敞，近子母口，圆唇，折沿，矮领。口径 13、残高 3.5 厘米（图一二，1）。

B 型　2 件。无领罐。敞口。T2140⑤：9，夹砂红褐陶。圆唇，卷沿，束颈。颈部饰斜向细绳纹。口径 26、残高 4.5 厘米（图一〇，5）。

尊　56 件。依据口部形态差异，可分四型。

A 型　44 件。敞口。依据沿部形态差异，可分二亚型。

Aa 型　12 件。卷沿外翻，沿部普遍较窄。T2241⑤：9，夹砂灰褐陶。圆唇。颈部有细斜向绳纹和弦纹装饰。口径 25、残高 4 厘米（图一〇，1）。T2242⑤：15，泥质灰陶。

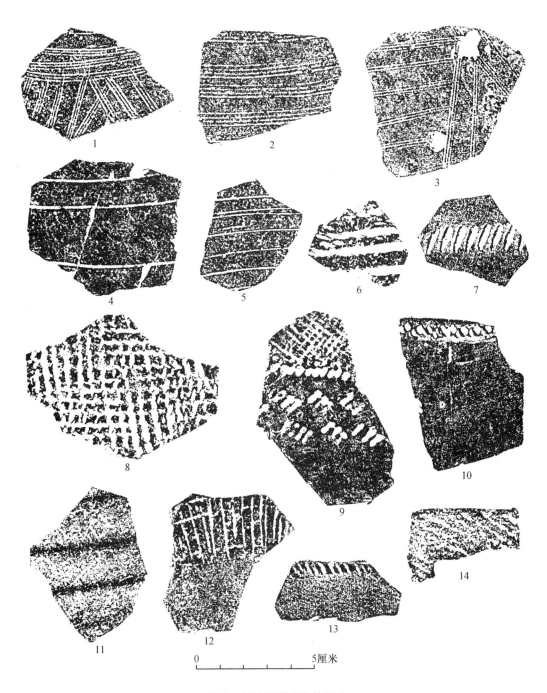

图八 第5层陶器纹饰拓片

1~3. 折线划纹（T2641⑤:2、T2446⑤:1、T2342⑤:3） 4、5. 弦纹（T2441⑤:5、T2342⑤:4） 6、11. 瓦棱纹
（T2241⑤:6、T2439⑤:6） 7. 戳印芒点纹（T2342⑤:5） 8、14. 绳纹（T2539⑤:1、T2644⑤:3） 9. 戳印纹
与绳纹（T2439⑤:7） 10、13. 附加堆纹（T2042⑤:2、T2043⑤:2） 12. 交错细划纹（T2539⑤:2）

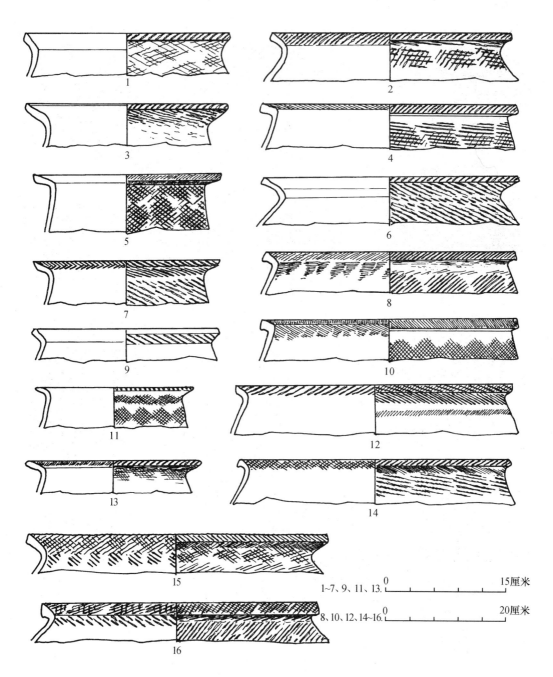

图九　第5层出土绳纹花边口沿陶罐

1、3、5、7、11、13. Ab 型（T2042⑤:7、T2242⑤:4、T2048⑤:2、T2643⑤:1、T2140⑤:5、T2212⑤:3）　2、6、

15. Aa 型（T2043⑤:9、T2743⑤:3、T2439⑤:3）　4、8~10、12、16. Ba 型（T2241⑤:4、T2242⑤:2、T2140⑤:2、

T2340⑤:1、T2242⑤:5、T2242⑤:8）　14. Bb 型（T2043⑤:3）

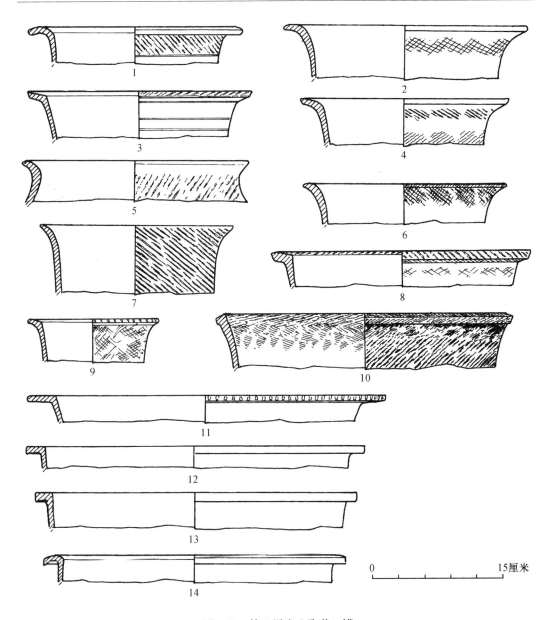

图一〇　第5层出土陶尊、罐

1、2、6、7. Aa 型尊（T2241⑤∶9、T2242⑤∶15、T2241⑤∶18、T2644⑤∶1）　3. B 型尊（T2140⑤∶8）　4、9. Ab 型
尊（T2242⑤∶12、T2042⑤∶10）　5. B 型罐（T2140⑤∶9）　8、11～14. Aa 型宽沿尊形器（T2838⑤∶7、T2342⑤∶1、
T2140⑤∶7、T2342⑤∶2、T2140⑤∶4）　10. C 型尊（T2042⑤∶1）

尖圆唇。颈部有细交错绳纹装饰。口径 28、残高 6 厘米（图一〇，2）。T2241⑤∶18，
夹砂红褐陶。圆唇。唇部和颈部装饰有细绳纹。口径 23、残高 4.5 厘米（图一〇，6）。
T2644⑤∶1，夹砂褐陶。尖唇。颈部有细斜向绳纹。口径 22、残高 7.5 厘米（图一〇，
7）。T2439⑤∶9，泥质灰陶。圆唇。素面。口径 27、残高 5 厘米（图一一，6）。

　　Ab 型　32 件。仰折沿，沿部稍宽。T2242⑤∶12，夹砂红褐陶。尖唇。颈部装饰有

斜向绳纹。口径24、残高5厘米（图一〇，4）。T2042⑤：10，夹砂褐陶。尖唇。唇部装饰有抹断绳纹，颈部则饰有交错绳纹。口径15、残高5厘米（图一〇，9）。T2042⑤：2，夹砂灰褐陶。尖唇。口径21、残高5厘米（图一一，7）。T2439⑤：4，夹砂灰褐陶。圆唇。口径30、残高4厘米（图一一，8）。T2043⑤：5，夹砂灰褐陶。圆唇。口径26、残高6厘米（图一一，10）。

B型 7件。盘口，其最大的特征是口部形态呈盘口状。T2140⑤：8，夹砂褐陶。尖唇。唇部装饰有抹断绳纹，颈部则饰有两道弦纹。口径26、残高5厘米（图一〇，3）。T2042⑤：7，泥质黄灰陶。尖唇。口径22、通高2厘米（图一一，15）。T1840⑤：1，泥质红陶。圆尖唇。口径18、通高2厘米（图一一，16）。T2743⑤：1，泥质橙红陶。圆唇，口部呈浅盘状，口部外侈。颈部装饰两道弦纹。口径18、通高2厘米（图一一，17）。T2441⑤：2，泥质黄灰陶。圆尖唇，高领。领部外壁有显著轮制痕迹，近肩部处装饰一道凸棱。口径19、残高12厘米（图一一，18）。

C型 1件。无沿，敛口。T2042⑤：1，夹砂灰褐陶。圆唇。唇部外侧饰绳纹花边，内侧装饰压印捺窝纹；颈部饰有斜向绳纹。口径34、残高6厘米（图一〇，10）。

D型 4件。宽沿尊。T1939⑤：5，泥质橙黄陶。方唇，折沿。口径19.5、残高2.4厘米（图一一，13）。T2341⑤：1，泥质橙黄陶。方唇，折沿。口径21.6、残高1.2厘米（图一一，14）。

宽沿尊形器 14件。以泥质橙黄陶多见，次为灰白陶，其特点是口沿外折或外卷。依据口部形态的差异，可分二型。

A型 8件。侈口，依据沿部形态差异，可分二亚型。

Aa型 5件。大平沿。T2838⑤：7，夹砂灰褐陶。方唇，折沿。唇部装饰呈锯齿状。腹部再饰交错细绳纹。口径30、残高4.2厘米（图一〇，8）。T2342⑤：1，泥质灰陶。方唇。唇部装饰呈锯齿状。口径41、残高3厘米（图一〇，11）。T2140⑤：7，泥质橙黄陶。方唇。口径39、残高2.5厘米（图一〇，12）。T2342⑤：2，泥质橙黄陶。方唇。口径37、残高4厘米（图一〇，13）。T2140⑤：4，泥质橙黄陶。方唇，卷沿。口径35、残高3厘米（图一〇，14）。

Ab型 3件。折沿。T2241⑤：3，尖唇。泥质灰陶。口径30、通高2厘米（图一一，12）。

B型 6件。敞口，口沿仰折。T2539⑤：3，泥质灰陶。尖唇。口径26.4、残高2.1厘米（图一一，9）。T2441⑤：3，泥质灰陶。圆尖唇，束颈。口径28、残高4厘米（图一一，11）。

喇叭口高领罐 12件。T2340⑤：5，泥质灰白陶。圆唇。口径17、残高3厘米（图一一，1）。T2243⑤：6，泥质灰白陶。圆唇，口径30、残高2厘米（图一一，2）。T2441⑤：1，泥质橙黄陶。圆尖唇。口径21、残高4厘米（图一一，3）。T2439⑤：1，泥质灰白陶。圆唇。口径28、残高4.5厘米（图一一，4）。T2441⑤：8，泥质灰白陶。尖圆唇。口径24、残高3厘米（图一一，5）。

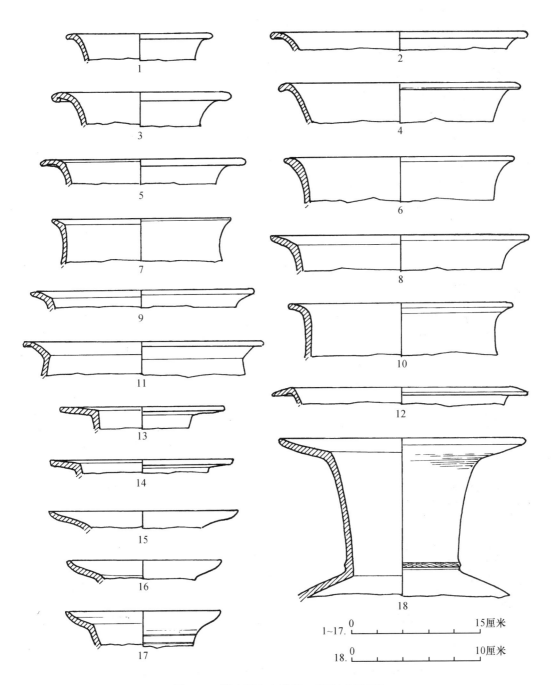

图一一　第5层出土陶尊、喇叭口高领罐

1~5. 喇叭口高领罐（T2340⑤∶5、T2243⑤∶6、T2441⑤∶1、T2439⑤∶1、T2441⑤∶8）　　6. Aa型尊（T2439⑤∶9）

7、8、10. Ab型尊（T2042⑤∶2、T2439⑤∶4、T2043⑤∶5）　　9、11. B型宽沿尊形器（T2539⑤∶3、T2441⑤∶3）

12. Ab型宽沿尊形器（T2241⑤∶3）　　13、14. D型尊（T1939⑤∶5、T2341⑤∶1）　　15~18. B型尊（T2042⑤∶7、

T1840⑤∶1、T2743⑤∶1、T2441⑤∶2）

器盖　2件。T2241⑤:2，夹砂灰褐陶。纽部残，盖身呈喇叭浅盘状，表面饰以条纹。器盖直径24、残高2.5厘米（图一二，9）。T2241⑤:3，泥质灰陶。盖身边缘残缺，纽部保存完整，为杯状器纽。纽部直径7、器残高4厘米（图一二，10）。

器底　12件。均为平底，根据底部直径的大小，可分二型。

A型　7件。大平底。T2241⑤:11，夹砂红褐陶。底部饰有螺旋状纹饰。底部直径12、底厚0.6、器残高3.5厘米（图一二，3）。

B型　5件。小平底。T2242⑤:1，夹砂红褐陶。底部饰有螺旋状纹饰。底部直径6.5、底厚0.8、器残高5厘米（图一二，2）。

圈足　14件。根据足部高矮形态的差异，可分二型。

A型　13件。依据足部形态差异，可分二亚型。

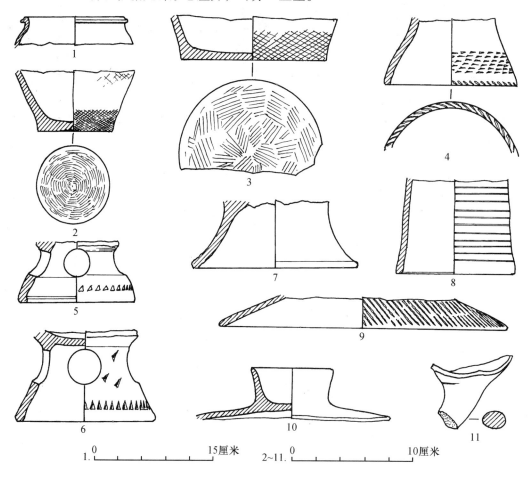

图一二　第5层出土陶器

1. A型罐（T2243⑤:1）　2. B型器底（T2242⑤:1）　3. A型器底（T2241⑤:11）　4、5. Ab型圈足（T2143⑤:3、T2441⑤:4）　6、7. Aa型圈足（T2641⑤:1、T2242⑤:14）　8. B型圈足（T2241⑤:7）　9、10. 器盖（T2241⑤:2、T2241⑤:3）　11. 鋬耳（T2243⑤:2）

Aa 型　7 件。足壁内敛。T2641⑤：1，夹砂红褐陶。足部装饰有四个对称圆形镂孔，足部外壁上还装饰有戳印三角点纹。足高 6.7、足径 12、器残高 7.5 厘米（图一二，6）。T2242⑤：14，夹砂红褐陶。足高 5.5、足径 14 厘米（图一二，7）。

Ab 型　6 件。足壁外侈。T2441⑤：4，夹砂红褐陶。足部装饰有四个对称圆形镂孔，足部外壁上还装饰有一圈戳印三角点纹。残高 5、足径 10 厘米（图一二，5）。T2143⑤：3，夹砂红褐陶，束腰。足部外壁上装饰有戳印点纹，足根底部饰有绞索状绳纹。足残高 5.5、足径 11 厘米（图一二，4）。

B 型　1 件。高足，呈筒形状。T2241⑤：7，夹砂灰褐陶。足部外壁上还装饰有 11 道细弦纹。残高 7.5、足径 10 厘米（图一二，8）。

鋬耳　1 件。呈牛角状。T2243⑤：2，夹砂褐陶。残高 6、耳部断面径 1.4 厘米（图一二，11）。

四、第 4 层下遗迹与遗物

第 4 层下的遗迹发现 4 个灰坑和 1 条灰沟，灰坑的平面形状以方形居多，坑壁一般都经过修整，较为光滑，填土中出土了大量陶器，许多器物可以修复，这些灰坑内出土的遗物以圈足豆、碗、盆、釜或鼎最为多见，典型汉式器物相对少见。灰沟出土的遗物与灰坑内出土的同类器物大致接近。

1. H3

位于 T2838 东北。开口于第 4 层下，打破生土，其东北角被近代坑打破。该坑东北部位于发掘区外，未扩方清理。坑口平面形状呈圆形，直壁、平底。坑口残长 3.04～3.16、深 0.4 米。坑内填土为灰褐色砂土，结构疏松。填土中包含物主要为夹砂灰陶片，可辨器形为鼎、豆、碗、罐盆、釜、高领罐（图三，2）。

圈足豆　15 件。均为矮圈足豆，圈足多残。依据口部形态的差异，可分二型。

A 型　8 件。敛口，弧腹。H3：28，夹砂灰黑陶。口径 10、通高 4.3、足径 3.8 厘米（图一三，1）。H3：29，夹砂灰褐陶。口径 11、通高 4.4、足径 4.2 厘米（图一三，3）。H3：32，夹砂灰陶。口径 11.7、通高 5、足径 4.6 厘米（图一三，6）。H3：1，夹砂灰褐陶。口径 15、通高 6、足径 4.8 厘米（图一三，7）。H3：33，夹砂灰陶。口径 15、通高 5.8、足径 5.2 厘米（图一三，8）。H3：9，夹砂灰陶。口径 13、残高 2.2 厘米（图一三，9）。H3：7，夹砂灰褐陶。口径 11、残高 2.2 厘米（图一三，10）。

B 型　7 件。侈口，鼓腹。H3：27，夹砂灰陶。口径 11.6、通高 4.4、足径 4.2 厘米（图一三，2）。H3：30，夹砂灰陶。口径 10.5、残高 3.5 厘米（图一三，4）。H3：31，夹砂灰褐陶。口径 10.8、通高 4.5、足径 4 厘米（图一三，5）。

碗　4 件。大部分标本底部均残，器物内壁有显著的轮磨痕迹。折腹，腹部相对较深。H3：34，夹砂灰陶。尖唇，侈口，卷沿，平底。口径 20.5、通高 6、底径 6 厘米（图

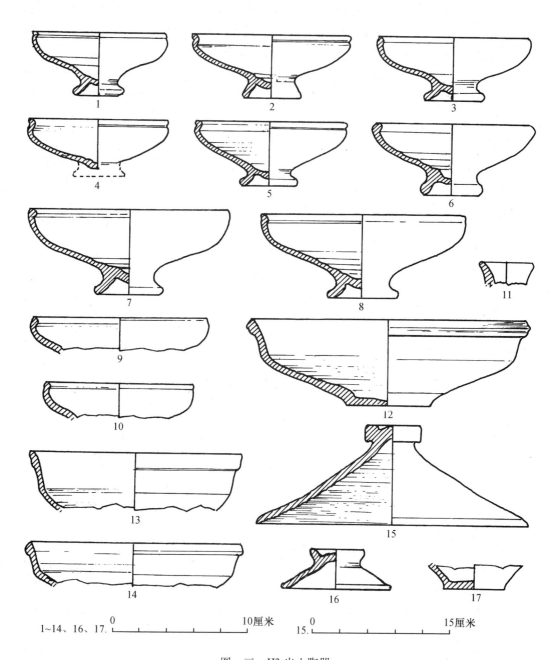

图一三　H3 出土陶器

1、3、6～10. A 型圈足豆（H3:28、H3:29、H3:32、H3:1、H3:33、H3:9、H3:7）　　2、4、5. B 型圈足豆（H3:27、
H3:30、H3:31）　11. 器纽（H3:5）　12～14. 碗（H3:34、H3:8、H3:10）　15. B 型器盖（H3:35）
16. A 型器盖（H3:6）　17. B 型器底（H3:3）

一三，12）。H3：8，夹砂灰陶，火候较高。圆唇，侈口，折沿。口径16、残高4厘米（图一三，13）。H3：10，夹砂灰陶。口径16、残高3厘米（图一三，14）。

器盖 2件。依据平面形态的差异，可分二型。

A型 1件。平面形状呈浅覆碗状，圈足状纽。H3：6，夹砂灰陶。直径8、通高2.8厘米；足径3、高1厘米（图一三，16）。

B型 1件。平面形状呈喇叭状，纽部呈饼状。H3：35，夹砂灰陶。器物内壁有显著的泥条盘筑和轮磨痕迹。盖身直径30、通高10.5厘米；纽径6、厚1厘米（图一三，15）。

器纽 1件。纽部外侈。H3：5，夹砂灰褐陶。纽径4、残高1.5厘米（图一三，11）。

罐 3件。敛口，圆唇，鼓肩。H3：27，夹砂灰陶。口径26、残高6厘米（图一四，11）。

盆 15件。宽沿，敛口。火候较高，部分器物外壁呈褐色；器物内外壁都遗留有显著的轮制痕迹。依据沿部和腹部形态差异，可分二型。

A型 5件。卷沿和弧腹。H3：16，夹砂灰陶。近方唇，肩部有三道凹弦纹。口径42、残高8厘米（图一四，2）。H3：12，夹砂灰陶。圆唇，鼓肩。口径40、残高6厘米（图一四，3）。

B型 10件。折沿和折腹。H3：17，夹砂灰陶，器物外壁呈褐色。圆唇。腹中部有折棱；器物内外壁遗留有显著的轮制痕迹。口径44、残高10厘米（图一四，1）。H3：13，夹砂灰陶，器物外壁呈褐色。圆唇。口径44、残高7厘米（图一四，4）。H3：14，夹砂灰陶。方唇。口径44、残高6厘米（图一四，5）。H3：11，夹砂灰陶，器物外壁呈褐色。圆尖唇。腹中部有折棱；器物内外壁遗留有显著的轮制痕迹。口径36、残高10.5厘米（图一四，6）。H3：15，夹砂灰陶。圆唇。口径32、残高6厘米（图一四，8）。

釜形器 20件。器物内壁遗留有明显的轮制痕迹。依据口部形态的差异，可分四型。

A型 5件。直口，折沿，矮领。H3：19，夹砂灰褐陶。方唇。口径25、残高6厘米（图一四，9）。

B型 10件。侈口，卷沿，矮领。H3：18，夹砂灰陶。近圆唇。口径21、残高6厘米（图一四，10）。

C型 3件。敞口。H3：26，夹砂灰褐陶。圆唇，卷沿，鼓肩。腹部内壁有显著的轮制痕迹。口径15、残高4.5厘米（图一四，14）。

D型 2件。敛口。H3：22，夹砂灰陶。宽平沿，方唇，折沿。口径12、残高4.5厘米（图一四，12）。

高领罐 3件。领部内壁遗留明显的轮制痕迹。依据口部形态的差异，可分二型。

A型 1件。侈口。H3：24，夹砂灰陶。斜沿，圆唇。领内壁轮制痕迹突出。口径21、残高7.5厘米（图一四，13）。

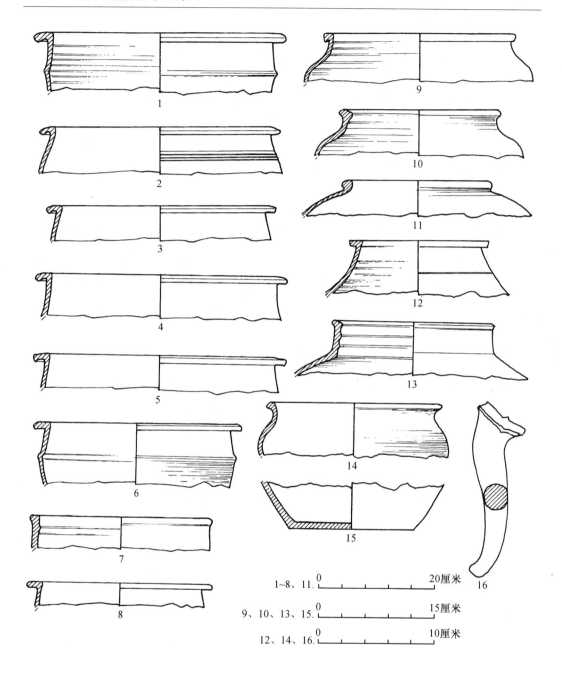

图一四　H3 出土陶器

1、4～6、8. B 型盆（H3:17、H3:13、H3:14、H3:11、H3:15）　2、3. A 型盆（H3:16、H3:12）　7. B 型高领
罐（H3:29）　9. A 型釜形器（H3:19）　10. B 型釜形器（H3:18）　11. 罐（H3:27）　12. D 型釜形器（H3:22）
13. A 型高领罐（H3:24）　14. C 型釜形器（H3:26）　15. A 型器底（H3:24）　16. 鼎足（H3:2）

　　B 型　2 件。近直口。H3:29，夹砂灰陶。圆唇。口径 32、残高 5.5 厘米（图一四，7）。
　　器底　9 件。均为平底。依据底径大小的差异，可分二型。

A 型　5 件。大平底。H3：24，夹砂灰陶。底径 17、残高 6 厘米（图一四，15）。

B 型　4 件。小平底。H3：3，夹砂灰陶。底径 4.6、残高 1.8 厘米（图一三，17）。

鼎足　11 件。平面形状呈弯象鼻状。H3：2，夹砂灰褐陶。直径 2、残高 14 厘米（图一四，16）。

2. H4

位于 T2240 东南和 T2340 的西南，开口于第 4 层下，打破生土，该坑东北一部分被宋代墓葬 M5 打破。坑口平面形状呈凸长方形，直壁，平底，底部靠西北微内凹。坑口长 3.5、宽 1.6～2.6、深 1～1.2 米。坑内填土为灰褐色砂土，结构疏松。填土中包含大量的夹砂陶片，可辨器形为鼎、豆、碗、罐盆、釜、高领罐、瓦片等（图三，3）。

圈足豆　11 件。均为矮圈足豆，足部多残。圆唇，敛口。依据腹部形态的差异，可分三型。

A 型　6 件。浅鼓腹。H4：23，夹砂灰褐陶。口径 11、通高 4.4、足径 4 厘米（图一五，1）。H4：24，夹砂灰陶。口径 13、通高 4.5、足径 5 厘米（图一五，2）。H4：28，夹砂灰褐陶。口径 14、通高 5.4、足径 4.4 厘米（图一五，4）。H4：3，夹砂灰陶。口径 12、残高 2 厘米（图一五，6）。

B 型　4 件。深弧腹。H4：27，夹砂灰褐陶。口径 13.2、通高 6、足径 5 厘米（图一五，3）。H4：9，夹砂灰黑陶。口径 17、残高 3.5 厘米（图一五，7）。H4：12，夹砂灰黑陶。口径 17、残高 3 厘米（图一五，8）

C 型　1 件。簋形豆。H4：25，夹砂灰褐陶。圆唇，圆鼓腹。腹内壁泥条盘筑痕迹明显。口径 13.5、通高 7.3、足径 6.4 厘米（图一五，5）。

碗　3 件。大部分标本底部均残。依据腹部形态的差异，可分三型。

A 型　1 件。侈口，弧腹，腹部较浅。H4：4，夹砂灰陶。尖唇，卷沿。口径 24、残高 5 厘米（图一五，10）。

B 型　1 件。敞口，折腹，腹部相对较深。H4：10，夹砂灰陶。圆唇，卷沿，平底。碗内下腹内侧有明显的泥条盘筑痕迹。口径 14、通高 4.4、底径 5.8 厘米（图一五，9）。H4：11，夹砂灰陶，火候较高。圆唇，折沿。口径 19、残高 3 厘米（图一五，11）。

C 型　1 件。近直口，折腹。H4：7，夹砂灰陶。方唇，卷沿。口径 26、残高 3.5 厘米（图一五，12）。

圈足　7 件。为豆的矮圈足。H4：1，夹砂灰褐陶。足部外侈足径 5.7、残高 3 厘米（图一五，13）。H4：13，夹砂灰陶。足部外敞。足径 5.8、残高 3.5 厘米（图一五，14）。

器盖　4 件。器纽呈饼状，厚壁，盖身呈喇叭状，内壁有明显的泥条盘筑和轮磨的痕迹。H4：22，夹砂灰陶。饼状纽，纽部直径 6.8、厚 1 厘米；喇叭口状盖身，盖身较浅，呈覆盘状。盖身直径 29.5、通高 10 厘米（图一六，12）。H4：5，夹砂灰陶。盖身相对较厚，呈覆碗状。纽部直径 6.7、残高 6.5 厘米（图一六，11）。

罐　4 件。依据沿部形态的差异，可分二型。

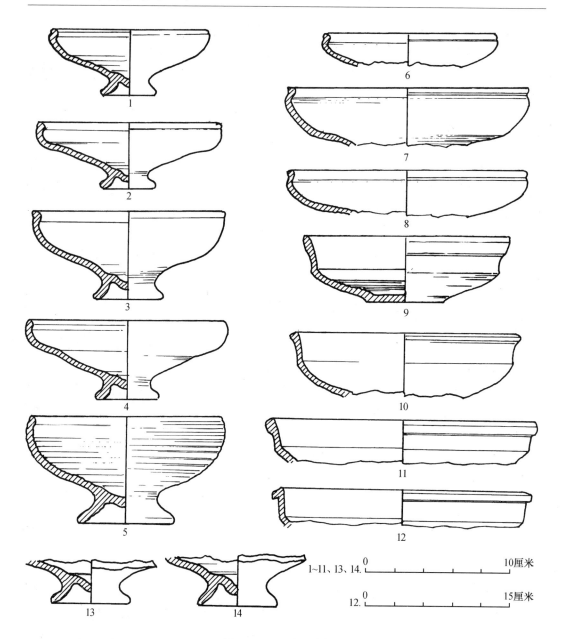

图一五　H4 出土遗物

1、2、4、6. A 型豆（H4:23、H4:24、H4:28、H4:3）　3、7、8. B 型豆（H4:27、H4:9、H4:12）　5. C 型豆（H4:25）
9、11. B 型碗（H4:10、H4:11）　10. A 型碗（H4:4）　12. C 型碗（H4:7）　13、14. 圈足（H4:1、H4:13）

A 型　2 件。卷沿，敞口。方唇，宽卷沿，敛口。H4:17，夹砂灰陶。口径 17、残高 5 厘米（图一六，1）。H4:19，夹砂灰陶。圆唇。口径 38、残高 5.5 厘米（图一六，3）。

B 型　2 件。折沿，敛口。H4:15，夹砂灰陶。方唇。上腹部装饰两道弦纹。口径 44、残高 7.5 厘米（图一六，5）。H4:20，夹砂灰陶。尖唇。口径 28、残高 4.8 厘米（图一六，6）。

尊形器　1件。H4∶16，泥质灰陶。圆唇，卷沿，敞口。口径11、残高4厘米（图一六，9）。

釜　1件。侈口，卷沿，矮领。H4∶18，夹砂灰陶。近圆唇。领内壁遗留明显的轮制痕迹。口径21、残高5.5厘米（图一六，2）。

盆　2件。一般都为宽沿。火候较高，部分器物外壁呈褐色；器物的内外壁都遗留有显著的轮制痕迹。依据口部形态差异，可分二型。

A型　1件。敛口。卷沿，弧腹。H4∶21，夹砂灰陶。方唇。口径42、残高5厘米（图一六，7）。

B型　1件。侈口。H4∶14，夹砂灰陶，器物外壁呈褐色。方唇。腹中部有折棱；器物内壁遗留有显著的轮制痕迹。口径39、残高9厘米（图一六，4）。

器底　7件。均为平底。依据底径大小，可分二型。

A型　4件。大平底。H4∶10，夹砂灰陶。底径12、残高3厘米（图一六，8）。

B型　3件。小平底。H4∶8，夹砂灰陶。底径5、残高2.5厘米（图一六，10）。

鼎足　7件。平面形状一般都呈弯象鼻状。依据足部高矮，可分二型。

A型　4件。高足。H4∶2，夹砂灰褐陶。直径2.8、高20.2厘米（图一六，13）。

B型　3件。矮足。H4∶6，夹砂灰褐陶。直径2、高11.6厘米（图一六，14）。

3. H6

位于T2443东北和T2543的西北，开口于第4层下，打破第5层。坑口平面形状呈长方形，斜壁、平底。坑口长3.1、宽2.3、深0.3米。坑内填土为灰褐色砂土，结构疏松。填土中包含物主要为夹砂灰陶片，可辨器形为鼎、豆、碗、罐盆、釜、高领罐、瓦片等（图六，1）。

圈足豆　10件。均为矮圈足豆，足部均残。依据口部形态的差异，可分二型。

A型　7件。敛口，圆唇，圆肩，深弧腹。H6∶31，夹砂灰黑陶。口径10.2、通高5、足径4.2厘米（图一七，1）。H6∶1，夹砂灰褐陶。口径11.5、通高4.8、足径4.2厘米（图一七，2）。H6∶2，夹砂灰褐陶。口径11、通高4.5、足径4.4厘米（图一七，4）。H6∶33，圈足残，夹砂灰陶。口径10.4、通高3.8厘米（图一七，5）。H6∶18，夹砂灰陶。口径15、残高3厘米（图一七，6）。H6∶19，夹砂灰黑陶。口径13、残高2.8厘米（图一七，7）。H6∶20，夹砂灰黑陶。口径11、残高3厘米（图一七，8）。

B型　3件。侈口，圆唇，鼓肩，浅腹。H6∶30，夹砂灰褐陶。口径12、残高4厘米（图一七，3）。H6∶21，夹砂灰黑陶。口径15、残高4厘米（图一七，10）。

釜　11件。器物内壁遗留有明显的轮制痕迹。依据口部形态的差异，可分三型。

A型　5件。近直口，折沿，矮领。H6∶14，夹砂灰褐陶。方唇。口径21、残高5.5厘米（图一七，13）。

B型　5件。敞口，多方唇，卷沿，矮领，鼓肩。H6∶17，夹砂灰褐陶。圆唇。口径24、残高6厘米（图一七，11）。H6∶15，夹砂灰陶。口径23、残高4.5厘米（图一七，12）。H6∶16，夹砂灰褐陶。口径23、残高6厘米（图一七，14）。

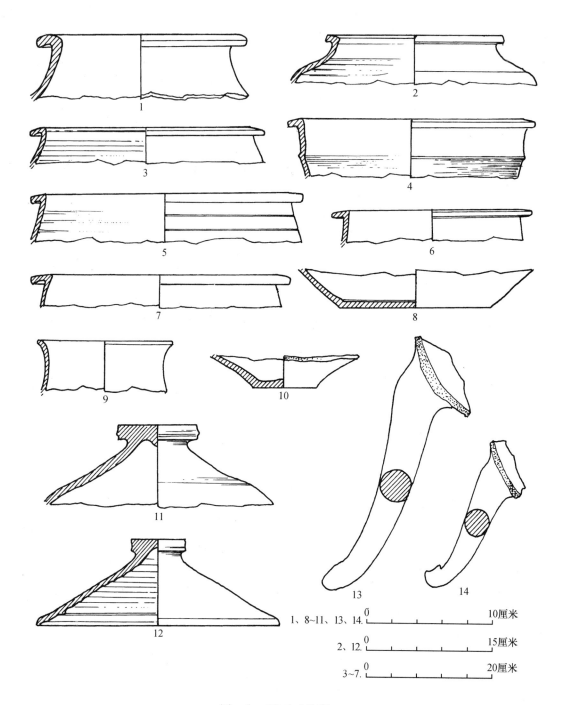

图一六　H4 出土陶器

1、3. A 型罐（H4:17、H4:19）　　2. 釜（H4:18）　　4. B 型盆（H4:14）　　5、6. B 型罐（H4:15、H4:20）　　7. A 型
盆（H4:21）　　8. A 型器底（H4:10）　　9. 尊形器（H4:16）　　10. B 型器底（H4:8）　　11、12. 器盖（H4:5、H4:22）
13. A 型鼎足（H4:2）　　14. B 型鼎足（H4:6）

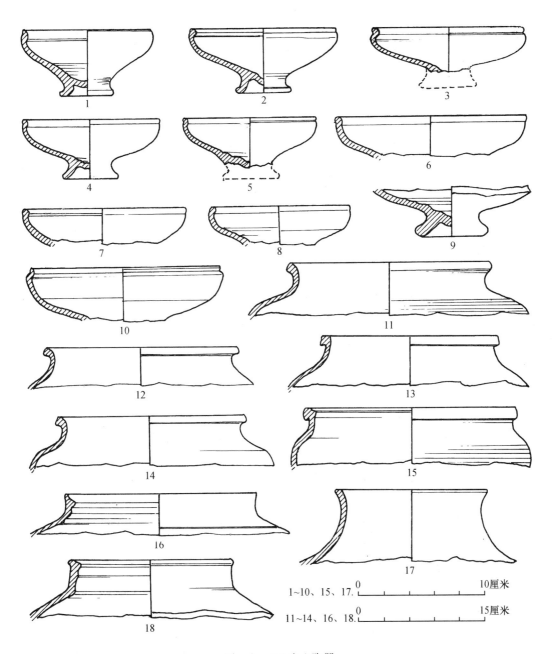

图一七　H6 出土陶器

1、2、4~8. A 型豆（H6:31、H6:1、H6:2、H6:33、H6:18、H6:19、H6:20）　3、10. B 型豆（H6:30、H6:21）
9. 圈足（H6:22）　11、12、14. B 型釜（H6:17、H6:15、H6:16）　13. A 型釜（H6:14）　15. C 型釜（H6:23）
16. Bb 型高领罐（H6:13）　17. A 型高领罐（H6:11）　18. Ba 型高领罐（H6:12）

C 型　1 件。侈口，卷沿，矮领。H6:23，夹砂灰褐陶。圆唇，圆肩。口径 17、残高 4.5 厘米（图一七，15）。

高领罐　5 件。领部内壁遗留明显的轮制痕迹。依据口部形态差异，可分二型。

A 型　2 件。敞口。H6:11，夹砂灰褐陶。圆唇，卷沿。口径 12、残高 5.5 厘米（图一七，17）。

B 型　3 件。侈口，领部内壁轮制痕迹突出。依据领部高矮，可分二亚型。

Ba 型　2 件。领部较高。H6:12，夹砂灰陶。折沿，圆唇，斜肩。口径 20、残高 6.5 厘米（图一七，18）。

Bb 型　1 件。领部相对较矮。H6:13，夹砂灰陶。尖唇，卷沿，溜肩。口径 23、残高 4.5 厘米（图一七，16）。

盆　18 件。一般都为宽沿。火候较高，部分器物外壁呈褐色；器物外壁一般都遗留有显著的轮制痕迹。依据口部形态差异，可分二型。

A 型　15 件。敛口。依据沿部形态差异，可分二亚型。

Aa 型　9 件。卷沿。H6:33，夹砂灰陶。方唇，弧腹，上腹部装饰三道折棱纹。口径 42、残高 9.5 厘米（图一八，2）。H6:31，夹砂灰陶。圆唇，折腹。腹中部装饰一道折棱。口径 43、残高 11 厘米（图一八，7）。

Ab 型　6 件。折沿。H6:32，夹砂灰陶。方唇，弧腹，上腹部装饰三道折棱纹。口径 34、残高 6.5 厘米（图一八，1）。H6:34，夹砂灰陶，器物外壁呈褐色。上腹部有折棱；器物内外壁遗留有显著的轮制痕迹。口径 33.2、残高 16 厘米（图一八，3）。H6:29，夹砂灰陶。尖唇。口径 38、残高 2.8 厘米（图一八，4）。H6:30，夹砂灰陶，器物外壁呈褐色。腹中部有折棱；器物内外壁遗留有显著的轮制痕迹。口径 32、残高 10.5 厘米（图一八，6）。H6:26，夹砂灰陶。圆唇，折腹。腹中部装饰一道折棱。口径 30、残高 6.5 厘米（图一八，8）

B 型　3 件。侈口，方唇，折沿。H6:28，夹砂灰陶。口径 36、残高 5 厘米（图一八，5）。H6:27，夹砂灰陶，器物外壁呈褐色。腹中部有折棱；器物内外壁遗留有显著的轮制痕迹。口径 49、残高 11.5 厘米（图一八，9）。

碗　5 件。标本底部均残，碗内壁遗留有显著的泥条盘筑和轮制痕迹。敞口，折腹，腹部相对较深。H6:24，夹砂灰陶，火候较高。圆唇，折沿。口径 21、残高 7 厘米（图一八，10）。H6:25，夹砂灰陶。口径 20、残高 6 厘米（图一八，11）。

器底　21 件。均为平底。依据底径大小，可分二型。

A 型　8 件。大平底。H6:10，夹砂灰陶。底部内凹。底径 17、残高 4 厘米（图一九，2）。

B 型　13 件。小平底。H6:9，夹砂灰陶。底径 6、残高 2.5 厘米（图一九，3）。

鼎足　19 件。平面形状呈弯象鼻状。依据足部高矮，可分二型。

A 型　12 件。高足，较粗。H6:7，夹砂灰褐陶。足部平面相对较直。直径 2、残高 19 厘米（图一九，6）。

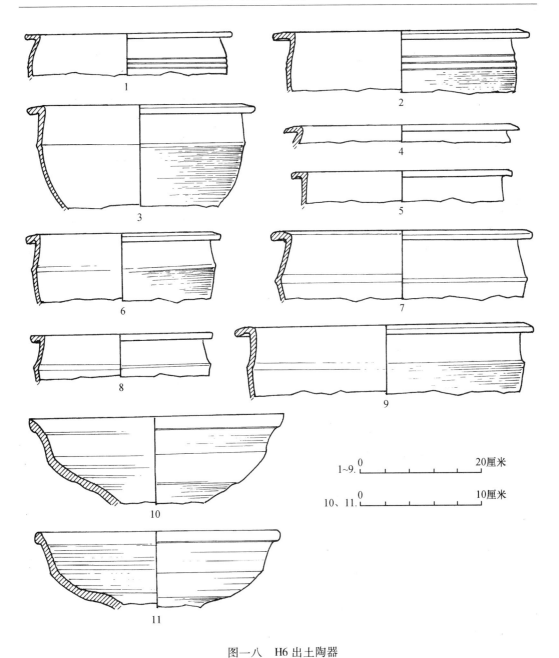

图一八　H6 出土陶器

1、3、4、6、8.Ab 型盆（H6：32、H6：34、H6：29、H6：30、H6：26）　2、7.Aa 型盆（H6：33、H6：31）

5、9.B 型盆（H6：28、H6：27）　10、11. 碗（H6：24、H6：25）

　　B 型　7 件。矮足，足细。H6：8，夹砂灰褐陶。足部平面呈蹄状。足部平面相对较直。直径 1.4、残高 11.4 厘米（图一九，5）。

　　圈足　15 件。为豆的矮圈足。H6：22，夹砂灰褐陶。足部外侈。足径 5.5、残高 3.5 厘米（图一七，9）。

　　器盖　6 件。器纽呈饼状，厚壁，盖身呈喇叭状，内壁有明显的泥条盘筑的痕迹。

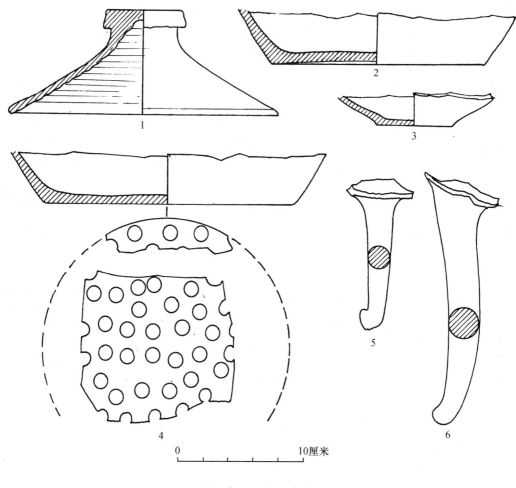

图一九　H6 出土陶器

1. 器盖（H6：6）　　2. A型器底（H6：10）　　3. B型器底（H6：9）　　4. 甑箅（H6：1）　　5. B型鼎足（H6：8）

6. A型鼎足（H6：7）

H6：6，夹砂灰陶。纽部直径6厘米；盖身直径22、通高8厘米（图一九，1）。

甑箅　1件。残件，平面形状呈方形，中部有大量圆形穿孔。H6：1，夹砂灰陶。残长11.4～12.4、穿孔直径0.8厘米（图一九，4）。

瓦当　3件。模制，当面呈圆形，边轮突起，皆泥质灰陶。H6：4，当面残。近边轮处饰三周凸弦纹，当心凸圆，外绕四周凸弦纹。外连双直线将当面分为四格或四区，格内填以卷云纹。边轮宽1.4厘米；当面直径15.8厘米（图二〇，1）。

板瓦　2件。H6：2，夹细砂灰陶。横切面呈弧形。表面装饰有纵向平行粗绳纹。厚2、残长12.6厘米（图二〇，3）。

筒瓦　5件。泥条盘筑；短领，横断面呈半环状，领部与瓦面突起明显。H6：5，泥制灰陶。瓦面饰纵向平行绳纹。领长6.4厘米；直径约15、厚约1、残长19.4厘米（图二〇，2）。

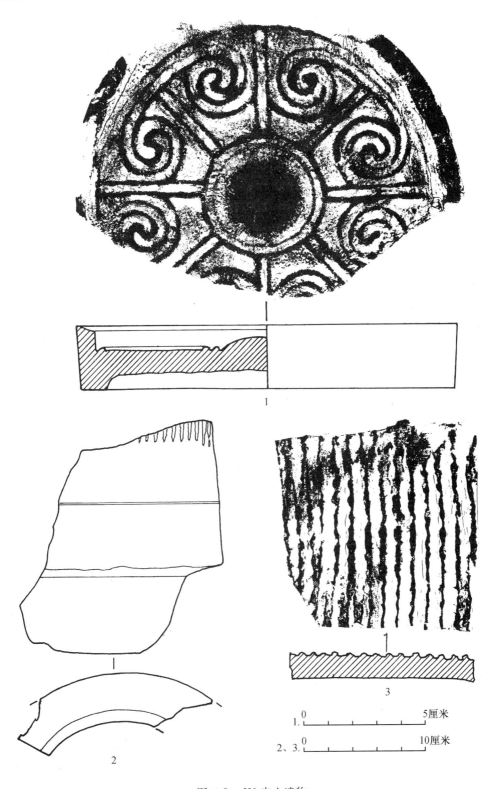

图二〇　H6 出土遗物

1. 瓦当（H6:4）　2. 筒瓦残件（H6:5）　3. 板瓦残件（H6:2）

4. H8

位于 T2243 东北，开口于第 4 层下，打破第 5 层。坑口平面形状呈近长条长方形，一端宽一端窄，北部叠压于该探方北隔梁下；直壁、平底。坑口残长 2.5、宽 0.8 ~ 1、深 0.3 米。坑内填土为灰褐色砂土，结构疏松。填土中无文化遗物，仅有少量的红烧土块和炭屑（图三，3）。

5. G1

位于 T1841 东部，开口于第 4 层下，打破第 5 层，西北段被唐宋时期的灰坑打破，东南段位于发掘外，未扩方清理。沟口平面呈长条形，斜壁，平底。长约 3.4、宽 0.54 ~ 0.66、深 0.56 米。坑内填土为黑灰色砂土，结构疏松。填土中包含物主要为夹砂陶片，可辨器形有豆、碗、釜、盆、瓦片等（图二一）。

碗　2 件。底部均残。依据腹部形态的差异，可分二型。

A 型　1 件。弧腹，腹部较浅。G1:6，夹砂灰陶。尖唇，侈口，卷沿，束颈。口径 16、残高 3.5 厘米（图二二，2）。

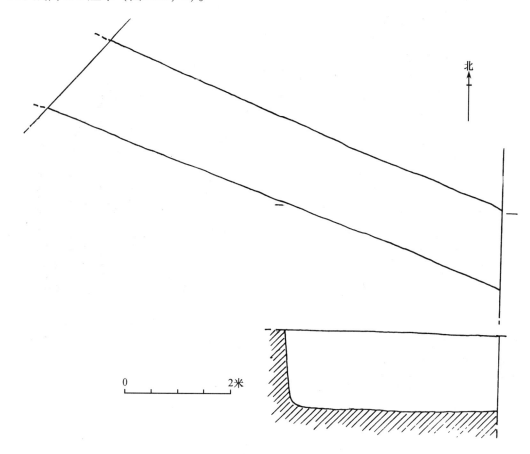

图二一　G1 平、剖面图

B 型　1 件。折腹，腹部相对较深。G1：11，夹砂灰陶，火候较高。方唇，侈口，折沿。口径 18、残高 6 厘米（图二二，4）。

豆　3 件。均为矮圈足豆，足部均残。圆唇，敛口，浅鼓腹。G1：12，夹砂灰陶。口径 14、通高 5.5、底径 5 厘米（图二二，1）。G1：8，夹砂灰陶。口径 16、残高 2.5 厘米（图二二，3）。G1：4，夹砂灰黑陶。口径 14、残高 3 厘米（图二二，5）。

釜　2 件。方唇，口微敛，折沿，矮领。G1：14，夹砂灰褐陶。鼓肩。肩部以下通饰细绳纹。口径 21、残高 9 厘米（图二二，7）。

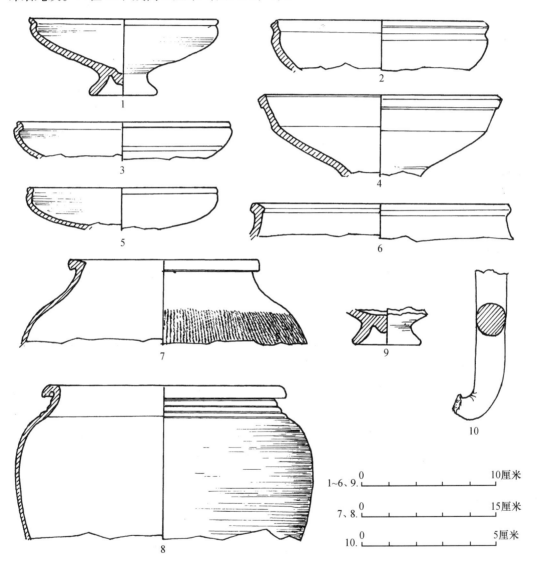

图二二　G1 出土陶器

1、3、5. 豆（G1：12、G1：8、G1：4）　2. A 型碗（G1：6）　4. B 型碗（G1：11）　6. 罐（G1：9）

7. 釜（G1：14）　8. 瓮（G1：1）　9. 圈足（G1：5）　10. 鼎足（G1：13）

罐　1件。G1:9，夹砂灰褐陶。方唇，口微侈，卷沿。口径19、残高2.5厘米（图二二，6）。

鼎足　2件。平面形状呈弯鼻状。G1:13，夹砂褐陶。直径1、残高5.4厘米（图二二，10）。

圈足　1件。为圈足豆的矮圈足，足部外侈。G1:5，夹砂灰褐陶。足径5、残高2.5厘米（图二二，9）。

陶瓮　1件。G1:1，夹砂灰陶，火候较高。圆唇外翻，卷沿，矮领，鼓肩，圆腹。领部上装饰两圈凹弦纹，肩部和腹部外壁遗留有显著的轮制痕迹。口径27、残高16.5厘米（图二二，8）。

五、第4层遗物

该遗址第4层出土的遗物较为丰富，主要以夹砂陶片为主，另有少量的泥质陶，陶色以灰陶最为多见，另有灰褐、黑褐陶。陶器的表面明显地遗留有轮制的痕迹。素面陶多见，纹饰少见，仅见少量的弦纹、绳纹、花瓣纹以及少量的“文字”。常见的器类有圜底器、圈足器、平底器，常见的器形有豆、碗、盆、釜、鼎、瓮、罐等。另外还出土了少量的铁器和铜钱。

1. 陶器

豆　16件。均为矮圈足豆，圈足多残。敛口，圆唇。依据肩部和腹部形态的差异，可分二型。

A型　9件。弧肩，腹部相对较深。T2430④:11，夹砂灰褐陶。口径14.5、通高5.6、足径6.4厘米（图二三，1）。T2239④:2，夹砂灰褐陶。口径14、通高5.5、足径5.6厘米（图二三，2）。T2140④:3，夹砂灰褐陶。口径18、残高3.5厘米（图二三，4）。

B型　7件。鼓肩，浅弧腹。T2140④:7，夹砂灰黑陶。口径16、残高4厘米（图二三，3）。T2639④:2，夹砂灰褐陶。口径16、残高3厘米（图二三，5）。T2641④:5，夹砂灰黑陶。口径18、残高3厘米（图二三，6）。

碗　30件。器物内外壁均有明显的轮制痕迹。依据口部和腹部形态的差异，可分三型。

A型　9件。敛口，弧腹，圆唇。依据肩部形态的差异，可分二亚型。

Aa型　2件。鼓肩。T2735④:8，夹砂灰陶。近钵形器。口径18、残高5厘米（图二三，11）。

Ab型　7件。弧肩，唇部和肩部交接处饰一条凹弦纹。T4638④:1，夹砂灰陶。小平底。口径9、通高3.7、底径5.4厘米（图二三，9）。T2938④:14，夹砂灰陶。平底内凹。口径15、通高6.5、底径8.5厘米（图二三，10）。T1839④:4，夹砂灰陶。尖圆唇。口径20、残高5厘米（图二三，12）。T2938④:3，夹砂灰陶。口微敛。口径28、残高6.5厘米（图二三，13）。T2938④:6，夹砂灰陶。口径24、残高7.5厘米（图二三，14）。

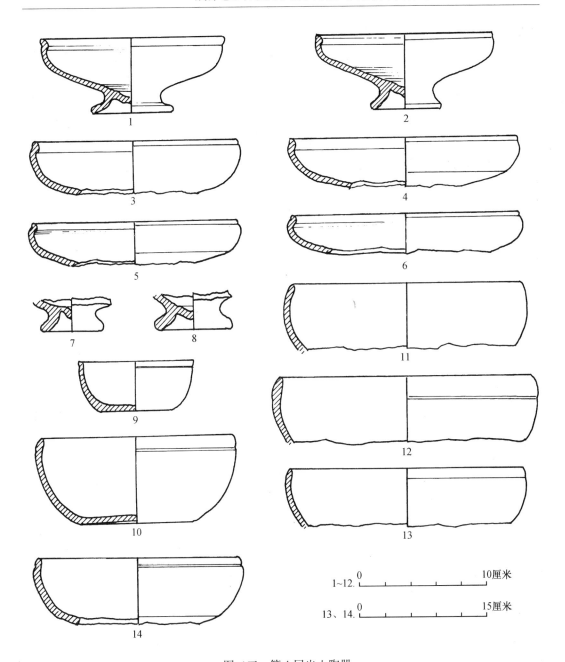

图二三　第 4 层出土陶器

1、2、4. A 型豆（T2430④：11、T2239④：2、T2140④：3）　3、5、6. B 型豆（T2140④：7、T2639④：2、T2641④：5）
　　7、8. B 型圈足（T2838④：15、T2140④：6）　9、10、12 ~ 14. Ab 型碗（T4638④：1、T2938④：14、T1839④：4、
　　　　　　T2938④：3、T2938④：6）　11. Aa 型碗（T2735④：8）

　　B 型　20 件。侈口，折腹，器物内外壁轮制痕迹明显。依据腹部形态差异，可分三亚型。

　　Ba 型　1 件。下腹部呈斜腹，腹部有折棱；口微敛。T2130④：1，夹砂灰褐陶。近方唇，小平底。口径14、通高5、底径5.4厘米（图二四，1）。

Bb型 17件。大侈口，折腹不显著，下腹部呈弧形。T2340④：2，夹砂灰褐陶。圆唇，平底。口径19.5、通高7、底径7厘米（图二四，3）。T1939④：12，夹砂灰陶。圆唇，卷沿，平底微内凹。口径19、通高6、底径6.2厘米（图二四，4）。T2442④：4，夹砂灰陶。方唇。口径20、残高4.5厘米（图二四，5）。T2745④：5，夹砂灰陶。圆唇，折沿，平底微内凹。口径19、通高6.5、底径5厘米（图二四，6）。T2745④：13，夹砂灰陶。方唇，折沿，平底微内凹。口径19.2、通高5.6、底径7厘米（图二四，7）。T2746④：3，夹砂灰陶。圆唇，平底。口径18、通高6、底径6.4厘米（图二四，8）。T2742④：3，夹砂灰陶。口径17、残高4厘米（图二四，9）。T2840④：1，夹砂灰陶。圆唇，折沿，平底微内凹。口径15.5、通高4.5、底径5厘米（图二四，11）。T2442④：3，夹砂灰陶。圆唇。口径23、通高7、底径6厘米（图二四，12）。T2738④：14，夹砂灰陶。方唇。口径27、残高4.5厘米（图二四，13）。T2140④：5，夹砂灰陶。口径26、残高4厘米（图二四，14）。

Bc型 2件。侈口，折腹显著；下腹部呈斜腹，底部与腹部分界明显。T2546④：1，夹砂灰陶。圆唇，平底内凹。口径19、通高6、底径6.5厘米（图二四，2）。

C型 1件。口微敛，弧腹。T2838④：14，夹砂灰褐陶。尖唇。口径16、残高5.5厘米（图二四，10）。

盆 33件。一般都为宽沿。火候较高，部分器物外壁呈褐色；器物外壁多遗留有显著的轮制痕迹。依据口部形态差异，可分二型。

A型 17件。敛口。依据腹部和沿部形态差异，可分二亚型。

Aa型 2件。鼓腹。T2838④：10，夹砂灰陶。圆唇，卷沿。腹中部装饰一道折棱。口径30、残高7.5厘米（图二五，11）。

Ab型 15件。折腹。T2041④：6，夹砂灰陶。方唇，折沿，折腹。口径41、残高8厘米（图二五，1）。T2938④：9，夹砂灰陶。尖圆唇，宽沿。器物外壁呈褐色。内壁近沿处有一条凹槽，器物内外壁遗留有显著的轮制痕迹。口径40、残高9厘米（图二五，5）。T2442④：1，夹砂灰陶。圆唇，弧腹，腹中部装饰一道折棱，下腹部外壁遗留显著的轮制磨痕。口径32、残高12厘米（图二五，7）。T1839④：3，夹砂灰陶。方唇，折沿。口径33、残高4厘米（图二五，9）。T2641④：8，夹砂灰陶。方唇，折沿。口径44、残高4.5厘米（图二五，10）。T2543④：2，夹砂灰陶。方唇，宽折沿。口径40、残高5厘米（图二五，12）。T2438④：2，夹砂灰陶。方唇，宽卷沿。腹中部装饰一道折棱，下腹部外壁遗留显著的轮制磨痕。口径29、残高6.5厘米（图二五，15）。T1939④：8，夹砂灰陶。圆唇，口微敞，卷沿。腹中部装饰一道折棱。口径48、残高9厘米（图二五，17）。T2338④：13，夹砂灰陶。方唇，宽折沿。上腹部装饰一道折棱。口径45、残高8厘米（图二五，18）。

B型 11件。侈口，弧腹。T2845④：4，夹砂灰陶。圆唇，卷沿。腹中部装饰一道折棱，下腹部外壁遗留显著的轮制磨痕。口径49、残高12厘米（图二五，2）。

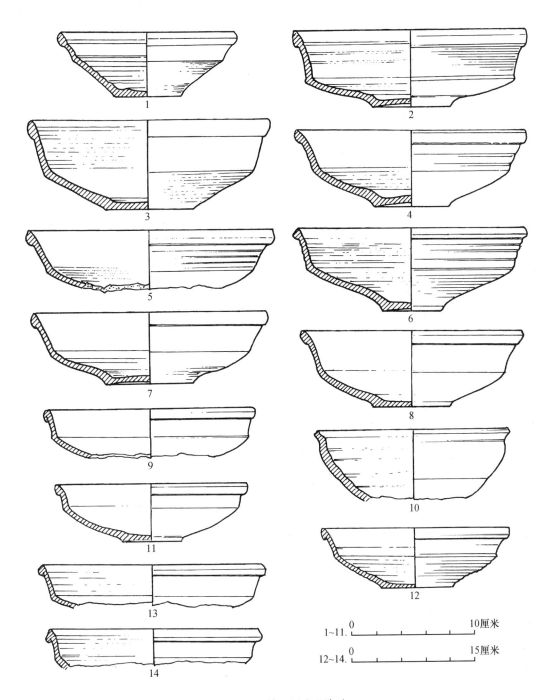

图二四　第4层出土陶碗

1. Ba 型（T2130④:1）　 2. Bc 型（T2546④:1）　 3 ~ 9、11 ~ 14. Bb 型（T2340④:2、T1939④:12、T2442④:4、
T2745④:5、T2745④:13、T2746④:3、T2742④:3、T2840④:1、T2442④:3、T2738④:14、T2140④:5）
10. C 型（T2838④:14）

T2243④:2，夹砂灰陶。尖圆唇，口微敞，折沿。腹中部装饰一道折棱。上腹部外壁遗留显著的轮制磨痕。口径39、残高8.5厘米（图二五，3）。T4038④:1，夹砂灰陶。圆唇，卷沿。腹中部装饰一道折棱，下腹部外壁遗留显著的轮制磨痕。口径50、残高3厘米（图二五，4）。T2838④:6，夹砂灰陶。圆唇，卷沿。腹中部装饰一道折棱，下腹部外壁遗留显著的轮制磨痕。口径33、残高9.5厘米（图二五，6）。T1939④:7，夹砂灰陶。尖圆唇，口微敞，卷沿。腹部装饰四道凹弦纹。口径30、残高5.5厘米（图二五，8）。T2342④:1，夹砂灰陶。方唇，卷沿。上腹部装饰三道折棱，下腹部外壁遗留显著的轮制磨痕。口径50、残高9厘米（图二五，19）。T2340④:15，夹砂灰褐陶。方唇，折沿，平底内凹。腹中部装饰一道折棱，下腹部外壁遗留显著的轮制磨痕。口径54、通高26、底径18厘米（图二八，14）。

C型　5件。敞口，近直腹。T1239④:2，夹砂灰陶。尖圆唇，折沿。口径28、残高3厘米（图二五，13）。T2844④:1，夹砂灰陶。厚方唇，卷沿。上腹部装饰一道折棱。口径38、残高5.5厘米（图二五，14）。T2641④:9，夹砂灰陶。方唇，宽折沿。腹部装饰两道折棱，腹部内壁有显著的轮制磨痕。口径33、残高4厘米（图二五，16）。

瓮　40件。器形体量一般较大，胎壁普遍较厚。依据领部的高矮，可分二型。

A型　25件。高领。依据肩部形态的差异，可分二亚型。

Aa型　11件。鼓肩。T2938④:16，夹砂灰陶。圆唇。领与肩部结合处装饰一道弦纹。口径20、残高4.5厘米（图二六，7）。T2342④:3，圆唇。肩部装饰一道弦纹。口径16、残高5厘米（图二六，9）。T2838④:11，夹砂灰陶。方唇。领与肩部结合处装饰一道弦纹，肩部则装饰一道平行栉纹。口径13、残高6厘米（图二六，10）。

Ab型　9件。折肩，圆唇，近蘑菇状。T1939④:4，夹砂灰陶。口径25、残高8.5厘米（图二七，7）。T2744④:2，夹砂灰褐陶。圆唇。口径26、残高5.5厘米（图二七，9）。T2137④:2，夹砂灰陶。肩部装饰压印方格纹。口径32、残高9厘米（图二七，12）。T2938④:3，夹砂灰陶。领与肩部结合处装饰一条弦纹。口径40、残高6.5厘米（图二七，14）。

Ac型　5件。弧肩。T2442④:6，夹砂灰褐陶。近方唇，高领。领部与肩部结合处饰有一道凹弦纹；肩部以下装饰纵向绳纹。口径37、残高12厘米（图二七，1）。T2538④:7，夹砂灰褐陶。方唇，宽沿，高领，口部内敛。唇部内侧有几道凹弦纹；肩部装饰一道凹弦纹。口径18、残高5.5厘米（图二七，2）。T2138④:1，夹砂灰褐陶。方唇，宽沿，高领。领部与肩部结合处饰有一道弦纹；肩部以下装饰纵向绳纹。口径15、残高7厘米（图二七，3）。

B型　15件。矮领。依据肩部的形态差异，可分三亚型。

Ba型　3件。圆肩鼓，一般都为厚唇。T2641④:6，夹砂灰陶。方唇，肩部较圆鼓。口径28、残高6厘米（图二六，6）。

Bb型　7件。折肩。T2342④:15，夹砂灰陶。圆唇，卷沿。口径50、残高5厘米（图二六，12）。T2938④:10，夹砂灰褐陶。圆唇。肩部装饰压印方格纹。口径52、残

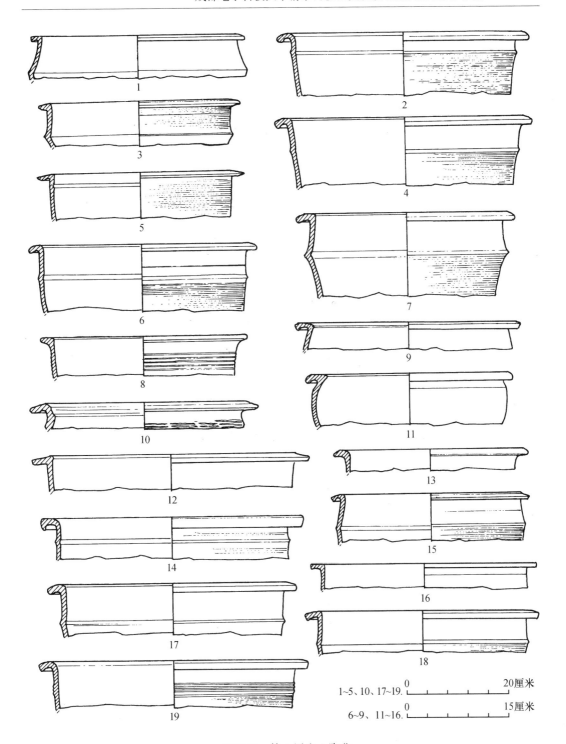

图二五　第 4 层出土陶盆

1、5、7、9、10、12、15、17、18. Ab 型（T2041④: 6、T2938④: 9、T2442④: 1、T1839④: 3、T2641④: 8、T2543④: 2、

T2438④: 2、T1939④: 8、T2338④: 13）　　2～4、6、8、19. B 型（T2845④: 4、T2243④: 2、T4038④: 1、T2838④: 6、

T1939④: 7、T2342④: 1）　　11. Aa 型（T2838④: 10）　　13、14、16. C 型（T2139④: 2、T2844④: 1、T2641④: 9）

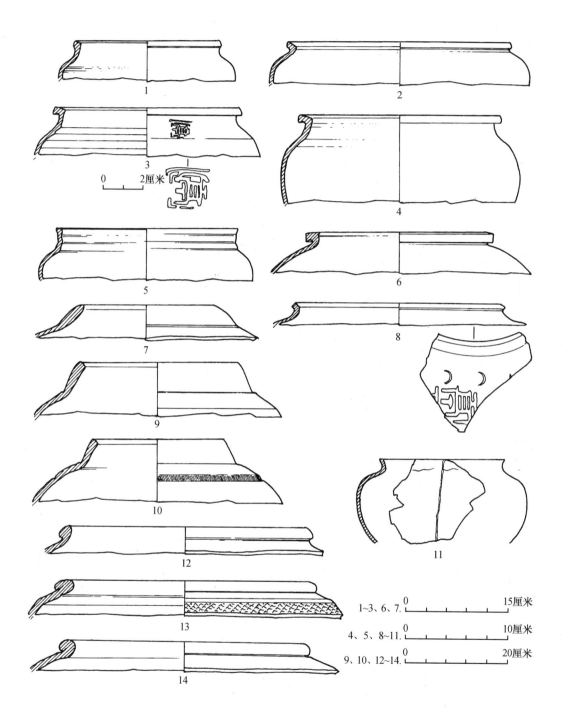

图二六　第 4 层出土陶器

1～4. Aa 型釜形器（T2638④：8、T2142④：1、T2838④：19、T2838④：1）　5. Ab 型罐（T2646④：2）　6. Ba 型瓮
（T2641④：6）　7、9、10. Aa 型瓮（T2938④：16、T2342④：3、T2838④：11）　8. Ba 型罐（T2838④：21）　11. Bb
型罐（T2642④：7）　12～14. Bb 型瓮（T2342④：15、T2938④：10、T2745④：1）

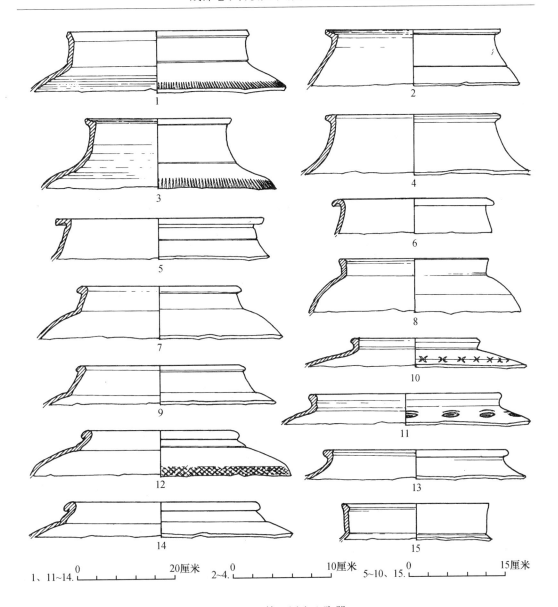

图二七　第4层出土陶器

1～3. Ac 型瓮（T2442④:6、T2538④:7、T2138④:1）　4. Aa 型罐（T2646④:2）　5. C 型釜形器（T2538④:3）
6. Ac 型罐（T2642④:5）　7、9、12、14. Ab 型瓮（T1939④:4、T2744④:2、T2137④:2、T2938④:3）　8、15. Ab 型
罐（T1839④:1、T2742④:21）　10、11、13. Bc 型瓮（T2838④:20、T2040④:2、T2040④:1）

高 7 厘米（图二六，13）。T2745④:1，夹砂灰陶。厚圆唇，卷沿。口径 50、残高 6 厘米（图二六，14）。

Bc 型　5 件。广弧肩，一般都为"T"字形唇。T2838④:20，夹砂灰陶。唇部有明显的轮磨痕迹，肩部装饰由一道弦纹和蝴蝶状花瓣纹组成的纹饰带。口径 20、残高 4 厘米（图二七，10）。T2040④:2，夹砂灰陶。肩部装饰一圈"眼睛"纹饰带。口径 40、残高 6 厘米（图二七，11）。T2040④:1，夹砂灰陶。折沿。口径 39、残高 6 厘米（图二七，13）。

罐 14 件。依据领部高矮差异，可分二型。

A 型 12 件。高领。依据口部形态的差异，可分三亚型。

Aa 型 3 件。敛口。T2646④:2，夹砂灰褐陶。圆唇，折沿。口径 18、残高 6 厘米（图二七，4）。

Ab 型 7 件。侈口，器物领部内侧有显著的轮磨痕迹。T2646④:2，夹砂灰陶。圆唇，口微侈，肩部圆鼓。口径 18、残高 5 厘米（图二六，5）。T1839④:1，夹砂灰陶。近方唇，圆肩。口径 23、残高 8 厘米（图二七，8）。T2742④:21，夹砂灰陶。近方唇。口径 23、残高 5 厘米（图二七，15）。

Ac 型 2 件。敞口。T2642④:5，夹砂灰褐陶。圆唇，宽卷沿。口径 25、残高 5 厘米（图二七，6）。

B 型 2 件。矮领。依据肩部形态的差异，可分二亚型。

Ba 型 1 件。广弧肩。T2838④:21，夹砂灰褐陶。方唇。肩部上饰有一圈月牙纹，纹饰下有繁体的"亭"字。口径 20.2、残高 2.2 厘米（图二六，8）。

Bb 型 1 件。圆鼓肩。T2642④:7，夹砂灰褐陶。尖圆唇，侈口，卷沿，圆鼓肩。口径 12、残高 8 厘米（图二六，11）。

釜形器（或鼎形器） 16 件。出土数量较多，器物内壁一般都遗留显著的轮制痕迹，肩部以下普遍都装饰有绳纹。依据口部形态的差异，可分三型。

A 型 8 件。侈口。依据肩部形态内的差异，可分三亚型。

Aa 型 7 件。鼓肩，折沿。T2638④:8，夹砂灰褐陶。圆唇，折沿。口径 21.6、残高 5.1 厘米（图二六，1）。T2142④:1，夹砂灰褐陶。尖唇，折沿。口径 33、残高 5.4 厘米（图二六，2）。T2838④:19，夹砂灰褐陶。方唇，宽沿，高领。领部与肩部结合处饰有一道弦纹；肩部印有"亭"字繁体。口径 28、残高 7 厘米（图二六，3）。T2838④:1，夹砂灰褐陶。方唇，宽沿，高领。口径 19.8、残高 8.2 厘米（图二六，4）。

Ab 型 1 件。圆肩。T2838④:3，夹砂灰褐陶。方唇，宽卷沿，矮领。口径 20、残高 8.5 厘米。

B 型 6 件。敞口。窄折肩，尖圆唇，卷沿；肩部均饰有纵向绳纹。T2641④:12，夹砂灰褐陶。口径 28、残高 5.5 厘米（图二八，1）。T2641④:14，夹砂灰褐陶。口径 32、残高 5 厘米（图二八，2）。T2738④:12，夹砂灰褐陶。口径 30、残高 5.5 厘米（图二八，3）。T2738④:10，夹砂灰褐陶。口径 30、残高 5 厘米（图二八，4）。

C 型 2 件。敛口。T2538④:3，夹砂灰褐陶。方唇，宽沿，高领。领部装饰一条凹弦纹。口径 32、残高 6 厘米（图二七，5）。

盆形器 2 件。泥条盘筑痕迹显著。侈口，浅弧腹。T4038④:10，夹砂灰褐陶。折沿。腹部上装饰两道凹弦纹。口径 27.6、残高 3.6 厘米（图二八，5）。T2543④:3，夹砂灰褐陶。卷沿。腹部上装饰两道凹弦纹。口径 21.6、残高 4.5 厘米（图二八，6）。

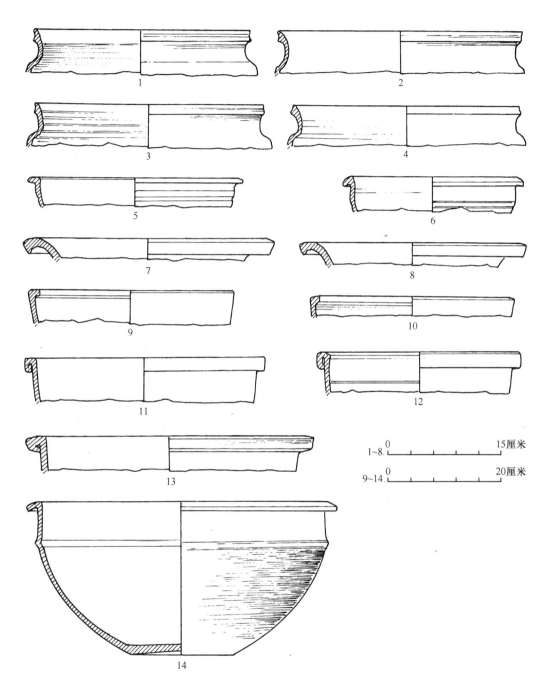

图二八　第4层出土陶器

1~4. B 型釜形器（T2641④:12、T2641④:14、T2738④:12、T2738④:10）　5、6. 盆形器（T4038④:10、T2543④:3）

7、8. B 型瓮形器（T2040④:8、T1211④:1）　9、10. 簋形器（T2040④:3、T2040④:11）　11、12. A 型缸形器

（T2938④:8、T2938④:12）　13. B 型缸形器（T2938④:2）　14. B 型盆（T2340④:15）

器盖　5件。器纽呈饼状，厚壁，盖身呈喇叭状，内壁有明显的泥条盘筑的痕迹。T2442④：9，夹砂灰陶。饼状纽下部有凸棱。纽部直径7厘米；盖身残，残高8厘米（图二九，10）。T2638④：1，夹砂灰陶。纽部直径6.5厘米；盖身残，残高7.5厘米（图二九，11）。

簋形器　5件。敛口，深腹。T2040④：3，夹砂红褐陶。圆唇。口径36、残高6厘米（图二八，9）。T2040④：11，夹砂红褐陶。方唇。口径36、残高3厘米（图二八，10）。

灯座　1件。T2938④：2，夹砂灰陶。顶部和底部均残。残高10.1厘米（图二九，13）。

瓮形器　9件。依据领部高矮的差异，可分二型。

A型　6件。矮领，小口。依据口部形态的差异，可分二亚型。

Aa型　5件。近直口，方唇，平沿。T2938④：1，夹砂灰褐陶。口径8.5、残高4厘米（图二九，2）。T2938④：17，夹砂红褐陶。口微内敛。口径9、残高8厘米（图二九，3）。

Ab型　1件。子母口状。T2840④：1，夹砂灰褐陶。圆唇，近直口。口径7、残高3.5厘米（图二九，1）。

B型　3件。大喇叭口，高领。T2040④：8，夹砂灰褐陶。尖唇，口沿外翻。口径33、残高2.5厘米（图二八，7）。T1211④：1，夹砂红褐陶。口径30、残高3厘米（图二八，8）。

缸形器　5件。依据沿部形态的差异，可分二型。

A型　4件。卷沿外翻。T2938④：8，夹砂灰陶。圆唇，口微敛，窄沿。口径42、残高7.5厘米（图二八，11）。T2938④：12，夹砂灰陶。圆唇，侈口，窄沿。颈部内侧饰有一道凹弦纹。口径37、残高7厘米（图二八，12）。

B型　1件。折沿。T2938④：2，夹砂灰陶。厚方唇，侈口，宽沿。口径50、残高6厘米（图二八，13）。

甑　1件。T2443④：1，夹砂灰陶。口部残，仅存底部，甑底现存3个箅孔。底径16、残高5厘米；箅孔直径1厘米（图二九，8）。

研磨器　1件。T2743④：8，夹砂灰陶。顶部残，中空，厚底。底径13、底厚2.4、残高5厘米（图二九，7）。

器底　22件。均为平底，根据底部直径的大小，可分二型。

A型　15件。大平底。T2738④：4，夹砂灰陶。底径23、底厚0.6、器残高6.5厘米（图二九，9）。

B型　7件。小平底。T2938④：4，夹砂灰陶。泥条盘筑痕迹明显，平底微内凹。底部直径12、底厚1.2、器残高12厘米（图二九，12）。T2642④：2，夹砂灰褐陶。为瓶形器的底。近底处装饰有断绳纹。底部直径7、底厚0.6、器残高5.5厘米（图二九，4）。

鼎足　17件。依据足部高矮，可分二型。

A型　12件。长足。依据足部平面形状差异，可分二亚型。

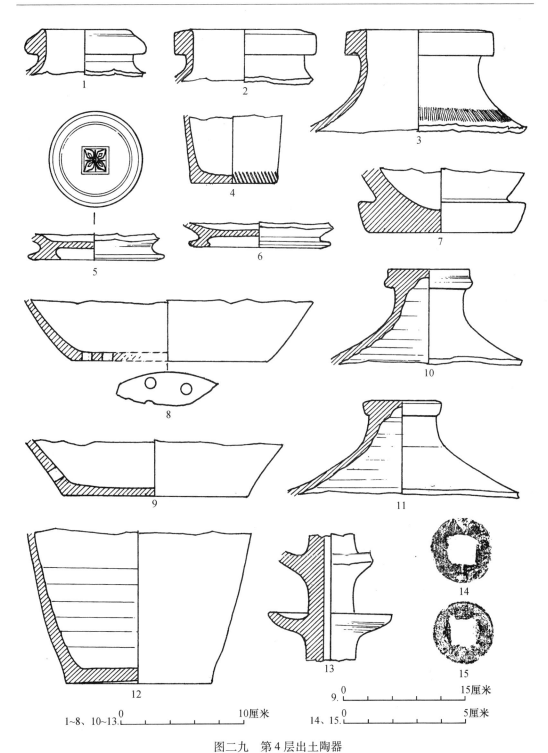

图二九　第4层出土陶器

1. Ab 型瓮形器（T2840④:1）　　2、3. Aa 型瓮形器（T2938④:1、T2938④:17）　　4、12. B 型器底（T2642④:2、
T2938④:4）　　5、6. A 型圈足（T2136④:5、T2840④:2）　　7. 研磨器（T2743④:8）　　8. 甑（T2443④:1）
9. A 型器底（T2738④:4）　　10、11. 器盖（T2442④:9、T2638④:1）　　13. 灯座（T2938④:2）
14、15. 五铢（T2042④:13、T2043④:11）

Aa 型　7 件。象鼻状。T2742④：5，夹砂灰褐陶。直径 2.2、残高 17 厘米（图三〇，7）。T2938④：7，夹砂褐陶。直径 2.8、残高 16 厘米（图三〇，8）。

Ab 型　5 件。角状。T2338④：14，夹砂灰褐陶。直径 2、残高 15 厘米（图三〇，9）。

B 型　5 件。矮足。依据足部平面形状差异，可分二亚型。

Ba 型　2 件。象鼻状。T2543④：1，夹砂灰褐陶。直径 2.2、残高 13 厘米（图三〇，10）。

Bb 型　3 件。角状。T2358④：10，夹砂灰褐陶。直径 1.6、残高 9.8 厘米（图三〇，11）。

圈足　13 件。依据足部形态差异，可分二型。

A 型　8 件。饼状假圈足，为碗的圈足。T2136④：5，夹砂灰陶。圈足内面正中方格装饰四叶花瓣纹。足高 1.4、足径 11、器残高 2 厘米（图二九，5）。T2840④：2，夹砂灰陶。足高 1.4、足径 11.3、器残高 2 厘米（图二九，6）。

B 型　5 件。喇叭状，为矮圈足豆的足。T2838④：15，夹砂灰褐陶。足高 2、足径 5、器残高 2.6 厘米（图二三，7）。T2140④：6，夹砂灰褐陶。足高 2、足径 6、器残高 3 厘米（图二三，8）。

纺轮　4 件。平面形状呈纺锤状，中间有一小圆孔；均为泥质青灰陶。T2137④：1，纺轮上部饰一道弦纹，下部饰两道弦纹。通高 2.6、直径 3.4 厘米（图三〇，1）。T1944④：1，纺轮上下两部各饰四道弦纹。通高 2.5、直径 3.8 厘米（图三〇，2）。采集：1，纺轮上下两部分各饰两道弦纹。通高 2.2、直径 3.6 厘米（图三〇，3）。T1841④：1，通高 2、直径 3 厘米（图三〇，4）。

2. 铁器

4 件。为全铁器，锈蚀严重，除 2 件铁刀可辨器形外，其余 2 件不明其形状。

刀　2 件。T2739④：1，保存相对完好，平背，近平刃，端部微上翘；短长方形柄，柄断面呈圆圈状。通长 28.5、厚 0.4 厘米（图三〇，12）。T2938④：11，刀后部残，形状不明。平背，近平刃。残长 10.8、厚 0.2~0.4 厘米（图三〇，6）。

残铁器　2 件。T2345④：11，面形状呈圈足状；上部残，中空，形状不明。锈蚀严重。残高 2、直径 4 厘米（图三〇，5）。

3. 钱币

2 枚。均残，依稀可辨为"五铢"钱。其中一枚（T2243④：11）保存稍好，"五"字尚可看到（图二九，15）。另一枚（T2042④：13）较残，文字已不可辨明（图二九，14）。

4. 建筑构件

有瓦当和瓦片，均为泥质灰陶，出土数量相对较少。

瓦当　7 件。模制，当面呈圆形，边轮突起，皆泥质灰陶。依据瓦面文字有无，可

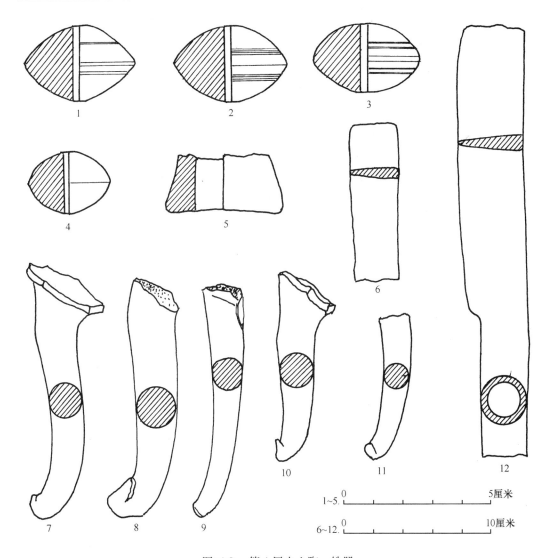

图三〇　第4层出土陶、铁器

1～4. 纺轮（T2137④：1、T1944④：1、采集：1、T1841④：1）　5. 残铁器（T2345④：11）　6、12. 铁刀（T2938④：11、
T2739④：1）　7、8. Aa 型鼎足（T2742④：5、T2938④：7）　9. Ab 型鼎足（T2338④：14）　10. Ba 型鼎足（T2543④：1）
11. Bb 型鼎足（T2358④：10）

分二型。

A 型　5 件。无文字瓦当。T2638④：3，带筒瓦当，顶筒部后段残。近边轮处饰三周凸弦纹，当心凸圆，外绕两圈凸弦纹。外连双直线将当面分为四格或四区，其中两格装饰有卷云纹。当面直径 15、厚 1 厘米；筒瓦残长 10.4 厘米，表面装饰有细绳纹（图三一，2）。

B 型　2 件。有文字瓦当。T2438④：13，宽边轮，近边轮处饰三周凸弦纹，在内两圈弦纹之间装饰一圈由三角纹组成的纹饰带。当心凸圆，中间有圆孔，外绕三圈凸弦纹。外连双直线将当面分为四格，每格都装饰有卷云纹，在当面上下双直线之间有阳文

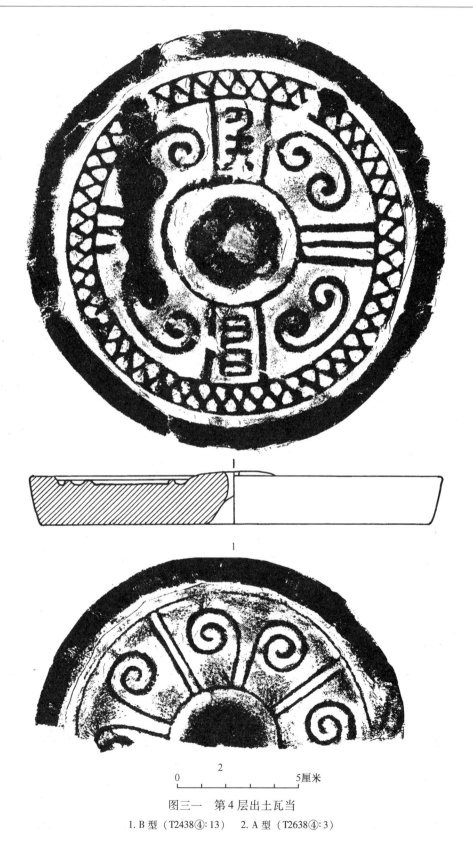

图三一　第4层出土瓦当

1. B 型（T2438④∶13）　　2. A 型（T2638④∶3）

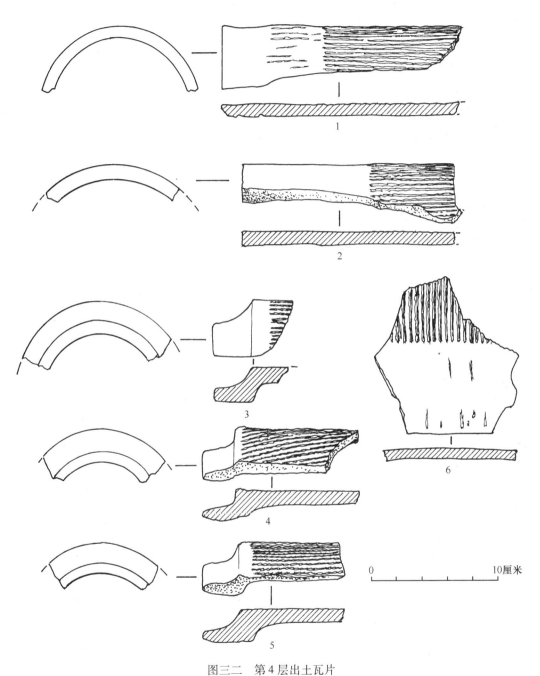

图三二　第4层出土瓦片

1、2. A 型筒瓦（T2745④: 7、T2036④: 1）　　3～5. B 型筒瓦（T1945④: 2、T1945④: 1、T2342④: 4）

6. 板瓦（T2745④: 6）

自上而下"夫昌"。当面直径 17.2、厚 2.1 厘米（图三一，1）。

板瓦　3 件。T2745④:6，横切面呈弧形，夹细砂灰褐陶。表面装饰有纵向平行粗绳纹。厚 1 厘米；筒瓦残长 12 厘米（图三二，6）。

筒瓦　13 件。横断面呈半圆形，一端有内束之短领。泥条盘筑，在土坯中掺杂细砂。瓦面一般都饰有绳纹。依据领部长短与断面形态的差异，可分二型。

A 型　4 件。长领，横断面呈半圆形。T2745④:7，泥制灰陶，中夹细砂。瓦面饰纵向平行绳纹。领长 8 厘米；直径约 13、厚约 1、残长 16.8 厘米（图三二，1）。T2036④:1，泥制灰陶，中夹细砂。瓦面饰纵向平行绳纹。领长 10 厘米；直径约 12、厚约 1、残长 16.8 厘米（图三二，2）。

B 型　9 件。短领，横断面呈半环状，领部与瓦面突起明显。T1945④:2，泥制灰陶。瓦面施纵向平行绳纹。领长 3.2 厘米；直径 14、厚约 1.2、残长 6 厘米（图三二，3）。T1945④:1，泥制灰陶。瓦面施斜向平行绳纹。领长 3.1 厘米；直径 13、厚约 1.2、残长 12.4 厘米（图三二，4）。T2342④:4，泥制灰陶。瓦面施纵向平行绳纹。领长 3 厘米；直径 13、厚约 1、残 11.2 厘米（图三二，5）。

六、结　语

电子科技大学清水河校区实验楼地点古遗址可初步分为新石器和西汉两个时期的文化遗存。第 5 层及叠压于其下的遗迹为宝墩文化时期，这个时期的遗迹现象发现有灰坑、陶窑等。灰坑平面形状有圆形、椭圆形、不规则形等，坑壁和坑底均不甚规整，无人为加工之痕迹，应为自然坑。包含物以夹砂陶片为主，另有一定少量的泥质陶片。第 5 层出土的遗物以陶器为大宗，质地以夹砂灰褐陶为主。泥质陶少见，以红和橙黄陶多见，灰白陶几乎不见。素面陶占出土陶片约一半，纹饰以绳纹最常见，另有戳印纹、划纹、凸棱纹、附加堆纹等。水波划纹已经不见。器形主要有绳纹花边口沿罐、喇叭口高领罐、壶、敞口尊、盘口圈足尊、豆、器盖、侈口折沿罐等。

第 5 层与叠压于其下的遗迹单位出土的陶器的质地和器形接近，陶器的质地以夹砂陶多于泥质陶，褐陶虽然仍占主要，灰褐陶已经占有相当的比例。泥质灰白陶很少发现，多见橙黄、黑皮、红和灰陶。陶器上的纹饰种类少，以绳纹多见，另有附加堆纹、戳印点纹、月牙纹、弦纹、瓦棱纹、镂孔等，装饰手法主要是戳印、压印、划纹、镂孔等。其中的绳纹花边口沿罐、喇叭口高领罐、壶、盘口尊等与置信金沙园一期新石器遗址[1]、1998 年郫县古城遗址[2]宝墩文化 3 期晚段同类器物相近[3]，与"格威药业一期"[4]、中海国际社区 1 号地点宝墩时期[5]出土同类器物，在陶器质地和颜色以及制作风格方面都相近，上述宝墩文化遗址点的时代大都处于宝墩文化的第三期至第四期这一时段。而该地点宝墩时期的堆积已经出现宝墩文化第三期常见的深腹罐、宽沿盆等，新出现矮领敛口罐，但不见第四期常见的敛口瓮、圆肩罐、折腹钵、缸等；陶质上夹砂陶多于泥质陶，纹饰种类较一、二期少见，而这个时期绳纹花边口沿罐、喇叭口高领罐、敞口尊、盘口圈足尊、宽沿尊等器物仍广为盛行，因此我们推测该地点第5层及叠压于其下的遗迹时代大致在宝墩文化第三期，距今4000年左右。

第4层及开口于该层下的遗迹所出土的遗物的形制和器形均较为一致，具有显著的汉代文化风格，它们应为同一时期的遗存。遗迹主要有灰坑，另见少量的灰沟，虽然发现了建筑构件，但未发现建筑遗迹。出土的汉代陶片以夹砂陶最为多见，夹砂陶以灰和灰褐陶最为多见，红陶也占有相当的比例，夹砂陶中的胎土细腻，夹粗砂的情形较为少见。快轮技术已经广泛使用。陶器烧制的火候较高。汉代堆积中的出土遗物主要以碗、矮圈足豆、盆、釜、鼎、瓮等器物最为常见，其中高领圜底釜、鼎、矮圈足豆、高领瓮等具有浓烈东周时期巴蜀文化遗风的器物形态；另外还出现了少量具有中原汉文化色彩的遗物，如陶甑、建筑构件（板瓦、筒瓦、瓦当）、灯、"五铢"钱等，典型中原汉式圆唇平底罐、圈足壶、仓、灶等器物不见，此外，还出土了少量的全铁器，器形主要为刀。该地点叠压于第4层下的遗迹和第4层堆积中已经出现了板瓦、筒瓦、卷云纹或文字瓦当、陶甑、厚唇小口瓮等典型汉文化器物，但矮圈足豆、折腹碗、高领釜和鼎、高领瓮等器物仍占有相当的比重，因此，该遗址汉文化遗存具有明显的过渡性特征，如豆由深腹变为浅腹；碗的折腹越来越显著，折腹位置相对位于上腹部，陶釜或鼎与春秋战国时期的形制差异不大，豆也具有明显战国晚期豆的特征，浅腹豆多见，但已经不见尖底盏，少见深腹簋形豆、浅腹盆、簋形器等战国中晚期至西汉早期常见的器物。与此同时尚未发现高领圈足壶、圆唇平底罐、仓、灶等西汉中晚期常见之典型汉文化遗物，这些器物一般认为流行的时间为西汉中期以后。由于该地点第4层出土的矮圈足豆、折腹碗、深腹盆、高领瓮在该地点第4层最为多见，它们流行的时间约在战国晚期至西汉早期。出土的铜钱为西汉"五铢"，其文字的形体特点与成都地区西汉中晚期"五铢"的风格接近。而该地点未见与其相距200米左右学生宿舍楼地点常见的口沿内唇有"倒刺"的陶釜，其出土的釜与彭州太清乡龙泉村战国晚期出土的陶釜的风格非常接近[6]，它与彭州市太清乡龙泉村遗址战国时期文化遗存[7]、青羊宫遗址[8]、上汪家拐遗址[9]、郫县风情园及花园别墅战国至西汉墓群[10]等地点出土的同类器物亦非常接近，而这些地点出土的此类遗物时代大致都在战国晚期或秦灭巴蜀之间，实验楼地点汉代堆积中不见尖底盏等战国时期常见的遗物，尖底盏延续至西汉时期，但其形态已经发生了较大的变化，因此其汉代文化遗存的上限可能在西汉早期偏晚阶段。同时在汉代堆积中还发现了少量同该区域宿舍楼地点汉代遗址[11]、新都县三河镇五龙村汉墓[12]、双流县华阳镇绿水康城汉墓[13]、成都市西郊土坑墓和砖室墓[14]、龙泉驿区北干道木椁墓群[15]等出土同类遗物接近的器物，卷云纹或文字瓦当在成都平原的流行一般在西汉中期以后，东汉最盛。与此同时，不见西汉晚期至东汉初期之间常见的器物（仓、灶、壶等为代表）以及尚未发现新莽时期的钱币，因此，该汉代堆积的时代下限可能在西汉中期偏晚。开口于该层下的遗迹出土的遗物与第4层出土的器物的文化面貌基本一致，它们之间并未出现明显的断裂性特点，因此这些遗迹的废弃年代可能与第4层堆积形成的时代相距不远，考虑到该地点第4层出土遗物的保存情况以及收集遗物的偶然性，该遗址汉代堆积的主体遗存可能在西汉中期左右。

透过该地点出土的汉代遗物，可以发现这些遗物具有明显的过渡性特点，在同一单位中出土的遗物均存在着早晚形态的共存的形式（同墓葬材料对比），如碗、瓮、豆等都可以发现有形式上演变，但它们都在同一单位中共存，无直接的叠压或打破关系，形式的分类缺乏时间上的定位，这样的情况在该遗址所有汉代堆积中均表现出来，因此，笔者在编写报告时并未将其进行纵向的形式对比。遗址中出土的陶器由于很难修复出完整器，想要准确地把握其形式上演变的差异是非常困难的，因此，笔者更倾向从形态方面着手，来了解其变化。这也需要我们在编写遗址报告时特别注意与同时期墓葬材料的使用和对比时需要具体情况具体分析，不可盲目一刀切，注意遗址材料和墓葬材料的差异性与适用范围。

该遗址汉代堆积出土的遗物丰富，具有明显的过渡性特点，它的发掘与研究，对于成都平原地区汉代遗址的发掘与研究提供了重要的资料，同时对于该地区汉代墓葬材料的文化内涵与外延的深化有着重要的意义。该遗址汉代堆积所反映出在当时巴蜀文化的因素（如釜、矮圈足豆、高领敞口瓮等数量还占有相当的比例）仍然拥有相当的影响，汉式器物还没有完全汉化当地居民的固有的文化传统，当地巴蜀文化的因素依然强大与顽固，但汉文化的影响还是已经开始深入了这些居民的日常生活，一些典型汉文化遗物已经开始显现，大量典型巴蜀文化因素器物、巴蜀文化遗风的遗物的共同出现则充分显示了这一历史变化的态势。这个时期出土的遗物既不同于战国晚期的文化特点，也不同于西汉晚期汉文化大一统时的文化风格，它可能处于一个转型的时期。过去，成都平原的汉代时期的文化主要是透过墓葬形式来解读的，墓葬资料的局限性阻碍了我们更深入地认识汉代川西地区的居民生活与文化，成都平原的汉代遗址长期以来一直未得到应有的关注，尽管该地点存在着遗迹现象单一，仅见灰坑和灰沟，未见建筑遗迹，同时保存状况较差等不利的因素，对于遗址汉代时期的文化内涵与面貌的认识与深化造成了很大的缺憾，但该地点的发掘对于成都平原汉代历史与文化的研究提供了重要的考古资料，特别是关注这个时段的遗址资料对于理解成都平原汉文化与巴蜀遗民文化因素的消长有着重要的意义，同时它也提醒从事该时期历史的研究者应该多关注汉代遗址与墓葬材料的梳理。遗址材料所揭示文化内涵与信息的丰富，对于加强成都平原地区汉代遗址特别是秦灭巴蜀后这一阶段遗址材料的梳理有着特别意义，它有利于我们进一步认识巴蜀遗民文化和汉文化如何互动发展的过程。

附记：工作人员有宋世有、陈西平、王军、杨永鹏、徐龙、刘雨茂、周志清。

绘　图：杨文成
拓　片：代福尧　代堂才
执　笔：周志清　刘雨茂

注　释

［1］　　成都文物考古研究所：《成都金沙遗址"置信金沙园一期"地点发掘简报》，《成都考古发现（2002）》，科学出版社，2004 年。

［2］　　成都文物考古研究所：《四川省郫县古城遗址 1998～1999 年度发掘收获》，《成都考古发现（1999）》，科学出版社，2001 年；江章华、王毅等：《成都平原早期城址及其考古学文化初论》，《宝墩遗址》，有限会社阿普，2000 年。

［3］　　江章华、王毅等：《成都平原早期城址及其考古学文化初论》，《宝墩遗址》，有限会社阿普，2000 年。

［4］　　成都文物考古研究所：《成都市高新西区"格威药业"地点发掘简报》，《成都考古发现（2003）》，科学出版社，2005 年。

［5］　　成都文物考古研究所：《成都市中海国际社区古遗址发掘简报》，《成都考古发现（2005）》，科学出版社，2007 年。

［6］［11］　　成都文物考古研究所：《成都电子科技大学清水河校区学生宿舍地点汉代遗址发掘简报》，《成都考古发现（2005）》，科学出版社，2007 年。

［7］　　成都文物考古研究所等：《彭州市太清乡龙泉村遗址战国时期文化遗存 2003 年发掘报告》，《成都考古发现（2004）》，科学出版社，2006 年。

［8］　　四川省博物馆：《成都青羊宫遗址试掘简报》，《考古》1995 年 8 期。

［9］　　成都文物考古工作队：《成都市上汪家拐遗址发掘报告》，《南方民族考古》第五辑，四川科学出版社，1992 年。

［10］　　成都文物考古研究所：《郫县风情园及花园别墅战国至西汉墓群发掘报告》，《成都考古发现（2002）》，科学出版社，2004 年。

［12］　　成都文物考古研究所等：《四川新都县三河镇五龙村汉代木椁墓发掘简报》，《成都考古发现（2000）》，科学出版社，2002 年。

［13］　　成都文物考古研究所等：《成都市双流县华阳镇绿水康城小区发现一批砖室墓》，《成都考古发现（2003）》，科学出版社，2005 年。

［14］　　成都文物考古研究所等：《成都市西郊土坑墓、砖室墓发掘简报》，《成都考古发现（2001）》，科学出版社，2003 年。

［15］　　成都文物考古研究所等：《成都龙泉驿区北干道木椁墓群发掘简报》，《文物》2000 年 8 期。

成都电子科技大学清水河校区行政大楼地点商周遗址发掘简报

成都文物考古研究所

　　成都电子科技大学清水河校区位于成都市高新西部园区西南部的合作镇，东距成都市中心约 12 公里，与合作镇政府相邻（图一）。行政大楼地点位于校区的西南部，行政区划原属于郫县合作镇六组，该地点距实验楼古遗址地点约 50 米，并与实验楼古遗址隔马河相望，河北为实验楼古遗址，西北为图书馆古遗址。地理位置为北纬 30°45′20.3″，东经 103°55′40.2″，海拔 539 米 ±9 米（图一）。为配合电子科大清水河校区行政大楼的建设，成都文物考古研究所于 2006 年 3 月中旬对其进行了考古勘探，勘探结果显示在工地西部的行政大楼地点发现了商周时期的文化堆积，通过使用 etrex12channe（GPS）测量现存面积大约为 1500 平方米，但遗址大部分被晚期活动严重破坏，保存情况不甚理想。为了了解该地点的古遗址的文化堆积面貌及时代特征，成都文物考古研究所于 2006 年 4 月下旬对该地点进行了抢救性的考古发掘，按正北向布 5 米×5 米的探方 47 个，实际发掘面积为 752 平方米（图二）；遗址代码为 2006CGD，探方按坐标编号。商周地层堆积中出土了大量的夹砂陶片，但未发现该时期的遗迹。另外，在发掘区的东南部还发现了 3 座宋代残墓（另文简报），现将本次发掘的收获简报如下。

一、地层堆积

　　电子科技大学清水河校区行政大楼地点发掘区内的地层经过统一划分，根据土质土色及包含物的差异可以分为 5 层。地层堆积以 T1411～T1410 的东壁剖面为例（图三），简述如下。

　　第 1 层：耕土层，黑灰色腐殖土，结构疏松，厚 10～15 厘米。包含物有大量的现代垃圾和植物根。茎及近现代瓷片，于整个发掘区内均有分布。

　　第 2 层：黄灰色砂土，结构疏松，距地表 10～15 厘米，厚 5～10 厘米。包含物有青花瓷片和青砖，于整个发掘区内均有分布。为明清时期堆积。

　　第 3 层：黄褐色砂土，结构疏松，距地表 20～25 厘米，厚 5～20 厘米。主要分布于发掘区内东南部，本层包含极少量的夹砂陶片。为商周时期的堆积。

　　第 4 层：灰褐色砂土，泛黄褐斑，土壤有轻度板结现象，结构较紧密，距地表 25～30 厘米，厚 10～15 厘米。包含物主有夹砂陶片，可辨器形有罐、瓮、簋形器、盆等。

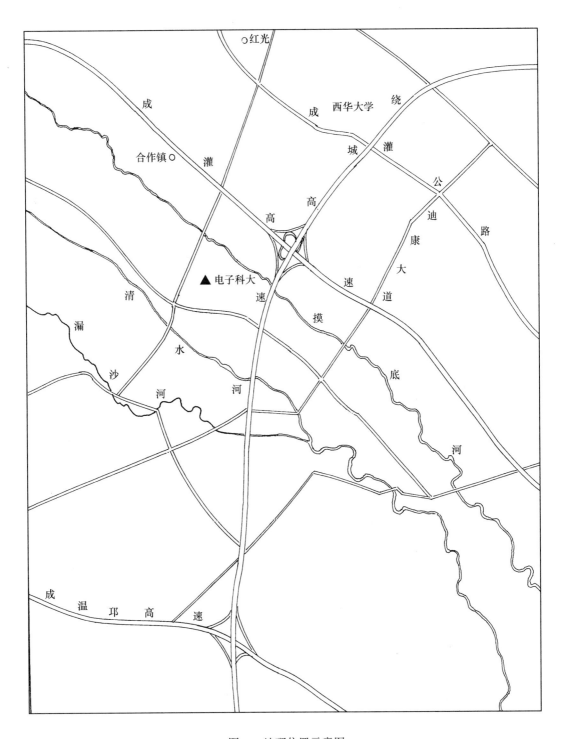

图一 地理位置示意图

为商周时期的堆积。

第5层：黄褐色砂土，结构疏松，距地表40~45厘米，厚5~15厘米。主要分布在发掘区内的东部，本层包含少量夹砂陶片。为商周时期的堆积。

第5层以下为结构紧密的黄褐色生土。

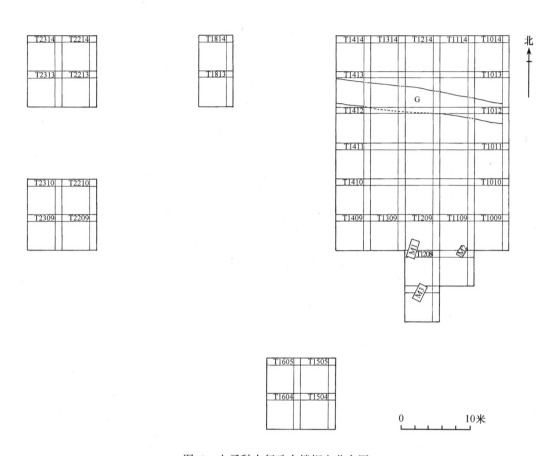

图二　电子科大行政大楼探方分布图

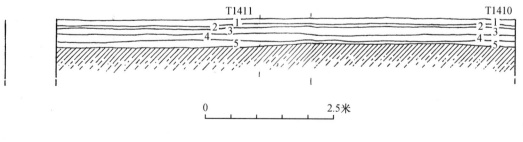

图三　T1410~T1411东壁剖面图

二、第 5 层出土遗物

该地点第 5 层出土的遗物主要为夹砂灰褐陶片，次为褐陶。陶片出土数量相对较少，可辨器形有簋形器、瓮形器、罐、小平底器、纺轮等。陶片上较少发现纹饰，仅见绳纹、弦纹等，多为素面陶。陶器内壁多明显保留有泥条盘筑的痕迹，多轮修。

簋形器 3 件。依据口部形态的差异，可分二型。

A 型 1 件。敛口，弧腹。T1109⑤:1，夹砂红褐陶。圆唇，卷沿，腹部外弧。口径 52、残高 8 厘米（图四，7）。

B 型 2 件。侈口，斜腹。T1111⑤:4，夹砂灰褐陶。内勾唇。口径 48、残高 5 厘米（图四，8）。

瓮形器 9 件。依据领部高矮和形态差异，可分二型。

A 型 3 件。高领。依据口部形态的差异，可分二亚型。

Aa 型 1 件。敞口。T1010⑤:14，夹砂灰褐陶。方唇，卷沿。口径 27、残高 3.5 厘米（图四，11）。

Ab 型 2 件。侈口，厚胎。T1114⑤:19，夹砂褐陶。尖圆唇，宽折沿。口径 34、残高 5 厘米（图四，1）。T1114⑤:12，夹砂褐陶。圆唇，宽折沿。口径 44、残高 6 厘米（图四，2）。

B 型 4 件，矮领。依据口部形态的差异，可分三亚型。

Ba 型 2 件。敞口。T1114⑤:11，夹砂灰褐陶。圆唇，卷沿。口径 30、残高 6 厘米（图四，4）。

Bb 型 1 件。侈口。T1010⑤:13，夹砂褐陶。圆唇，口微侈，近盘口，折沿。口径 30、残高 6 厘米（图四，3）。

Bc 型 1 件。敛口。T1114⑤:4，夹砂灰褐陶。圆唇，折沿。口径 28.2、残高 6.3 厘米（图四，6）。

C 型 2 件。无领。依据口部形态的差异，可分二亚型。

Ca 型 1 件。敛口。T1010⑤:8，夹砂灰褐陶。圆唇，折沿，广肩。口径 35、残高 6 厘米（图四，9）。

Cb 型 1 件。侈口。T1010⑤:6，夹砂灰褐陶。圆唇，折沿，广肩。口径 30、残高 4 厘米（图四，10）。

罐 1 件。T1213⑤:16，夹砂灰褐陶。圆唇，侈口，卷沿。口径 28、残高 4 厘米（图四，5）。

器底 4 件。均为小平底。T1114⑤:16，夹砂灰褐陶。底部内凹。底径 6.5、底厚 0.8、器残高 3.5 厘米（图四，12）。T1010⑤:9，夹砂灰褐陶。泥条盘筑。底部内凹。底径 6.5、底厚 1.5、器残高 6 厘米（图四，13）。

纺轮 1 件。覆碗状，器扁平。T1210⑤:2，夹砂灰褐陶。轮上施有两圈凹弦纹。

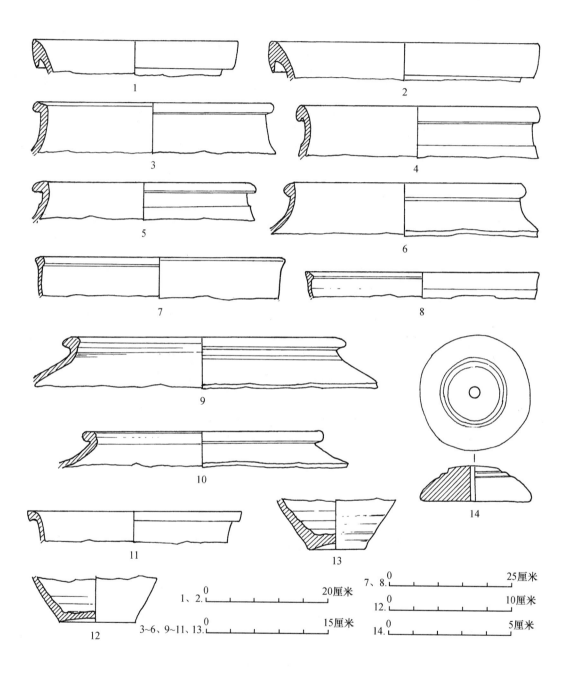

图四　第5层出土陶器

1、2 Ab 型瓮形器（T1114⑤：19、T1114⑤：12）　3. Bb 型瓮形器（T1010⑤：13）　4. Ba 型瓮形器（T1114⑤：11）
5. 罐（T1213⑤：16）　6. Bc 型瓮形器（T1114⑤：4）　7. A 型簋形器（T1109⑤：1）　8. B 型簋形器（T1111⑤：4）
9. Ca 型瓮形器（T1010⑤：8）　10. Cb 型瓮形器（T1010⑤：6）　11. Aa 型瓮形器（T1010⑤：14）　12、13. 器底
（T1114⑤：16、T1010⑤：9）　14. 纺轮（T1210⑤：2）

通高 1.4、直径 4.7 厘米（图四，14）。

三、第 4 层出土遗物

第 4 层出土的遗物主要为夹砂陶片，数量巨大，但陶片较为残碎，未有可修复之物。陶色以褐、灰褐为主，另有少量的黄褐陶。陶片上纹饰少见，仅见少量的绳纹、弦纹、重菱纹等。器物内壁多遗留显著的泥条盘筑痕迹，多轮修。陶片出土较多，但器形和种类则较少，器形可辨的有罐、瓮形器、簋形器、盆形器、圈足器、尖底器等。

罐　37 件。依据口部形态的差异，可分二型。

A 型　24 件。敛口。依据肩部形态的差异，可分二亚型。

Aa 型　15 件。折肩，折沿。T1310④：2，夹砂灰褐陶。口径 18、残高 5 厘米（图五，1）。T1412④：13，夹砂灰褐陶。口径 24、残高 3 厘米（图五，2）。T1312④：6，夹砂灰褐陶。圆唇。口径 20、残高 3.5 厘米（图五，3）。T1605④：4，夹砂灰褐陶。方唇。口径 21、残高 3.5 厘米（图五，4）。T1213④：1，夹砂灰褐陶。方唇。口径 21、残高 4 厘米（图五，5）。T1410④：11，夹砂灰褐陶。口径 22、残高 5 厘米（图五，6）。

Ab 型　9 件。溜肩。T1310④：7，夹砂褐陶。口径 21、残高 3.5 厘米（图五，7）。T1410④：7，夹砂灰褐陶。圆唇，卷沿。口径 29、残高 5 厘米（图五，8）。T1412④：11，夹砂灰褐陶。口径 23、残高 4 厘米（图六，1）。T1410④：15，夹砂灰褐陶。尖唇，折沿。口径 24、残高 4.5 厘米（图六，4）。T2310④：1，夹砂灰褐陶。口径 26、残高 4.5 厘米（图六，6）。

B 型　13 件。侈口。鼓肩，方唇，折沿，束颈。T1010④：5，夹砂灰褐陶。口径 26、残高 4.5 厘米（图六，2）。T1212④：15，夹砂灰褐陶。口径 23、残高 4 厘米（图六，3）。T1312④：4，夹砂灰褐陶。口径 26、残高 3.5 厘米（图六，5）。T1412④：11，夹砂灰褐陶。口径 30、残高 3.5 厘米（图六，9）。

盆形器　15 件。此类盆最大的特点是肩部均为折肩，腹部普遍较深。依据口部形态的差异，可分二型。

A 型　11 件。敛口，折沿。T1111④：8，夹砂灰褐陶。圆唇。口径 28、残高 6 厘米（图五，9）。T1212④：36，夹砂褐陶。方唇。口径 34、残高 4 厘米（图五，11）。T1111④：4，夹砂灰褐陶。方唇。口径 44、残高 5 厘米（图五，12）。T1212④：24，夹砂灰褐陶。方唇。口径 39、残高 5 厘米（图五，13）。T1214④：4，夹砂灰褐陶。圆唇。肩部遗留明显的轮磨痕迹。口径 29、残高 6 厘米（图五，14）。

B 型　4 件。侈口，卷沿。T1314④：15，夹砂灰褐陶。圆唇。口径 26、残高 4.5 厘米（图五，10）。T2210④：5，夹砂灰褐陶。圆唇。口径 20、残高 3.5 厘米（图五，15）。

钵形器　2 件。敛口，尖圆唇，弧肩。T1109④：5，夹砂灰褐陶。口径 15、残高 3.5 厘米（图五，17）。T1009④：1，夹砂灰褐陶。口径约 35、残高 7.4 厘米（图九，13）。

尖底盏　1 件。器物体量较小，泥条盘筑。T1605④：16，夹砂灰褐陶。尖唇，口部

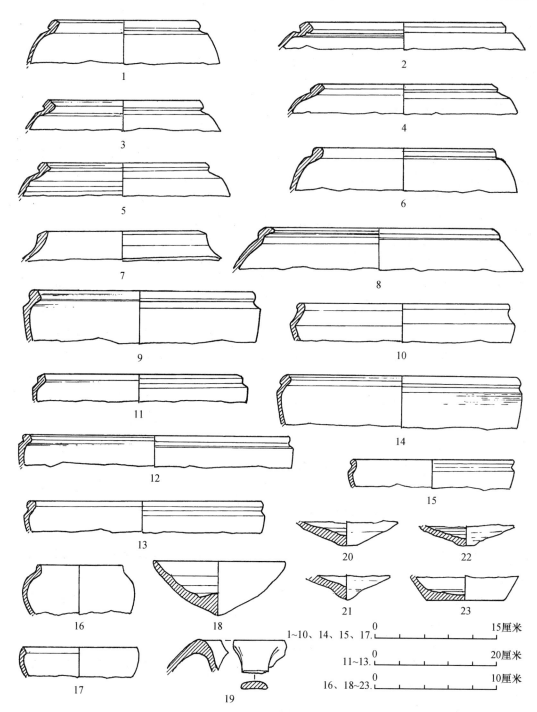

图五　第4层出土陶器

1~6. Aa 型罐（T1310④: 2、T1412④: 13、T1312④: 6、T1605④: 4、T1213④: 1、T1410④: 11）　7、8. Ab 型罐（T1310④: 7、

T1410④: 7）　9、11~14. A 型盆形器（T1111④: 8、T1212④: 36、T1111④: 4、T1212④: 24、T1214④: 4）　10、

15. B 型盆形器（T1314④: 15、T2210④: 5）　16. 小口罐（T1310④: 15）　17. 钵形器（T1109④: 5）　18. 尖底

盏（T1605④: 16）　19. 带耳罐（T1211④: 12）　20. Ab 型器底（T1214④: 8）　21、22. B 型器底（T1310④: 10、

T1313④: 1）　23. Aa 型器底（T1212④: 2）

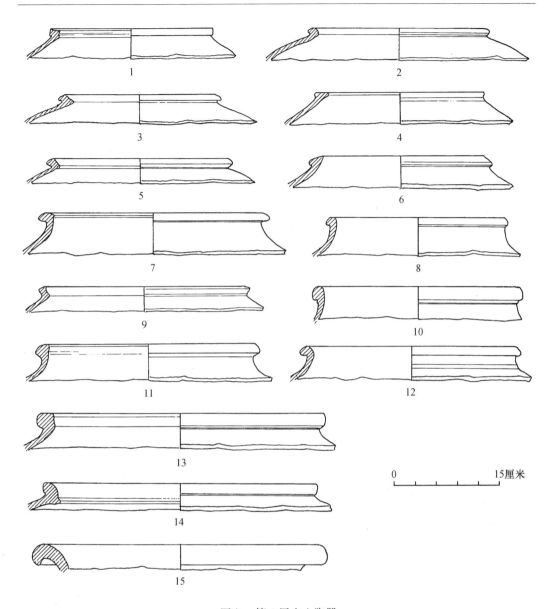

图六　第4层出土陶器

1、4、6. Ab 型罐（T1412④:11、T1410④:15、T2310④:1）　　2、3、5、9. B 型罐（T1010④:5、T1212④:15、T1312④:4、
T1412④:11）　　7、11. Ba 型瓮形器（T1412④:2、T1412④:6）　　8、10. Bc 型瓮形器（T1412④:5、T1214④:3）　　12. Bb
型瓮形器（T1605④:17）　　13. A 型瓮（T1311④:15）　　14. C 型瓮（T1312④:11）　　15. Ac 型瓮形器（T1211④:1）

微敛，弧腹。乳头状尖底。口径 11、通高 4 厘米（图五，18）。

　　小口罐　1 件。T1310④:15，夹砂灰褐陶。圆唇，口微敛，鼓腹，底残。口径 7、
通高 4 厘米（图五，16）。

　　带耳罐　1 件。器物较残碎，不可复原。宽錾耳，残缺一部。T1211④:12，夹砂灰
褐陶。敞口，圆唇。耳残长 1.2、宽 2.2 厘米（图五，19）。

器底　20 件。依据底部形态的差异，可分二型。

A 型　13 件。平底。依据底部直径大小，可分二亚型。

Aa 型　6 件。底部较大。T1212④:2，夹砂灰褐陶。底径 6.5、底厚 0.6、器残高 2 厘米（图五，23）。

Ab 型　7 件。小平底，为尖底盏的底。T1214④:8，夹砂灰褐陶。泥条盘筑。底径 1.6、底厚 0.8、器残高 2 厘米（图五，20）。

B 型　7 件。乳头状尖底，均为尖底盏的底。T1313④:1，夹砂灰褐陶。泥条盘筑。底厚 0.4、器残高 1.6 厘米（图五，22）。T1310④:10，夹砂灰褐陶。底部捏制而成。底厚 1.2、器残高 2 厘米（图五，21）。

瓮形器　65 件。此类器物的普遍胎壁较厚，器形体量普遍较大。依据领部的形态差异，可分二型。

A 型　45 件。高领瓮形器。依据口部形态的差异，可分三亚型。

Aa 型　25 件。敞口，卷沿。T1212④:10，夹砂灰褐陶。尖唇。口径 24、残高 5 厘米（图七，1）。T1125④:4，夹砂灰褐陶。口径 21、残高 3 厘米（图七，2）。T1212④:3，夹砂灰褐陶。口径 36、残高 7 厘米（图七，3）。T1314④:16，夹砂灰褐陶。口径 36、残高 5 厘米（图七，4）。T1212④:23，夹砂灰褐陶。口径 24、残高 3 厘米（图七，6）。T1310④:14，夹砂灰褐陶。口径 21、残高 3.5 厘米（图七，7）。T1212④:21，夹砂灰褐陶。圆唇。口径 24、残高 6.5 厘米（图七，8）。T1212④:6，夹砂灰褐陶。方唇。口径 24、残高 15 厘米（图七，9）。T1310④:1，夹砂灰褐陶。方唇。口径 30、残高 5 厘米（图七，11）。T1009④:4，夹砂灰褐陶。口径 39、残高 5 厘米（图七，15）。T1109④:7，夹砂灰褐陶。口径 43、残高 4.5 厘米（图七，16）。

Ab 型　19 件。侈口，折沿。T1310④:6，夹砂灰褐陶。口径 27、残高 4 厘米（图七，5）。T1311④:9，夹砂灰褐陶。口径 30、残高 4.5 厘米（图七，10）。T1213④:15，夹砂灰褐陶。口径 38、残高 4 厘米（图七，12）。T1606④:16，夹砂灰褐陶。口径 34、残高 5 厘米（图七，13）。T1411④:3，夹砂灰褐陶。口径 40、残高 5 厘米（图七，14）。T2309④:5，夹砂灰褐陶。尖唇，宽沿。口径 41、残高 3.5 厘米（图七，17）。T1113④:1，夹砂灰褐陶。口径 41、残高 5 厘米（图七，18）。

Ac 型　1 件。大喇叭口，宽沿外翻。T1211④:1，夹砂灰褐陶。圆唇，卷沿，高领。口径 42、残高 3.5 厘米（图六，15）。

B 型　20 件。矮领瓮形器。依据口部形态差异，可分三亚型。

Ba 型　13 件。敛口。T1412④:2，夹砂灰褐陶。厚圆唇，折沿。口径 33、残高 5 厘米（图六，7）。T1412④:6，夹砂灰褐陶。厚圆唇，卷沿。口径 32、残高 5 厘米（图六，11）。

Bb 型　2 件。侈口。T1605④:17，夹砂灰褐陶。厚圆唇，卷沿。口径 32、残高 4.5 厘米（图六，12）。

Bc 型　5 件。直口。T1412④:5，夹砂灰褐陶。圆唇，卷沿。口径 26、残高 5 厘米

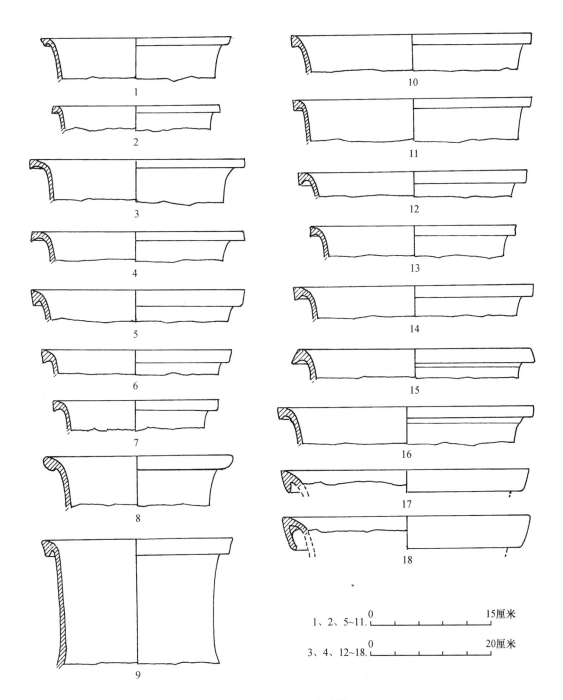

图七　第4层出土瓮形器

1~4、6~9、11、15、16. Aa 型（T1212④: 10、T1125④: 4、T1212④: 3、T1314④: 16、T1212④: 23、T1310④: 14、

T1212④: 21、T1212④: 6、T1310④: 1、T1009④: 4、T1109④: 7）　　5、10、12~14、17、18. Ab 型（T1310④: 6、

T1311④: 9、T1213④: 15、T1606④: 16、T1411④: 3、T2309④: 5、T1113④: 1）

（图六，8）。T1214④：3，夹砂褐陶。厚圆唇，折沿。口径30、残高4.5厘米（图六，10）。

瓮 30件。陶器的胎壁普遍较厚，但多残碎，无可修复之器物，大都仅存口部。依据口部形态的差异，可分四型。

A型 13件。敛口。敛口瓮是该地点最常见，也是数量较多的器物。T1311④：15，夹砂褐陶。口径41、残高3.5厘米（图六，13）。T1212④：39，夹砂灰褐陶。厚圆唇，折沿。口径27、残高6厘米（图八，3）。T1212④：19，夹砂褐陶。口径29、残高4.5厘米（图八，4）。T1214④：12，夹砂灰褐陶。尖唇，卷沿。口径32、残高3厘米（图八，5）。T1211④：1，夹砂褐陶。口径35、残高5.5厘米（图八，10）。T2310④：3，夹砂灰褐陶。尖唇，折沿。口径24、残高3.5厘米（图八，11）。T1314④：1，夹砂灰褐陶。口径28、残高4厘米（图八，14）。T1311④：10，夹砂灰褐陶。厚圆唇，折沿。口径33、残高4厘米（图八，16）。T1314④：4，夹砂灰褐陶。口径29、残高5厘米（图八，17）。

B型 7件。敞口。多见圆唇，唇断面呈"T"字形，折沿，束颈。T1014④：3，夹砂灰褐陶。口径26、残高5.5厘米（图八，7）。T1213④：12，夹砂灰褐陶。口径27、残高4.5厘米（图八，9）。T1111④：5，夹砂灰褐陶。口径32、残高4.5厘米（图八，12）。T1212④：12，夹砂褐陶。口径22、残高4厘米（图八，13）。

C型 9件。侈口。溜肩，圆唇，唇部断面呈"T"字形。T1312④：11，夹砂灰褐陶。折沿。口径39、残高4厘米（图六，14）。T1214④：2，夹砂灰褐陶。圆唇，折沿，广肩。口径24、残4.5厘米（图八，1）。T1212④：25，夹砂灰褐陶。圆唇，折沿。口径30、残高4.5厘米（图八，6）。T1212④：18，夹砂灰褐陶。口径18、残高3厘米（图八，8）。T2310④：2，夹砂灰褐陶。折沿。口径30、残高4厘米（图八，15）。

D型 1件。近直口。T2310④：15，夹砂灰褐陶。口径30、残高4厘米（图八，2）。

钵形器 2件。敛口，尖圆唇，弧肩。T1109④：5，夹砂灰褐陶。口径15、残高3.5厘米（图五，17）。T1009④：1，夹砂灰褐陶。口径约35、残高7.4厘米（图九，13）。

簋形器 58件。此类器物是该地点出土最多的器类，多残碎，无可修复复原之物。依据口部形态的差异，可分二型。

A型 43件。敛口。依据腹部形态的差异，可分三亚型。

Aa型 19件。直腹，上腹部相对较直，唇部内折。T1109④：8，夹砂褐陶。圆唇。复原口径约40、残高5.2厘米（图九，1）。T1606④：25，夹砂褐陶。尖唇。口径45、残高6厘米（图九，2）。T1312④：3，夹砂褐陶。厚圆唇。口径约45、残高5.2厘米（图九，6）。T1313④：4，夹砂灰褐陶。圆唇，唇断面呈"T"字形。口径30、残高5厘米（图九，7）。T1410④：1，夹砂褐陶。尖唇。口径40、残高7.5厘米（图九，8）。T1606④：3，夹砂灰褐陶。尖唇。口径32、残高5.5厘米（图九，9）。

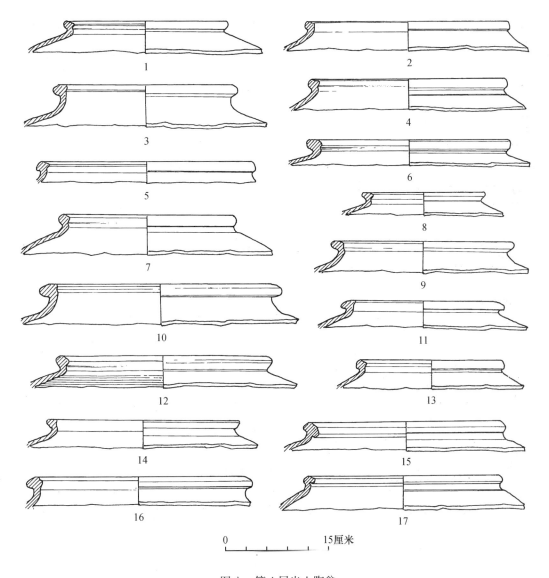

0   15厘米

图八　第4层出土陶瓮

1、6、8、15. C型（T1214④：2、T1212④：25、T1212④：18、T2310④：2）　2. D型（T2310④：15）　3～5、10、

11、14、16、17. A型（T1212④：39、T1212④：19、T1214④：12、T1211④：1、T2310④：3、T1314④：1、T1311④：10、

T1314④：4）　7、9、12、13. B型（T1014④：3、T1213④：12、T1111④：5、T1212④：12）

T1212④：4，夹砂褐陶。方唇。口径48、残高9厘米（图九，10）。T1312④：37，夹砂褐陶。圆唇。口径约40、残高7厘米（图九，12）。T1213④：2，夹砂褐陶。圆唇。口径约45、残高6.8厘米（图九，14）。T1312④：1，夹砂褐陶。圆唇。口径约42、残高7厘米（图九，15）。T1212④：32，夹砂灰褐陶。尖唇。口径42、残高5厘米（图九，16）。T1314④：6，夹砂褐陶。尖唇。口径约40、残高8厘米（图一〇，5）。T1813④：2，夹砂褐陶。圆唇。口径42、残高5.5厘米（图一一，2）。T1410④：4，

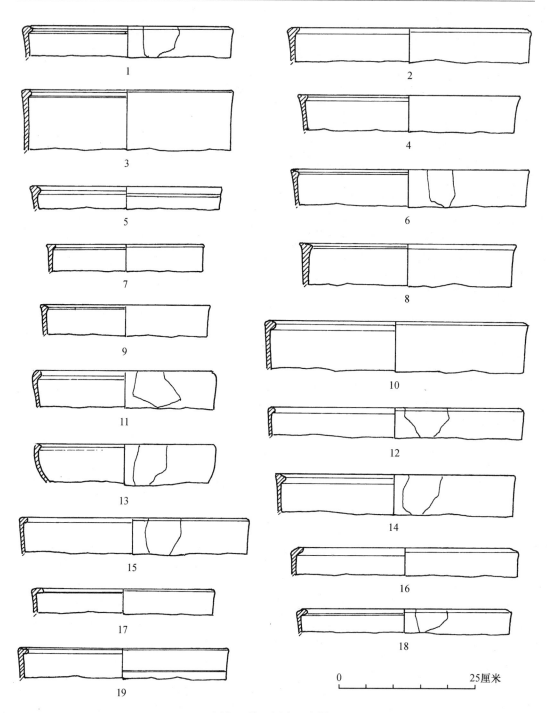

图九　第4层出土陶器

1、2、6～10、12、14～16. Aa 型簋形器（T1109④: 8、T1606④: 25、T1312④: 3、T1313④: 4、T1410④: 1、T1606④: 3、
T1212④: 4、T1312④: 37、T1213④: 2、T1312④: 1、T1212④: 32）　　3～5、17～19. Ab 型簋形器（T1211④: 7、
T1214④: 1、T1209④: 10、T1410④: 3、T1214④: 5、T1215④: 3）　　11. Ac 型簋形器（T1212④: 26）

13. 钵形器（T1009④: 1）

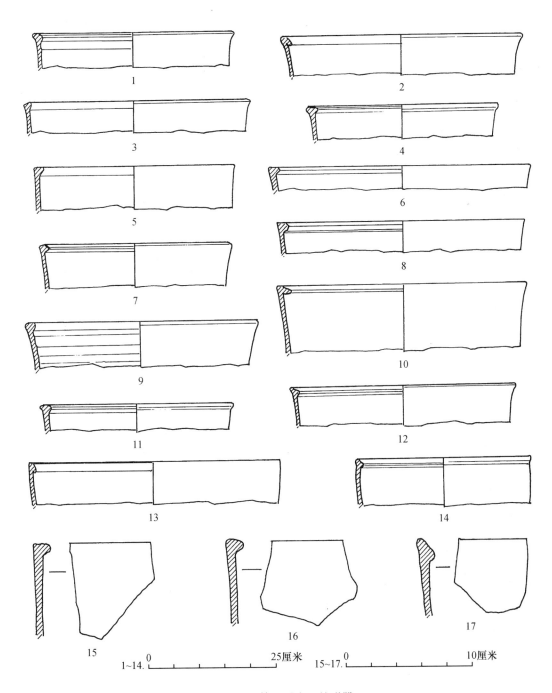

图一〇　第4层出土簋形器

1、2、9、10、12、17. Ba 型（T1412④：10、T1686④：2、T1211④：5、T1011④：6、T1010④：4、T2309④：1）

3、4、6~8、11、15、16. Ab 型（T1605④：15、T2310④：4、T1213④：13、T1213④：2、T1412④：3、T1606④：14、

T1412④：37、T1411④：2）　　5. Aa 型（T1314④：6）　　13、14. Bb 型（T2310④：2、T1014④：5）

夹砂褐陶。尖唇。口径 40、残高 3.5 厘米（图一一，5）。T1211④:4，夹砂红褐陶。圆唇。口径约 44、残高 3.8 厘米（图一一，6）。T1211④:11，夹砂褐陶。厚圆唇。口径约 48、残高 5.6 厘米（图一一，7）。T1412④:9，夹砂灰褐陶。尖唇。口径 40、残高 5 厘米（图一一，8）。

Ab 型　21 件。斜腹，腹部内弧。T1211④:7，夹砂灰褐陶。尖唇。口径 40、残高 11 厘米（图九，3）。T1214④:1，夹砂褐陶。尖唇。口径 41、残高 6.5 厘米（图九，4）。T1209④:10，夹砂灰褐陶。勾唇，腹部装饰一圈凸棱纹。口径 36、残高 4 厘米（图九，5）。T1410④:3，夹砂灰褐陶。尖唇。口径 35、残高 4.5 厘米（图九，17）。T1214④:5，夹砂褐陶。尖唇。口径约 40、残高 4 厘米（图九，18）。T1215④:3，夹砂灰褐陶。尖唇。口径 40、残高 5.5 厘米（图九，19）。T1605④:15，夹砂灰褐陶。尖唇。口径 45、残高 6 厘米（图一〇，3）。T2310④:4，夹砂褐陶。圆唇，唇断面呈"T"字形。口径 38、残高 6.5 厘米（图一〇，4）。T1213④:13，夹砂灰褐陶。尖唇。口径 52、残高 4.5 厘米（图一〇，6）。T1213④:2，夹砂灰褐陶。尖圆唇。口径 38、残高 8.5 厘米（图一〇，7）。T1412④:3，夹砂灰褐陶。尖唇。口径 49、残高 6 厘米（图一〇，8）。T1606④:14，夹砂褐陶。圆唇，唇断面呈"T"字形。口径 38、残高 5 厘米（图一〇，11）。T1312④:37，夹砂灰褐陶。圆唇。复原口径约 40、残高 7.2 厘米（图一〇，15）。T1411④:2，夹砂灰褐陶。尖圆唇。复原口径约 42、残高 6.6 厘米（图一〇，16）。T1214④:6，夹砂红褐陶。尖唇。口径 52、残高 5 厘米（图一一，1）。T1412④:1，夹砂褐陶。圆唇。口径约 50、残高 6.2 厘米（图一一，3）。T1212④:7，夹砂褐陶。圆唇。口径 45、残高 6 厘米（图一一，4）。

Ac 型　3 件。弧腹，腹部外弧，圆唇。T1212④:26，夹砂褐陶。圆唇。口径 35、残高 6.4 厘米（图九，11）。

B 型　15 件。侈口。依据腹部形态的差异，可分二亚型。

Ba 型　12 件。斜腹，腹部内弧。T1412④:10，夹砂褐陶。圆唇。口径 40、残高 6.5 厘米（图一〇，1）。T1686④:2，夹砂灰褐陶。圆唇。口径 48、残高 7.5 厘米（图一〇，2）。T1211④:5，夹砂褐陶。泥条盘筑。圆唇。口径 46、残高 8 厘米（图一〇，9）。T1011④:6，夹砂灰褐陶。圆唇。口径 50、残高 12.5 厘米（图一〇，10）。T1010④:4，夹砂灰褐陶。圆勾唇。口径 45、残高 7.5 厘米（图一〇，12）。T2309④:1，夹砂褐陶。圆勾唇。口径约 40、残高 6 厘米（图一〇，17）。

Bb 型　3 件。弧腹，腹部外弧；尖唇。T2310④:2，夹砂灰褐陶。口径 50、残高 8 厘米（图一〇，13）。T1014④:5，夹砂褐陶。口径 35、残高 9 厘米（图一〇，14）。

器座　5 件。矮座，口小底大。依据圈足足部形态的差异，可分二型。

A 型　2 件。足内敛。T2310④:7，夹砂灰褐陶。口径 8.6、底径 12、通高 3 厘米（图一二，5）。

B 型　3 件。足外侈。T1606④:18，夹砂灰褐陶。口径 10.2、底径 13、通高 4.5 厘米（图一二，4）。

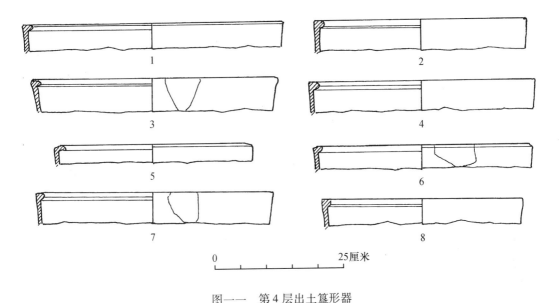

图一一 第4层出土簋形器

1、3、4. Ab 型（T1214④:6、T1412④:1、T1212④:7） 2、5～8. Aa 型（T1813④:2、T1410④:4、T1211④:4、

T1211④:11、T1412④:9）

圈足 37 件。依据足部形态差异，可分二型。

A 型 15 件。圈足内敛。T1211④:9，夹砂褐陶。足残高 7、足径 22 厘米（图一二，1）。T2310④:4，夹砂灰褐陶。足上装饰圆形镂孔。足残高 5、足径 19.3 厘米（图一二，2）。T1606④:17，夹砂灰褐陶。足上装饰对称圆形镂孔。足残高 7.5、足径 24 厘米（图一二，3）。T1311④:2，夹砂灰褐陶。泥条盘筑。足残高 8、足径 25 厘米（图一二，8）。T1312④:9，夹砂灰褐陶。足残高 3、足径 14 厘米（图一二，12）。

B 型 22 件。圈足外侈，呈倒置壶状。T1111④:11，夹砂褐陶。足残高 3、足径 9 厘米（图一二，11）。T1412④:14，夹砂灰褐陶。足残高 4.5、足径 13 厘米（图一二，10）。T1111④:6，夹砂灰褐陶。足上装饰对称圆形镂孔。足高 7、足径 21 厘米（图一二，9）。T1606④:10，夹砂褐陶。足高 2.8、足径 12 厘米；器残高 3 厘米（图一二，7）。T1212④:8，夹砂灰褐陶。足高 5.1、足径 16 厘米；器残高 6 厘米（图一二，6）。

豆柄 2 件。平面形状呈管状，较残，仅存小段。T1412④:17，泥质黑皮陶。残长 5.4、直径 2.4 厘米（图一二，15）。

纺轮 2 件。截尖锥形，中间有一小圆孔；均为夹砂灰褐陶。T1606④:12，通高 1.6、直径 3.2 厘米（图一二，14）。T1605④:20，轮上施有三圈凸弦纹。通高 1.2、直径 3.7 厘米（图一二，16）。

纺轮形器 1 件。形如纺轮，中间无穿孔。T1606④:31，泥质灰陶。上部圆凸，底部平。中部圆箍突起，上下各施两道凹弦纹。通高 2.2、直径 2.8～4 厘米（图一二，17）。

菱形纹陶片 3 片。T1412④:4，夹砂灰褐陶。上施重菱形纹。残长 6.2、残宽 4、厚 0.3 厘米（图一二，13）。

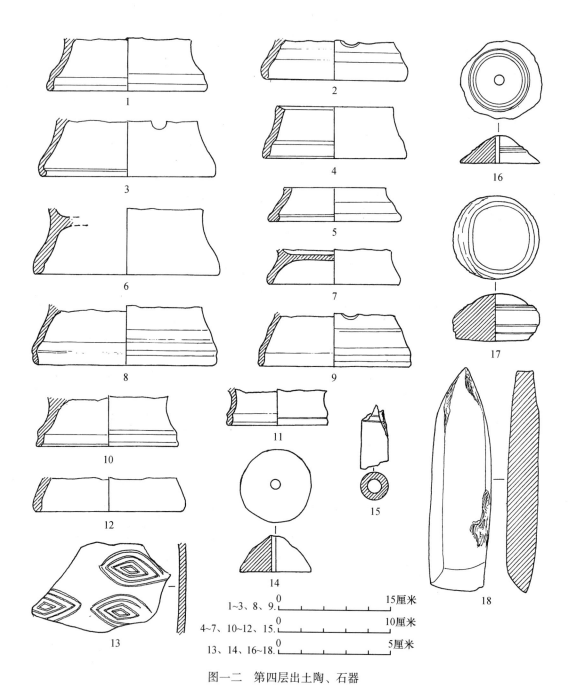

图一二　第四层出土陶、石器

1~3、8、12. A 型圈足（T1211④：9、T2310④：4、T1606④：17、T1311④：2、T1312④：9）　5. A 型器座（T2310④：7）

4. B 型器座（T1606④：18）　6、7、9~11. B 型圈足（T1212④：8、T1606④：10、T1111④：6、T1412④：14、T1111④：11）

13. 菱形纹陶片（T1412④：4）　14、16. 纺轮（T1606④：12、T1605④：20）　15. 豆柄（T1412④：17）　17. 纺

轮形器（T1606④：31）　18. 石凿（T1109④：1）

石凿 1件。T1109④：1，浅灰色石质。平面形状呈圭形凿，一端呈圭状，另一端则为弧形凿状。长9.8、厚1.4厘米（图一二，18）。

四、第3层出土遗物

该层出土的陶片较少，器形相对单一，器类与第4层大致相近。

瓮形器 3件。依据口部形态的差异，可分二型。

A型 2件。敛口。T2210③：2，夹砂灰褐陶。方唇，卷沿。口径34、残高3.5厘米（图一三，3）。

B型 1件。口微侈，近直口，矮领。T1011③：1，夹砂灰褐陶。厚圆唇，卷沿。内壁有明显的轮磨痕迹。口径28、残高6厘米（图一三，1）。

釜形器 1件。T1414③：3，夹砂褐陶。方唇，折沿，宽沿外翻，矮领。口径32、残高7厘米（图一三，4）。

罐 1件。T1209③：2，夹砂灰褐陶。圆唇，折沿，矮领。口径27.5、残高6厘米（图一三，2）。

鋬手 1件。T1204③：1，夹砂灰褐陶。角形。长7、厚2厘米（图一三，5）。

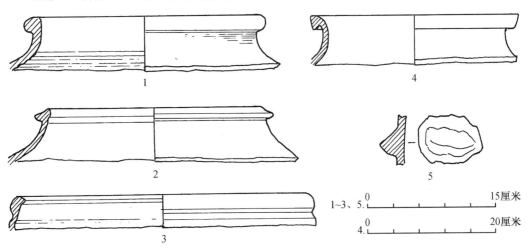

图一三 第3层出土陶器

1. B型瓮形器（T1011③：1） 2. 罐（T1209③：2） 3. A型瓮形器（T2210③：2） 4. 釜形器（T1414③：3）
5. 鋬手（T1204③：1）

五、结　　语

电子科技大学清水河校区行政楼地点商周遗址的发掘出土了大量的夹砂陶片，这些陶片器形相对单一，其中瓮、篓形器占出土陶片半数以上。未见同时期相关的遗迹现象，这令人费解。该遗址坐落于季节性河流马河边上的一级台地之上，由于历年耕种，遗址遭到了严重的破坏，商周时期的堆积距离现地表仅 0.2 ~ 0.3 米。该遗址商周时期的堆积还有这样的特点：即商周文化堆积层几乎全由陶片形成，陶片比较残碎，绝大多数都仅存口部；并且堆积中泥土含量较少，周围未发现陶窑、建筑或其他相关的遗迹现象。同样的情形在高新西区的摩甫生物科技园商周遗址地点[1]、金沙遗址的国际花园地点第 5A 层[2]、蓝光雍锦湾等地点[3]均有发现，这是一个值得注意的现象，这些大量出土的残碎陶片来自何方？它们为何出现于此？这都是需要我们加以探讨的问题。该地点第 4 层出土的簋形器、高领瓮、敛口瓮与金沙遗址国际花园地点第 5A 层[4]、新一村遗址第 6 ~ 8 层[5]出土的同类器物接近。圈足器数量较多，尖底杯已经不见，而尖底盏的数量相对较多出现，高柄豆形器已经非常少见。新一村第 6 ~ 8 层的时代在西周晚期至春秋中期[6]，“万安药业包装厂”遗址晚段的主体遗存主要属于西周晚期至春秋中期[7]，摩甫生物科技园地点商周时期遗存的时代推测为西周晚期至春秋早期[8]，因此初步推测该遗址的时代可能在西周晚期至春秋早期。从出土陶片的器物风格以及陶片质地看，该遗址第 5 层与第 4 层出土陶片的器物种类、陶质几乎一致，其时代应大致相当；而第 3 层由于出土陶片较少，器形与第 4 层也大致相近，新出现了陶釜，考虑到保存的因素再依据该层堆积可能为淤积层，因此笔者也倾向认为其时代应接近该遗址商周时期的堆积时代，可能在西周末期至春秋中晚期。

附记：工作人员有宋世有、陈西平、杨永鹏、陈平、徐龙、刘雨茂、周志清。

绘　图：杨文成

拓　片：代福尧

执　笔：周志清　刘雨茂

注　释

［1］［8］　成都文物考古研究所：《成都高新西区摩甫生物科技园地点商周遗址发掘简报》，《成都考古发现（2005）》，科学出版社，2007 年。

［2］［7］成都文物考古研究所：《成都市高新西区“万安”地点发掘简报》，《成都考古发现（2003）》，科学出版社，2005 年。

［3］资料现存成都文物考古研究所金沙遗址工作站。

［4］成都文物考古研究所：《成都金沙遗址“国际花园地点”发掘简报》，《成都考古发现（2004）》，科学出版社，2005 年。

［5］［6］成都文物考古研究所：《成都十二桥遗址新一村发掘简报》，《成都考古发现（2002）》，科学出版社，2003 年。

2007 年蒲江冶铁遗址调查试掘简报

成都文物考古研究所

蒲江文物管理所

　　为了配合中国西南地区早期铁器研究与保护这一课题的顺利进行，成都文物考古研究所在 2006 年初步踏查的基础之上，并对蒲江境内目前现存的冶铁遗址进行了初步的分析与研究，初步确定在蒲江西来镇的铁牛村遗址、古石山 C 点（三角堰）以及寿安镇的许鞋匾遗址 3 个地点进行详细的调查（图一）。本次调查的主要目的是为今后西南地区，特别是成都地区冶铁遗址的考古发掘与保护提供基础的实物资料和发掘的方法。同时寻求冶铁遗址的时代、冶炼技术以及结构等方面的信息，为下一步的冶铁遗址的考古发掘与冶炼技术的复原提供翔实的资料。而调查的基本方法则是首先确定这些冶铁遗址的分布范围、现存的面积以及其时代和文化内涵等诸方面的信息。因此我们使用开挖探沟确定遗址目前的分布范围，同时还可以发现这些遗址目前的保存现状和地层堆积情

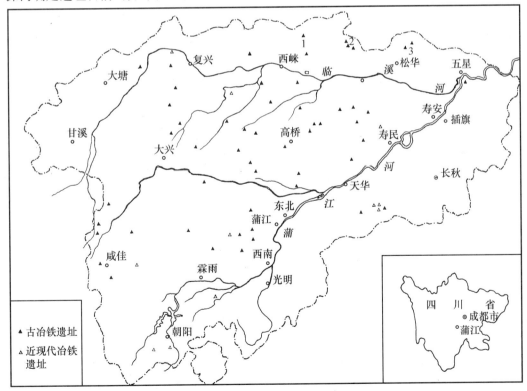

图一　地理位置图

1. 铁牛村遗址　2. 古石山 C 点　3. 许鞋匾遗址

形以及其初步的内部结构。与此同时对于目前暴露在地表的遗迹进行初步的清理。通过这些基础工作，为我们确定下一步的发掘计划和目标提供翔实的基础材料。下面将本次调查的初步情况简介如下。

一、古石山 C 点遗址

古石山 C 点遗址位于蒲江县西来镇（原敦厚乡）马湖村十六组（原大同村）三角堰，地理位置为北纬 30°18′49″，东经 103°33′03″，海拔 502 米。该地点的地貌为山前坡地，坡地下方有一条干枯的冲沟。地表现主要种植柑橘、玉米、花生等作物。由于历年的耕作与取土，给遗址造成了极大的破坏，该遗址现存堆积已经所剩无几，其原有面积已经无法估测。故对该遗址的调查主要是揭露目前残留暴露的冶铁遗迹，并通过探沟来了解其堆积情形。依据地形布 2 米 × 3 米的探方 1 个，2 米 × 8 米、2.5 米 × 13 米探沟各 1 条，4 米 × 4 米探方 3 个，共计发掘面积 102.5 平方米。该遗址代码为 2007PGS，探沟和探方编号为顺序编号，为 2007PGSTG1 ~ G2，2007PGST1 ~ T4。通过发掘与清理，初步了解了该遗址的堆积特点，并清理炼炉 1 座、窑址 3 个。同时在 L1 的北面距离约 20 米处，还发现了大量的铁渣堆积，TG2 内铁渣堆积出土的瓷片都夹杂有宋、明、清以及民国和现代垃圾等，由于铁渣的颗粒较为均匀，未见炉砖和铁矿石等相关的遗物。分布于冲沟的靠近路边的部分为车辆碾压过，较为坚硬，结合 20 世纪 60 年代在该地修建道路的情况，我们初步分析认为该铁渣堆积的形成极有可能与此活动相关，正常铁渣的堆积不会出现如此均匀的体量与形状，它们应当是参差不齐的。

该地点的地层堆积随地势而呈现坡状堆积，由于长期人为耕作和其他活动，地层扰动严重，该地点的地层堆积以 TG1 西壁为例简介如下（图二）。

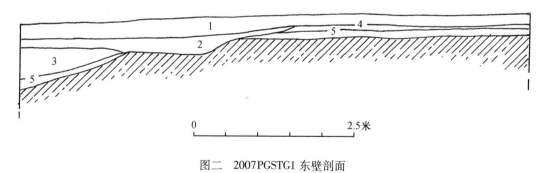

图二　2007PGSTG1 东壁剖面

第 1 层：浅黄色黏土，土质疏松，厚 0.2 ~ 0.25 米。包含物有植物根茎、近现代瓷片、青花瓷片、铁渣等，为近现代层。

第 2 层：红褐色黏土，土质紧密，距地表深 0.2 ~ 0.25 米，厚 0 ~ 0.35 米。包含物有青花瓷、青瓷、白瓷等，还有少量从下层扰上来的泥质灰陶和夹砂褐陶片。该层为明清层。

第 3 层：红褐色粉砂土，土质疏松，夹杂着大量红烧土颗粒，距地表深 0.2～0.35 米，厚 0～0.28 米。包含物有铁渣、碳酸钙助熔剂、炭和 1 颗牛前臼齿。

第 4 层：黄褐色黏土，夹杂少量红烧土，距地表深 0.4～0.6 米，厚 0～0.2 米，有少量铁渣。

第 5 层：青灰色黏土，土质紧密，距地表深 0.4～0.8 米，厚 0～0.05 米。未发现文化包含物。

第 5 层以下为质地紧密的黄褐色黏土。

1. 遗迹

本次试掘共发现 1 座铁炉（L1）、3 座陶窑。铁炉由于修路和改田被破坏大半，残余部分基本还可以复原。陶窑位于农民的鱼塘内，修建鱼塘时遭到了严重的破坏，仅存窑底部分，但基本还可看出由烟道、窑室组成，操作坑已经不存，窑室内填土中未见相关文化遗物。

L1　位于 T1 北部，由于取土修路，该炉现悬挂在陡坎断面上，通过清理发现该炉开口于第 3 层之下，依山而建。平面形状呈圆形，口径 0.9～1.1 米，炉体现存残高 1.5 米。四壁的炉砖系用耐火砖砌成，现存壁面宽 0.4～0.8 米，壁面上方黏附着许多铁渣浮游物，未发现石块作壁的现象。耐火砖为黏土加石英和稻草烧制而成，其规格主要有两类：一类为 0.25×0.76—0.6（米）；另一类为 0.32×0.48—0.4（米）。炉底由于人为破坏，已经不可清晰辨认，但从残留的遗迹显示，它可能呈斜坡状，便于出铁水。炼炉底部的四壁上有一层 0.02～0.03 米青灰色黏土层，残高约 0.3 米，为堆放木炭的地方，即氧化变色的位置，其上至铁渣浮游物中的空白地带乃为生铁生成带，其上则为铁渣浮游带。炉底之下生土面上可以发现一圈红烧土，此乃为炉子的防潮设施，平面形状成圆形，长约 1.3、深 0.6 米。系在生土面上挖坑，然后烘烤其填土，以达到防潮的作用。从其断面推测该炉的通风口可能位于北侧，而其出铁水的位置则可能于南侧，由于炉子破坏严重，这些设施已经不可复原。该炉建造特点乃为先在地面挖坑，然后依山势用黏土耐火材料建造炉体，该炉体基本保存完整，除了顶部缺失外，其余都有部分遗留。第 3 层出土的陶、瓷片最晚可至宋代，由于炉子内未出土可靠的年代标识物，故初步推测 L1 的废弃时代至少不晚于宋代。由于第 3 层出土的少量陶片可能早至汉代，同时日本爱媛大学的村上恭通教授认为从建造特点和形制观察（与中原地区同类材料比较），该炉属于汉代的典型形制，认为该炉的时代可能早至汉代（图三；图版四，1）。

Y1　位于 T2，开口于 2 层下，打破生土，方向 350°。该窑由窑室、烟道、窑门组成，保存形状较好。窑室的平面形状近圆形，口部直径 0.88 米，壁面为烧结的烧土，厚 0.03～0.04 米，底部烧结严重，呈黑色，靠近窑壁有一条凹槽。底部直径 0.89、厚 0.03～0.04、窑室残高 0.6 米。烟道平面形状呈凸字形，长 0.14、宽 0.07～0.13、厚 0.02～0.04、残高 0.62 米。窑壁四周有厚 0.03～0.04 米的红烧土结面。窑门位于烟道

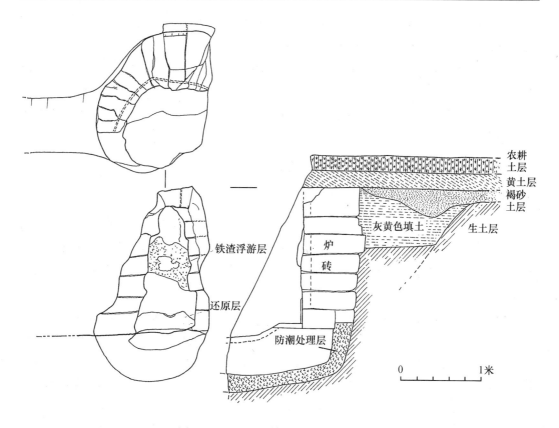

农耕土层

黄土层

褐砂土层

灰黄色填土

生土层

炉砖

铁渣浮游层

还原层

防潮处理层

0   1米

图三　2007PGSL1 铁炉残迹平、剖面图

的正前方，剖面成喇叭状。窑室内的填土为大量红烧土废弃堆积，未发现其他相关的文化遗物，靠近窑底有木炭灰烬遗留。未发现火膛和操作坑或工作面，其形状与 Y2 和 Y3 大致相同，仅是规模较大而已，推测该窑与 Y2 和 Y3 的用途一样为烧制木炭所用（图四，1）。

　　Y2　位于 T3，开口于 2 层下，打破生土，方向 355°。该窑由窑室、烟道、窑门组成，保存形状较差。窑室的平面形状近圆形，口部直径 1.03～1.17 米，壁面为烧结的烧土，厚 0.03～0.04 米，底部烧结严重，呈黑色，靠近窑壁有一条凹槽。底部直径 1.02、厚 0.03～0.04、窑室残高 0.13～0.47 米。烟道平面形状呈方形，长 0.16、宽 0.12、厚 0.03、残高 0.46 米。窑壁四周有厚 0.03～0.04 米的红烧土结面。窑门位于烟道的正前方，剖面成喇叭状。该窑被破坏严重，完全暴露在地表，窑室内的填土为农耕土，未发现其他相关的文化遗物，靠近窑底有木炭灰烬遗留。未发现火膛和操作坑或工作面，其形状与大小与 Y3 相同，推测该窑与 Y3 的用途一样为烧制木炭所用（图四，2）。

　　Y3　位于 T4，开口于 2 层下，被一条宋代灰沟打破，方向 360°。高窑由窑室、烟道、窑门组成。窑室的平面形状近圆形，口部直径 1.04～1.16 米，壁面为烧结的红烧土，厚 0.03～0.04 米，底部烧结严重，呈黑色，靠近窑壁有一条凹槽。底部直径 1.06、

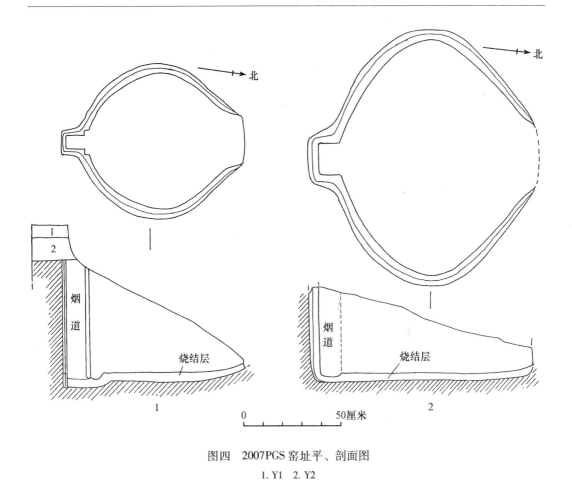

图四　2007PGS 窑址平、剖面图

1. Y1　2. Y2

厚 0.04、窑室残高 0.62 米。窑壁四周有厚 0.02 米的红烧土结面。烟道平面形状呈方形，长 0.16、宽 0.13、厚 0.04、残高 0.65 米，靠近窑底有几块青砖，可能为烟道内侧的组成构件。窑门位于烟道的正前方，剖面成喇叭状。窑室内的填土为大量红烧土废弃堆积，未发现其他相关的文化遗物，靠近窑底有木炭灰烬遗留。该窑未发现火膛和操作坑或工作面，初步推测该窑为烧制木炭所用，其形制与目前峡江地区发现的烧炭窑类似（图五）。

2. 遗物

本次试掘中出土了少量的陶瓷片，这些陶瓷片较为残碎，不可修复与复原，器形多不可辨认，另外还出土铁渣、木炭、炉砖等。

陶片　3 件。泥质灰黑陶片。素面无纹饰。TG1③:5，残长 2.2、残宽 1.9、厚 0.2 厘米（图六，2）。TG1②:1，残长 3、残宽 2.2、厚 0.8 厘米（图六，3）。TG4②:2，可能为器物的近底部。泥质灰陶片，素面无纹饰。残长 4.7、残宽 3.6、厚 0.6 厘米（图六，4）。

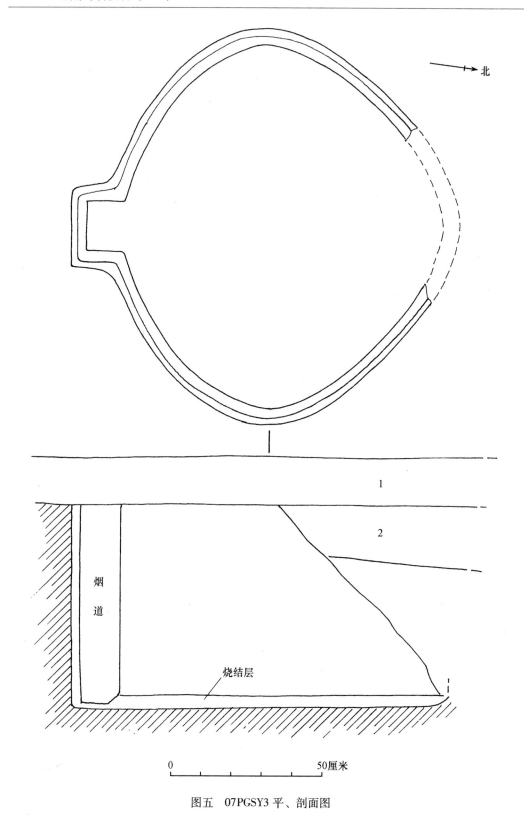

北

1

2

烟
道

烧结层

0   50厘米

图五   07PGSY3 平、剖面图

　　陶罐　1件。TG4②:1，灰色硬陶。敛口，厚唇。内部有布纹。口径24、残高3厘米（图六，8）。

　　瓷盆　1件。TG1②:6，红胎酱釉。口微敛，圆唇，弧腹。肩腹结合处印有条形纹。口径36、残高5厘米（图六，11）。

　　陶碗　1件。TG1①:6，夹细砂青灰陶。圆唇，口微侈，弧腹。口径21、残高5厘米（图六，9）。

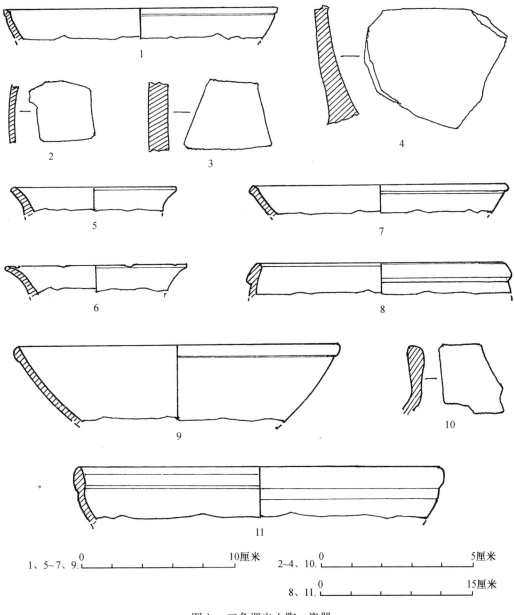

图六　三角堰出土陶、瓷器

1、7. 瓷碗（TG3①:3、TG1②:5）　2~4. 陶片（TG1③:5、TG1②:1、TG4②:2）　5、6. 瓷瓶（TG3①:1、TG3①:2）　8. 陶罐（TG4②:1）　9. 陶碗（TG1①:6）　10. 陶壶（TG1②:6）　11. 瓷盆（TG1②:6）

陶壶　1件。TG1②:6，泥质青灰陶片，胎土可见少量砂砾。直口，厚圆唇。高1.9厘米（图六，10）。

瓷碗　2件。TG3①:3，灰白色瓷器。口微侈，弧腹。表面有冰裂纹。口径18、残高2厘米（图六，1）。TG1②:5，红胎酱釉。侈口，弧腹。口径17、残高2厘米（图六，7）。

瓷瓶　2件。喇叭口。TG3①:1，灰色瓷器。口径11、残高1.5厘米（图六，5）。TG3①:2，青色瓷器。器表有冰裂纹。口径12、残高2厘米（图六，6）。

炉材　形如长方形，为黏土制成，TG1③:7，表面由于经火长期烘烧的因素呈现红色，其表面未发现铁渣浮游物，可能为炉顶部分的炉砖。现长35、宽约20、厚15厘米（图版四，4）。

铁渣　TG1③:17，铁渣结构酥松，内部、边缘皆有炭渣，而铁渣质量很轻，是为纯粹的炉渣（图版四，2）。TG2③:3，铁渣颗粒较小、大小均匀，质地紧密，质量重，可能为人为有意选取堆积而成（图版四，3）。

木炭　TG1③:6，为棒状细木炭，硬度较高，树种为栎木类（图版四，5）。

二、铁牛村遗址

铁牛村遗址位于蒲江县西来镇铁牛村三、七组，地理位置为北纬30°19′24″，东经103°31′52″，海拔495米。该地点的地形为一浅丘，遗址主要分布于丘陵的西北缓坡之上，坡前有一条小溪蜿蜒流淌而过。山前坡地地表原种植着大量松树，现地表有着大量柑橘种植和近现代坟丘，遗址遭到了严重的破坏。地表随处可见大量的炉砖、铁渣、木炭、红烧土等，在靠近小溪的断面上可采集到陶片和瓷片等文化遗物。以目前地面和断面可见的炉砖和铁渣堆积的范围为测量其面积的范围标准，该遗址目前现存的堆积面积东西长约40米，南北宽约36米，总面积约为1440平方米。依据地形我们布3米×3米的探沟3条，2米×2米的探沟1条，总发掘面积31平方米。遗址代码为2007年PXT，探沟编号为顺序编号，为2007PXTTG1～TG4。通过发掘我们初步了解到该遗址的堆积特点、文化内涵和时代等方面的信息。

1. 地层堆积

铁牛村的地层堆积相对简单，地势北高南低，呈坡状堆积。由于常年的开垦与种植，遗址的西部已经塌陷，断面可清晰地观察到红烧土硬面、大量的炉砖堆积以及夹杂其中的夹砂陶片。现地表种植橘子和柚子等果树，这些果树的种植再次破坏该遗址仅存的炉砖堆积。地层堆积以TG3西壁剖面为例，简述如下（图七）。

第1层：灰色耕土层，结构疏松，内含大量的植物根茎和现代垃圾。堆积形状呈坡状，厚0.1～0.15米。

第2层：红褐色黏土，结构紧密，内含少量的炭屑、铁渣、红色耐火砖等，未发现

陶片或瓷片。堆积形状呈坡状，厚 0.05 ~
0.1 米。该层下发现大量的炉砖堆积和少量
的夹砂陶片伴随其中（图八）。

第 3 层：灰红色砂土，泛黑，其中含大
量的木炭、炉砖、铁渣以及少量的陶片，堆
积形状呈坡状，厚 0.07 ~ 0.25 米。在该层下
分布着一圈红色炉砖、红烧土和炭灰的堆积，
可能为废弃炼炉的堆积所在。出于下一步发
掘与保护的需要，故该层下未发掘。

第 3 层下西南部已经暴露出质地紧密的黄色泛铁锈的生土。

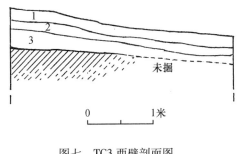

图七　TG3 西壁剖面图

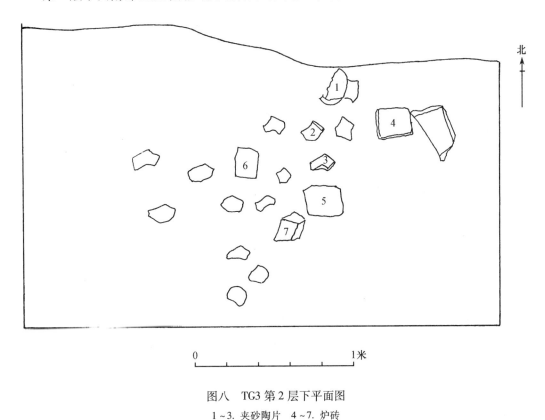

图八　TG3 第 2 层下平面图

1 ~ 3. 夹砂陶片　4 ~ 7. 炉砖

2. 遗迹

由于第 3 层下可能有炼炉遗迹存在的迹象，考虑到由于是初次发掘，为了下一步发
掘与保护的需要，都未能继续发掘，故未发现更多的遗迹。但从第 3 层下发现的炉砖和
生铁块，我们认为遗址的西南部可能有炼炉和其相关的遗迹存在。

铁牛遗迹　位于 TG1，开口于第 2 层之下，其平面形状宛如一具匍匐的牛头（图

九；图版五，1），全长1.67、宽0.5～1.07、高0.37～0.92米。它其实是一块大生铁，经清理发现该铁块下面的地面并非原始地面，推测现有位置并非其原生位置，可能是其上方山坡上的炼炉在冶炼过程中铁水沉积而形成，后来因某种原因滚落至目前的位置。

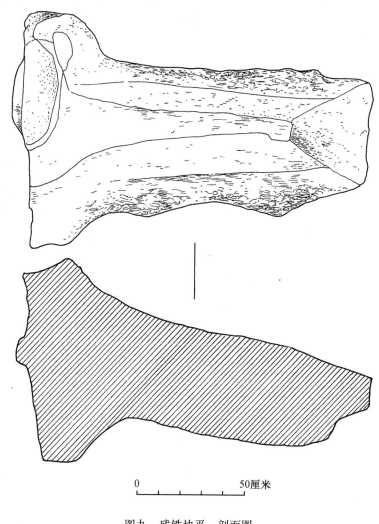

0　　　　　　　　50厘米

图九　残铁块平、剖面图

3. 遗物

该地点地层堆积中出土了少量的陶、瓷片。其中陶片以夹砂陶为主，另有极少量的泥质灰陶片，这些陶片可辨认器形有釜、碗、盆以及圈足；瓷片有瓮、碗、杯等。另外还伴随出土了大量的炉砖、铁渣、木炭、铁矿石以及生铁块、草拌泥块等（图版五，2～4）。

陶碗　1件。TG3③:1，夹砂灰褐陶片。侈口，厚唇，斜腹。口径18、残高4.5厘米（图一〇，1）。

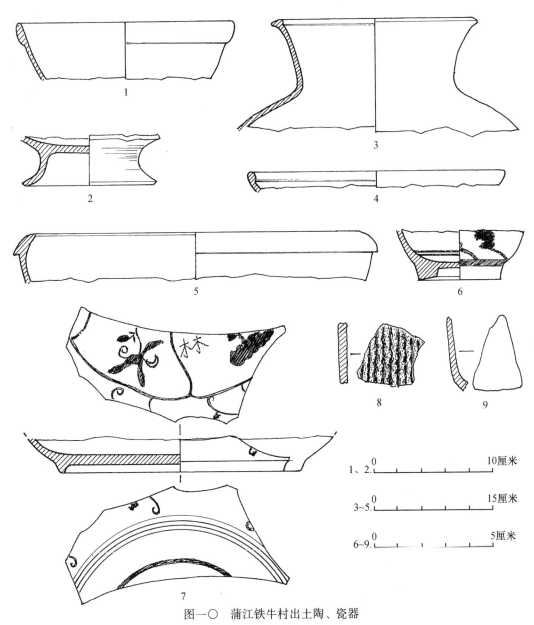

图一〇 蒲江铁牛村出土陶、瓷器

1. 陶碗（TG3③:1） 2. 陶圈足（TG3③:3） 3. 陶釜（TG3③:2） 4. 陶盆（TG3③:4） 5. 瓷瓮（TG2②:4）
6. 青花瓷杯（TG2①:1） 7. 青花瓷碗（TG2①:2） 8. 绳纹陶片（TG3③:5） 9. 泥质陶片（TG3③:6）

　　圈足　1件。TG3③:3，夹砂灰褐陶片。呈喇叭口。足径11、高4厘米（图一〇，2）。

　　陶釜　1件。TG3③:2，夹砂灰褐陶片。敞口，勾唇，高领，束颈，溜肩。口径26、残高13厘米（图一〇，3）。

　　陶盆　1件。TG3③:4，夹砂灰褐陶片。敛口，圆唇，弧腹。口径32、残高2厘米（图一〇，4）。

　　绳纹陶片　1件。TG3③:5，夹砂灰褐陶片。表面装饰有斜向绳纹。残长2.8、残宽

2.4厘米（图一〇，8）。

泥质陶片 1件。TG3③:6，泥质灰白陶片，胎土细腻。残长3、残宽0.4~2.1厘米（图一〇，9）。从该陶片质地观察，可能与成都平原新石器时代宝墩文化的陶器风格有相似之处。但由于仅出土一片，尚需进一步的发掘和更多的实物资料的积累。

瓷瓮 1件。TG2②:4，红褐釉化妆土。厚唇，敛口，鼓肩，弧腹。口径40、残高6厘米（图一〇，5）。

青花瓷碗 1件。TG2①:2，残，仅剩器物底部，假圈足。底部有印花枝叶纹。底部内部有锥刺"林"字。底径10、残高2.5厘米（图一〇，7）。

青花瓷杯 1件。TG2①:1，残，仅剩器物底部，矮圈足。近足部有印花枝叶纹。底径3.5、残高2厘米（图一〇，6）。

炉材 TG2③:7，背面残。草拌泥块，表面呈白色，面上光滑，稻谷叶梗清晰可见。表面形状呈不规则状。残长7.5、宽1.2~6.5、厚6.5厘米（图版五，3）。

生铁块 TG2③:8，平面形状呈板状，表面呈青灰色。表现出灰口铸铁的特征；扣之声音清脆。长17.5~5.5、宽4~13.5、厚1厘米（图版五，2）。

三、许鞋匾遗址

许鞋匾遗址位于蒲江县寿安镇（原松华乡）马南村七组，地理位置为北纬30°19′08″、东经103°35′39″，海拔469~474米。该地点地表原为荒草和杂木，现主要种植柑橘和辣椒。遗址主要分布于山前缓坡地之上，坡地前方有一冲沟。地面随处可见铁渣、炉砖和铁砂等遗物。首先我们根据地表铁渣和铁砂在地表的分布范围来测量该遗址的现存面积，通过地表踏查，该遗址的东西长约37米，南北宽45.5米，总面积大约为1683.5平方米。由于遗址地处山前缓坡上，勘探的探沟依据地形布方，布4米×2米的探沟3条，共计发掘面积24平方米。该遗址代码为2007PSX，探沟号为顺序编号，为07PSXTG1~TG3。通过初步的发掘，可以发现该遗址有大量的炉砖、铁渣以及少量陶片、瓷片和灰坑、炼炉等遗物和遗迹的遗留。

该地点的地层堆积随地势呈西高东低，由于长期人为的耕作，堆积遭到了严重的扰动，顶部堆积较薄，坡部堆积相对较厚。地层堆积情况以TG2北壁为例，介绍如下（图一一）。

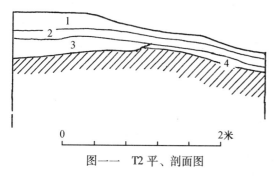

图一一 T2平、剖面图

第1层：表土层，黄褐色亚黏土，土质疏松，厚0.1~0.3米。包含物中有植物根茎、铁矿石、铁渣和近现代瓷片。

第2层：红褐色土，夹杂大量炭末，土质疏松，距离地表深0.1~0.3米，厚0.1~0.18米。包含物有青瓷、白瓷、青花瓷、铁渣、炭末等。应为明清地层堆积。

第 3 层：暗红色砂土层，结构疏松，夹杂大量炭末，土质疏松，距地表深约 0.1 米，厚 0.05 ~ 0.1 米。该层包含物主要有铁渣、炭屑、化妆土瓷片等。推测为唐宋时期的地层堆积 L1 开口于此层下，打破生土。

第 4 层：浅黄色土，局部堆积主要分布于发掘区的东南部，夹杂少量炭屑，距离地表深 0.25 ~ 0.4 米，厚 0 ~ 0.1 米。包含物有泥质灰陶片、铁矿石、铁渣、耐火材料等，时代可能为汉晋时期。

第 4 层以下为质地紧密的黄褐色生土。

1. 第 3 层下遗迹

该地点的发掘发现了 1 座炼炉（L1）和 1 个灰坑，它们均开口于第 3 层之下。由于其开口都遭到了后期人为的严重破坏，对于这些遗迹的时代判断造成较大的困难。同时在 TG1 的第 3 层下发现了大量的炉砖堆积（图一二），在其探沟的东部炉砖下还发现坑状堆积，考虑下一步保护与发掘的需要，未进行清理，但它可能提供了其下部有与冶铁相关的遗迹信息。

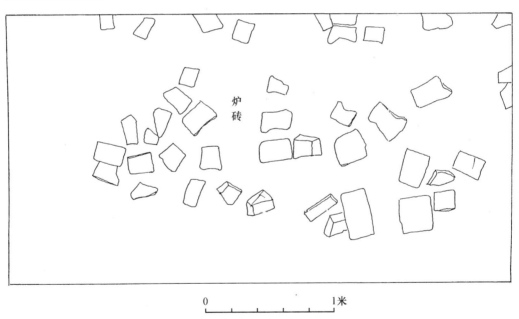

图一二　TG1 第 3 层下地面

L1　位于 TG2 的东南部，开口于 3 层下，打破生土。该炉平面形状呈圆形，口部直径 1.08 ~ 1.1 米，四壁由耐火黏土砖砌成，厚 0.08 ~ 0.12 米，炉壁内侧覆盖无比坚硬的铁渣，炉壁四周有厚 0.06 ~ 0.08 米的红烧土结面，底部呈锅底状，直径约 0.6、厚 0.06 ~ 0.08 米，该炉残深 0.56 米。填土为红褐色砂土，结构疏松，内含大量的铁渣、赤铁矿石、耐火石块等。四周没有发现烟道、鼓风口、烧流等现象。出土的铁渣坚硬，密度高，含铁较高，故该炉可能为炒钢或脱碳所用（图一三；图版五，5）。

H1　位于 T3 北部，开口于第 3 层下。平面形状呈近长方形，其北、东、西部由于未扩方清理，情况不明。经解剖 0.45 米 × 0.4 米的探沟，清理 0.75 米仍未到底。由于操作空间限制，同时考虑今后发掘的需要，故暂停其发掘。填土为红褐色砂土，结构疏松，内含大量炭屑以及少量的铁渣和陶、瓷片。从瓷片风格与形制看，可能为唐宋时期的遗物。因此推测该坑的废弃时期为唐宋，其坑形成时期不晚于唐宋时期。由于该坑下部分布有大量炉砖，地处山坡顶部，其填土与古石山 L1 背部填土类似，炼炉也是依山而建，该坑的位置附近也极有可能是炼炉位置所在地之一（图一四）。

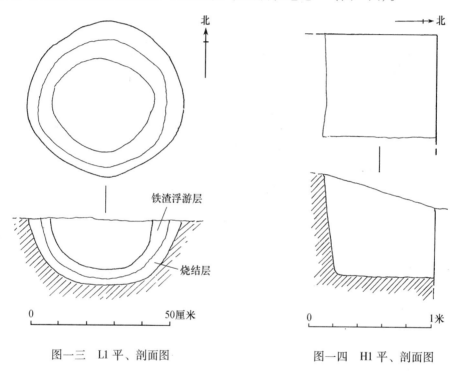

图一三　L1 平、剖面图　　　　　图一四　H1 平、剖面图

2. 遗物

该地点的地层堆积中出土的遗物较少，仅见少量陶、瓷片，未有可修复与复原之物，器形多不可辨认。另外还伴随出土了大量的铁渣、炉砖、铁矿石等。

陶片　1 件，为陶器腹部残片。TG2④:1，泥质灰陶片，素面。由于受到埋藏土壤环境影响，表面有锈蚀痕迹。残长 4.6、残宽 3.6、厚 0.5 厘米（图一五，3）。

瓷瓮　1 件。TG2③:2，灰褐釉瓷片。敛口，折肩，近直腹。肩部和腹部装饰有水波划纹。口径 46、残高 4.6 厘米（图一五，10）。

瓷盆　1 件。H1:1，灰褐釉瓷片。敛口，圆唇，弧肩，弧腹。口径 34、残高 4.5 厘米（图一五，8）。

瓷器流　1 件。TG1②:1，灰褐釉瓷片。口径 1.2、残高 10.2 厘米（图一五，7）。

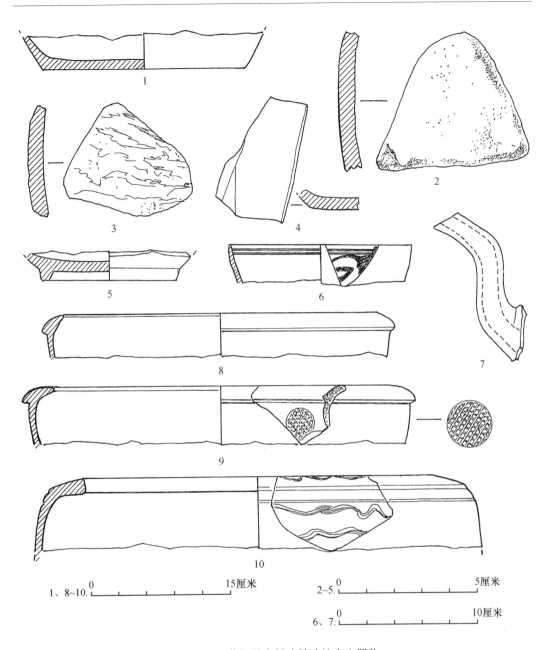

图一五　蒲江马南村冶铁遗址出土器物

1. 陶器底（C:1）　2、3. 陶片（C:2、TG2④:1）　4. 瓷器底（TG1②:4）　5. 瓷圈足（TG1②:3）　6. 瓷碗片（TG1②:2）　7. 瓷器流（TG1②:1）　8、9. 瓷盆（H1:1、C:3）　10. 瓷瓮（TG2③:2）

瓷碗　1件。TG1②:2，青花瓷片。尖唇，侈口，斜腹。腹部装饰有印花纹饰。口径13、残高2.8厘米（图一五，6）。

瓷器底　1件。平底。TG1②:4，褐色瓷片。底径残长4.2、残宽2、残高0.5厘米（图一五，4）。

瓷圈足　1 件。饼形圆圈足。TG1②：3，褐色瓷片。底径 5.1、高 0.5 厘米（图一五，5）。

陶器底　1 件。平底。C：1，泥质灰陶片，表面有少许砂粒。由于受到埋藏土壤环境影响，表面有锈蚀痕迹。底径 22、残高 3.9 厘米（图一五，1）。

采集陶片　1 件，为陶器腹部残片。C：2，泥质灰陶片，表面有少许砂粒，素面饰。由于受到埋藏土壤环境影响，表面有铁锈痕迹。残长 4.6、残宽 2.5～5.5、厚 0.5 厘米（图一五，2）。

瓷盆　1 件。C：3，灰褐釉瓷片。敛口，折肩，近直腹。腹部装饰圆圈网格印纹。口径 37.5、残高 6 厘米（图一五，9）。

炉材　有黏土和石块为材料的炉砖。C：4，黏土炉砖制作规整，表面附有铁水遗留物，由于长期的高温烧制，黏土断面呈青灰色。平面形状呈长方形。它可能为炉子中部的炉砖。残长 12、宽 7.5、厚 13.2 厘米。L1：1，石块炉砖平面形状呈圆柱形，为灰白色砂岩。出土于 L1 炉室内。由于长期的高温，表面呈红色，其中一端有铁渣依附，它可能作为柱础石使用。高 32、直径 10.6 厘米。平面形状呈长方形，为灰白色石质。炉砖表面都附有玻璃质。它们可能为炉子氧化和铁渣浮游带结合部。C：8，为黑色玻璃质。长 21、宽 12.2、厚 10.4 厘米。C：7，为浅绿色玻璃质，可能含有助熔剂。长 24、宽 14.6、厚 8.5 厘米（图版六，2）。

鼓风构件　C：9，为白色石质，平面形状为长方形，一端有一流口，靠近炉内面由于长期的高温燃烧，表面有黑色玻璃质和铁渣浮游物依附。鼓风口凿制而成。长 17、宽 11.5、厚 9 厘米（图版六，1）。

铁矿石　均为赤铁矿。C：11，表面呈红褐色，平面形状呈圆形（图版六，3）。TG1③：5，平面形状有椭圆形、长条形、块状，表面有明显的烧灼痕迹（图版六，4）。

铁渣　TG2②：3，铁渣结构致密，质量很大，杂质较少，应该为高温炼制的铁水凝固而成（图版六，5）。L1：2，铁渣结构酥松，内部、边缘皆有炭渣，而且铁渣质量很轻，是为纯粹的炉渣（图版六，6）。

生铁块　C：13，平面形状呈不规则状。可能为锻造铸铁。全长 10.6、宽 2.2～4.5、厚 1～7.2 厘米（图版五，6）。

四、时代与文化内涵

从古石山 C 点遗址的试掘和出土遗物的初步分析，我们可以发现该遗址的时代跨度较大，从目前所发现的铁渣堆积和其伴随出土的青、白瓷片和青花瓷片以及烧炭窑出上的瓷片观察，我们初步认为铁渣和烧炭窑的废弃时代可能在宋至明清这一时段；而 1 号炉由于其周边堆积被人为破坏，其原生堆积的地层以及周围相关的遗存被破坏殆尽，给我们了解该炉子的时代造成了极大的困难，因此目前仅是通过炉子形制和结构特征来进行相关的讨论。通过炉子形制和结构的初步分析，日本爱媛大学的村上恭通先生认为它可能属于汉代中原地区炼炉的形制。结合 TG1 第 2、3 层所出土泥质灰陶片初步分析，认为这种推测也有可能。但这些陶片由于破损严重，器形均不明，同时由于缺乏相关的年代明确的遗物，其确切的时代尚需要进一步的深入研究。但通过目前该地点炉渣堆、烧炭窑以及 L1 考古发掘，我们至少可以形成这样一个认识，即 L1 与其北部的炉渣堆积和烧炭窑不是同一个时期的遗存，他们之间的关系尚待进一步的研究与分析。

铁牛村遗址发现多处疑似废弃炼炉的迹象，同时在较大范围内出土了大量的木炭、铁渣、炉砖以及少量的生铁块等冶铁相关的遗物，这充分反映出该遗址很可能是一处规模较大的冶炼工场。而第 3 层中出土的夹砂和泥质灰陶片，则为我们了解该遗址的时代提供了重要的实物依据，这些陶片的质地和器形与成都平原西汉时期的陶釜、圈足罐和陶壶等遗物非常接近，由此，我们初步推测该遗址第 3 层的时代可能不晚于西汉，也就是说，该遗址炼炉的废弃时代可能在西汉时期。由于目前仅是初次试掘，其发掘面积和揭露的信息有限，对于我们深入认识该冶炼工厂造成了极大的困难。但这些信息的揭露，同时也清晰地昭示出该遗址在时代、规模、技术工艺等方面有着重要的地位。该遗址目前可以确定的时代至少可以到西汉时期，它可能是目前西南地区发现的最早的冶铁遗址。它的发现与研究将有助于成都平原早期铁器制作工艺的源流、工艺与外销等方面的研究，同时也凸显现出其在西南地区社会发展进程中特殊的地位与作用。

许鞋匾遗址地层中出土的瓷片风格与唐宋时期的一致，而第 3、4 层中和采集的部分夹砂灰陶片的质地和器形则一般常见于东汉以后至唐这一时段。由此，我们初步推测该遗址的时代上限可能在东汉晚期，下限则可能进入魏晋时期。从目前该地点出土的遗物观察，至少在东汉时期该地点就已经有人群在此活动。而从周围冶铁遗迹与遗物相关遗存信息的揭示，我们可大胆推测这些人群的活动可能与铁器的冶炼与制作相关。当然，我们的推测还需进一步深入的调查与研究。

由于上述遗址破坏严重和发掘面积的有限，所获考古材料揭示信息的匮乏等，导致目前我们对这 3 个遗址的认识是肤浅的，也可能是错误的。正因为如此，有待进一步的发掘和深入研究这些遗址的文化内涵和结构。

五、初步认识与问题

通过这 3 个遗址的调查与试掘，我们可以发现铁炉多选在平缓的山坡断面上接近冲沟的位置，一般依山势或断面而建，也可能存在着从地面向下挖的情况，如许鞋匾的 1 号炉。在这样的位置修建炉子利于鼓风，也利于炉子的稳固，同时也方便获得水源。从遗留的炉子看，其平面形状一般呈圆形，均为竖炉。古石山 1 号铁炉子体量较大，许鞋匾 1 号炉子则相对较小，铁牛村由于没有发现炉子残留，无法直接估算其大小，但从现存铁牛的大小推测铁牛村当时的冶铁炉容量也应当很大，炉子的体积应该也较大。

本次出土的耐火材料比较丰富，马湖村铁炉采用耐火泥和耐火砖，铁牛村铁炉采用草拌泥耐火砖，马南村铁炉采用耐火石材和耐火泥。从马南村采集到的有关标本来看，铁水出口和鼓风管口采用了二氧化硅含量很高的白色耐火石材，但该白色石材是否含高铝，有待检测。耐火材料对判断铁炉可能达到的最高炉温有很大的作用。

此次在马湖村、铁牛村、马南村 3 个冶铁遗址都发现了炼铁用的燃料木炭，从木炭纹理可以断定用来烧制木炭的木材为栎木类（或者橡木、桦栎木），但未发现竹炭和石炭的遗留痕迹。栎木木炭是比较优质的木炭种类，燃烧持久、放热量大，火焰温度高，是用来炼铁的好材料，也是在我国宋代以前普遍采用的炼铁燃料。同时木炭本身和其燃烧所产生的一氧化碳气体是作为铁矿石的还原剂用的。另外在某些冶铁炉当中，木炭在作燃料、还原剂的同时还作为结构柱子，用来支撑铁矿石或坩埚，使炉内具有一定空隙，保持炉内气流畅通，便于铁矿石还原。在马湖村发现的 3 座炭窑也使我们对古代烧制木炭情况有了大概了解。

铁矿石作为冶铁的主要原料，在本次试掘的 3 个地点都有大量发现。其形状多为鹅卵石状，大小不一，有的大块铁矿石被粉碎，呈长条状，块状，棱角分明。通过敲碎矿石，观察发现，矿石内外颜色一致，均为红色。这些遗址所用铁矿石的种类为赤铁矿，没有发现菱铁矿石、磁铁矿石、褐铁矿石。铁矿石在添加入炉之前经过人工筛选处理，小铁矿石直接入炉，较人的铁矿石被人为粉碎后才入炉，这说明当时人们在炼铁时已经认识到铁矿石小，出铁水速度快的规律。如果用现代化学反应的理论来解释就是：增大了反应的接触面积，提高了反应速度。只是当时人们不能解释为什么，但已经知道怎么来应用于实际生产了。当时人们选矿水平已经很高，因为所选铁矿石内外颜色都是红色，这样的铁矿石品位比较高，这表明当时冶炼采矿水平已经达到了相当高的水平。但当时炼铁所用铁矿石品位到底是什么样的情况范围？这些铁矿石采自哪里？还需要更多冶铁遗址发掘提供样品，做精确的测试分析，以及对当地及周边的地质情况作进一步调查。

助熔剂用来降低炉渣熔点，提高炼渣的流动性，使炉渣与铁水能够很好地分离。本次发掘，在铁牛村发现了碱性钙质助熔剂，在马南村采集到助熔剂样块，表面为浅绿色玻璃态的白色石块（图版六，2）。

通过此次调查，我们认识到，冶铁遗址的田野考古中应当配备不同学科的人员共同参加，以便现场及时发现相关学科问题和应对可能发生的情况。同时田野考古人员应当充分了解冶铁遗址的特点和其结构，并注意其特殊性，以便寻得适宜的方法进行发掘。同时要具有·定冶铁遗址背景知识的绘图人员参与绘图。同时田野发掘和室内整理分析合理结合也显得非常重要，冶铁遗址与一般遗址最大的不同则是其需要自然科学分析的内容多，许多考古信息在田野现场并不能直接为我们获取，而我们所需的信息主要来源于室内的分析与整理，特别是要运用现代科技分析手段，从微观上揭示古代社会不同时期的冶铁水平，揭示不同时期人们对自然规律及自然科学感性或理性的认识水平。田野发掘工作和科技分析工作应该结合起来，如对发掘出土的耐火材料，如耐火砖、耐火泥、耐火石材的成分分析，这些分析结果有利于了解当时人们的选材情况，有利于分析冶铁炉能达到的最高温度。配备金相显微镜对铁渣作金相分析和成分分析，这对炼铁工艺很有必要，通过分析铁渣中 C、Si、Mn、S、P 的含量，也可以间接了解当时是采用了何种炼铁燃料，炉渣被古代人类视为有机废弃物，但它却是冶金考古的宝贝。通过炉渣的成分分析研究，对比历史资料与人类学例子，可以尝试重建熔炉及整个熔冶过程，让历史重演。分析铁矿石中的铁含量，有利于认识当时人们的选矿水平和当地地质情况。同时应当加强对出土木炭作[14]C 分析，确定遗址年代。对炼铁炉作复原研究，研究不同型制、使用不同耐火材料和燃料的炼铁炉其可能达到的最高温度以及能够炼出何种类型的铁。

通过此次的考古调查可以发现，蒲江境内的冶铁历史早在西汉时期就已经存在，并且已经具有一定规模。冶炼技术发达，已经出现炒钢技术和块状灰口铸铁，主要使用的燃料是木炭。矿料目前主要发现的是赤铁矿，不见菱铁石、磁铁矿和褐铁矿，当时工匠在添加入炉之前经过人工筛选处理，小铁矿石直接入炉，较大的铁矿石被人为粉碎后才入炉，选矿经验丰富，所选铁矿石内外颜色都是红色，这样的铁矿石品位比较高。在冶炼的过程中充分使用的助熔剂降低炉渣熔点，提高炼渣的流动性，使炉渣与铁水能够很好地分离。本次考古调查显示出这些冶铁遗址文化内涵丰富，时代特点显著，这对于今后进一步的考古发掘和深入研究提供理想的发掘地点。同时它的发现与研究对于成都平原早期铁器的研究将提供重要的实物资料，对于西南地区冶铁历史、技术工艺传统以及矿业开采等方面的研究将有极大的促进作用。铁器的出现极大地改变了人类的历史，川西地区早期铁器对西南地区的贸易与传播，深刻影响了西南地区古代居民的历史与社会发展进程，极大地改变了当地的政治与自然生态环境，这种影响甚至延伸进入了东南亚地区。因此，川西地区早期铁器的发掘与研究以及保护成为当前该区域冶铁考古研究中一个重要的课题。

调查、试掘人员：（成都文物考古研究所）李明斌　何锟宇
苏　奎　杨颖东　陈远福　徐　龙　周志清
（蒲江文物管理所）　夏　晖　李文科　龙　腾
绘　　　图：杨文成　陈远福
摄　　　影：杨颖东　苏　奎　何锟宇
执　　　笔：周志清　杨颖东　苏　奎　何锟宇　夏　晖

成都青白江区艾切斯工地唐、宋墓葬发掘简报

成都文物考古研究所
青白江区文物保护管理所

2007 年 6 月，艾切斯（成都）无缝钢管有限公司在青白江区大湾镇大夫村（图一）进行基建工程，在施工中发现一批唐宋时期砖室墓，并报告了青白江区文物保护管理所。成都文物考古研究所闻讯后，立即派出工作人员，会同青白江区文物保护管理所，对墓葬进行了抢救性清理发掘，现就清理发掘工作情况作简报如下。

一、墓 葬 形 制

此次共清理发掘唐宋时期砖室墓 25 座，墓葬开口距地表一般在 0.5～0.85 米之间，保存较好，但部分墓葬由于遭到施工破坏，仅存墓底。根据墓葬的平面形制和墓室结构，可分为七型（其中 M15 和 M24 仅残一角，且无随葬品，未归类）。以下分别介绍。

A 型　5 座。墓葬形制特点是墓室可分为前后两室，依据前后室的变化，可分为三亚型。

Aa 型　2 座。包括 M7 和 M9。其形制特点是前室平面呈长方形，后室平面呈梯形。M9 前室前端带有甬道，M7 不带甬道。M7 仅存墓底，而 M9 保存较完整，现以 M9 为例作一介绍。

M9：墓圹为长方形，长 3.2、宽 2 米，无墓道，在墓圹内以 32×16×4（厘米）的素面砖建成墓室，墓向 160°。墓室总长 2.66、高 1.16 米。由封门墙、甬道、前室、后室、壁龛等构成。甬道长 0.32、宽 0.9 米，甬道底部低于墓室底部 0.2 米，纵铺一层砖。前室长 1、宽 1.02 米；后室长 1.34、宽 1～0.88 米。在墓室的两侧各有 3 个壁龛，立面呈"凸"字形，均距底部 0.12 米，宽分别为 0.32、0.16、0.3 米，进深 0.16、高 0.36 米；后壁带有一后龛，立面也呈"凸"字形，龛底距墓底 0.2 米，龛宽 0.56、进深 0.16、高 0.16 米。墓顶结构较为特殊，为叠涩平顶，有 4 层封顶砖，但为了稳固顶部，在甬道和后室的前端各有一道肋拱，以肋拱托起墓顶。在甬道内随葬有盘口壶和碗各 1 件（图二）。

Ab 型　2 座。包括 M13 和 M22。其形制特点是前、后室平面均为梯形，后室只是在前室后端基础上略有内收。现以 M13 为例作一说明。

M13：长方形墓圹，长 3、宽 1.2 米，无墓道，在墓圹内以 34×12×4（厘米）的

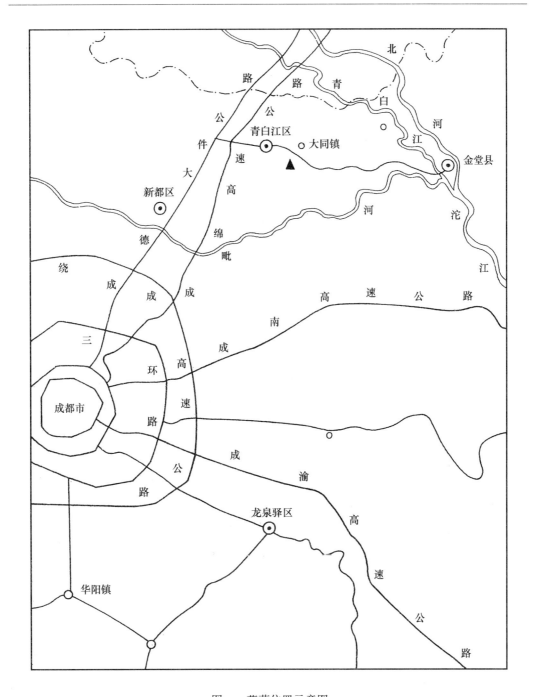

图一 墓葬位置示意图

素面砖建成墓室，墓向215°。墓葬由封门墙、甬道、前室、后室构成。甬道长0.32、宽0.68米，前室长0.71、宽0.68~0.6米，后室长1.22、宽0.56~0.46米；整个墓室残高0.84米。甬道、前室和后室的底部均在同一平面上，横铺一层底砖。在前室随葬盘口壶、碗、四耳罐各1件（图三）。

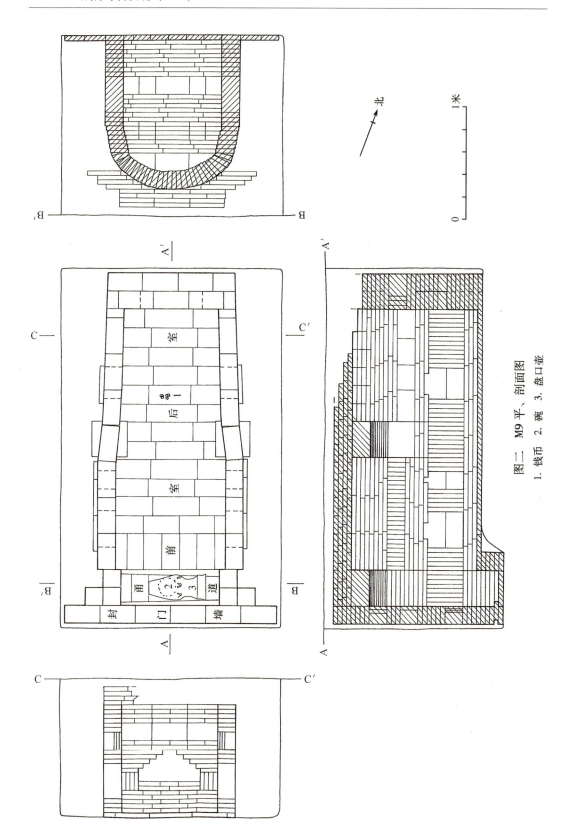

图二　M9 平、剖面图

1. 钱币　2. 碗　3. 盘口壶

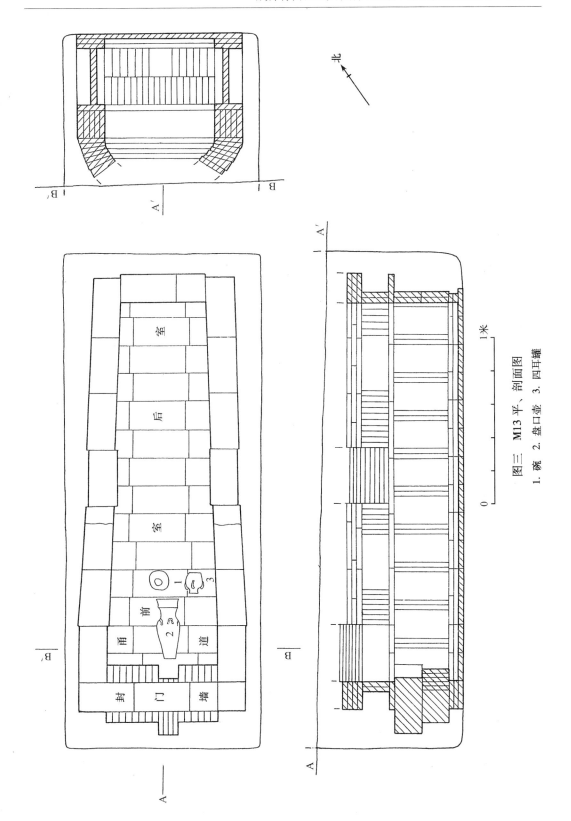

图三 M13 平、剖面图
1. 碗 2. 盘口壶 3. 四耳罐

Ac 型　1 座。即 M8。墓葬形制特点是前、后室平面均为长方形，但后室很小。长方形墓圹，墓圹长 2.4、宽 1.4 米，无墓道，在墓圹内以 32×16×4（厘米）素面砖建成墓室。前室长 1.6、宽 0.64 米，后室长、宽均为 0.32 米，整个墓室高 0.9 米。墓底横铺一层砖。墓顶为券拱顶，在前室的前端和后端各有一道肋拱，拱顶上有两层压拱砖。前室两侧各有 5 个壁龛，后室两侧也各有 1 个壁龛，6 组壁龛大小一致，均距墓底 0.04 米，立面呈长方形，龛宽 0.16、高 0.32、进深 0.1 米。前室前部随葬盘口罐、碗、双耳罐各 1 件（图四）。

B 型　5 座。包括 M1～M4 和 M11。其墓葬形制特点是墓室平面呈长方形，单室墓。墓室长度在 2.4 米左右，宽度在 0.4～0.8 米之间。M1、M2、M4 底部横铺一层砖，M2、M3 底砖则为斜铺。这 5 座墓保存较差，大部分仅存墓底，现以 M11 为例作一说明。

M11：长方形墓圹，墓圹长 3.2、宽 1.6 米，在墓圹内以 36×18×4（厘米）素面砖建成墓室，无墓道，墓向 180°。墓室长 2.38、宽 0.6、高 0.84 米，底部斜铺两层砖，墓顶为叠涩平顶。在封门墙上有一长方形头龛，龛底距墓底 0.16 米，龛宽 0.32、高 0.4、进深 0.17 米。墓室两侧壁后段被毁，在前段距封门墙 0.4 米处有 1 组对称的长方形壁龛，龛底距墓底 0.16 米，龛宽 0.28、高 0.4、进深 0.18 米。墓室前部随葬盘口壶、碗、双耳罐各 1 件（图五）。

C 型　8 座。包括 M6、M14、M17～M21 和 M23。墓葬形制特点是墓室平面呈梯形，单室墓。结构简陋，长度在 2 米左右，墓室较窄，M6、M14、M19、M21 斜铺底砖，其余为横铺底。现以 M14 为例介绍如下。

M14：长方形墓圹，墓圹长 3.1、宽 1.3 米，在墓圹内以 34×17×4（厘米）的青灰色素面砖建成，无墓道，墓向 210°。墓室长 2.68、宽 0.66～0.57、高 0.82 米，底部斜铺一层砖。后壁有一长方形壁龛，龛宽 0.35、高 0.34、进深 0.12 米。墓室前部随葬四耳罐、碗各 1 件（图六）。

D 型　3 座。包括 M5、M10 和 M25。墓葬形制特点是墓室平面呈梯形，叠涩平顶，双室并列，共建在同一墓圹中，底均斜铺一层砖。现以 M10 为例说明。

M10：长方形梯形双室墓，两室共建在同一墓圹中。墓圹为长方形，长 3.1、宽 2.7 米，以 36×18×4（厘米）的青灰色素面砖建成双室，无墓道。双室结构相同，西室略宽于东室，以西室为例予以说明。西室长 2.84、宽 0.76～0.56 米、高 0.88 米。四壁砌法相同，皆在铺底砖上平砌 4 层砖，其后在平砖上竖立砌 1 层，在此之上又平砌 9 层，而后逐渐内收成平顶，两侧壁有 4 组对称的长方形壁龛，大小相同，龛宽 0.2、高 0.36、进深 0.11 米，封门墙上有头龛，宽 0.36、高 0.36、进深 0.08 米，后壁有一后龛，宽 0.14、高 0.36、进深 0.08 米。右室随葬盘口壶、四耳罐各 1 件（图七）。

E 型　1 座。即 M16。双室墓，墓葬形制较为特殊。两墓室并列建在同一长方形墓圹中，墓圹长 3、宽 2.6 米，无墓道，墓向 110°。M16 两室结构不同，以下分别介绍。

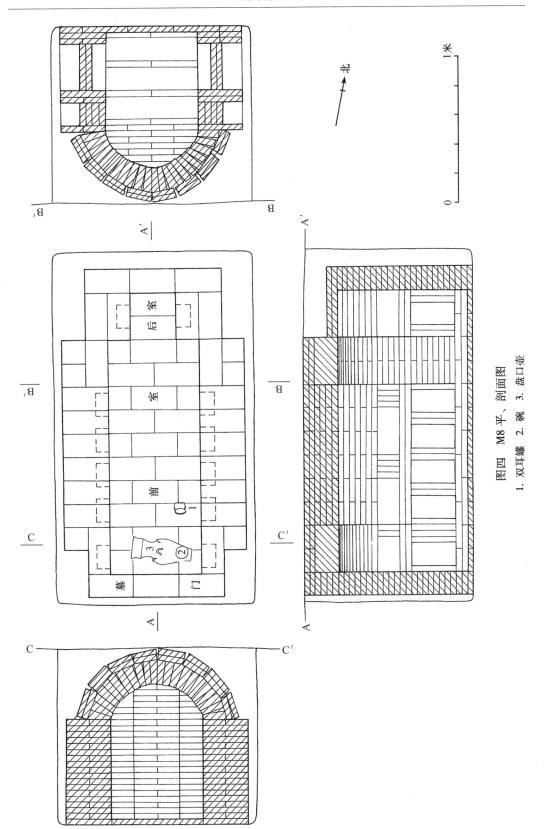

图四 M8 平、剖面图

1. 双耳罐 2. 碗 3. 盘口壶

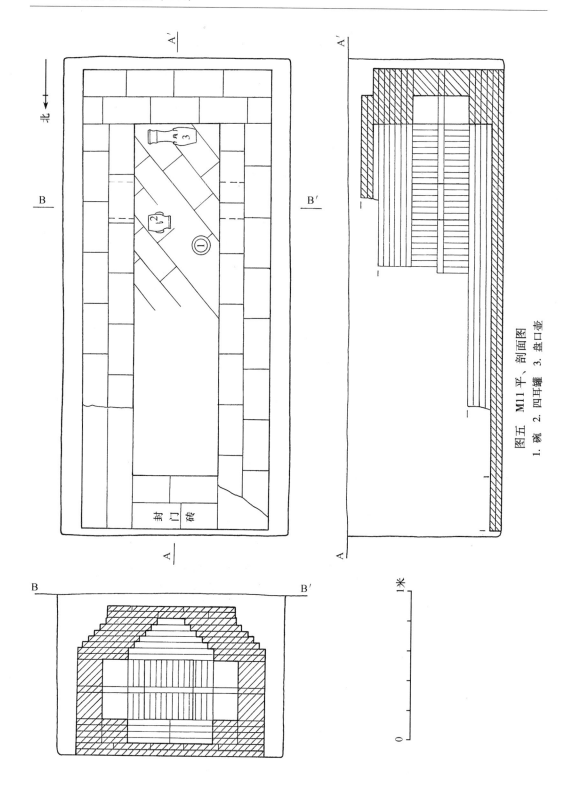

图五 M11 平、剖面图
1. 碗 2. 四耳罐 3. 盘口壶

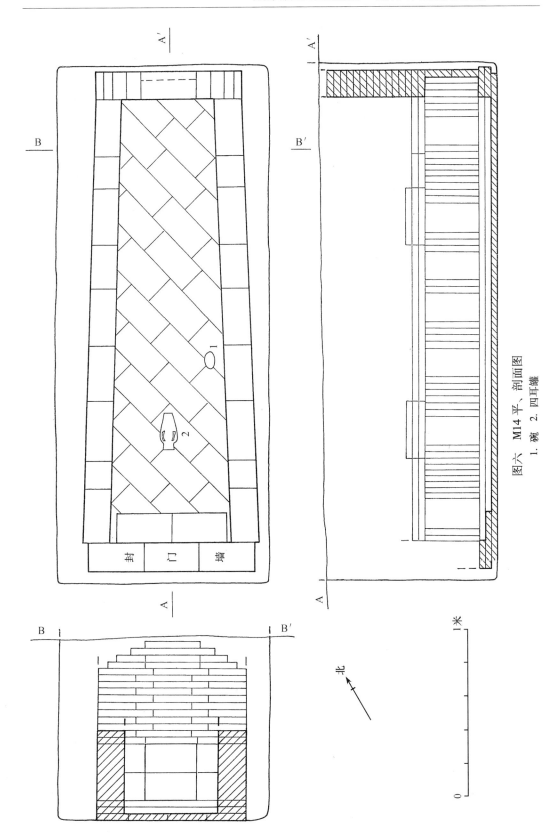

图六 M14 平、剖面图
1. 碗 2. 四耳罐

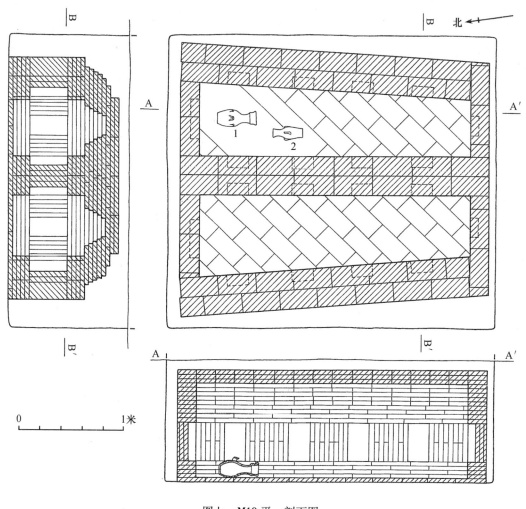

图七　M10 平、剖面图
1. 盘口壶　2. 四耳罐

北室：平面呈长方形，由封门墙、墓室、侧龛、后龛等构成。墓室长 2.34、宽 0.62、高 0.89 米，以砖封门，墙门墙宽 0.16 米，墓底顺铺一层砖，在墓底上以砖砌有长方形棺台。棺台长 2.22、宽 0.5、高 0.04 米。棺台上出土碗 1 件和数枚棺钉。墓顶为券拱顶，拱顶砖缝间楔酱黑瓷片，黄泥抹缝。墓室两侧壁中部各有 1 长方形龛，龛宽 0.4、高 0.38、进深 0.1 米，右龛内出土 1 件四耳罐。后壁有一龛，宽 0.38、高 0.44、进深 0.04 米（图八）。

南室：平面呈梯形，前窄后宽，由封门墙、墓室、侧龛、头龛、后龛等构成。墓室长 1.94、宽 0.52～0.65、高 0.66 米。封门墙与北室相连，与北室共用中墙。底部顺铺一层砖，底上以砖砌有梯形棺台，棺台长 2.02、宽 0.38～0.5、高 0.04 米，棺台上有数枚棺钉。墓顶为叠涩平顶。两侧壁中部各有 1 个长方形龛，龛宽 0.39、高 0.46、进深 0.08 米。封门墙上有一长方形头龛，宽 0.38、高 0.46、进深 0.16 米，龛内放置 1 件四耳罐。后壁上也有一长方形龛，宽0.46、高0.42、进深0.05米。墓底中部有一方形腰坑，边长0.3、深0.08米，坑内出土小耳杯5件、双耳罐1件，双耳罐放于腰坑正中，口上放置1件小耳杯，其余4件小耳杯放在腰坑四角，坑口盖一方形石质盖板，上有朱砂写的字迹，但已模糊不清，无法释读（图八）。

F型 1座。即M12，为四室墓。四个墓室小且结构极其简陋，并列建在同一墓圹中，墓向35°。墓圹长1.6、宽0.7米。一、二、三室平面呈长方形，一室长0.32、宽0.19、残高0.06米；二室长0.46、宽0.25、残高0.06米；一、二室底部均未铺地砖；三室呈竖长方形紧靠三室，长0.6、宽0.3、残高0.3米，底铺砖，出土铜镜1枚；四室为不规则形，底铺砖，残高0.3米。四个墓室内均残存有烧过的白色骨灰（图九）。

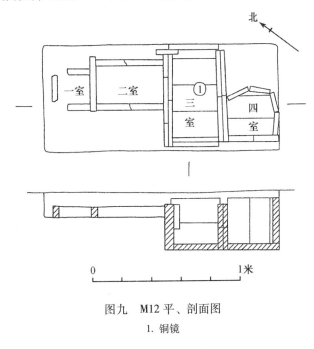

图九 M12平、剖面图
1. 铜镜

二、出 土 器 物

艾切斯（成都）无缝钢管有限公司工地唐宋时期砖室墓出土器物有瓷器、铜器和钱币。瓷器有盘口壶、四耳罐、双耳罐、碗、盏等。为便于读者对每座墓的器物组合有一完整认识，我们先对出土器物进行类、型、式划分，然后按单座墓依次介绍器物。

盘口壶 9件。根据口部、颈部和器身变化，可分四式。

Ⅰ式：2件。大盘口，呈喇叭状，束颈较短，器身较长。

Ⅱ式：1件。盘口呈杯状，束颈较Ⅰ式变长，器身仍较长。

Ⅲ式：5件。盘口呈杯状，颈部变长，器身变短，有的器身与口、颈部的比例近1:1。

Ⅳ式：1件。盘口变短，颈部细长，器身较短。

双耳罐　4 件。根据腹部变化，分三型。

A 型　1 件。口近直，方唇，溜肩，鼓腹，平底，最大径在腹部。

B 型　1 件。敛口，无肩，腹略弧，平底。

C 型　2 件。分二亚型。

Ca 型　1 件。口微敛，溜肩，鼓腹，平底，最大径在中腹。

Cb 型　1 件。直口，长颈，鼓肩，弧腹，平底。

四耳罐　10 件。根据颈腹部变化，可分三型。

A 型　4 件。口微侈，短颈，溜肩，腹较瘦长，平底。

B 型　4 件。可分三式。

Ⅰ式：1 件。直口，颈较长，溜肩，略外鼓，弧腹较长，平底，最大径在肩部。

Ⅱ式：1 件。口近直，直颈较长，溜肩，鼓腹，平底，最大径在上腹。

Ⅲ式：2 件。口近直，颈较短，溜肩，鼓腹，平底，最大径在中腹。

C 型　2 件。长颈，可分二亚型。

Ca 型　1 件。小盘口，束颈，溜肩，鼓腹，平底。

Cb 型　1 件。直口，直颈，溜肩，鼓腹，平底。

碗　14 件。根据器物腹壁变化，可分四型。

A 型　9 件。碗壁斜直，可二亚型。

Aa 型　1 件。斗笠碗，碗壁与碗底夹角较小，尖唇，敞口，碗壁斜直，矮圈足。

Ab 型　8 件。碗壁与碗底夹角较大，整个器形显得平坦。可分四式。

Ⅰ式：4 件。圆唇，敞口，饼足。

Ⅱ式：1 件。圆唇，敞口，圈足很矮。

Ⅲ式：1 件。尖唇，敞口，圈足较高。

Ⅳ式：2 件。圆唇，敞口，高圈足。

B 型　3 件。折腹碗，分二亚型。

Ba 型　2 件。盘口，圆唇，饼足。

Bb 型　1 件。敞口，尖唇，饼足。

C 型　2 件。平沿，圆唇，弧腹，饼足。

带流双耳壶　1 件。方唇，盘口，领较高，圆肩，弧腹，平底。肩上有双耳和一管状流。

盏　2 件。分二型。

A 型　1 件。尖唇，平沿，敞口，弧腹，平底，饼足。

B 型　1 件。方唇，口微敛，饼足，盏身平坦。

双耳小杯　5 件。杯身呈圆形，带两只对称的桥形耳，圆唇，敞口，平底。

1. M3 出土器物

A 型双耳罐　1 件。M3 : 2，腹以上施酱色釉，泛青。口径 8、底径 7.8、通高 18.5

厘米（图一〇，2；图版八，1）。

B 型盏　1 件。M3∶5，紫红色胎，内壁施酱色釉。口径 7.2、底径 3.8、通高 1.8 厘米（图一〇，4）。

DⅣ式碗　2 件。M3∶1，除圈足外施酱色釉。口径 17、圈足径 5.6、通高 6 厘米（图一〇，3）。M3∶3，施酱色釉。口径 16.8、圈足径 5.8、通高 5.8 厘米（图一〇，1）。

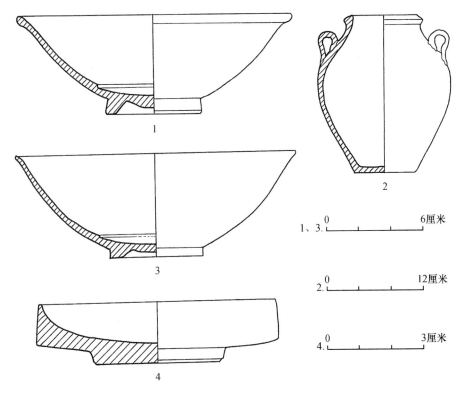

图一〇　M3 出土器物

1、3. DⅣ式碗（M3∶3、M3∶1）　2. A 型双耳罐（M3∶2）　4. B 型盏（M3∶5）

元祐通宝　1 枚。M3∶4，钱文行书“元祐通宝”四字，光背。钱径 2.3、穿径 0.7 厘米（图一一，1）。

2. M5 出土器物

Ⅲ式盘口壶　2 件。M5∶7，紫红色胎，肩以上施酱黄色釉。口径 11.2、底径 8、通高 32.4 厘米（图一二，5；图版七，3）。M5∶3，紫红胎，肩以上施酱黄釉，泛青。口径 11.2、底径 7.2、通高 33 厘米（图一二，4）。

A 型四耳罐　2 件。M5∶2，紫红色胎，仅在口部施黄釉，泛青。口径 5.2、底径 5.4、通高 14.4 厘米（图一二，6）。M5∶6，紫红色胎，仅在口部施黄釉，泛青。口径 5.6、底径 5.6、通高 15.4 厘米（图一二，1）。

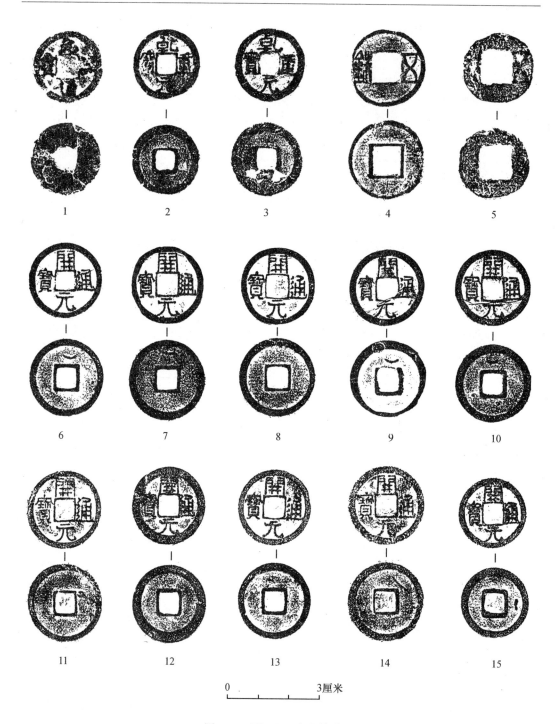

图一一　M3、M8 出土钱币

1. 元祐通宝（M3∶4）　　2、3. 乾元重宝（M8∶4-3、M8∶4-7）　　4、5. 五铢（M8∶4-10、M8∶4-12）　　6、7. Aa 型背月纹开元通宝（M8∶4-15、M8∶4-19）　　8、13. A 型光背开元通宝（M8∶4-20、M8∶4-26）　　9、10. Ab 型背月纹开元通宝（M8∶4-30、M8∶4-32）　　11、12. B 型光背开元通宝（M8∶4-51、M8∶4-45）　　14. B 型背月纹开元通宝（M8∶4-60）　　15. C 型背月纹开元通宝（M8∶4-67）

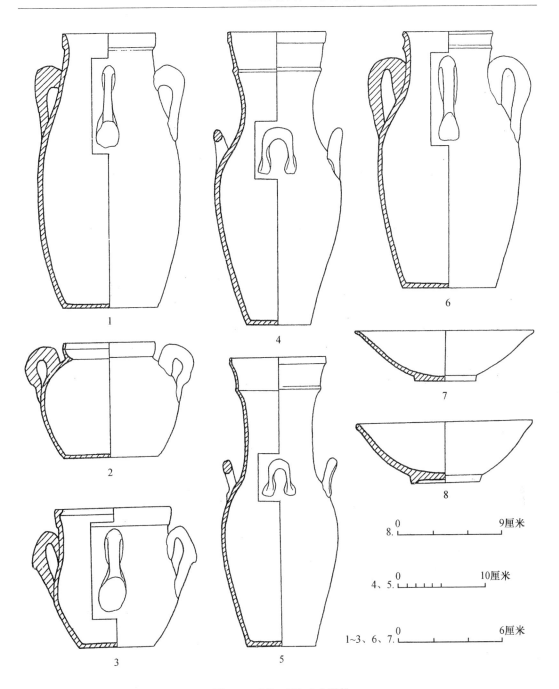

图一二　M5、M6 出土器物

1、6. A 型四耳罐（M5:6、M5:2）　2. Ca 型双耳罐（M6:1）　3. B Ⅲ 式四耳罐（M5:1）　4、5. Ⅲ 式盘口壶（M5:3、M5:7）　7. Ab Ⅰ 式碗（M5:4）　8. Ab Ⅱ 式碗（M5:5）

　　B Ⅲ 式四耳罐　1 件。M5:1，紫红色胎。口径 6.8、底径 4.4、通高 7.8 厘米（图一二，3；图版一○，1）。

　　Ab Ⅰ 式碗　1 件。M5:4，红色胎，外壁中腹以上及内壁施青黄色釉。口径 10.4、底径3.6、通高2.8厘米（图一二，7）。

　　AbⅡ式碗　1件。M5:5，紫红色胎，外壁中腹以上及内壁施酱青釉。口径15.2、底6、通高5厘米（图一二，8）。

3. M6 出土器物

　　Ca型双耳罐　1件。M6:1，红色胎，肩以上施酱色釉。口径5.2、底5.6、通高6.4厘米（图一二，2；图版八，2）。

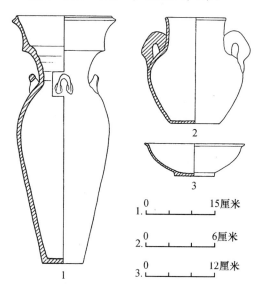

图一三　M8 出土器物

1. Ⅰ式盘口壶（M8:3）　2. Cb型双耳罐
（M8:1）　3. C型碗（M8:2）

4. M8 出土器物

　　Ⅰ式盘口壶　1件。M8:3，紫红色胎，下腹及底未施釉，其余部分施酱黄釉。口径20.5、底径14、通高51厘米（图一三，1；图版七，2）。

　　Cb型双耳罐　1件。M8:1，紫色胎，中腹以上施白色化妆土，通体未施釉。口径5.2、底径4.4、通高8.7厘米（图一三，2；图版八，3）。

　　C型碗　1件。M8:2，紫红胎，内壁施黄白色化妆土，部分施酱黄釉，泛青。口径17.3、底径7、通高5.3厘米（图一三，3；图版一○，5）。

　　五铢　2枚。M8:4-10，"五"字上下两横划等长，中间两笔交股缓曲，"铢"字"朱"部上下均为圆折，"金"部头呈三角形。钱径2.4、穿径0.9厘米（图一一，4）。M8:4-12，磨边五铢，钱文不清。钱径2.3、穿径1.1厘米（图一一，5）。

　　乾元重宝　3枚。均楷书"乾元重宝"四字，廓较宽。M8:4-3，钱径2.3、穿径0.6厘米（图一一，2）。M8:4-7，钱径2.4、穿径0.6厘米（图一一，3）。

　　开元通宝　83枚。有光背和背月纹两类。

　　光背开元通宝：53枚。依据"通"字变化，分二型。

　　A型　33枚。"通"字走之四点断开。M8:4-20，钱径2.5、穿径0.7厘米（图一一，8）。M8:4-26，钱径2.4、穿径0.7厘米（图一一，13）。

　　B型　20枚。"通"字走之四点相连。M8:4-51，钱径2.4、穿径0.7厘米（图一一，11）。M8:4-45，廓较宽。钱径2.4、穿径0.7厘米（图一一，12）。

　　背月纹开元通宝：30枚。根据月纹位置，分三型。

　　A型　28枚。"开"字背月纹。依据"通"字变化，分二亚型。

　　Aa型　19枚。"通"字走之四点相连。M8:4-15，钱径2.4、穿径0.7厘米（图一一，6）。M8:4-19，钱径2.5、穿径0.7厘米（图一一，7）。

Ab型　9枚。"通"字走之四点断开。M8:4-30，钱径2.4、穿径0.7厘米（图一一，9）。M8:4-32，钱径2.4、穿径0.6厘米（图一一，10）。

B型　1枚。"开"字与"通"字间背月纹。M8:4-60，钱径2.4、穿径0.7厘米（图一一，14）。

C型　1枚。"通"字背月纹。M8:4-67，钱径2.2、穿径0.6厘米（图一一，15）。

5. M9 出土器物

Ⅰ式盘口壶　1件。M9:3，紫红色胎，除下腹外均施酱黄色釉。肩上饰六耳。口径26、底径11、通高58厘米（图一四，4；图版七，1）。

AbⅠ式碗　1件。M9:2，紫红色胎，外壁中腹以上及内壁施酱黄釉。口径18.9、底径7.2、通高6.6厘米（图一四，1）。

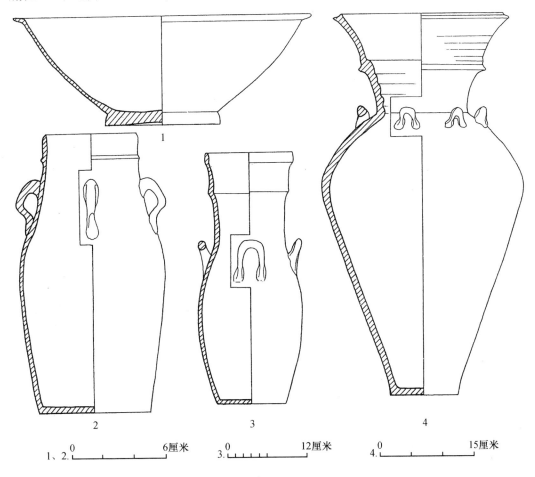

图一四　M9、M10 出土物

1. AbⅠ式碗（M9:2）　2. A 型四耳罐（M10:2）　3. Ⅲ式盘口壶（M10:1）　4. Ⅰ式盘口壶（M9:3）

　　五铢　1 枚。M9：1-1，钱径 2.5、穿径 0.9 厘米（图一五，1）。

　　乾元重宝　3 枚。M9：1-5，钱径 2.4、穿径 0.7 厘米（图一五，2）。M9：1-4，钱径 2.3、穿径 0.7 厘米（图一五，3）。

　　开元通宝　36 枚。分背月纹和光背两类。

　　背月纹开元通宝：13 枚。根据月纹位置分二型。

　　A 型　12 枚。"开"字背月纹。M9：1-21，钱径 2.5、穿径 0.6 厘米（图一五，5）。M9：1-13，钱径 2.4、穿径 0.7 厘米（图一五，10）。

　　B 型　1 枚。"元"字背月纹。M9：1-10，钱径 2.5、穿径 0.6 厘米（图一五，4）。

　　光背开元通宝：23 枚。依据"通"、"元"二字变化，分二型。

　　A 型　8 枚。"通"字走之四点断开，"元"字上横划较短。M9：1-17，钱径 2.6、

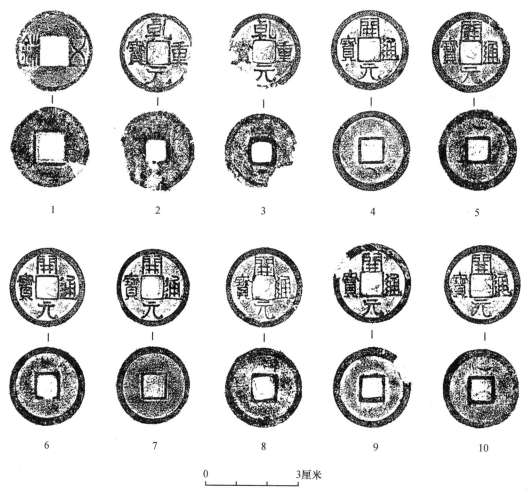

0　　　　　　3厘米

图一五　M9 出土钱币

1. 五铢（M9：1-1）　　2、3. 乾元重宝（M9：1-5、M9：1-4）　　4. B 型背月纹开元通宝（M9：1-10）　　5、10. A 型背月纹开元通宝（M9：1-21、M9：1-13）　　6、7. A 型光背开元通宝（M9：1-17、M9：1-25）　　8、9. B 型光背开元通宝（M9：1-29、M9：1-34）

穿径0.6厘米（图一五，6）。M9:1-25，钱径2.6、穿径0.6厘米（图一五，7）。

B型 15枚。"通"字走之四点相连，"元"字上横划较长。M9:1-29，钱径2.5、穿径0.7厘米（图一五，8）。M9:1-34，钱径2.5、穿径0.7厘米（图一五，9）。

6. M10 出土器物

Ⅲ式盘口壶 1件。M10:1，紫红色胎，肩以上施酱色釉。口11.2、底径8.8、通高30.6厘米（图一四，3）。

A型四耳罐 1件。M10:2，紫色胎，仅在口部施酱黄釉，泛青。口径6、底径7.2、通高17厘米（图一四，2；图版九，1）。

7. M11 出土器物

Ⅲ式盘口壶 1件。M11:3，紫红色胎，肩以上施酱釉。口径13.6、底径8.4、通高34.6厘米（图一六，4）。

BⅢ式四耳罐 1件。M11:2，紫色胎，颈以上施酱黄釉，泛青。口径7.4、底径4.4、通高10.8厘米（图一六，2）。

Bb型碗 1件。M11:1，红胎，施酱黄釉，泛青。口径10、底径3.6、通高4.4厘米（图一六，1；图版一〇，6）。

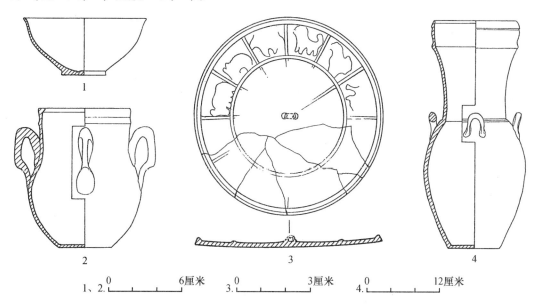

1、2. ┠─┄─┄─┨ 6厘米 3. ┠─┄─┨ 3厘米 4. ┠─┄─┨ 12厘米

图一六 M11、M12 出土器物

1. Bb型碗（M11:1） 2. BⅢ式四耳罐（M11:2） 3. 铜镜（M12:1） 4. Ⅲ式盘口壶（M11:3）

8. M12 出土器物

铜镜 1枚。M12:1，圆形，纽残。背面外围有两凸棱，被等分成十二部分，上有十二生肖图像。直径6、厚0.1厘米（图一六，3）。

9. M13 出土器物

Ⅱ式盘口壶　1件。M13：2，紫红色胎，肩以上施酱釉。口径12、底径8、通高42厘米（图一七，6；图版七，4）。

BⅠ式四耳罐　1件。M13：3，紫色胎，中腹以上施酱釉。口径6、底径7.8、通高14.6厘米（图一七，2）。

AbⅠ式碗　1件。M13：1，紫色胎，外壁中腹以上及内壁施酱黄釉，泛青。口径12.2、底径5.2、通高3.9厘米（图一七，5；图版一〇，4）。

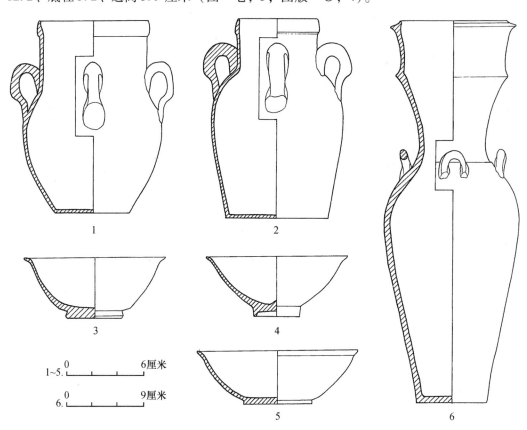

图一七　M13、M14 出土器物

1. BⅡ式四耳罐（M14：2）　2. BⅠ式四耳罐（M13：3）　3. A型盏（M14：3）　4. Aa型碗（M14：1）
5. AbⅠ式碗（M13：1）　6. Ⅱ式盘口壶（M13：2）

10. M14 出土器物

BⅡ式四耳罐　1件。M14：2，红胎，中腹以上施黄色化妆土，泛白。口径8.4、底径5.6、通高14厘米（图一七，1；图版九，2）。

Aa型碗　1件。M14：1，白瓷。口径10.8、底径3.6、通高4.4厘米（图一七，4；图版一〇，2）。

A 型盏　1 件。M14∶3，红胎，施青釉。口径 10.9、底径 4.3、通高 4.4 厘米（图一七，3）。

11. M16 出土器物

Ca 型四耳罐　1 件。M16∶3，红胎，中腹以上施酱釉。口径 13.2、底径 9.8、通高 31 厘米（图一八，6；图版九，3）。

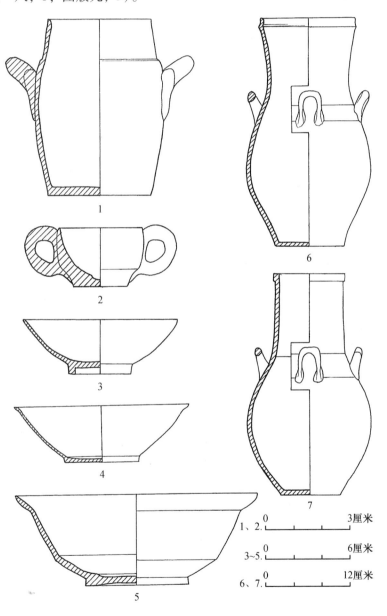

1

2

3

4

5

6

7

1、2. ├─ 0 ─── 3厘米 ─┤

3～5. ├─ 0 ─── 6厘米 ─┤

6、7. ├─ 0 ─── 12厘米 ─┤

图一八　M16、M17 出土器物

1. B 型双耳罐（M16∶5）　2. 双耳小杯（M16∶4）　3. AbⅢ式碗（M16∶1）　4. AbⅠ式碗（M17∶1）

5. Ba 型碗（M17∶2）　6. Ca 型四耳罐（M16∶3）　7. Cb 型四耳罐（M16∶2）

Cb 型四耳罐　1件。M16:2，紫红色胎，施酱釉。口径10、底径8.4、通高30厘米（图一八，7；图版九，4）。

AbⅢ式碗　1件。M16:1，紫色胎，内壁施酱黄釉，泛青。口径10.8、底径4.4、通高3.7厘米（图一八，3）。

B型双耳罐　1件。M16:5，紫红色胎，中腹以上施釉，大部分已脱落。口径3.6、底径3.6、高6厘米（图一八，1）。

双耳小杯　5件。形制大小基本一致。M16:4，紫红胎，无釉。口径2.9、底径1.9、高2厘米（图一八，2）。

12. M17 出土器物

AbⅠ式碗　1件。M17:1，紫色胎，内壁施酱黄釉，泛青。口径12.2、底径5.2、通高3.8厘米（图一八，4）。

Ba型碗　1件。M17:2，紫红色胎，肩以上施酱黄色釉。口径17、底径7.2、通高6.2厘米（图一八，5）。

13. M19 出土器物

Ⅳ式盘口壶　1件。M19:1，紫胎，肩以上施酱黄釉。口径10、底径7.2、通高28厘米（图一九，2）。

宋元通宝　1枚。M19:3-1，钱径2.4、穿径0.6厘米（图二〇，1）。

乾元重宝　1枚。M19:3-2，钱径2.4、穿径0.6厘米（图二〇，2）。

开元通宝　6枚。根据"元"字变化，分二型。

A型　5枚。"元"字上横划较短，次横划左挑较长。M19:3-4，钱径2.3、穿径0.6厘米（图二〇，3）。M19:3-5，钱径2.4、穿径0.7厘米（图二〇，4）。

B型　1枚。"元"字上横划较长，次横划左挑更长。M19:3-6，钱径2.4、穿径0.7厘米（图二〇，5）。

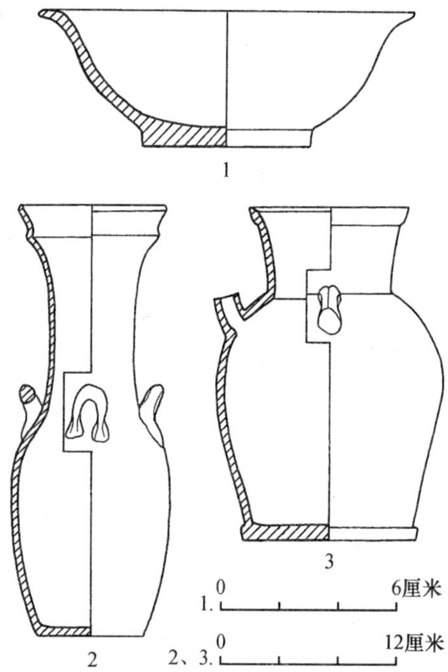

图一九　M19、M20 出土器物
1. C型碗（M20:2）　2. Ⅳ式盘口壶（M19:1）
3. 带流双耳壶（M20:1）

14. M20 出土器物

C型碗　1件。M20:2，红色胎，内施酱黄釉。口径12.8、底径5.8、通高4.4厘米（图一九，1）。

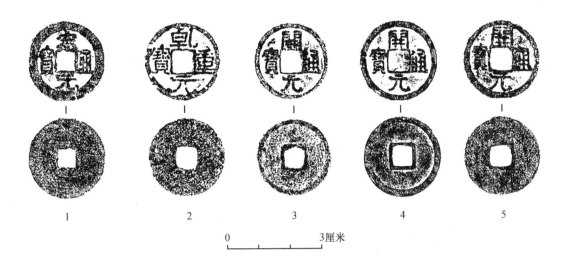

图二〇　M19 出土钱币

1. 宋元通宝（M19:3-1）　　2. 乾元重宝（M19:3-2）　　3、4. A 型开元通宝（M19:3-4、M19:3-5）

5. B 型开元通宝（M19:3-6）

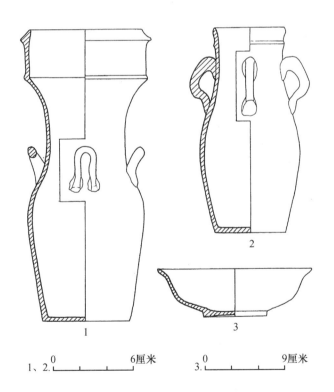

图二一　M25 出土器物

1. Ⅲ式盘口壶（M25:2）　　2. A 型四耳罐（M25:1）

3. Ba 型碗（M25:3）

带流双耳壶　1件。M20:1，紫色胎，施酱黄釉。口径10.8、底径12、高21.6厘米（图一九，3；图版八，4）。

15. M25 出土器物

Ⅲ式盘口壶　1件。M25:2，紫色胎，肩以上施酱釉。口径10、底径6.6、通高21.4厘米（图二一，1）。

A型四耳罐　1件。M25:1，紫色胎，仅在口部施酱褐色釉。口径5.4、底径5.2、通高15厘米（图二一，2）。

Ba型碗　1件。M25:3，紫色胎，内施酱釉。口径17.5、底径7.2、通高5.2厘米（图二一，3；图版一〇，3）。

三、结　语

艾切斯（成都）无缝钢管有限公司工地发现的这批唐宋时期砖室墓，出土器物丰富，有的墓葬出有年号钱币，为墓葬的分期断代提供了依据。

M9出有"五铢"1枚、"乾元重宝"3枚、"开元通宝"36枚，所出盘口壶口部较大，壶身较长，具有唐代中晚期风格[1]，碗为浅腹、大饼足，具有唐末特征[2]，故其年代当在唐代晚期。M7无出土器物，其墓葬结构、规模与M9相同，同属Aa型墓，推断其年代也应在唐代晚期。

M3出有"元祐通宝"1枚，此钱为宋哲宗元祐年间（1086~1093年）所铸，故M3当为北宋晚期墓。M11的墓室结构、规模与M3相同，所出Ⅲ式盘口壶与北宋晚期新津金竹村石室（1081年）[3]所出的盘口壶风格相近，所以M11年代在北宋晚期是可以肯定的。M1、M2、M4没有出土器物，但墓葬结构、规模与M3、M11相同，均属B型墓，其年代也不会相去太远，都当在北宋晚期。

M8出有"五铢"2枚、"乾元重宝"3枚、"开元通宝"83枚，所出Ⅰ式盘口壶与M9的Ⅰ式盘口壶风格相近，故M8也应为唐代晚期墓。

M19出有"开元通宝"6枚、"乾元重宝"1枚、"宋元通宝"1枚，"宋元通宝"为宋太祖建隆元年（960年）所铸，所以M19当为北宋初期墓。M6出土的双耳罐与北宋晚期宣和六年的甘油村宋墓M1[4]所出的双耳罐特征一致，年代当与之相近。M14所出Aa型碗较具时代特征，与都江堰市金凤乡瓦岗坝窑所出北宋早中期流行的AⅠ式瓷碗[5]风格相同，其年代也应北宋早中期。M19、M6、M14均属C型墓，可见C型墓流行时间从北宋初期一直到北宋晚期。而M17和M20，也为C型墓，两墓均出有唐末至北宋早期流行大饼足碗，所以可推断M17、M20的年代在北宋早期。M18、M21、M23三墓未出器物，但属C型墓，其年代也当在北宋时期。

M13为梯形前后室墓，其墓葬结构与唐代晚期的成都干道M3[6]相近，所出Ⅱ式盘口壶，壶口较唐末的Ⅰ式盘口壶变小，但壶身与北宋时期的Ⅲ式盘口壶相比，仍较长，故其年代当在唐末，或可晚至五代。M22虽未出土器物，但与M13结构相同，年代应与之相当。

M5、M10和M25为梯形双室墓，顶部为叠涩平顶，其叠涩平顶作法在官渠埝唐墓[7]中可见，三墓均出有北宋时期的Ⅲ式盘口壶，M5还出有北宋中晚期开始流行的圈足碗，但其圈较矮，所以M5的年代应在北宋中期偏晚。M10、M25不仅墓葬结构与M5相同，所出器物也相同，年代应与之相当。

M16墓葬结构特殊，北室为长方形券顶，南室为梯形叠涩平顶，所出AbⅢ碗，敞口高圈足，具有北宋末至南宋时期特征，出土的B型双耳罐，与南宋中期的成都二仙桥宋墓M1[8]的双耳罐风格相近，故可推断M16的年代当在南宋中期。

M12为四室墓，结构简陋，墓室很小，每室均有骨渣，为火葬墓，仅出有1枚十二生肖铜镜，为断代带来一定的困难。四川地区在南宋中晚期流行这种墓室小、结构简陋的火葬墓，因此，可推断M12的年代在南宋中晚期。

M15和M14墓葬较残，结构不清，又无随葬品，但从墓砖规格看，应为唐宋时期墓。

根据墓葬的年代，可把艾切斯（成都）无缝钢管有限公司工地发现的这批唐宋时期砖室墓分为三期。第一期年代在唐末五代，包括M7~M9、M13和M22。第二期年代在北宋时期，包括M1~M6、M10、M11、M14、M17~M21、M23和M25。第三期年代在南宋中晚期，包括M12和M16。

发　掘：刘雨茂　陈云洪　刘守强　杨晓明
　　　　　兰玉龙　王　斌　李　键
摄　影：李绪成　李　升
绘　图：李付秀　刘守强
拓　片：代堂才
执　笔：陈云洪　刘雨茂　刘守强　杨晓明
　　　　　兰玉龙　王　斌

注　释

[1][2][6]　刘雨茂、朱章义：《四川地区唐代砖室墓分期初论》，《四川文物》1999年3期。

[3]　成都文物考古研究所、新津县文物管理所：《新津县邓双乡北宋石室墓发掘简报》，《成都考古发现（2002）》，科学出版社，2004年。

[4]　成都文物考古工作队：《成都北郊甘油村发现北宋宣和六年墓》，《四川文物》1999年3期。

[5]　成都文物考古研究所：《都江堰市金凤乡瓦岗坝窑发掘报告》，《成都考古发现（2001）》，科学出版社2003年。

[7]　四川省文物管理委员会：《四川官渠埝唐、宋、明墓清理简报》，《考古通讯》1956年5期。

[8]　成都文物考古研究所：《成都市二仙桥南宋墓发掘简报》，《成都考古发现（1999）》，科学出版社，2001年。

邛崃土地坡汉墓群发掘简报

成都文物考古研究所
邛崃市文物局

2007 年 7 月 27 日，四川省邛崃监狱在整修道路时，发现了 3 座汉代砖室墓（编号分别为 2007CQLM1 ~ M3），随后报告当地文物主管部门，接到报告的成都文物考古研究所会同邛崃市文物局对其进行了抢救性发掘，现将清理结果简报如下。

一、地 理 位 置

该墓群位于邛崃市临邛镇土地坡村（今邛崃监狱内），西南距邛崃市区约 3 公里（图一），地处于监狱内西南部一个天然土包上。3 座汉墓依次排列在向南的坡面上，其中 M2 西距 M3 仅 1 米（图二；图版一一，1）。

二、修 建 情 况

墓葬建造时先在土包上挖一长方形墓圹，墓圹南部留斜坡墓道。然后用砖修建墓室（M3 为双墓室，中间用生土隔开）。最后墓顶上部夯筑封土，夯土每层厚度 0.08 ~ 0.12 米。

三、墓 葬 形 制

（一）M1

M1 大部分被破坏，其余部分被狱区现代房基所压，从安全考虑未作清理发掘，详细登记后，作为一个保护点回填保护。量得其残长 3.05、宽 2.2、残高 1.1 米。

（二）M2

横联式券顶砖室墓，平面呈长方形，分墓道和墓室两部分。墓室长 5.82、宽 2.5、高 2.9 米，墓门向南，方向 149°。

墓道为长方形斜坡状，长 5.2、宽 0.8 ~ 1.1 米。墓道内修筑有排水沟，排水沟系采

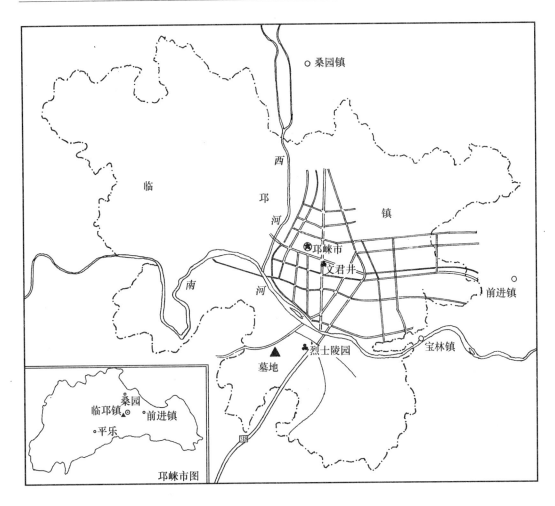

图一　墓葬位置示意图

用在墓道底向下挖沟，两壁砌砖再用砖盖合的方式即两丁一平的结构成斜坡状向外延伸，内接口于墓室中部铺底砖下。沟内填很多鹅卵石以起滤水作用。受施工场地所限，排水设施未完全揭露，发掘长度10.6、宽0.23～0.52、高0.3米（图版一一，5）。

墓葬为单室墓，墓门采用带边框花纹砖横铺错缝砌成。部分地方早期遭到破坏；两壁直墙采用带边框花纹砖顺砖平砌错缝而成，共16层；墓底铺砖一层，依墓向顺铺而成，两壁直墙至1.25米高处用起券，形成券拱。券拱砖使用带花边框的扇形砖，两砖接合紧密，每道拱用16匹砖横联砌成，外侧用黄泥抹缝。整个墓室在建造时均用带花纹的一侧朝向室内，形成一圈圈连贯的装饰带。墓壁与墓圹之间填深黄色土（黄土内夹杂红砂石颗粒），券顶上部铺一层厚0.1～0.5厘米的炭灰，推测是人工用木料放置于上面燃烧后所形成，主要作用是防潮或与某种信仰有关。炭灰层上部则夯土回填。

墓室内盗扰严重，未见人骨，发现有大量陶棺残片，可知葬具用陶棺。墓室后壁原砌有放置随葬器物的高台，高台前砌筑棺台。值得说明的是棺台位置所用的砖有两种，

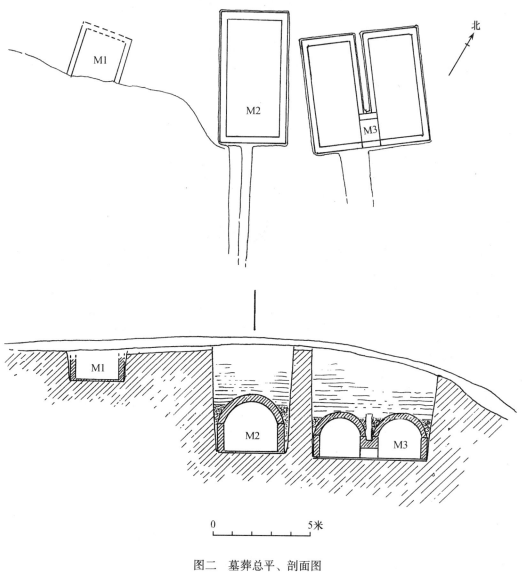

图二　墓葬总平、剖面图

摆放顺序也不相同。其中一种与墓室内的砖完全不同，为素面砖，推断最后形成的棺台不是同一时间形成。另外，墓底铺砖也有纵铺和横铺两种，连接处可截然分开，而且横铺的一边还和排水沟的修建有关。因此该墓应有两次下葬的可能（图三）。

M2 墓砖分长方形和扇形砖两类，长方形砖规格有 47×21-7.5（厘米）、28×23-7（厘米）、35.5×23-8（厘米）三种。纹饰施于侧面，有边框，主要有网格、几何、乳钉等图案。扇形砖规格为上宽 31、下宽 24、高 35、厚 8 厘米。纹饰施于下宽处，主要有网格纹（图四，1~3）。另外，在近墓门处出土 2 块带铭文的楔形砖，形制规格与上两类砖不同，应为特制的封门砖。

M2 曾经被盗，墓顶留有一盗洞，长约 1.5、宽 0.4~0.7 米。

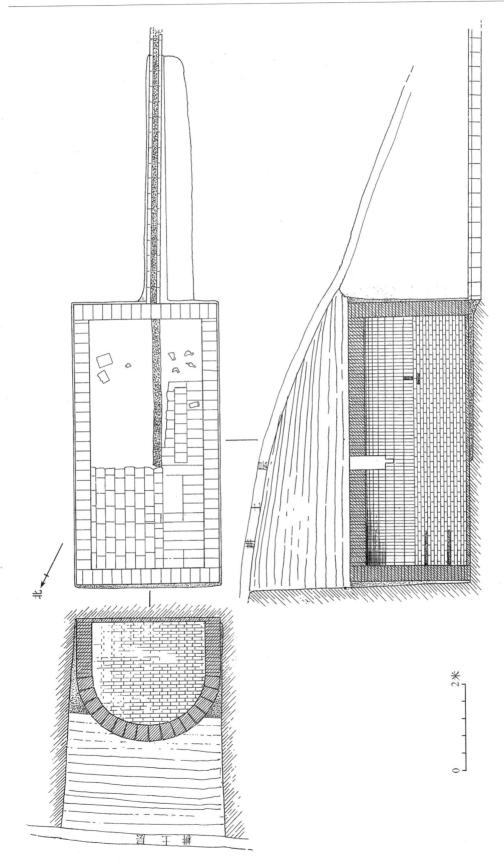

北

图三 M2墓葬平、剖面图

2米

0

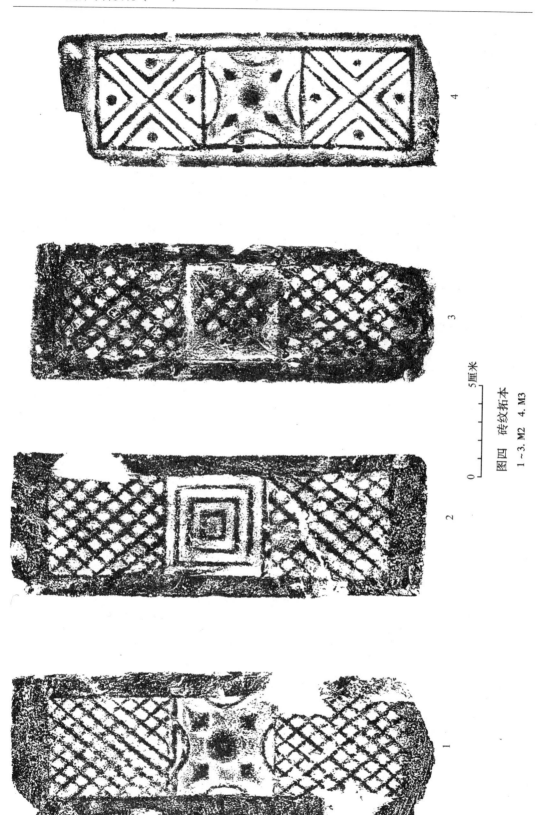

图四　砖纹拓本
1～3. M2　4. M3

（三）M3

横联式券顶双室墓，平面呈长方形，分墓室和墓道两部分。墓门向南，方向141°，墓室长5.12、总宽4.16、高2.35米。可分为东、西两室。两室前部近墓底有一券顶通道连通两室，共11道券拱，用扇形砖砌成（图版——，3）。通道长0.96、宽1.1、高0.5米，扇形砖上宽19、下宽12.5、厚7.5厘米。两室的形制相同，现以西室为例介绍如下。

西室平面呈长方形，长5.12、宽2.08、高2.35米，由墓道和主墓室组成。

斜坡状墓道残长3.1、宽1.2~1.28米。填土分为三层，底部修筑有排水设施，接口于墓门处（图版——，4）。形式与M2基本相同，也用砖砌成，采用两丁一平结构成斜坡状向外延伸。

墓室墓门用排列不太整齐的长方形花纹砖封砌（图版——，2）。墓底平铺一层砖，两壁直墙用长方形花纹砖错缝砌成，共15层。至1.07米处用扇形砖横向对缝起券，筑成券顶，共13券。墓壁与墓圹之间填五花土（内夹杂红砂石颗粒），墓顶券顶上部也有一层厚0.15~0.6厘米的炭灰，墓室后壁砌筑高台，台上置随葬器物已不见。墓室内未见人骨，也未发现棺具（图五）。

M3墓砖分长方形和扇形砖两类。长方形砖规格有28×22-7（厘米）、44×19-8（厘米）两种。纹饰施于两侧面，主要有乳钉、几何、网格等图案。扇形砖规格上宽28、下宽22、高28、厚7厘米。纹饰施于上下两面，有几何、乳钉等图案（图四，4；图六，1、2）。

四、出土遗物

（一）M2

由于墓葬被盗严重，随葬器物多已无存，墓中残存多为碎片，完整器物很少，有的甚至扰动到墓底淤土上面。墓中器物多后期修复而成，且早已不是原位状态，因此将能辨器形者按修复先后编号。其中主要为陶器，铁器仅有1件。此外，还出土有铭文砖两块。

1. 陶器

陶器以泥质陶为主，夹砂陶较少。泥质陶的陶土经过淘洗，质地细腻。可以分为灰陶、红陶、褐陶三类，部分器物上施黑色陶衣。其中罐、盆等容器为轮制，模型类器物为分制组合而成。俑类器物采用模制加手工修整的方式制作，合范处明显。由于残碎，可辨器形有陶俑、罐、盆、钵、案、房、甑、耳杯、池塘模型、猪、牛、鸡、鸭等标本及少量完整器物，编号共29件。现分别介绍如下。

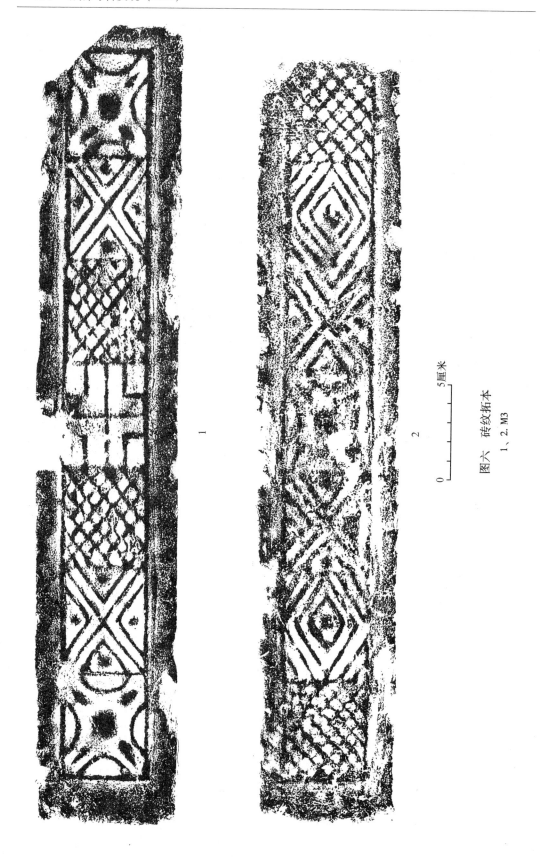

图六 砖纹拓本
1、2. M3

罐 7件，可以分三型。

A型 2件。泥质褐陶。口微侈，折沿略外翻，方唇，束颈较短，广肩。肩以下残，泥质灰陶。M2:10，口径12、残高4.5厘米（图七，1）。M2:15，圆唇外折翻，短

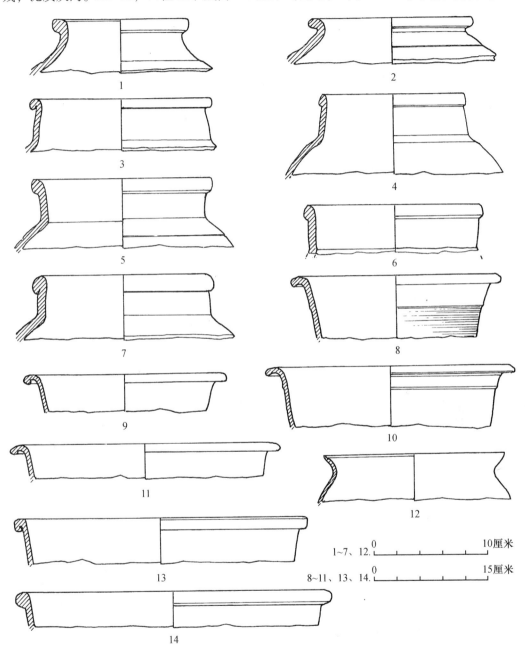

图七 出土陶器

1、2. A型罐（M2:10、M2:15） 3～5、7. B型罐（M2:16、M2:13、M2:8、M2:14） 6. C型罐（M2:29）

8～11. A型盆（M2:27、M2:17、M2:11、M2:28） 12. 釜（M2:12） 13. B型盆（M2:18） 14. C型盆（M2:19）

束颈，广肩。口径 14.4、残高 3.8 厘米（图七，2）。

B 型　4 件。泥制灰陶。高领，口沿略向外翻卷，折肩。M2：16，口径 16、残高 4.5 厘米（图七，3）。M2：13，直口微敛，尖唇。口径 13、残高 7 厘米（图七，4）。M2：8，直口微侈，圆唇。口径 16、残高 6 厘米（图七，5）。M2：14，直口，圆唇外卷。口径 16、残高 5.5 厘米（图七，7）。

C 型　1 件。小口罐。直口，圆唇略外翻。M2：29，口径 16、残高 4 厘米（图七，6）。

盆　6 件，可以分三型。

A 型　4 件。敞口，卷折沿，圆唇。M2：27，泥质灰陶。斜直腹，上腹部有一圈凸棱。口径 28、残高 8 厘米（图七，8）。M2：17，夹砂灰陶。敞口，折沿外卷厉害，斜直腹，以下残。口径 27、残高 5 厘米（图七，9）。M2：11，夹砂褐陶。敞口，折沿，圆唇外卷，斜直腹。口径 33、残高 8 厘米（图七，10）。M2：28，泥质灰陶。口径 36、残高 4.5 厘米（图七，11）。

B 型　1 件。M2：18，泥质灰黑陶。敞口，方唇，卷沿，上腹斜直。口径 42、残高 4.5 厘米（图七，13）。

C 型　1 件。M2：19，泥质灰黑陶。敞口圆唇，上腹斜直。口径 39、残高 6 厘米（图七，14）。

釜　1 件。M2：12，夹砂褐陶。敞口，尖唇，束颈。口径 16、残高 4 厘米（图七，12）。

甑　1 件。M2：23，泥质灰陶。斜腹，平底。底部有 6 个箅孔，中心 1 个箅孔稍大，周围 5 个稍小，箅孔由外向内戳成。底径 13、残高 4.5 厘米（图八，5）。

仓　1 件。M2：9，夹砂褐陶。口微敛，尖圆唇，短束颈，直腹，上腹部饰两圈附加堆纹。口径 33、腹径 38、残高 16 厘米（图八，1）。

器底　3 件。分二型。

A 型　2 件。M2：21，夹砂灰陶。下腹斜收，平底。底径 12、残高 4 厘米（图八，3）。M2：20，夹砂灰陶。下腹斜收。底径 9、残高 3 厘米（图八，4）。

B 型　1 件。M2：22，泥质灰黑陶。下腹斜直收，平底略内凹。底径 27、残高 6 厘米（图八，2）。

鸭　1 件。M2：6，泥质灰陶。扁嘴，短颈，短尾，体形较丰满，底部略残缺。长 15、残高 12.4 厘米（图九，2；图版一二，4）。

鸡　2 件。M2：7，均泥质灰陶。伏卧状，尖嘴，敛翼，底部残缺。长 21、残高 10.8 厘米（图九，4；图版一二，5 右）。M2：2，泥质灰陶，尖嘴，翘尾，较完整。长 21、高约 12.2 厘米（图九，7；图版一二，5 左）。

俑　2 件。M2：25，泥质红陶。无头，存俑身，身着长衣。残高 15.2 厘米（图九，1）。M2：24，泥质红陶。仅存一足，穿草鞋，制作细腻，栩栩如生。长 10.02、残高 6.2 厘米（图九，3）。

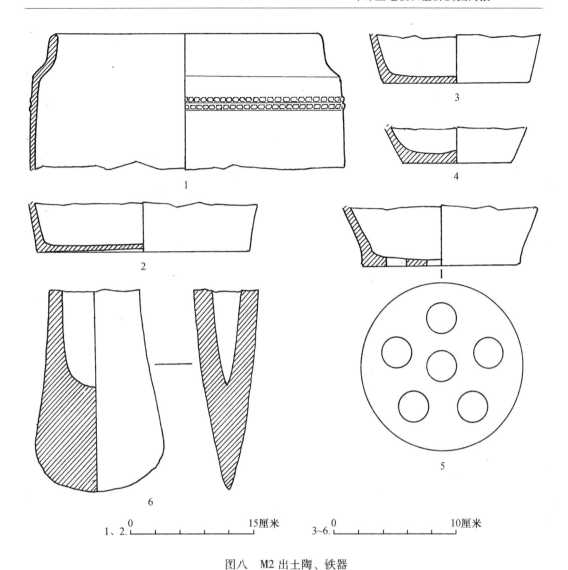

图八　M2 出土陶、铁器

1. 陶仓（M2:9）　2. B 型陶器底（M2:22）　3、4. A 型陶器底（M2:21、M2:20）　5. 陶甑（M2:23）
6. 铁斧（M2:26）

　　猪　1 件。M2:5，泥质灰陶。短尾，体形丰满，头部缺失，四足残缺，素面。残长 20、残高 12.1 厘米（图九，6）。

　　牛　1 件。M2:3。泥质灰陶。仅存头部，眼圆睁，口略张，作张望状。残长 12、残高 11.4 厘米（图九，5）。

2. 铁器

　　铁斧　1 件。M2:26，已锈蚀，刃部呈圆弧形，断面呈三角形，中间有一方形穿。长 16、穿孔长 7.6、宽 3 厘米（图八，6）。

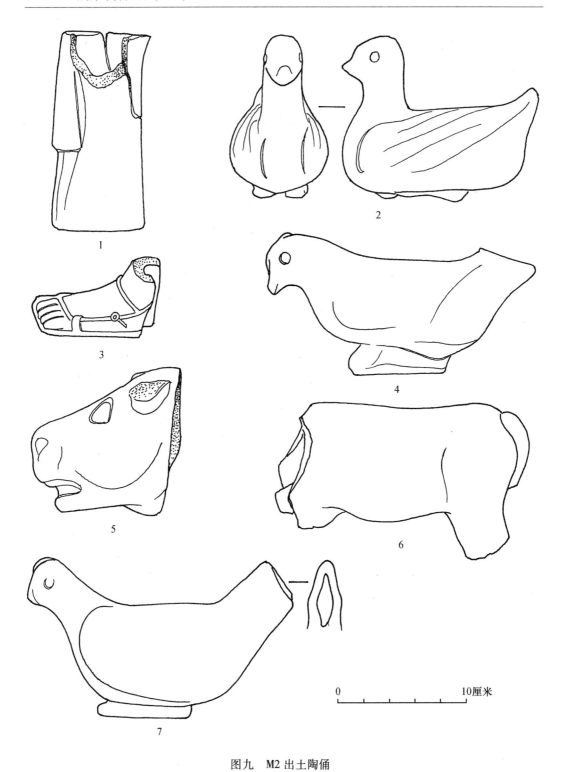

图九　M2 出土陶俑
1、3. 陶俑（M2：25、M2：24）　2. 陶鸭（M2：6）　4、7. 陶鸡（M2：7、M2：2）　5. 陶牛（M2：3）
6. 陶猪（M2：5）

3. 铭文砖

2 块，楔形，黄褐色胎，形制与墓室内用砖不同。M2:1，长 33.5、宽 25.5、厚 4.5～8.5 厘米。上刻有"永元十一年吉作"字样（图一〇；图版一二，1）。M2:4，已残，长 33、残宽 19、厚 5～7.5 厘米。上刻有"永元十一年吉作"字样。

（二）M3

1. 东室

东室出土随葬器物全部为陶器，陶质以泥质陶为主，夹砂陶较少。泥质陶质地细腻。分为灰陶、红陶、褐陶三类，部分器物上施黑色陶衣。罐、盆、钵等容器多为轮制，模型为分制组合而成，俑类器物模制而后用手工修整，合范处明显。可辨器形有罐、盆、碗、钵、案、灶、耳杯、缸、陶俑等。现分别介绍如下。

仓　1 件。M3$_东$:5，夹砂灰陶，敛口，尖唇。口径 26、残高 3 厘米（图一一，3）。

盆　2 件，均为 A 型盆。M3$_东$:7，泥质灰陶。敞口，圆唇外卷。口径 36、残高 2.4 厘米（图一一，4）。M3$_东$:4，泥质灰陶。敞口，上腹斜直，近口沿部有一圈凸棱，以下残。口径 28、残高 3.4 厘米（图一一，5）。

壶底圈足　2 件，分二型。

A 型　1 件。M3$_东$:8，夹砂灰陶。喇叭口形圈足，较高，近底部有一圈凸棱。底径 26、残高 4 厘米（图一一，2）。

B 型　1 件。M3$_东$:10，夹砂灰褐陶。高圈足，壁向外斜直。底径 24.9、残高 10.2（图一一，6）。

折腹钵　1 件。M3$_东$:6，泥质灰陶。敞口，尖圆唇，斜直腹。口径 19、底径 7、高 7 厘米（图一一，1）。

器底　1 件，B 型。M3$_东$:9，夹砂灰陶。平底内凹。底径 30、残高 2.6 厘米（图一一，7）。

俑　3 件。M3$_东$:1，夹砂灰陶，外施黑色陶衣。头挽发髻，身着长袍，双手合穿袖内置于胸前。通高 24 厘米（图一一，9）。M3$_东$:2，夹砂灰陶，外施黑色陶衣。头挽发髻，头微垂，双手交叉合抱于胸前，右下部残缺。通高 23.3 厘米（图

0　　　　　　　　5厘米

图一〇　M2 纪年砖拓本
（M2:1）

图一一　M3 东室出土陶器、陶俑

1. 折腹钵（M3东:6）　　2. A 型壶底圈足（M3东:8）　　3. 仓（M3东:5）　　4、5. A 型盆（M3东:7、M3东:4）

6. B 型壶底圈足（M3东:10）　　7. B 型器底（M3东:9）　　8～10. 陶俑（M3东:3、M3东:1、M3东:2）

一一，10）。M3$_东$：3，夹砂灰陶，外施黑色陶衣。仅存头部，头戴角巾，鼻子较高隆。残高10.5厘米（图一一，8）。

2. 西室

M3 西室出土器物较少。全部为陶器。

陶器以泥质陶为主，夹砂陶较少。泥质陶分为灰陶、红陶、褐陶等，部分器物上施黑色陶衣。罐、钵等容器为轮制，模型采用范分制再组合而成，动物类采用模制加工修整的办法。可辨器形有罐、盆、钵、案、房、缸、陶祖、池塘模型及各种俑类。现分别介绍如下。

罐　2件，分二型。

A 型　1件。M3$_西$：15，口微侈，圆唇，高领，斜肩，泥质灰陶，肩饰一周凹弦纹。口径15、残高6厘米（图一二，1）。

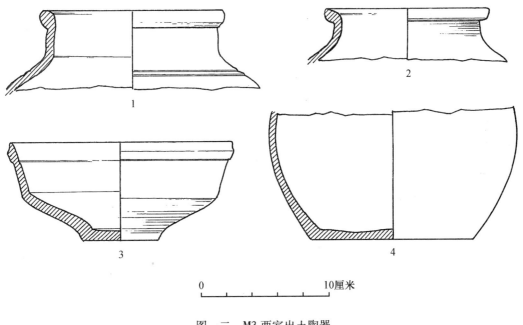

图一二　M3 西室出土陶器

1. A 型罐（M3$_西$：15）　2. B 型罐（M3$_西$：16）　3. 折腹钵（M3$_西$：7）　4. 器底（M3$_西$：10）

B 型　1件。M3$_西$：16，泥质红褐陶。敞口，短束颈。口径13、残高4厘米（图一二，2）。

折腹钵　1件。M3$_西$：7，泥质灰陶。敞口，尖唇，折腹处在中部，平底。口径18、底径6、高7.5厘米（图一二，3）。

器底　1件。M3$_西$：10，夹砂灰陶。弧腹微鼓，平底。底径13、残高10厘米（图一二，4）。

图一三　M3 西室出土陶俑

1~4. 陶俑（M3$_{西}$:1、M3$_{西}$:6、M3$_{西}$:5、M3$_{西}$:8）　5、6. 陶鸡（M3$_{西}$:3、M3$_{西}$:4）　7、8. 陶鸭

（M3$_{西}$:12、M3$_{西}$:2）　9. 陶祖（M3$_{西}$:11）　10. 陶牛（M3$_{西}$:9）

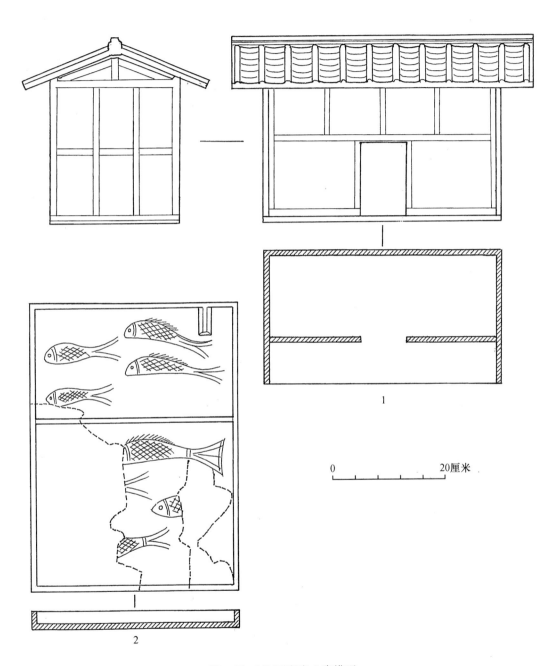

图一四 M3 西室出土陶模型
1. 陶房（M3西:13） 2. 池塘（M3西:14）

陶祖　1件。M3$_西$:11，泥质黑皮陶。形象逼真。长9、最大径3.5厘米（图一三，9）。

俑　4件。M3$_西$:1，泥质灰陶。头裹圆巾，细眉杏眼，上手合拢于袖中置胸前，头顶微残。高27厘米（图一三，1）。M3$_西$:8，泥灰陶，头部与上半身残缺，双手合拢于袖中置于胸前。残高15.2厘米（图一三，4）。M3$_西$:5，泥质黑皮陶，头部残缺，作舞蹈状。残高7.6厘米（图一三，3）。M3$_西$:6，夹砂灰陶。仅存头部。残高6.3厘米（图一三，2）。

鸡　2件。M3$_西$:3，夹砂灰陶。公鸡，高冠，长颈。残高13.2厘米（图一三，5）。M3$_西$:4，夹砂灰陶。尖嘴，短颈。残高12.3厘米（图一三，6）。

牛　1件。M3$_西$:9，夹砂灰陶。仅存身部和腿部，呈站立状。残长26.1、残高24.6厘米（图一三，10）。

鸭　2件。M3$_西$:2，夹砂灰陶。扁嘴，长颈，短尾。残长17.8、残高11.4厘米（图一三，8）。M3$_西$:12，夹砂灰陶。头部残缺。残长18.6、残高11.2厘米（图一三，7）。

陶房　1件。M3$_西$:13，泥质灰陶。硬山式建筑。长54、高32.5、进深15厘米，檐高23、前后檐间距33厘米。正中开一门，门宽8、高13厘米，门前台面宽7厘米（图一四，1；图版一二，3）。

池塘　1件。M3$_西$:14。泥质黑皮陶。长方形，中间由一田埂将其分开，两边刻画有鱼共7条。长50、宽39、高1厘米（图一四，2；图版一二，2）。

五、结　语

邛崃监狱发掘的汉墓，是成都地区目前发现的墓葬形制保存较好的墓葬，从M2和M3的结构和修建方式来看（M1暂不明），应是统一规划、统一施工的。墓主关系应该比较密切。因此，我们推断该地为一家族墓地。

M2出土铭文砖"永元十一年"为东汉和帝刘肇的年号，"永元十一年"即公元99年，为东汉早期墓葬。此外，M2、M3两者墓葬形制及排水设施相同，可以断定应属于同一或相近时期墓葬。另外，两墓的墓砖纹饰有几何、网格、乳钉等图案，且都有边框，体现了汉代早期墓葬墓砖的特征。

M2墓室棺台地砖有两种规格，其排列方式也不相同，且有明显的界限，同时室外排水沟的填土在平面上与墓道填土明显不同且打破墓道，可以推断该墓葬并非一次葬，而经过第二次下葬后完善了排水系统。M3两室共用一排水设施（仅西室有），同时，两室之间砌建有通道，说明两室同时修建，但入葬时间上西室要晚于东室。另外，我们推断两室之间的通道除了排水外，可能尚有宗教上的意义，表明死者在另一个世界的相通。值得一提的是，以后四川地区宋代的夫妻合葬墓中这种形式较多，且基本为宗教性质。

总之，土地坡邛崃监狱墓群的墓葬形制及其随葬器物为研究当时的葬俗提供了重要的实物资料，也为同时期墓葬的断代提供了依据。

附记：参加此次发掘的有成都市考古队蒋成、刘雨茂、陈云洪、王仲雄、王军，温江区文管所张振刚，邛崃市文物局何吉民、汪雄、张玉涛、赵军、夏存刚、李锐。

绘　图：杨文成　王　军

拓　片：代堂才

执　笔：刘雨茂　张玉涛

成都青龙乡东林花园21线道路西段墓葬发掘简报

成都文物考古研究所

　　东林花园（小区）建设工地位于成都市成华区青龙乡东林村一组，南邻动物园，北靠三环路，西倚昭觉寺南路，其原地貌呈东高西低的坡地，相对高差约1.6米。21线道路属东林花园内部通道，位于该小区的北部，呈东西走向（图一）。2007年3月8日，成都市土地储备中心在修建21线道路的西段时，发现3座砖室墓。成都文物考古研究所在接报后立即派出工作人员前往现场，对墓葬进行了抢救性清理发掘。其中一座汉代砖室墓基本被破坏殆尽，故本文不予介绍，只将另外两座保存相对较好的宋代墓葬（编号2007CQDM1、M2，以下简称M1、M2）的发掘情况及收获简报如下。

一、M2

1. 墓葬形制

　　M2位于21线道路西段的中部偏东，西南距M1约1.8米。墓葬开口距地表深约0.4米。墓葬方向170°，其平面形制特征为前宽后窄梯形单室砖室墓，墓顶不存。墓葬全长2.28、前宽1、后宽0.76、残高约0.46米。

　　墓室内长1.92、前宽0.62、后宽0.42、残高0.4米。墓墙砌法为在铺底砖以上四平一丁一组，再两平砖平砌，上部被破坏。砖缝均抹黄泥土。墓室内设置一棺台，略呈梯形。棺台长1.83、前宽0.48、后宽0.36、高约0.04米，其砌法为平砖错缝横铺一层。棺台不甚规整，与墓室后壁及西壁后半部分相连，只有东侧及前部边沿与墓室左右两侧和封门墙之间形成一宽5~20厘米的凹槽。随葬器物主要放置在棺台上。在棺台中前部放置一小型铜镜，在棺台中部偏后放置4件瓷盒、1件带盖罐、1枚"开元通宝"和1枚"祥符元宝"铜钱。在墓壁东北部与棺台之间的凹槽内放置1块方形红砂石，规格30×30-1.5（厘米），应为墓券，但风化严重，上面的文字已看不清楚，墓券本身也无法取出。人骨尚存上半部分，为一人仰身直肢葬，其葬具从靠近墓室前端发现的铁质棺钉和红漆皮残片分析，应为木棺，因年久已腐朽殆尽。墓砖规格为36×18-3.5（厘米）（图二）。

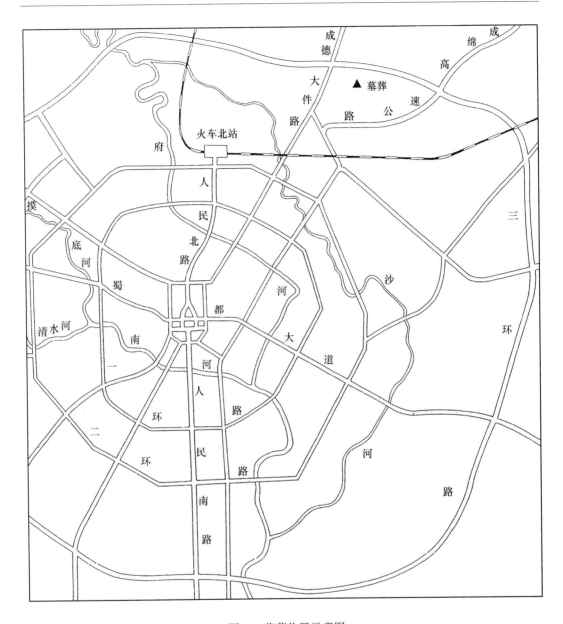

图一 墓葬位置示意图

2. 随葬器物

M2内共出土随葬遗物6件，器类有瓷罐、瓷盒、铜镜、铜钱币等。

瓷盒 4件，其中3件有盖，1件无盖。均为白胎，影青釉。根据盒的形制以及大小的不同可分为三型。

A型 1件。M2:3，器形略大。盒盖为直口，直壁，弧顶，盖面饰有花瓣纹。直径8、高2.5厘米。盒身为子母口，腹壁微收，平底略凹，外壁饰有瓜棱纹。口径6.8、底

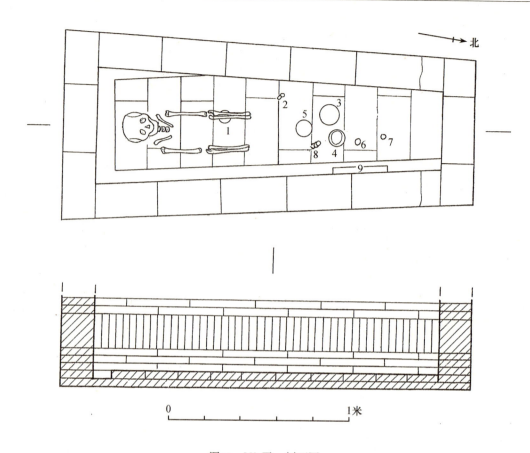

图二　M2 平、剖面图

1. 铜镜　2、8. 钱币　3、5～7. 瓷盒　4. 瓷罐　9. 红砂石墓券

径6.5、高4.6厘米（图三，1）。

B 型　1件。M2:5，器形稍小。盒盖为宽沿，直口，盖顶下凹，中部有一圆纽。直径6.7、高1.3厘米。盒身为子母口，腹壁内折，平底略凹，外壁饰有瓜棱纹。口径5.8、高3.2厘米（图三，2）。

C 型　2件。器形最小。M2:6，凹形顶盖，直口，外饰一周瓜棱纹。直径3.4、高0.8厘米。盒身为子母口，腹壁近直，平底略凹。口径2.6、底径3、高1.8厘米（图四，3）。M2:7，无盖。盒身与M2:6基本一样，只是近底部有一周凹弦纹。口径2.6、底径3、高1.2厘米（图四，4）。

瓷罐　1件。M2:4，凹型顶盖，中部饰一圆纽。褐釉。直径5.3、高1.1厘米。罐为砖红胎，近直口、圆唇，矮领，扁鼓腹，矮圈足。腹部以上先饰灰白釉凸棱形线条，再外饰酱黄釉。口径4.8、腹径17、底径4.1、高5.9厘米（图四，1）。

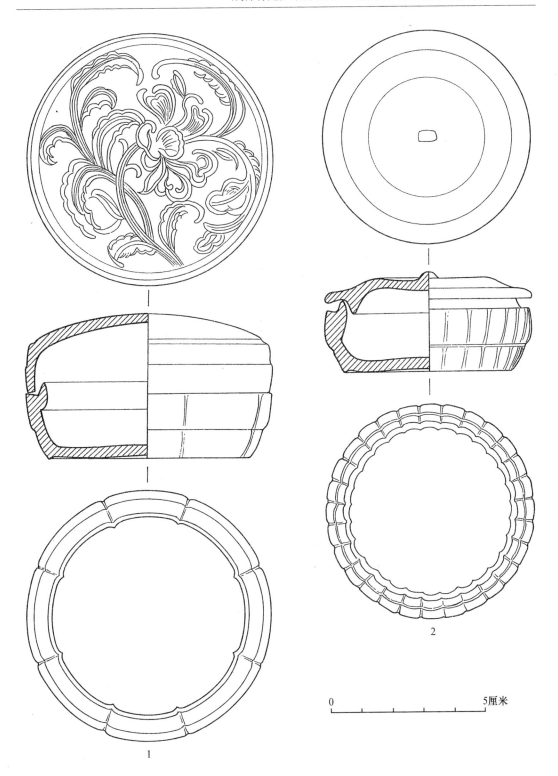

图三 M2 出土瓷盒

1. A 型（M2:3）　　2. B 型（M2:5）

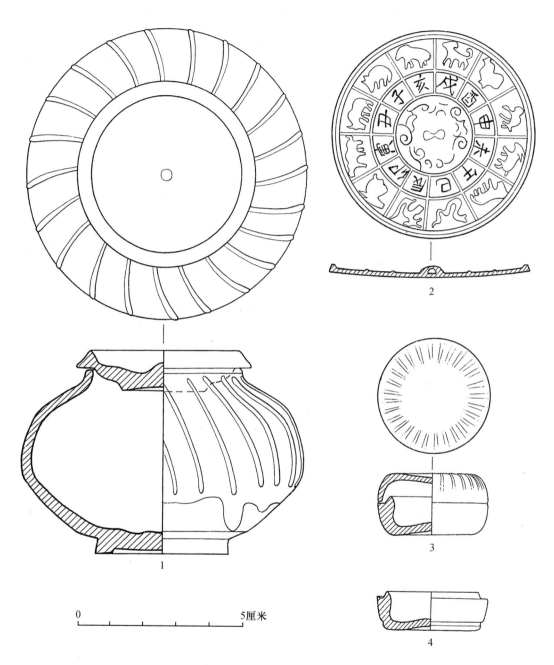

图四　M2 出土器物

1. 瓷罐（M2:4）　2. 铜镜（M2:1）　3、4. C 型瓷盒（M2:6、M2:7）

铜镜　1 件。M2:1，桥形纽，圆纽座。内外区以两周凸弦纹为界，边缘起凸棱。内周为文字，按逆时针"子、丑、寅、卯、辰、巳、午、未、申、酉、戌、亥"；外周为十二生肖图案，按逆时针"鼠、牛、虎、兔、龙、蛇、马、羊、猴、鸡、狗、猪"。直径 6、厚 0.2 厘米（图四，2；图五，3）。

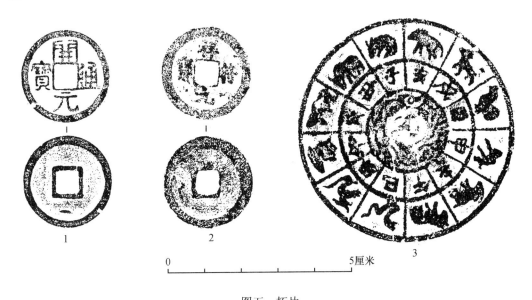

图五　拓片

1. 开元通宝（M2:2）　2. 祥符元宝（M2:8）　3. 铜镜（M2:1）

铜钱币　2枚。开元通宝，1枚。M2:2，铸造工整，方穿，有内外廓，钱文清秀，字形匀称。"元"字首横较短，次画长横浑厚，"通"字偏旁三画相连，最后一笔为平捺，其润笔要点是下笔由轻入重。"元"字背面有一"俯月"纹（掐文）。钱径2.4、穿宽0.6、廓宽0.2厘米（图五，1）。祥符元宝，1枚。M2:8，方穿，面背均有内外廓，轮廓规整。钱文略有锈蚀，"符"字上部笔画紧密。"元"字首笔为一斜点，次笔浑圆，左撇笔画清秀，竖弯钩笔画顿笔并上挑。"宝"字笔画连贯模糊。钱径2.4、穿宽0.7、廓宽0.3厘米（图五，2）。

二、M1

1. 墓葬形制

M1东北距M2约1.8米，距地表深约0.38米。墓葬破坏更为严重，其平面形制特征为前宽后窄梯形单室砖墓，墓顶不存。墓葬方向168°，全长2.3、前宽1.14、后宽1.1、残高约0.42米。墓室内长1.94、前宽0.8、后宽0.76、残高0.33米。墓墙砌法为在铺底砖以上五平一丁一组（再以上被破坏）错缝抹泥垒砌。铺底砖一层，左右两侧为横向平铺，中部为纵向平铺。墓内出土随葬器物较少，在东北端置2件带盖双耳罐，在东侧墓壁中部偏北置一瓷盏。此墓的葬式、葬具不清，但再清理过程中发现，靠近墓底时碎骨偏多，并伴有铁质棺钉。墓砖规格35×18-3.5（厘米）（图六）。

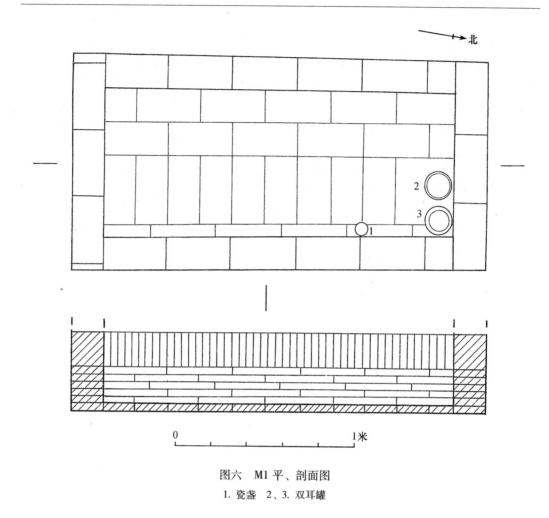

图六　M1 平、剖面图
1. 瓷盏　2、3. 双耳罐

2. 随葬遗物

M1 出土随葬器物较少，器类有瓷盏、瓷罐等。

盏　1 件。M1:1，敞口，近圆唇，斜腹，平底。砖红胎，器内及器口沿外施酱黄釉，器外施釉未至底部，并伴有流釉现象。口径 10.2、底径 3.2、高 2.8 厘米（图七，3）。

双耳罐　2 件。均带双耳器盖，两件罐及罐盖形制、大小相近，只是肩部所饰纹饰略有区别。M1:2，为微凹形双耳器盖，砖红胎，酱釉，敞口、方唇。盖径 19、高 6.4 厘米。罐为砖红胎，敛口、圆唇，矮领，溜肩。最大腹径偏上，内凹底。外饰酱釉未及底，肩部饰草叶纹。口径 15、腹径 28.5、底径 12、通高 35.6 厘米（图七，2）。M1:3，与 M1:2 相同，均为砖红胎，外饰酱釉，只是罐身饰灰白釉弦纹。盖直径 18.4、高 6 厘米；罐口径 16、腹径 27、底径 12.3、通高 35.4 厘米（图七，1）。

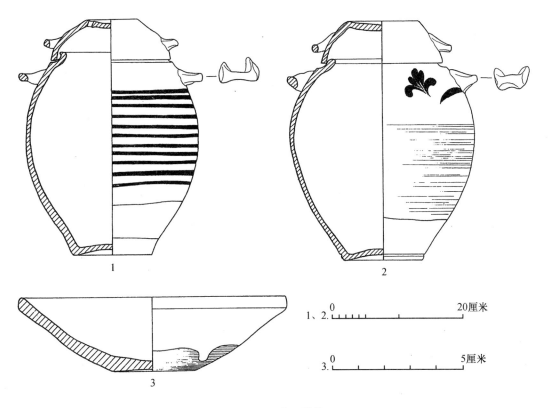

图七 M1 出土器物

1、2. 双耳罐（M1:3、M1:2） 3. 盏（M1:1）

三、结 语

近年来随着城市的快速发展，成都文物考古研究所为配合本市的基本建设，在成华区青龙乡先后发现多处古墓葬[1]，其中就在离该处墓葬不远"东林花园"小区建设工地内就发现有西汉土坑墓、东汉砖室墓以及唐宋时期的砖室墓葬等多座[2]。这些墓葬的发现充分说明了此区域是成都两汉至唐宋时期的一个墓葬分布区，也为我们研究成都地区古代丧葬习俗提供了重要的实物资料。

这次在东林村一组发掘的两座宋代梯形单室墓葬与前期在该区域发现的同时期墓葬有所区别（原来发现的宋代砖室墓多为双室墓葬和单室长方形墓葬）。但"这种单室梯形墓葬的形制特征，也是四川宋墓（北宋治平至南宋淳熙）较常见的"[3]。在 M2 内所出钱币中，年代最晚的为"祥符元宝"。根据宋史记载，在祥符元年（1008 年）铸有"祥符元宝"、"祥符通宝"二钱。1994 年，成都文物考古研究所、都江堰市文物局在对都江堰市金凤乡瓦岗窑的发掘中，在 Y4 窑床底部发现两枚"祥符通宝"[4]，应与此墓发现的"祥符元宝"为同一时期货币。另在墓内还出土有十二生肖铜镜、影青瓷粉盒、胭脂盒，这在四川宋墓中并不常见，尤其是影青瓷器，应为外来瓷。根据所出钱币以及随葬器物，我们推测 M2 年代应在祥符元年之后，北宋早期偏晚或北宋中期。M1 的墓葬形制与 M2 基本相同，且相距不远，其年代应该比较接近，其墓内随葬的双耳罐虽不多见，但另出的瓷盏与成都指挥街唐、宋遗址中的灯盏相似[5]，与 2000 年磁峰窑发掘报告中的灯盏也比较相近[6]，因此推测 M1 的年代也大致在北宋的中期左右。

发　掘：颜劲松　程远福　杨永鹏

绘　图：曾　雾　李福秀

拓　片：代堂才　代福尧

执　笔：颜劲松　程远福

注　释

[1]　成都文物考古研究所：《成都市青龙乡石岭村宋墓发掘简报》，《成都考古发现（2003）》，科学出版社，2005 年；《成都市青龙乡海滨村墓葬发掘简报》，《成都考古发现（2003）》，科学出版社，2005 年。

[2]　资料现存成都文物考古研究所。

[3]　陈云洪：《试论四川宋墓》，《四川文物》，1999 年 3 期。

[4]　成都文物考古研究所、都江堰市文物局：《都江堰市金凤乡瓦岗坝窑发掘报告》，《成都考古发现（2001）》，科学出版社，2003 年。

[5]　成都市博物馆、四川大学博物馆：《成都市指挥街唐宋遗埋发掘报告》，《西南民族考古》第二辑，四川科学出版社，1989 年。

[6]　成都文物考古研究所、彭州市博物馆：《2000 年磁峰窑发掘报告》，《成都考古发现（2000）》，科学出版社，2002 年。

蒲江"残城址"遗址试掘简报

成都文物考古研究所

蒲江县文物保护管理所

残城址位于成都市蒲江县西来镇白马村（原属于残城址村），邛蒲公路的北面，海拔541米（图一）。史载西魏恭帝年间设置了临溪县城，直至宋代才被降县为镇，长期以来一直认为残城址就是古代的临溪县城所在地。此次主要是通过考古发掘来了解城址始建年代、沿用情况、城墙结构，并在此基础上尝试了解城址的布局，以验证文献的真实性。为此，2006年9月成都文物考古研究所、蒲江县文物保护管理所联合组队对该城址进行了试掘。

发掘前对古城进行了踏察和钻探，初步确定了古城墙的范围。经调查城址平面呈梯形，北城墙长约170米，南城墙约220米，东西城墙约230米。古城东、西面为自然形成的冲沟，南面为断崖，所以东、西、南三面城墙主要以天然的冲沟、断崖为险，城墙不高；北面地势平坦，城墙外有一条村级公路，城内和城外高度相差不大，所以筑高墙以御险，北城墙保存较为完整，现存高度约2米。由于农业种植和开发，城墙多处被破坏，大部分已经比六七十年代低了30厘米左右。城的东南角向西凸出一部分，当地人称望牛墩。望牛墩地表平坦，经过人工修整，应该属于古城的附属部分，功能可能和古城常有的起防御作用的"马面"相似，或即为当地人传说的瞭望台（图二）。城内北高南低，从北向南分成多个梯地，依次降低，地表种植庄稼和树木。

从钻探情况来看，城内堆积不均。城北文化堆积最浅薄，文化堆积多在20厘米左右，很多地方耕土层下即生土；文化堆积主要分布于城中，城南靠近断崖附近堆积较厚，部分地方文化堆积在50厘米以上。城中、城南地表发现了大量的残砖、陶瓷片以及柱础石，说明此处为当时主要集聚区。另外还对北城墙外进行了钻探，仅发现零星文化堆积，靠近城墙位置钻探到青灰色砖（图二）。

根据钻探结果，结合发掘目的，我们在城内中部布探沟两条（06PXLTG2、06PXLTG3），以了解城内文化堆积情况；在北城墙边上布探沟一条（06PXLTG1），以了解城墙结构和时代。发掘面积共157.5米。

一、地 层 堆 积

此次发掘面积过小，所以很多遗迹现象未完全暴露，为了保持遗迹的完整性，未向下清理，仅有06PXLTG3沿南壁向西扩出3米×2.5米，此处发掘最深，地层堆积亦最厚，所以以扩方的北壁为例作为说明（图三）。

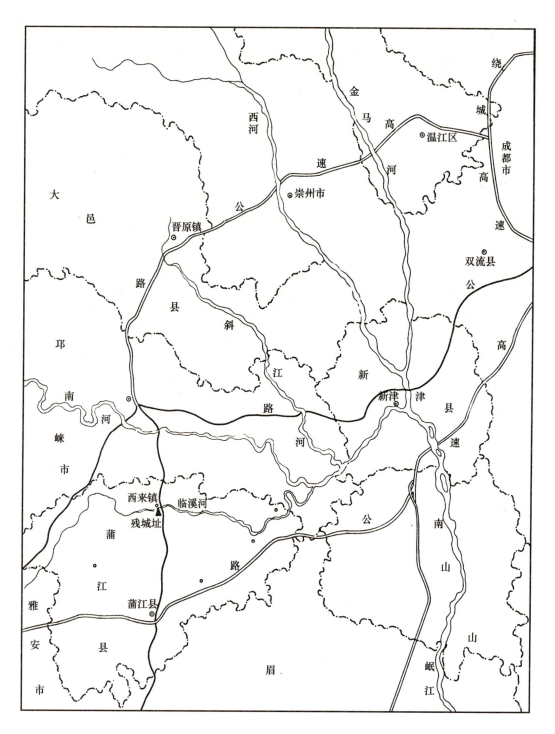

图一　蒲江西来镇残城址位置示意图

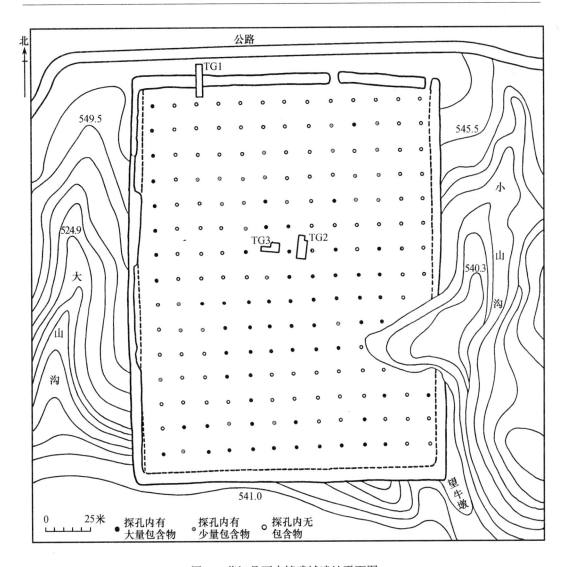

图二 蒲江县西来镇残城遗址平面图

第1层：耕土层，褐色土，颗粒较大，结构疏松，含有大量的农作物根系，出土少量的瓷片和瓦片；厚0.12～0.17米。该层下中部有一南北向排水沟，东壁下有一青灰砖基础，未予清理。

第2层：黄褐色土，颗粒较大，土质松软。出土器物以瓷片为主，多为灰色胎，另有少部分红色和白色胎，器形有碗、罐、钵、盘、杯、盏、盆、壶等，另外还发现有陶球、铃、支钉等窑具以及"开元通宝"铜钱等，距地表0.12～0.17米，厚0～0.05米。该层下叠压有H1、H2。

第3层：红褐色土，颗粒较大，土质松软，有黏性，土中包含有大量的木炭和红烧土。出土物仍以瓷器为主，多施青釉，以灰色胎为主，还发现白瓷、黑釉瓷，器形有碗、盏、钵、罐、盘、盆、壶等，另有三彩器盖、琉璃器、残砖、碎瓦等。该层的西北

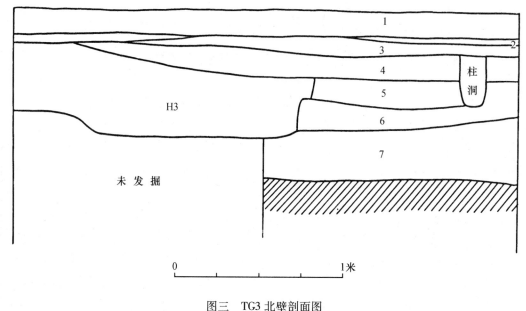

图三　TG3 北壁剖面图

角缺失。距地表 0.18～0.2 米，厚 0～15 厘米。该层下东北角有两圆形柱洞。

第 4 层：褐色土，颗粒细密，土质较硬，包含有零星木炭和残砖。出土物仍以瓷器为主，器形以饼足大碗最多，还有罐、钵、盘、盆等；其次是陶片，为泥质灰陶，可辨器形有盆，还有青灰布纹陶瓦，瓦片较第 2、3 层的要厚。距地表 0.25～0.3 米，厚 0～0.15 米，其中西北角缺失。该层下叠压 H3。

第 5 层：黄褐色土，土质松软，黏性强，含有少量的炭屑、铁块，出土少量器物，瓷器有盘口器、盆、罐、碗等，陶器有盆。距地表 0.38～0.42 米，厚 0.1～0.15 米。西北角被 H3 打破，该层下叠压有 H4（未发掘完）。

第 6 层：黄褐色土夹褐斑，土质松软黏性强，较纯净。距地表 0.4～0.51 米，厚 0.1～0.17 米。仅分布于探方的东北角。

第 7 层：灰黄色土，颗粒细密，土质松软，较纯净。距地表 0.55～0.66 米，厚 0.37～0.4 米。仅分布于探方的东北角。

第 7 层下为黄褐色土，未进行发掘。

二、遗　迹

（一）城　墙

城墙解剖地点选择保存较好的北城墙的西部，城墙解剖段位于 06PXLTG1 内的北部，方向 80°。城墙现存高度距城外地表 3.7 米，距城内地表 1.8 米。剖面呈梯形，顶宽 3.65、底宽 5.3 米。城墙的表土已被开垦为农田，栽有树木，表土下墙体分 Q1 和 Q2

两部分（图四），下面分别叙述。

1. Q1

呈斜坡状堆积，逐层堆筑，比较随意，未发现夯筑痕迹。土中含有大量的瓦片起加固作用，一次性形成。顶宽1.3、底宽1.34、高0.85～1.1米，根据土质、土色以及包含物，分5小层。

第1层：灰色土，结构紧密，土质较硬，含有大量的瓦片，出土少许瓷片。

第2层：褐色土，结构紧密，土质较硬，含有少量的瓦片和瓷片。

第3层：黄色土，结构紧密，土质较硬，瓦片数量有所增多。

第4层：褐色土偏黄，结构紧密，土质较硬，仅发现少量的瓦片。

第5层：褐色土，结构紧密，土质较硬，发现较多的瓦片。

第5层下为早期地层，未发掘。

2. Q2

为水平逐层夯筑一次性形成。剖面近梯形，墙顶宽2.1、底宽3.5、高2.13米。可以分19小层，上部13层为褐色土和灰色土轮换逐层夯筑，这13个夯层较厚，底部6层为灰色和黄色土逐层轮换夯筑，夯层比较细密。夯土结构紧密，土质坚硬，含有少许炭屑、铁块、瓦片，各层少见遗物，仅在第12层内发现几件碎瓷片，其中2件为器物底部，均为邛窑系产品；第13、14层发现泥质灰陶罐的口沿。每层夯土的表面都有夯窝，呈马蹄形，长9、宽5厘米，均匀分布，夯土工具为两个绑在一起的棍棒。

Q1叠压于Q2的南坡，所以Q1晚于Q2，再根据其堆积结构等现象，Q2夯筑规整、精细、质量较高，应为主墙，Q1较为粗糙、随意，为后来主墙体的补筑部分。

（二）灰　　坑

此次共发现4个灰坑，清理3个，H4未清理到底。

1. H1

位于TG1的西部，部分压于西壁下（图五）。坑口呈椭圆形，开口于第2层下，距地表0.16～0.18米。清理部分东西宽1.13、南北长1.2、坑深0.17米，弧形底部。坑内填灰黄色土，土质较硬，土中夹杂有灰烬和少许木炭。出土器物有瓷片、陶片以及许多布纹瓦片和鹅卵石。灰坑为人工挖成，后将包含有陶瓷器碎片的土一次性回填形成的。

2. H2

位于TG1的西壁下偏北处，部分压于西壁下，未予清理（图六）。该灰坑开口于第2层下，平面近椭圆形，坑口距地表0.2～0.28米，深0.14～0.18米，坑口清理部分东西宽0.95、南北长1.2米，锅形底。坑内填黄褐色土夹杂少量灰烬，土质紧密。坑底发现大量

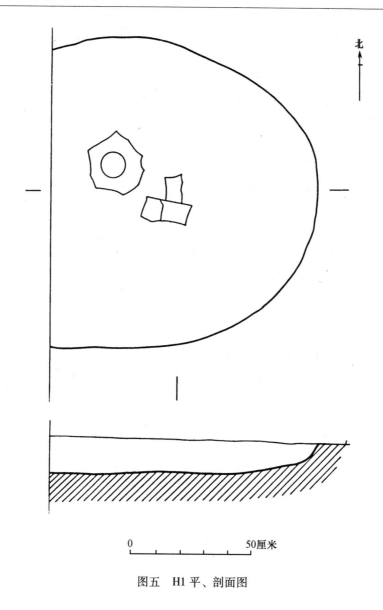

图五　H1 平、剖面图

的瓦片和一些瓷片，瓦片以板瓦为主，部分瓦片内饰布纹，筒瓦较少；瓷器均施青釉，以灰色胎居多，另有部分红色胎，一件罐上还装饰釉下彩草叶纹，可辨器形有碗 3 件、罐 2 件；陶器片不多，仅有陶盆 1 件。从已经发掘的情况来看，应该是人工挖成，后一次性回填。

3. H3

位于 TG3 的西北角，开口于第 4 层下，打破第 5 层，部分压于北壁和西壁下（图七）。由于未清理完毕，坑口的形状不详，坑口距地表 0.2～0.35 米，坑深 0.5～0.55 米，坑壁较直，底部略平，已发掘部分坑口长度为 1.8 米。坑内填黄褐色土夹杂红烧土颗粒和少许炭屑。坑内出土器物均为瓷器，器形有碗 1 件、罐 1 件、盆 2 件、钵 1 件，胎均为青灰色，施青釉。

另外，还发现与建筑相关的遗迹现象，如房屋的柱础石、砖砌排水沟、柱洞、砖

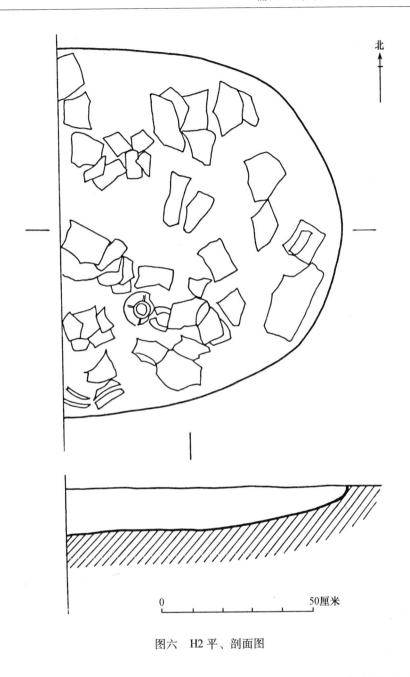

北

0   50厘米

图六 H2 平、剖面图

砌墙基、灰沟、红烧土铺垫的活动面等。由于发掘面积太小，遗迹全貌难以了解，而且这些遗迹现象均未清理，所以详细情况只有留到下次发掘后再予以详细报告。

三、遗 物

此次出土器物以瓷器为主，还有少量的陶器、石器、铁器和"开元通宝"钱币，下面进行详细的描述。

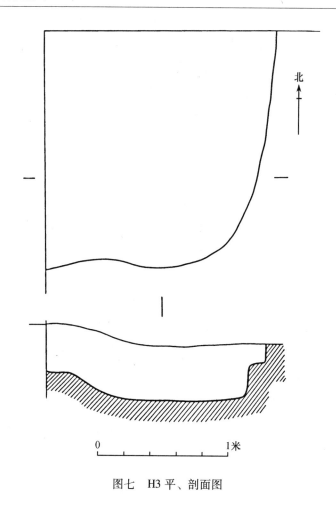

图七　H3 平、剖面图

1. 瓷器

瓷器可辨器形共 187 件（包括采集器物），器形依照数量的多少依次有碗、罐、盏、钵、盆、壶、坛、器盖等；以灰色胎最多，其次为红色胎、紫色胎、白色胎等；器外多施青釉，还有部分黄褐釉、黑釉、白釉、黄釉等。多属于邛窑系产品，仅有少数外来产品。出土器物太少，很难划分型式，所以仅挑选一些标本叙述。

碗　数量最多。根据腹和口部的不同可以分为四型。

A 型　深腹，仅见 2 件。H4：1，灰色胎，内外施青釉，内壁釉下施白色化妆土。圆唇，敛口，深腹，底部残。口径 14、残高 9.2 厘米（图八，7）。

B 型　折腹，可分二式。

Ⅰ式：碗腹较浅，转折度不大。H3：1，灰色胎，碗内以及碗口外部施青釉，釉下有白色化妆土。侈口，弧腹，饼足内凹，内壁留有 5 个支钉痕迹。口径 17、底径 8.8、高 6 厘米（图八，8）。

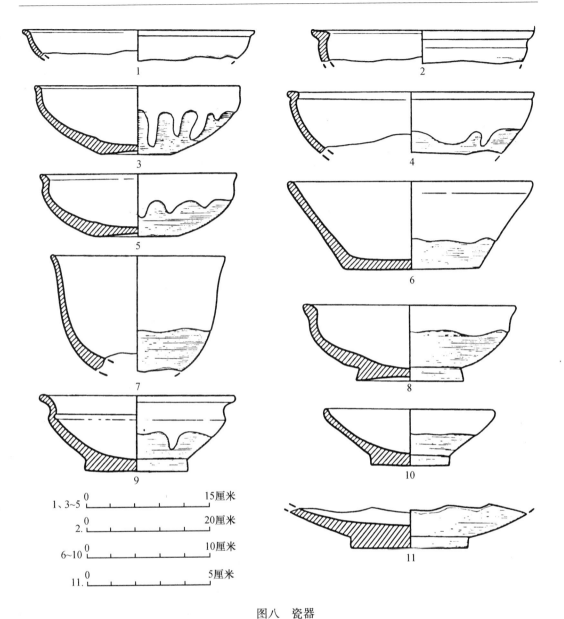

图八 瓷器

1、2、4. 盆（TG3⑤：5、采：1、JG3⑤：1） 3、5、6. 钵（H3：3、H3：2、采：2） 7. A 型碗（H4：1）

8. B I 式碗（H3：1） 9. B II 式碗（TG2②：6） 10、11. Ca 型碗（TG3③：10、TG3③：9）

　　II式：碗腹变深，折腹明显。TG2②：6，青灰色胎，内壁及外壁口沿涂一层化妆
土，外壁有黄褐色釉点，圆唇，敞口，折腹，腹微弧内收，饼足。口径16、底径8.4、
高6厘米（图八，9）。

　　C 型　浅腹，根据底部的不同又可以分成三亚型。

　　Ca 型　饼足。TG3③：10，灰色胎，内壁及外壁口沿处涂一层灰白色化妆土，施酱
釉，敞口，尖唇，近直腹，饼足，碗内壁有支钉痕迹。口径14、底径6.4、通高4.4厘

米（图八，10）。TG3③:9，红色胎，内施青釉，釉下有黄色化妆土。饼足，内底有一周凹弦纹和几个支钉痕。足径4.8厘米（图八，11）。TG3③:30，砖红色胎，施黄褐色化妆土，弧腹，饼足，碗内壁有支钉痕迹。底径7厘米（图九，1）。TG3②:12，灰胎，

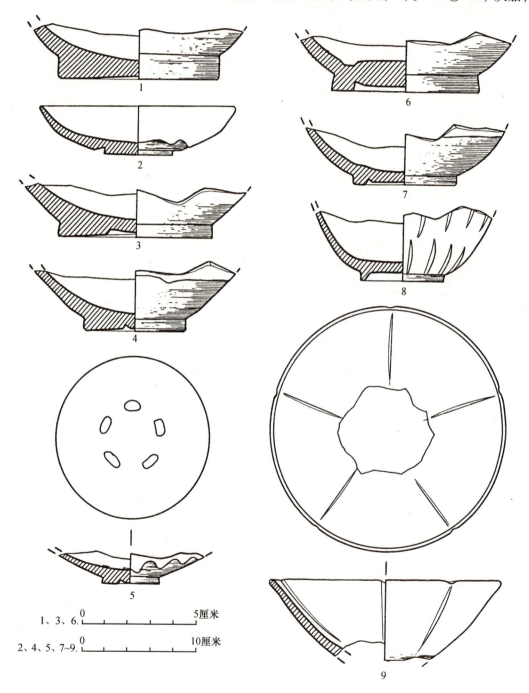

图九　瓷器

1、2. Ca 型碗（TG3③:30、TG3③:12）　　3～5. Cb 型碗（TG3③:4、TG3②:33、TG3②:4）　　6～8. Cc 型碗

（TG3③:11、TG3①:1、TG3②:39）　　9. D 型碗（TG3②:40）

碗内壁及外壁口沿处施豆青釉，釉质较好，敞口，近弧腹，腹较浅，碗内底黏有少量烧造时落入的残渣，饼足较浅。口径17、底径6、通高5厘米（图九，2）。

Cb型 玉璧足。TG3③:4，青灰胎，外壁施一层浅黄色化妆土，弧腹，玉璧足。底径6.6厘米（图九，3）。TG3②:33，灰褐色胎，外施涂一层浅黄色化妆土，碗内底有支钉痕迹，弧腹，玉璧底。底径9厘米（图九，4）。TG3②:4，灰色胎，碗内壁及外壁口沿处施青釉，碗内底有支钉痕迹，釉部分流至碗底，近直腹，玉璧底。底径6厘米（图九，5）。

Cc型 圈足。TG3③:11，紫色胎，胎厚重，弧腹，腹外壁施青釉，圈足，内底中间凸起，边缘有一圈凹槽。底径6.6厘米（图九，6）。TG3①:1，砖红色胎，内壁涂一层黄色化妆土，上施青釉，釉多已剥落，弧腹内收，圈足。底径8.8厘米（图九，7）。TG3②:39，灰色胎，施豆青釉，釉质较好，弧腹，腹外壁刻划细叶纹，内底有支钉痕迹，圈足。底径7厘米（图九，8）。

D型 花瓣形口。TG3②:40，五出碗，灰色胎，施青釉，撇口，尖唇，腹壁较直，腹上刻划有花瓣纹。口径20厘米（图九，9）。TG3②:1，青灰胎，内壁及外壁口沿处涂一层黄色化妆土，轮制，六出碗，敞口，圆唇微尖，上腹近直，下腹微弧内收，碗内底有支钉痕迹，饼足。口径19、底径4.6、通高4.6厘米（图一○，1）。

盆 TG3⑤:5，青灰胎，外壁施黄色釉，釉多已剥落，敞口，平沿，圆唇，弧腹。口径28厘米（图八，1）。采:1，砖红胎，涂一层近白色化妆土，敛口，宽平沿，沿边有一圈凹弦纹。口径36厘米（图八，2）。TG3⑤:1，青灰胎，施青釉，内壁及外壁口沿处涂一层灰白色化妆土，敛口，平沿，圆唇，弧腹。口径30厘米（图八，4）。

钵 H3:3，紫色胎，器内和器外口沿部分施青釉，但已全部脱落，釉下有白色化妆土。施釉过多，釉水下流，留有制作者将多余釉抹去的痕迹。尖唇，侈口，弧腹，底内凹。口径25、底径5.4、高8厘米（图八，3；图版一三，2）。H3:2，灰色胎，器内和器外口沿部分施青釉，釉下有白色化妆土。尖唇，侈口，弧腹，底部上凹，内壁底部有一周凹弦纹。外壁底部有一周刀削痕迹。口径24、底径10、高7.5厘米（图八，5）。采:2，红褐色胎，器内和器外腹部以上施青釉，器内釉下有泛黄色化妆土，圆唇，敞口，近直腹，平底。口径20、底径11.8、高7厘米（图八，6）。

罐 H2:4，灰色胎，外施半釉，装饰釉下彩草叶纹，釉下为黄色化妆土。圆唇，侈口，束颈，圆肩，肩上有四系耳，圆腹，饼足内凹。口径5、足径4、高9.5厘米（图一○，3；图版一三，1）。H2:1，灰褐色胎，罐腹部以上以及口部内壁施酱黄色釉。敛口，圆鼓腹，肩上有四圆形系，底部残。口径8.8、腹径16厘米（图一○，4）。TG3③:14，灰褐色胎，器外以及口部内壁先施化妆土，然后上釉，已剥落。侈口，短颈，颈部有系耳。口径8、残高4.2厘米（图一○，5）。TG3②:6，青灰胎，外壁施酱色釉，釉多剥落，上腹近直，下腹微弧内收，内壁因轮制形成数道凸棱，平底。底径10厘米（图一○，6）。

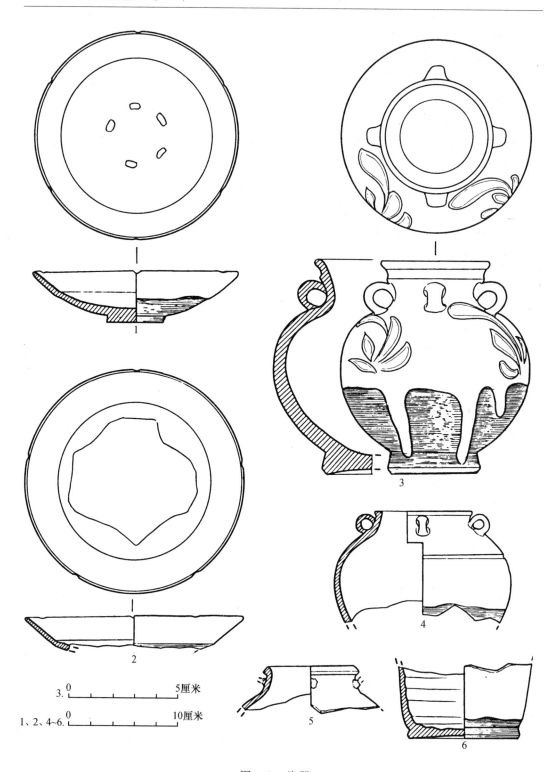

图一〇　瓷器

1. D 型圈足碗（TG3②：1）　　2. 盘（TG3③：23）　　3~6. 罐（H2：4、H2：1、TG3③：14、TG3②：6）

盏 采:3,砖红胎,胎较厚,轮制,涂一层黄色化妆土,敞口,圆唇,斜直腹,饼足。口径8、底径4.6、通高5厘米(图一一,4)。TG2②:8,灰色胎,胎较厚,内壁施豆青釉,敞口,尖唇,矮饼足。口径8.5、底径5、通高2.5厘米(图一一,5)。采:4,青灰胎,胎较厚,轮制,敞口,圆唇,斜直腹,饼足。口径9、底径4.6、通高6厘米(图一一,6)。

盘 出土较少。TG3③:23,青灰胎,胎较薄,外壁施青釉,釉开片,五出盘,尖

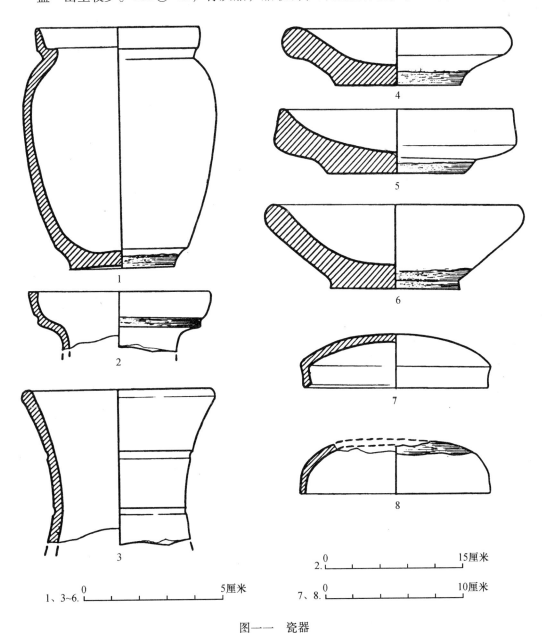

图一一 瓷器

1. 坛(TG3③:1) 2. 盘口器(TG3⑤:3) 3. 器口(采:5) 4~6. 盏(采:3、TG2②:8、采:4)

7、8. 器盖(TG3③:16、采:6)

唇，折腹。口径 20 厘米（图一〇，2）。

坛　TG3③:1，灰色胎，器内施青釉。盘口，束颈，弧腹内收，底略上凹。口径 6、底径 3.8、高 8.5 厘米（图一一，1）。

壶流　4 件。TG2②:12，紫色胎，施黄褐釉。略微弯曲。残长 13 厘米。

盘口器　TG3⑤:3，灰色胎，因火候不均，部分呈青灰色，内外壁施酱黄色釉，釉多已剥落，大盘口，口下近颈部有一圈凹弦纹，高颈。口径 20 厘米（图一一，2）。

器口　采:5，紫色胎，上施一层化妆土，外施酱黄色釉，内壁釉多已剥落。敞口，圆唇，高领，领部施两圈凹弦纹。口径 7 厘米（图一一，3）。

器盖　TG3③:16，灰色胎，内外施化妆土，器外施青釉，釉面开片。弧形顶。口径 14、高 3.8 厘米（图一一，7；图版一三，3）。采:6，紫红色胎，施青釉，弧形顶。口径 14 厘米（图一一，8）。

2. 三彩器

三彩器盖　TG3③:55，砖红胎，外施三彩。子口，盖顶部有一纽，下成斗笠状，可能为罐盖。直径 9.4、高 4.3 厘米（图一二）。

3. 陶器

陶器比较少，有夹砂灰陶和泥质灰陶两种，泥质灰陶居多；纹饰以素面为主，还有少量的绳纹。

盆　以口沿的不同，分二型。

A 型　宽沿。采:7，夹砂灰陶，夹少量炭粒，外施黑衣，外壁黑衣多已剥落，敞口，宽沿微外翻，圆唇，弧腹。口径 34 厘米（图一三，1）。TG3②:37，泥质灰白陶，夹少量炭粒，翻口，卷沿，腹微弧内收。口径 44 厘米（图一三，3）。

B 型　窄沿。H2:3，泥质灰黄陶，轮制，敛口。口径 36、残高 6.3 厘米（图一三，2）。TG3②:36，泥质灰陶，外壁施黑衣，多已剥落。敛口，折沿，圆唇，弧腹内收。口径 34 厘米（图一三，4）。TG3③:43，泥质灰陶，施黑衣，黑衣多已剥落。敞口，卷沿，弧腹。口径 24 厘米（图一三，5）。

瓮　TG3③:50，夹砂陶，三层胎，中间为泥质砖红色胎，夹少量炭粒，胎较厚，

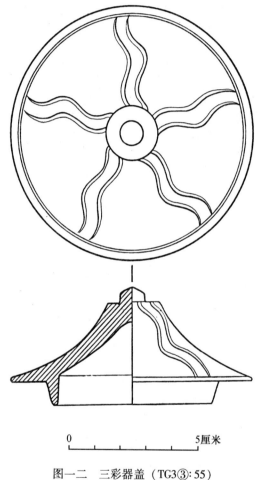

0　　　　　　　5厘米

图一二　三彩器盖（TG3③:55）

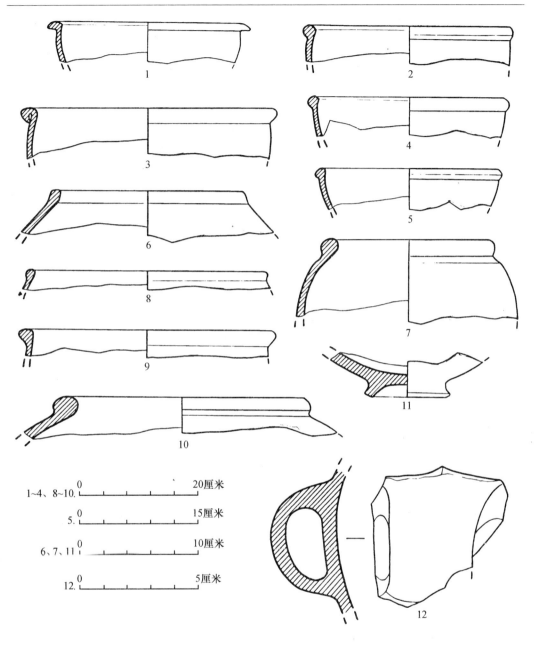

图一三 陶器

1、3. A 型盆（采: 7、TG3②: 37）　2、4、5. B 型盆（H2: 3、TG3②: 36、TG3③: 43）　6、7. 罐（TG3②: 29、

TG3③: 51）　8、9. 缸（TG3③: 47、TG3③: 52）　10. 瓮（TG3③: 50）　11. 圈足器（TG2②: 10）

12. 器耳（H1: 3）

外侧为很薄的夹砂灰胎，轮制，敛口，圆唇，溜肩。口径45厘米（图一三，10）。

　　缸　TG3③: 47，泥质灰陶，陶质较疏松，外施黑衣，多已剥落，敛口，平沿，圆唇，溜肩。口径42厘米（图一三，8）。TG3③: 52，泥质灰陶，陶质较疏松，外施黑衣，多已剥落，近直口。口径44厘米（图一三，9）。

罐　TG3②:29，泥质灰陶，敛口，翻沿，圆唇，溜肩。口径16厘米（图一三，6）。TG3③:51，泥质灰陶，敛口，圆唇；溜肩，弧腹，腹内壁有一道凹弦纹。口径14厘米（图一三，7）。

圈足器　TG2②:10，灰色胎，内外壁施黑衣，轮制，大圈足。底径7.5厘米（图一三，11）。

器耳　H1:3，夹砂灰陶，手制。残高5.8厘米。此种器耳似乎有少数民族器物的风格（图一三，12）。

陶铃　TG3②:3，近球形，上面带系，系上有穿，下部开槽，原铃腹内装有一个铃珠，但已遗落。铃径3、高3.9厘米（图一四，1；图版一三，4）。

陶球　TG3②:25，球体，表面均匀戳有多个圆孔。直径3.1厘米（图一四，2；图版一三，4）。

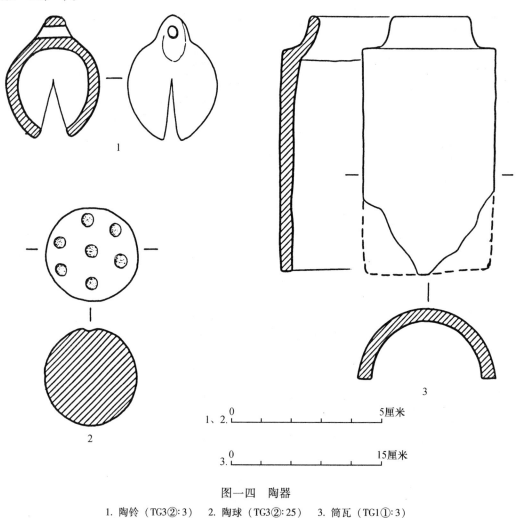

图一四　陶器

1. 陶铃（TG3②:3）　　2. 陶球（TG3②:25）　　3. 筒瓦（TG1①:3）

4. 石器

石臼　TG3②:2，已残，红砂石制作，外底平，内底为球形面，方形四壁，壁较直，上部残。残高10、底边长4.6厘米（图一五）。

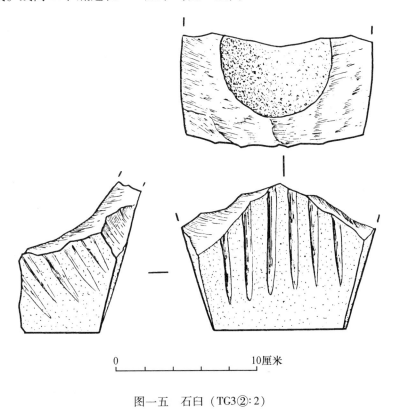

0　　　　　　　　　　　　10厘米

图一五　石臼（TG3②:2）

5. 钱币

开元通宝　4枚。TG3②:1，圆形方孔，有廓，方形穿，正面有"开元通宝"四字。直径2.5、穿长0.7、肉厚0.08厘米。

6. 瓦

瓦片出土较多，形制分为板瓦和筒瓦两种，此处仅选择保存较好的标本介绍。

筒瓦　TG1①:3，夹砂灰陶，带炭粒，半筒形，器壁较厚，外壁有刮削痕迹，内壁有制作时留下的布纹。口径7.8、腹径13.2厘米（图一四，3）。

四、年代问题

该遗址出土器物以瓷器为主，陶器不多，且时代特征不明显，所以断代的主要依据是瓷器[1]，但是瓷器少见完整器物，给时代的判定造成了一定的难度。

第 1 层，包含有现代遗物，所以属于现代文化层。

第 2 层，出土器物虽然有较多具有唐代、北宋时期特征的器物，但是部分器物可以晚至南宋，如 TG2②:8、TG3②:1，所以该层堆积为南宋时期形成。

第 3 层，出土较多玉璧底和圈足碗，部分碗、盏等器物在五代至北宋墓和同时代遗址中比较常见，如 TG3③:23 的形制和杜甫草堂唐宋遗址中期的 B 型 Ⅱ 式曲口盘比较接近[2]，所以时代为五代至北宋。

第 4 层，未见完整器物，根据地层关系，早于第 3 层，应该不晚于五代至北宋，第 5 层时代为唐代后期，再参考相关陶瓷残片，所以第 4 层时代大致为唐末至北宋。

第 5 层，完整器也不多，盘口器和杜甫草堂唐宋遗址中期的 Ⅰ 式曲口盘口罐比较接近[3]，瓷钵的时代也明显偏早，时代可以早到中晚唐。

第 6、7 层未见出土器物，但是应该不晚于中晚唐。

H1 开口于第 2 层下，从很少的出土器物来看，时代大致为唐宋时期。

H2 开口于第 2 层下，出土的瓷罐和十方堂遗址 E 型 Ⅳ 式、E 型 Ⅶ 罐非常相似[4]，十方堂的这两式罐均出土于第 4 层，时代为唐代，再参考地层关系，H2 为唐代。

H3 开口于第 4 层下，打破第 5 层，第 5 层为中晚唐，那么 H3 不会早于中晚唐，出土的瓷钵和十方堂遗址 E 型 Ⅲ 式钵[5]的形制接近，十方堂的钵为唐代，所以 H3 时代应为唐代中、晚期。

H4 未于清理，其中出土的深腹碗时代较早，可能早到初唐，虽然不能以此作为灰坑的时代，但这个早期器物却给我们提供了线索，该遗址下层可能会有初唐或者更早期的堆积。

城墙的 Q1 和 Q2 分别开口于第 2 层下和第 3 层下。第 3 层时代为五代至北宋，但是 Q2 内出土成形器物太少，时代判定困难，从少数残碎瓷片来看应该不会早过唐，所以 Q2 的时代为唐至北宋。城内的主体遗存还未发掘，但从目前的发掘来看，至迟唐代此处已经形成一个规模较大的城镇，周围的主体城墙建造时代和城内的遗存应该是相对应的，所 Q2 的时代可能会早到唐代，Q1 时代稍晚，但不会晚过南宋。

五、结　语

《元和郡县图志》卷第三十一："临溪县，本秦临邛县地，后魏恭帝于此置临溪县属蒲原郡，隋开皇三年罢郡，县属邛州，后因之。县城三面据险，北面平坦。"[6]临溪县城的情况是由当时人记录的，《元和郡县图志》是唐人李吉甫编撰的，完成于元和八年（813 年），所以文献方面的问题应该不大。据此，长期以来很多人猜测残城址就是古代的临溪县城遗址，如乾隆年间的《蒲江县志》卷一认为："临溪废县，县北四十里，西魏置。《元和志》：本临邛县地，恭帝分置临溪县，属属蒲原郡，隋初废，唐复置，属邛州县城，三面据险，北面平坦，《寰宇记》：宋熙宁五年省为镇……遗址荒芜，东西南皆崇冈峻岭，下有长江[7]，惟北面地平，今呼为残城子。"但是缺乏相关证据，而此次试掘为这种观点提供了更进一步的证据。

首先时代比较吻合，《元和郡县图志》认为临溪县在后魏恭帝时已置，隋唐时期一直存在。至宋熙宁五年（1072年），"省临溪县为镇入焉，并入依政、蒲江、火井"[8]。西魏恭帝年间设置的临溪县城，是否位于此处，暂时还无法证明，因为此次发掘尚未找到南北朝时期的遗存，这可能是由于发掘面积和深度的限制，不排除此处有更早的遗存。但就已经发掘的文化堆积来看，时代至迟可以早到唐，延续至宋。

其次，残城址的地貌和《元和郡县图志》中所说的临溪县城非常相似。"县城三面据险，北面平坦。"残城址东面、西面均为冲沟，南面为断崖，北面平坦，防御功能非常明显。据龙腾先生考证，临溪县城曾经作过嶲州的州治[9]。唐天宝末年（756年），南诏大举进攻，嶲州被迫从今西昌内迁，在临溪县城设置"行嶲州"。至大历四年（769年），因嶲州北南诏攻占，久未收复，唐王朝才将"行嶲州"正式设置为嶲州，将原属邛州的蒲江、临溪二县划属嶲州，直到贞元十三年（797年），唐军收复"故嶲州"（今西昌市），内迁达41年的嶲州才正式迁回凉山，然而太和三年（829年）南诏军队又攻陷嶲州，太和四年（830年）嶲州再度内迁，仍以蒲江、临溪隶属嶲州，直到太和六年（832年），剑南西川节度使李德裕"移嶲州于台登城"，嶲州才最终离开成都市蒲江县。这次发掘发现2件陶器耳（H1:3）和少数民族的器物风格有些相似，可能说明此城确实有嶲州的少数民族进入。在这种战争形势下，临溪县城的建筑就不得不考虑战争防御功能，而残城址的三面据险地形正适合这种需要，这也可以作为残城址是临溪县城遗址的辅证。

再次，从残城址的规模和等级上来看，也属于县级以上。残城址周长、大小和一个县城的规模吻合。而且从地表残留的柱础石和石质建筑构件来看，房屋显然非普通百姓居住。残城址有高大的城墙，而在唐宋时期"县治大多有城墙围着，而镇的市街地区（就是镇市），似乎都没有城墙"[10]，这说明残城址的等级应该不是市镇，而属于县级以上，与临溪县城的级别也相吻合。

此次虽然发现很多重要的遗迹现象，如砖筑排水沟、红烧土铺成的活动面、房屋柱础、墙基等，但是受发掘时间较短以及发掘面积的限制，很多现象还不清晰，建议下一步进行大面积的发掘，以期找到官府衙门等相关重要的遗迹，更好地了解古代残城址的规模、布局、时代等详细情况。

领　队：刘雨茂
发　掘：刘雨茂　夏　晖　龙　腾　李文科
　　　　索德浩　刘守强　王　军
绘　图：曹桂梅
执　笔：刘雨茂　索德浩

注　释

[1]　　此处对瓷器的断代主要依据陈显双、崇尚伟：《邛窑古陶瓷简论》，耿宝昌主编：《邛窑古陶瓷研究》，中国科技大学出版社，2002 年。

[2] [3]　　成都文物考古研究所、成都市杜甫草堂博物馆：《成都杜甫草堂唐—宋遗址发掘报告》，《成都考古发现（2002)》，科学出版社，2004 年。

[4] [5]　　陈显双、崇尚伟：《邛窑古陶瓷简论》，耿宝昌主编：《邛窑古陶瓷研究》，中国科技大学出版社，2002 年。

[6]　　［唐］李吉甫：《元和郡县图志》，中华书局，1983 年。

[7]　　此处的长江是指临溪河。

[8]　　《宋史》卷八十九，中华书局版。

[9]　　龙腾：《儁州古城遗址访寻》，《成都晚报》1995 年 10 月 29 日。

[10]　　加藤繁：《唐宋时代的草市及其发展》，《中国经济史考证》，商务印书馆，1973 年。

新津两座唐墓清理简报

成都文物考古研究所
新津县文物管理所

2007年7~9月，新津县文物管理所在配合基建过程中发现两座唐墓（图一）。唐代墓葬在新津还是首次发现，较有研究价值，现将发掘情况报道如下。

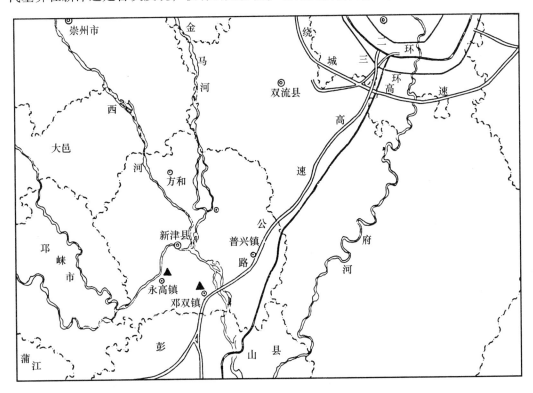

图一　新津唐墓位置示意图

一、07XDSM1

在配合"水都新城"房产开发过程发现，位于新津邓双镇田湾村一组。砖室墓，保存相对较差，顶部不存，仅残剩墓壁，方向150°。墓内填黄色花土，有扰乱痕迹。墓葬平面为梯形，墓底平铺一层素面砖，墓室后壁平砖错缝砌筑，左右两壁在第2层时采用竖砖砌筑，其他均为平砖错缝砌砖，封门采用竖砖逐层砌筑，墓壁后部左右留有对称

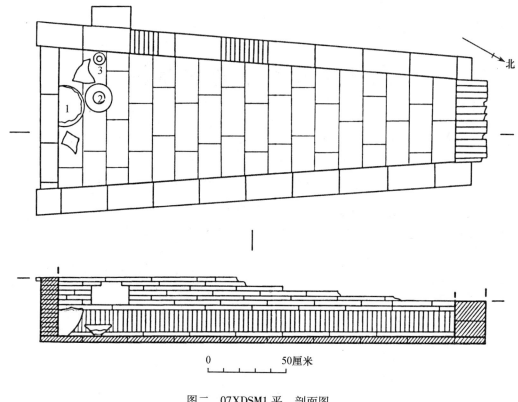

图二　07XDSM1 平、剖面图

1. 瓷罐　2. 瓷碗　3. 瓷盏

小龛。墓室长 2.45、前壁宽 0.84、后壁宽 0.6、残深 0.3 米。人骨大部腐朽，葬具不存。墓砖规格为 30×14.5×3（厘米）。随葬器物很少，置于墓室的南部，死者的头部上方，器物有瓷罐、碗、盏和钱币等（图二）。下面详细介绍。

瓷罐　1 件。07XDSM1:1，已损坏，可复原。红色胎，口部内外以及腹部以上施黄色化妆土，下腹部的化妆土有意绘成花瓣形状，化妆土上施釉，釉已脱落。敛口，折肩，肩上有四对称桥形系耳，腹部略直，下部内收，腹部有三道凸弦纹，腹内壁留有轮制痕迹，平底。口径 11.4、腹径 30.4、底径 13.6、高 46 厘米（图三，1）。

瓷碗　1 件。07XDSM1:2，红色胎，器内施满青釉，器外施半釉，釉下为白色化妆土，圆唇，敞口，弧腹，饼足，器物内底留有 5 个支钉痕迹。口径 18.4、底径 7、高 6 厘米（图三，2）。

瓷盏　1 件。07XDSM1:3，灰色胎，盏内施满釉，盏外施半釉，釉下有白色化妆土。圆唇，近直腹，平底。口径 11.8、底径 4.1、高 3.7 厘米（图三，3）。

开元通宝　07XDSM1:4，14 枚，有廓，方穿，正面有"开元通宝"四字，其中 6 枚背面有指甲纹（图四，5~8），其他背面无纹饰。直径 2.4~2.5、穿长为 0.7、肉厚 0.08 厘米（图四）。

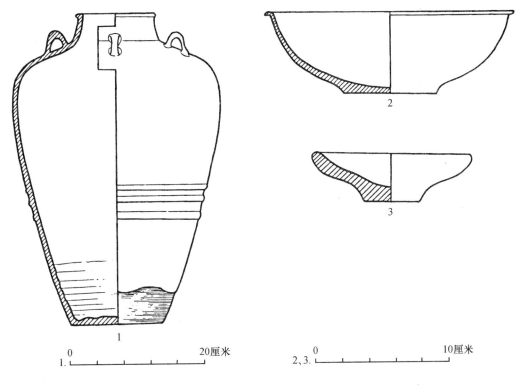

图三　07XDSM1 出土瓷器

1. 罐（M1∶1）　2. 碗（M1∶2）　3. 盏（M1∶3）

二、07XYFM1

在配合"富地名城"房产开发中发现，位于新津永商镇埒江村。砖室墓，保存较完整，方向10°。墓葬平面呈梯形。墓底平铺一层素面砖，墓室内有四道肋拱，然后紧靠肋拱外砌筑直墙，墓顶依靠肋拱承载重量建成叠涩结构，墓壁和券拱直墙部分采用一平一竖砌筑方法；后壁和封门采用平砖错缝砌筑。墓室左右两壁各留有3个对称壁龛，也就是券拱之间的间隔。墓长2.9、前壁宽1.53、后壁宽0.92、高1.17 米。墓砖规格0.32、宽0.16、厚0.04 米。出土器物主要位于墓室前部，死者头部上方，器物有瓷盘口壶、碗件、盏和十多枚"开元通宝"古钱币外。尸骨大部腐朽，葬具无存（图五）。

瓷盘口壶　1 件。M1∶1，灰色胎，口部内外以及腹部以上施黄褐釉。盘口，口外壁有三道凸弦纹，束颈，圆肩，肩上有四对称桥形系耳，弧腹，底部内收，平底。口径16、腹径20、底径9.5、高38 厘米（图六，1）。

瓷碗　1 件。M1∶2，紫色胎，器内施满釉，器外施半釉，釉下有灰色化妆土。尖唇，敞口，弧腹，饼足，器物内底有5 个支钉痕迹。口径23、底径8.6、高7 厘米（图六，2）。

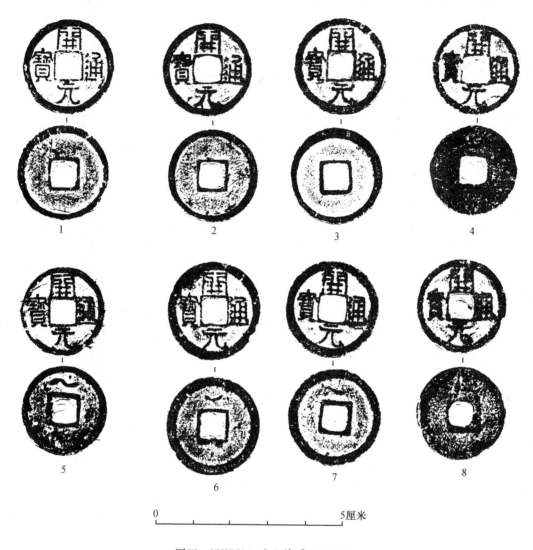

图四　07XDSM1 出土钱币（M1:4）

瓷盏　1件。07XYFM1:3，灰色胎，器内以及器外口部黄褐釉，釉下有一层化妆土。圆唇，敞口，弧腹，平底，饼足。口径9.9、底径4.8、高3.2厘米（图六，3）。

钱币　07XYFM1:4，共9枚。一枚剪轮钱，方穿，无廓，直径1.9、穿0.9厘米（图七，5）。其他均为"开元通宝"钱，有廓，方穿，正面有"开元通宝"四字，两枚背面有指甲纹，其他背面无纹。直径2.4~2.5、穿长为0.7、肉厚0.08厘米（图七）。

两个墓葬的器物组合为罐（壶）、碗、盏、"开元通宝"钱，平面均为梯形，所以时代应该相距不远，据刘雨茂、朱章义先生的研究，此种形制墓主要流行于唐代中晚期、五代[1]。07XDSM1出土的罐和碗同干道M4出土的罐、碗的形制相似，07XYFM1出土的盘口壶和干道M4出土的壶相似，出土的碗和干道M3[2]相似，而干道M3和M4都属于唐代中晚期，所以这两座唐墓的时代皆为唐代中晚期，这和墓中出土钱币的

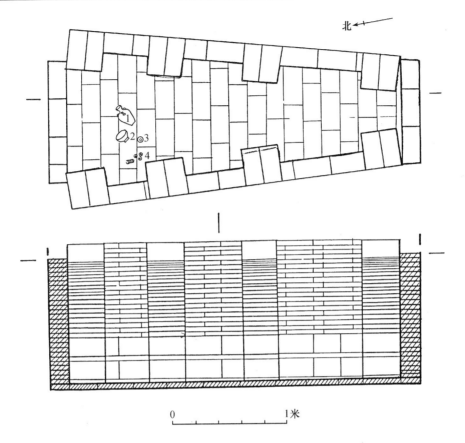

图五　07XYFM1 平、剖面图

1. 盘口壶　2. 碗　3. 盏　4. 铜钱

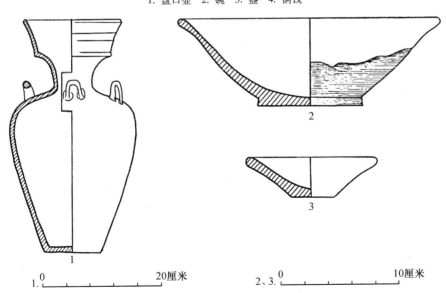

图六　07XYFM1 出土器物

1. 瓷盘口壶（M1:1）　2. 瓷碗（M1:2）　3. 瓷盏（M1:3）

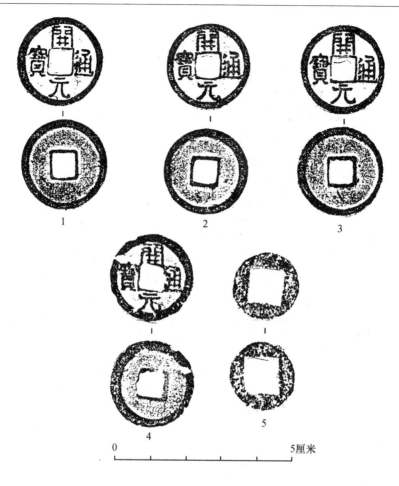

图七　07XYFM1 出土钱币（M1∶4）

时代也是一致的，两墓的部分钱币可以晚至唐代中晚期。

新津境内以往发现的汉墓和宋墓比较多，但是唐墓未见，这次发现的两座唐墓填补了新津唐代墓葬考古发现的空白，也为成都地区唐墓研究增添了新资料。

发　掘：陈　蕾　郑　伟　严开明　陈　彪

绘　图：曹桂梅

拓　片：代福尧

执　笔：索德浩　郑　伟

注　释

［1］　刘雨茂、朱章义：《四川地区唐代砖室墓分期研究初论》，《四川文物》1999 年 3 期。

［2］　成都市文物考古研究所：《成都市西郊百花小区唐、五代墓发掘简报》，待刊。

成都温江区"学府尚郡"工地五代及宋代墓葬发掘简报

成都文物考古研究所
温江区文物保护管理所

2007 年 5 月 8 日，成都市温江区文物保护管理所在"学府尚郡"工地进行地下文物勘探工作中发现 7 座砖室墓葬，在报上级行政管理部门同意后，随即会同成都文物考古研究所进行了抢救性清理发掘。发掘时间从 2007 年 5 月 26 日开始，至 6 月 7 日止，历时 13 天。墓葬编号分别为 2007CWXM1 ~ M7，简称为 M1 ~ M7。现将墓葬发掘情况简报如下。

一、地 理 位 置

该工地位于成都市温江区柳城街办 11 组和天府街办金桥村（地理位置北纬 30°40′48″，东经 103°48′38″，海拔 487 米 ±5 米）的范围内，地质上属岷江水系的一级阶地。该工地北距锦绣大道约 500 米，东临金府路，南临南熏大道，西临科创路（图一）。

二、墓葬形制和出土器物

此次共发掘清理砖室墓 7 座，可分为单室墓和双室墓两类。

（一）单 室 墓

4 座，编号为 M1、M2、M6、M7。

1. M1

（1）墓葬形制

砖室火葬墓，平面呈梯形，后期破坏严重，保存较差，方向 340°。墓总长 1.44、总宽 1.12、残高 0.2 米，墓底距地表深 0.85 米。由封门墙、墓室及腰坑组成。封门墙破坏特别严重，从残存部分墓砖上看，从下至上为一横一丁相间而砌，宽 1.04、厚 0.17、残高 0.03 米。墓室平面前宽后窄呈梯形，墓室长 1.05、宽 0.42 ~ 0.47、残高

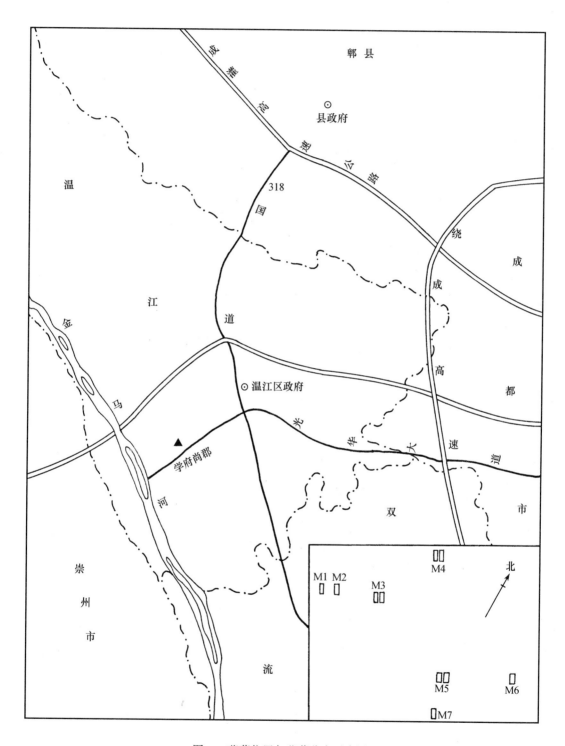

图一　墓葬位置与墓葬分布示意图

0.17 米。残存直墙砖从下至上一横一丁相间而砌。墓底砖采用顺砖横铺，在墓底中部铺地砖下设有一腰坑，腰坑呈长方形，南北长 0.18、东西宽 0.14、深 0.14 米，上部平盖一素面方砖。墓砖均采用规格为长 0.32、宽 0.17、厚 0.03 米青灰素面砖。墓室内有少量烧过的人骨渣，随葬器物已荡然无存，仅在腰坑内出土 1 件四耳罐（图二，1）。

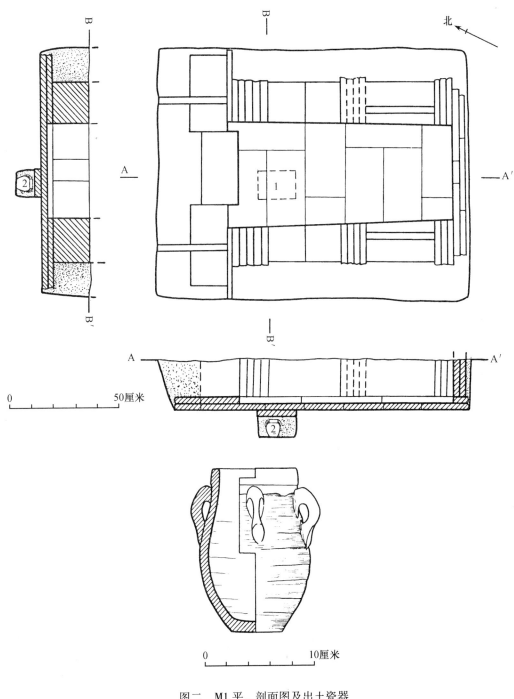

图二　M1 平、剖面图及出土瓷器

1. 腰坑　2. 四耳罐（M1∶1）

（2）随葬器物

1 件，瓷器。

四耳罐　1 件。M1：1，直口，平沿，溜肩，弧腹，平底。肩至颈部塑"弓"形四耳。紫红色胎，耳以上施乳白色釉。口径 7.8、底径 4.8、高 14.5 厘米（图二，2；图版一六，2）。

2. M2

（1）墓葬形制

砖室火葬墓。平面呈梯形，大部分被后期所破坏，保存较差，方向 350°。该墓总长 1.74、宽 1.1、残高 0.53 米，墓底距地表深 0.85 米，由封门墙、墓室、腰坑组成。封门墙破坏严重，从下至上为一横一丁相间而砌，宽 1、厚 0.17、残高 0.2 米。墓室平面前宽后窄呈梯形，长 1.09、宽 0.45 ~ 0.5、直墙高 0.49 米，直墙砖从下至上一横一丁顺砌而成。墓底采用平砖横铺一层，其中部下设有一腰坑，腰坑呈长方形，长 0.18、宽 0.14、深 0.1 米，在其口上部平盖一素面方砖。墓砖均采用规格为长 0.32、宽 0.17、厚 0.03 米青灰色素面砖。墓室内未发现葬具人骨痕迹，出土器物共 2 件，均为瓷器，计有提梁小罐 1 件、四耳罐 1 件（图三）。

（2）随葬器物

2 件，瓷器。

提梁小罐　1 件。M2：1，敛口，溜肩，圆折腹，平底。口部上方堆塑蟠螭龙形提梁，蟠螭头部上翘，尾部交叉作"巾"字形。黑褐色胎，器身折转处较圆滑，提梁及腹以上施酱色釉。器表较为粗糙。口径 5.8、底径 4、高 4.8 厘米（图四，1；图版一六，4 上）。

四耳罐　1 件。M2：2，直口，平沿，溜肩，弧腹，平底，肩至颈部塑竖"弓"形四耳。紫红色胎，耳以上施乳白色釉。口径 8、底径 4.5、高 14.2 厘米（图四，2）。

3. M6

（1）墓葬形制

叠涩顶砖室火葬墓。该墓保存较为完好，平面呈梯形，方向 240°。该墓总长 1.35、总宽 0.77、残高 0.36 米。墓室平面呈梯形，长 0.82、宽 0.29 ~ 0.36、高 0.39 米，墓底距地表深 0.84 米。墓室两壁直墙砖从下至上采用一丁两横相间而砌，墓底砖横铺顺砌而成。该墓所用墓砖统一，均采用规格为长 0.3、宽 0.16、厚 0.03 米青灰素面砖，墓顶采用平砖错缝叠涩而成，外侧加垫碎瓷片。墓室内发现较多被烧过的人骨渣。出土器物共 3 件，均为瓷器，有双耳罐 1 件、碗 1 件、盏 1 件（图五）。

（2）随葬器物

3 件，均为瓷器。

双耳罐　1 件。M6：2，方唇，口微敛，平沿，溜肩，弧腹，平底，肩部塑两个对称

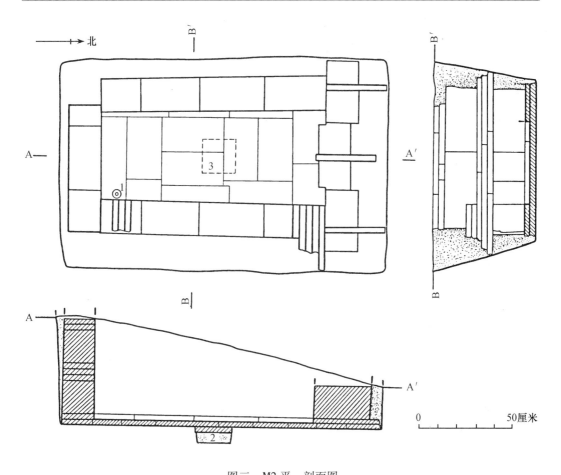

图三　M2 平、剖面图

1. 提梁小罐　2. 四耳罐　3. 腰坑

"桥形"耳，紫红色胎，肩至口部施酱色釉，有流釉现象。口径 8、底径 5.6、高 9.4 厘米（图六，2）。

盏　1 件。M6:1，敞口，尖唇，弧腹，平底内凹。紫红色胎，器内施浅黄色釉，器外施浅黄色釉，施釉不均匀，有流釉现象，部分釉色已脱落。口径 11、底径 4、高 2.5 厘米（图六，1）。

碗　1 件。M6:3，敞口，圆唇，斜直腹，浅圈足，内底有 5 个支钉印痕，并有六道细线平分器内，紫红胎，器内均施酱黄色釉，器外施半釉，为酱黄色，有流釉现象。口径 16.6、底径 5.6、高 5.5 厘米（图六，3）。

4. M7

（1）墓葬形制

砖室券拱墓，平面呈梯形，早期破坏严重，方向 155°。墓总长 3.45、宽 1.6、残高 0.28 米，墓底距地表深 1.1 米。该墓由封门墙、墓室两部分组成。封门墙保存一部分，

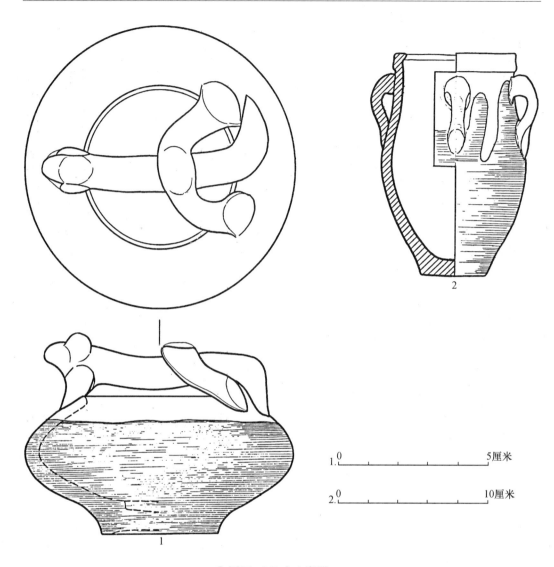

图四　M2 出土瓷器
1. 提梁小罐（M2：1）　　2. 四耳罐（M2：2）

从下至上横铺错缝顺砌而成，宽 1.2、厚 0.16、残高 0.11 米。墓室平面呈梯形，长 2.86、宽 0.8~0.92、残高 0.28 米。两侧直墙砖从下至上二顺一丁相间而砌，并有相对称的两道肋柱，肋柱宽 0.33、残高 0.28 米。墓室内设置一砖砌棺台，棺台前壁距墓门 0.3 米，其后和墓室后壁相接，棺台和墓壁之间留有 0.03~0.04 米宽的沟槽，棺台砌法从前至后两侧边平砖纵砌，中间 15 排砖平铺顺砌而成。长 2.56、宽 0.74~0.83、高 0.06 米。棺台上放置有木棺，但已腐朽，仅发现棺木残块及锈蚀的铁钉，人骨架腐蚀严重仅保存少部分，足朝墓门。墓底砖错缝斜铺。该墓所用墓砖统一，均采用规格为长 0.33、宽 0.16、厚 0.03 米青灰素面砖。出土器物 7 件，有四耳瓷罐 1 件、陶盆 1 件、瓷盏 1 件、4 枚铜钱币（图七）。

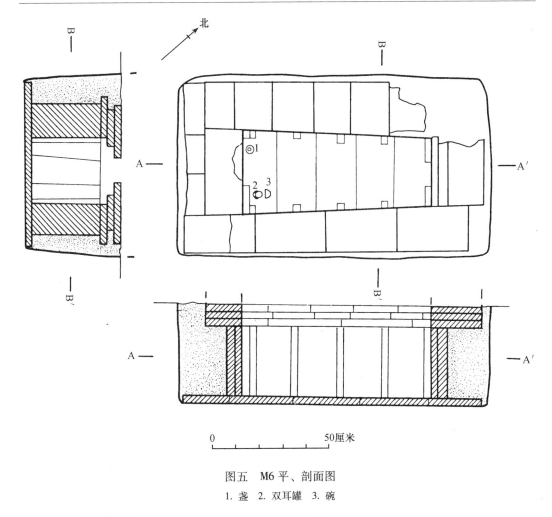

图五 M6平、剖面图
1. 盏 2. 双耳罐 3. 碗

（2）随葬器物

7件，分瓷器、陶器和铜钱币三类，其中铜钱币4枚。

① 瓷器 2件。

四耳罐 1件。M7:2，直口，方圆唇，溜肩，肩部塑四个对称"桥形"耳，弧腹，平底。紫红色胎，肩至口部施酱黄色釉，有流釉现象。口径8.4、底径8.5、高17.5厘米（图八，3）。

盏 1件。M7:1，敞口，圆唇，弧腹，饼足。紫红色胎，器内施浅黄釉，有5个支钉印痕，外壁上半部施釉，有流釉现象。口径10.5、底径4、高3厘米（图八，2）。

② 陶器 1件。

盆 1件。M7:3，灰陶。口微敛，宽沿略外翻，圆唇，束颈，弧腹，平底微内凹。口径25.5、底径16.2、高10厘米（图八，1）。

③ 铜钱 4枚。

M7:4～M7:7，均为"开元通宝"，其中2枚背月纹，2枚光背，字体方正清晰。钱径2.4、穿径0.7厘米（图八，4～7）。

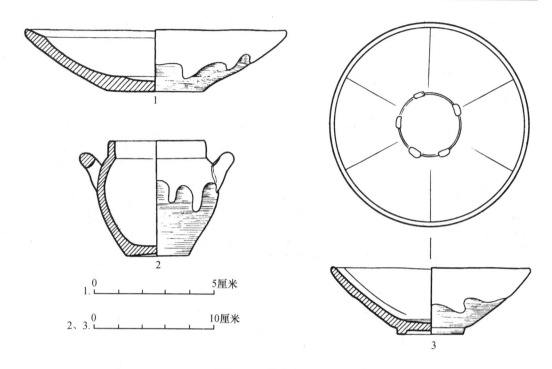

图六　M6 墓葬出土瓷器

1. 盏（M6:1）　　2. 双耳罐（M6:2）　　3. 碗（M6:3）

（二）双　室　墓

3 座，编号为 M3 ~ M5。

1. M3

（1）墓葬形制

长方形双室砖室券拱墓，券拱早年被破坏，但墓葬保存基本完好，方向170°。墓南北总长 2.9、东西总宽 2.37、残高 0.63 米，墓底距地表深 0.84 米。该墓可分东、西两室，两墓室在形制、结构、大小上基本一致。且在同一墓坑中砌建，中间筑熟土埂相隔。下以东室为例予以介绍。

东室由墓道、封门墙、墓室三部分组成。墓道部分被破坏，南北残长 0.63 米，东西宽 0.66 米。封门墙宽 0.75、厚 0.15、残高 0.35 米，其砌法先是二横一丁，再二横一丁，最后横铺错缝顺砌而成。西室封门墙略有差异，是先二横一丁，再横铺错缝顺砌而成。因而由此砌法可推知两室死者是在不同时期下葬。东墓室长 2.56、宽 0.74、残高 0.58 米，其两侧墙砖砌法是一横一丁相间而砌，墓底铺砖成"人"字形。该墓所用墓砖统一，均采用规格为长 0.33、宽 0.18、厚 0.03 米青灰色素面砖。东墓室内出土器物共 12 件，有双耳瓷罐 1 件、三彩陶俑 6 件、瓷盏 1 件、瓷碗 1 件、泥质买地券 1 方、泥

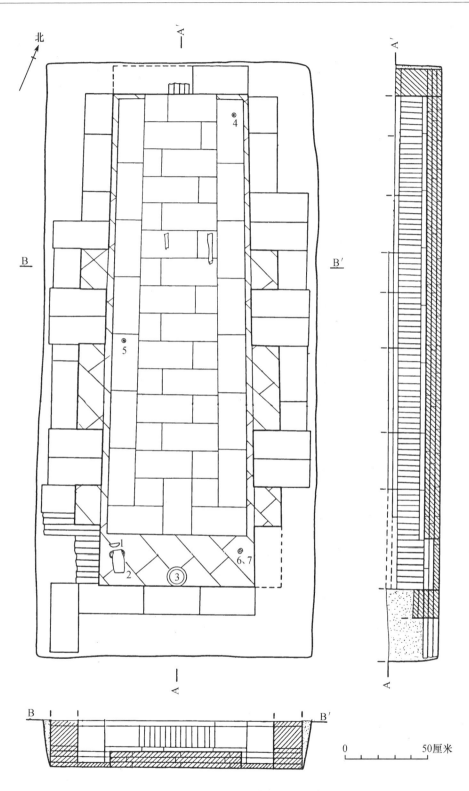

图七　M7 平、剖面图
1. 盏　2. 陶盆　3. 瓷罐　4~7. 铜币

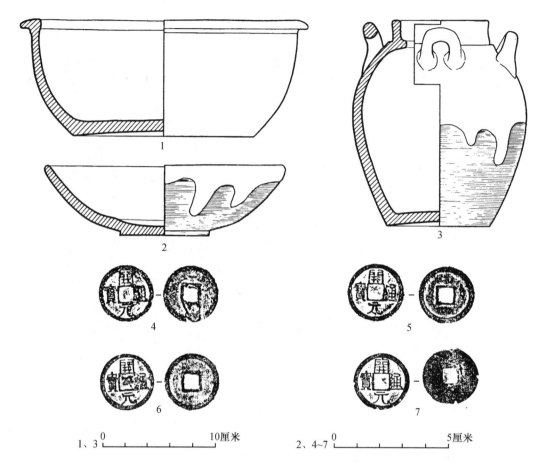

图八　M7 出土器物

1. 陶盆（M7:3）　2. 瓷盏（M7:1）　3. 四耳瓷罐（M7:2）　4～7. 铜钱（M7:4～7）

质真文券2方。东墓室内除2方真文券外，其余10件器物均置于墓门一端。西墓室内出土器物共15件，有双耳瓷罐1件、三彩陶俑7件、陶盆1件、瓷盏2件、泥质买地券1方、泥质真文券3方。西墓室内的3方真文券，分别置于西墓室的东西两壁上，其余随葬器物主要置于墓门一端。东西墓室内均发现有大量腐朽的骨骸（图九）。

（2）随葬器物

共27件，分为陶器和瓷器两大类。

① 陶器　21件。

盆　1件。M3西:10，泥质灰陶。敛口，宽斜沿，尖唇，深弧腹，平底微内凹，素面。口径25.2、底径15、高13.4厘米（图一〇，1）。

俑　共计13件。有文俑、武士俑、匍匐俑。

三彩武士俑　4件，可分三型。

A型　2件。M3西:3，头戴兜鍪顿顶，顶上有火焰状缨饰，面部丰满，怒目圆睁，神情肃然。身穿绿色圆领长袍，紧袖口，外罩鳞状铠甲，腰间围有圆头抱肚且系革带，

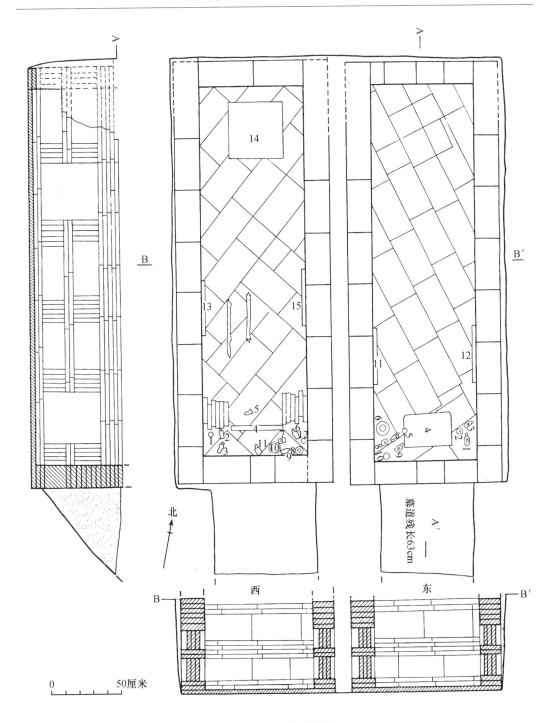

图九 M3平、剖面图

西室

1、12. 瓷盏 2、3、5~7、9、11. 三彩陶俑(3、9为武士俑，5为匍匐俑，其余均为文俑) 4. 买地卷 8. 双耳瓷罐 10. 陶盆 13~15. 真文券

东室

1~3、7~9. 三彩陶俑(其中2、9为武士俑，其余均为文俑) 4. 买地卷 5. 瓷盏 6. 双耳瓷罐 10. 瓷碗 11、12. 真文券

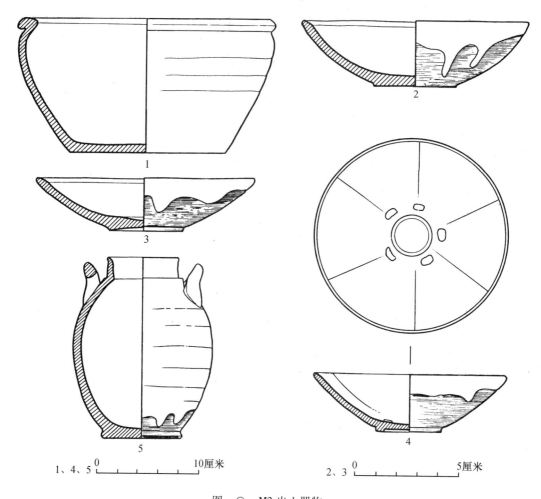

图一〇　M3 出土器物

1. 陶盆（M3西:10）　2. A 型瓷盏（M3西:1）　3. B 型瓷盏（M3东:5）　4. 瓷碗（M3东:10）

5. 双耳瓷罐（M3东:6）

下着蔽膝，腿着鳞状短甲袍。双手交握于胸键前，中空。双脚分立于半圆形座上，在座后两腿之间有一圆孔。通高 36. 2 厘米（图一一；图版一四，1）。

　　B 型　1 件。M3东:2，头戴兜鍪顿顶，顶上有缨饰，面部丰满，怒目圆睁，额下有长须，神情肃然。身穿绿色长袍，紧袖口，外罩鳞状铠甲，下着蔽膝，腿着鳞状短铠甲，脚蹬靴。双手合抱于胸前，中空。双脚分立于半圆形座上，在座后两腿之间有两椭圆形孔。通高 35 厘米（图一二，2；图版一四，3）。

　　C 型　1 件。M3西:9，头戴兜鍪顿顶，顶上有缨饰，面部丰满，怒目圆睁，额下有短须，神情肃然。身穿绿色长袍，紧袖口，外罩鳞状铠甲，腰间围有圆头抱肚并系革带，下着蔽膝，双手合抱于胸前。中空，脱釉较严重，脚蹬靴，分立于半圆形座上。通高 35. 5 厘米（图一二，1；图版一四，2）。

　　三彩文俑　8 件。分三型。

0 ⊢————————⊣ 6厘米

图一一　M3 出土 A 型三彩武士俑（M3$_西$:3）

　　A 型　6 件。M3$_西$:11，泥质红陶，头带幞头，面部丰满，神情自然，身穿圆领广袖落地长袍，腰束带，双手笼袖于胸前，足尖外露双脚分立于半圆形座上。通高 26.4 厘米（图一三，2；图版一五，1）。M3$_西$:6，泥质红陶，头带幞头，面部丰满较胖，神情自然，身穿圆领广袖落地长袍，腰束带，双手笼于袖内放置于胸前，体形魁伟，足尖外露双脚分立于半圆形座上。通高 25.5 厘米（图一三，1）。

　　B 型　1 件。M3$_西$:2，泥质红陶，头带幞头，面部丰满，下颌有长须，神情自然，身穿圆领广袖落地长袍，腰束带，双手笼袖放置于胸前，足尖外露双脚分立于半圆形座上。通高 25.5 厘米（图一四，1；图版一四，4）。

1

2

0　　　　　　　　　　　10厘米

图一二　M3 出土三彩武士俑
1. C 型（M3西:9）　2. B 型（M3东:2）

图一三 M3 出土 A 型三彩文俑

1. M3西:6   2. M3西:11

1

2

0　　　　　　　　　10厘米

图一四　M3 出土三彩文俑

1. B 型（M3西:2）　　2. C 型（M3东:1）

C 型　1 件。M3东:1，泥质红陶，头带幞头，面部丰满，高鼻深目，络腮胡须，神情严肃，身穿广袖长袍，腰束带，双手笼袖于胸前，足尖外露双脚分立于半圆形座上。通高 28.2 厘米（图一四，2；图版一五，2）。

匍匐俑　1 件。M3西:5，泥质红陶，头顶盘髻，髻式较宽平。面部丰满，两眼正视前方，神情自然。体作匍匐状，釉已脱落。长 12.2、高 10.8 厘米（图一五；图版一五，4）。

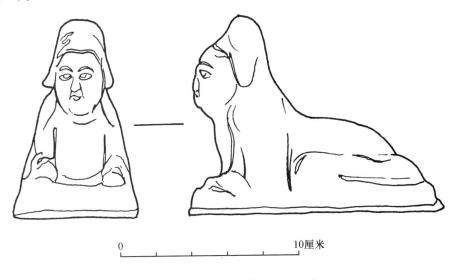

0　　　　　　　　　　10厘米

图一五　M3 出土匍匐俑（M3西:5）

墓券　共 7 方。均为泥质灰陶，按券文内容可分为买地券和真文券。墓券大多保存较差，都有不同程度的破损，字迹也模糊不清，只能看出部分文字。

买地券　2 方。东西室各一方。

M3东:4，东室买地券。正方形，边长 38 厘米×38 厘米，厚 3 厘米。券文由工匠在砖坯上随意刻写，不很规范，从左至右竖行 11 排文字，字迹欠工整，较为模糊。券文如下（图一六）：

皇宋□□年□□□□十月丙辰朔初六日辛酉/□□剑南西川成都府温江县江村□/□□故刘氏小五娘地券生居城邑□安宅/□□□□相地咸吉□□□乡吉□之/□□□□□□□□/东至青龙西至白虎/南至朱雀北至□武/中央勾陈分掌四域/□□□畔道路将军整齐阡陌/千秋百岁/永保安吉诸部邪精不得忏犯□/急急如/□□律令/

M3西:4，西室买地券。正方形，边长 30 厘米×30 厘米，厚 3 厘米。券文由工匠在砖坯上随意刻写，从右至左竖行 11 排文字，字迹欠工整，较为模糊。券文如下（图一七）：

皇宋淳熙十一年太岁甲戌十月壬午朔□/□□□□□□□/剑南西川成都府路温/江县□□□村故周世□/生居城邑死安/□□卜筮/从相地咸吉今葬于本府/乡□□福地之□□□□□□□/东有青龙　西有白虎/南有朱雀　北有玄武/中

图一六　M3东室出土买地券（M3东:4）

央勾陈　分掌四域/封步界畔□□□□道路将军整齐阡陌/千秋百岁永保安吉知
见人□□□□□/□□□诸部邪精不得忓犯谨券/

真文券　5方。分为中、东、南、西、北五方真文券。

东室出土2方。M3东:11，正方形，边长38厘米×38厘米，厚4厘米，字迹严重脱
落，无法识辨（图一八）。M3东:12，正方形，边长38厘米×38厘米，宽4厘米。砖面
分格阴刻铭文共9行，首行刻楷书小字，字迹已模糊，无法释读。后8行，每行4字，
共32个"符书"字体（图一九）。

西室出土3方。M3西:13，正文形，边长38厘米×38厘米，厚4厘米，砖面分格阴
刻铭文共9行，首行刻楷书小字，字迹已模糊，无法释读。后8行，每行4字，共32
个"符书"字体（图二〇）。M3西:14，正方形，边长38厘米×38厘米，厚4厘米。砖

图一七　M3 西室出土买地券（M3_西：4）

面阴刻铭文共 9 行，首行刻楷书小字，字迹已模糊，无法释读。后 8 行，每行 4 字，共
32 个"符书"字体（图二一）。M3_西：15，正方形，边长 38 厘米×38 厘米，厚 4 厘米，
砖面阴刻铭文共 9 行，首行刻楷书小字，字迹已模糊，无法释读。后 8 行，每行 4 字，
共 32 个"符书"字体（图二二）。

② 瓷器　6 件。

盏　3 件。依据唇部和腹部的变化，分二型。

A 型　2 件。M3_西：1，敞口微外侈，圆唇，弧腹，平底。紫红色胎，器内施浅黄釉，
外壁上半部施釉不均匀，有流釉现象。口径 11、底径 4、高 3.2 厘米（图一〇，2）。

图一八　M3 东室出土真文券（M3东:11）

B型　1件。M3东:5，敞口微外侈，尖唇，斜腹，平底。紫红色胎，器内施淡青釉，外壁上半部施釉不均匀，有流釉现象。口径10.8、底径3.8、高2.6厘米（图一○，3）。

碗　1件。M3东:10，敞口，圆唇，斜弧腹，圈足，内底有5个支钉印痕，并有六道线纹平分器内，紫红胎，器内均施酱黄色釉，器外施半釉，为酱黄色，有流釉现象。口径18.4、底径6.4、高6.6厘米（图一○，4）。

双耳罐　2件。M3东:6，侈口，尖唇，斜沿，溜肩，弧腹，宽平内微凹底，肩部塑两个对称"桥形"耳，紫红色胎。器外施酱黄釉，有流釉现象。口径7.4、底径8、高

图一九　M3 东室出土真文券（M3_东:12）

17.5 厘米（图一〇，5；图版一五，3）。

2. M4

（1）墓葬形制

双室券拱砖室火葬墓，平面呈梯形，券拱早年被破坏，保存较差，方向260°。墓南北宽2.2、东西长1.37、残高0.22米，墓底距地表深0.55米。该墓可分南、北两室，因两室在形制、结构、大小上都基本一致，也在同一墓坑中砌建，中间以熟土埂相隔，下以南室为例予以介绍。

南室由封门墙、墓室、腰坑等几部分组成。封门墙宽0.9、厚0.13、残高0.22米，

图二○　M3 西室出土真文券（M3$_{西}$:13）

封门墙砌法是从下至上一横一丁相间而砌。墓室平面呈梯形，长 1.05、宽 0.41～
0.46、残高 0.2 米。两直墙砖采用二平一丁依序而砌，墓底砖横铺顺砌而成。在墓室
中部墓底下面有一个长方形腰坑，长 0.15、宽 0.13、深 0.1 米，坑内放置 1 件双耳
瓷罐。该墓所用墓砖统一，均采用规格为长 0.3、宽 0.16、厚 0.03 米青灰素面砖。
南墓室出土器物共 4 件，均为瓷器，有碗 1 件、盏 1 件、双耳罐 1 件、双耳执壶 1
件。北墓室出土器物共 2 件，有瓷盏 1 件、双耳罐 1 件。南北墓室内均发现较多骨灰
（图二三）。

图二一　M3西室出土真文券（M3_西:14）

（2）随葬器物

共6件，均为瓷器。

碗　1件。M4:1，敞口，圆唇，弧腹，内底有6个支钉印痕，圈足。红胎，器内均施浅黄釉，器外施半釉，浅黄色，有流釉现象。口径18.6、底径6.4、高6.6厘米（图二四，1）。

盏　2件。依据腹部和唇部的变化，分二型。

A型·1件。M4:2，敞口，尖唇，斜弧腹，平底。紫红色胎，器内施浅黄釉，有支钉印痕，器外仅口沿施釉，有流釉现象。口径11、底径4、高3厘米（图二四，2）。

B型　1件。M4:4，敞口，圆唇，弧腹，平底。紫红色胎，器内施浅黄釉，有支钉

图二二　M3 西室出土真文券（M3_西：15）

印痕，外壁上半部施釉，有流釉现象。口径11.4、底径4、高3厘米（图二四，3）。

双耳罐　2件。根据肩部、腹部及底部不同，分二型。

A型　1件。M4:5，直口，平沿，方唇，广肩，肩部塑两个对称"桥形"耳，斜直腹，饼足。紫红色胎，器外施豆青色釉至腹下，有流釉现象。口径7.5、底径7、高16.2厘米（图二四，4）。

B型　1件。M4:6，口部变形，直口微敛，方唇，溜肩，肩部塑两个对称"桥形"耳，深弧腹，平底。紫红色胎，外施酱黄色釉，有流釉现象。口径8.8、底径10.2、高18厘米（图二四，5）。

双耳执壶　1件。M4:3，直口微外撇，圆唇，长颈，圆肩，球形腹，饼足。在颈部

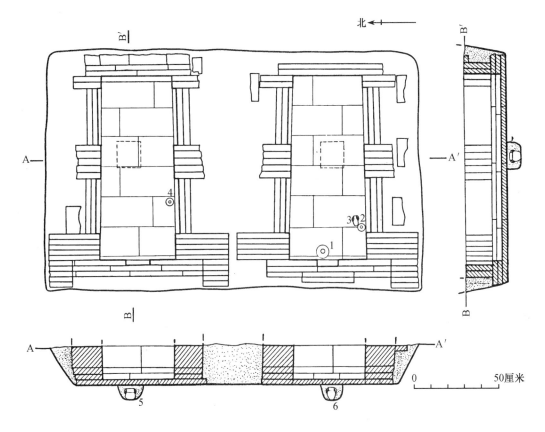

图二三 M4 平、剖面图
1. 碗 2、4. 盏 3. 双耳执壶 5、6. 双耳罐

和肩塑一"弓"形执手柄,肩部有一流(已残),左右塑两个"弓"形耳。灰白色胎,外施酱色釉至腹下,有流釉现象。口径6.4、底径7、高14.2厘米(图二四,6;图版一六,1)。

3. M5

(1)墓葬形制

双室券拱砖室墓,平面呈长方形,早年破坏严重,保存较差,券拱和部分直墙砖均遭到破坏,方向355°。墓南北总长2.94、东西总宽2.6米。墓底距地表深1.6米。该墓可分东、西两室,两室之间间距0.27米,两室在形制、结构、大小上都基本一致。也应是同时砌建,现以保存相对较好的西室为例予以介绍。

西室由墓道、封门墙、墓室等几部分组成。墓道部分被破坏,南北残长0.33、东西宽0.78米。封门墙宽0.68、厚0.18、残高0.55米,砌法是从下至上二横一丁依序而砌。墓室平面呈长方形,长2.48、宽0.7、残高0.56米,两侧直墙从下至上二横一丁顺序而砌,墓底砖横铺顺砌而成,墓底砖横铺错缝顺砌而成。该墓所用墓砖统一,均采

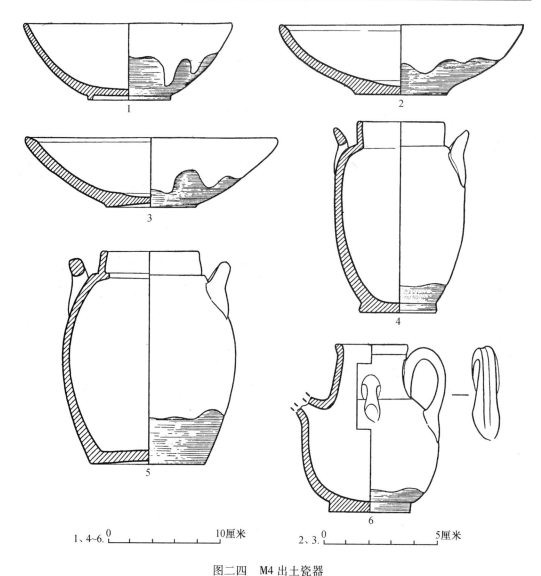

图二四　M4 出土瓷器

1. 碗（M4:1）　2. A 型盏（M4:2）　3. B 型盏（M4:4）　4. A 型双耳罐（M4:5）　5. B 型双耳罐（M4:6）
6. 双耳执壶（M4:3）

用规格为长 0.34、宽 0.18、厚 0.03 米青灰素面砖。出土器物共 26 件，有提梁小罐 4 件、瓷盏 20 件、石俑 1 件，墓室内发现有零星骨灰。另在东墓室内，发现有 3 截长约 8、直径约 0.2 厘米的铜丝，疑是铜簪残件（图二五）。

（2）随葬器物

共 26 件，分瓷器、石俑及铜器三类。

提梁小罐　4 件。M5:5，敛口，溜肩，鼓腹，平底。口部上方堆塑蟠螭龙形提梁，蟠螭头部平视，尾部交叉作"巾"字形。黑褐色胎，肩部以上施酱色釉，器表较为粗糙。口径 5.5、底径 4.8、高 4.5 厘米（图二六，1；图版一六，4 下）。

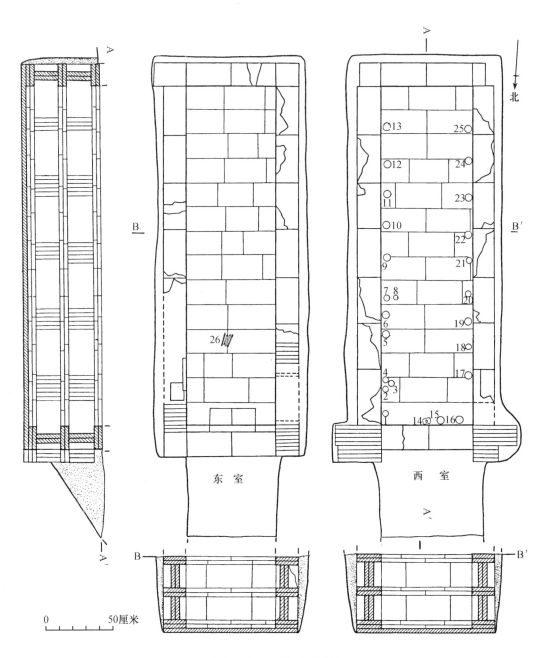

0   50厘米

图二五　M5 平、剖面图

1 ~ 6、9 ~ 13、15 ~ 19、22 ~ 25. 瓷盏　7、8、20、21. 提梁小罐　14. 石俑　26. 簪

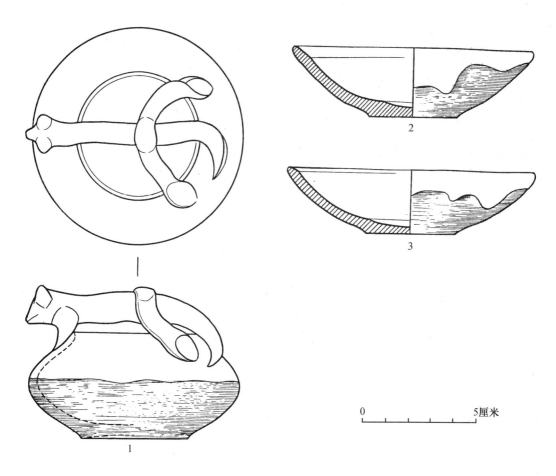

0 _____ 5厘米

图二六　M5 出土瓷器

1. 提梁小罐（M5:5）　2. A 型盏（M5:15）　3. B 型盏（M5:1）

盏　20 件。依据唇部和腹部的变化，分二型。

A 型　12 件。M5:15，敞口，口内有一周凸棱，尖唇，弧腹，平底略成饼足。紫红色胎，内底有 5 个支钉印痕，器内施浅黄釉，器外仅口沿施釉，有流釉现象，部分釉色已脱落。口径 10.8、底径 4、高 3 厘米（图二六，2）。

B 型　8 件。M5:1，敞口，尖唇，斜腹，平底。紫红色胎，内底有 5 个支钉印痕，器内施浅黄釉，器外仅口沿施釉，有流釉现象，部分釉色已脱落。口径 11、底径 3.9、高 2.8 厘米（图二六，3）。

石俑　1 件。M5:14，由一完整青砂石雕琢而成，正身危坐，头戴幞头，浓眉大眼，神情肃然，身穿圆领广袖落地长袍，腰束带，双手十字交叉握于胸前，足尖外露，双脚分立于不规则形座上，线条简洁，制作略粗糙。通高 12.8 厘米（图二七；图版一六，3）。

0   10厘米

图二七　M5 出土石俑（M5∶14）

三、结　　语

　　"学府上郡"工地发现的墓葬大多在后期遭严重破坏，随葬器物也多被盗毁，这给墓葬断代带来了一定困难。然而根据发掘墓葬的形制及随葬器物的特点，与成都地区以往发掘的同类墓葬相比较也能作出一定的判断。其中 M1、M2、M4、M6 为四川地区较为常见的南宋小型火葬墓，时代亦当在南宋。其双室墓特点较为鲜明，据出土物及相邻墓室关系分析，M3～M5 为同坟异葬的夫妇墓葬，两室同时修建，下葬时间有先后。M3出土一方买地券，墓券明确纪年为淳熙十一年（1184 年），即南宋中期，时间准确。M5 出土的石俑置于西墓室后壁的正中部，应为替代生人的墓主人像，从蜀地出土的石俑比较看，M5 的时代在五代至北宋时期[1]。M7 平面呈梯形，形制上看，属四川地区唐代砖室墓中较典型的第二期 B 型墓葬，时代在唐末五代[2]，其出土的四耳罐略同于成都市西郊化成村唐墓（M4）所出，然其最大径在近肩部[3]，时代应稍晚。综上，推测

M7 时代当在唐末五代。由此表明该区域是唐、五代和宋代墓葬较为集中地区。此次发掘是温江区进行地下文物勘探工作开展以来取得的又一次重大收获，对进一步掌握温江区地下文物分布情况及其特点具有重要意义，为研究四川地区五代及宋代的墓葬形制、经济文化和丧葬习俗等提供了新的重要的实物资料。

发　　掘：李　涛　陈　卓　刘柏宇　徐　洪

绘　　图：曹桂梅　刘柏宇

摄　　影：李绪成　陈　卓

执　　笔：刘雨茂　李　涛　陈　卓　张振刚

注　　释

［1］　张勋燎、白彬：《墓葬出土道教代人的"木人"和"石真"》，《中国道教考古》第三卷，第一章，第二节"属地型"，线装书局，2006 年。

［2］　刘雨茂、朱章义：《四川地区唐代砖室墓分期研究初论》，《四川文物》1999 年 3 期。

［3］　成都市文物考古工作队：《四川成都市西郊化成村唐墓的清理》，《考古》1993 年 9～10 期。

成都"新北小区四期"明代太监墓群发掘简报

成都文物考古研究所

2005年9月，配合成都高新区的基本建设，对位于"新北小区四期"基建工程内的一处大型带封土的明代蜀王府太监墓群进行了考古勘探和发掘工作，封土北距西环铁路约200米，西距新北小区四期48、49号两栋楼约20米（图一）。至2005年11月，田野考古发掘工作完成，现将其基本情况介绍如下。

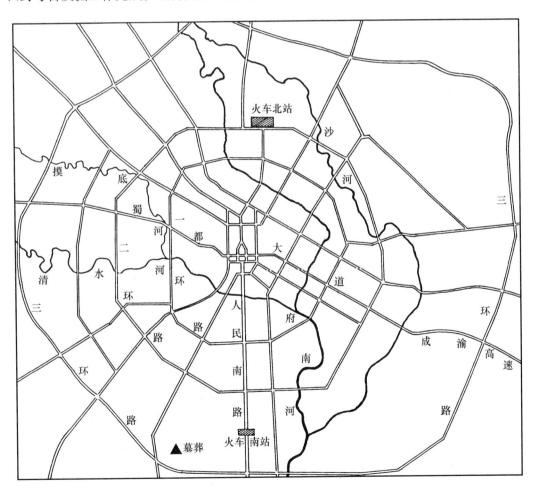

图一 墓葬位置示意图

一、封土与墓葬分布

　　封土为黄色黏土夯筑而成，呈半球形，顶部最高处高于现地表约 13 米，底部直径 48 ~ 52 米，夯层厚薄不均，厚 20 ~ 35 厘米，黏土内夹杂零星的碎砖、陶瓷片和小卵石。顶部发现有两处盗洞，直径约 1 米，最深处约 5 米，洞深未至墓室。

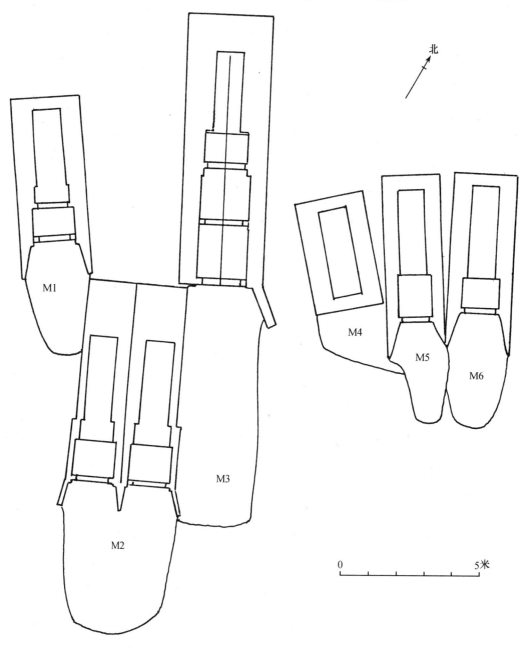

图二　墓葬分布图

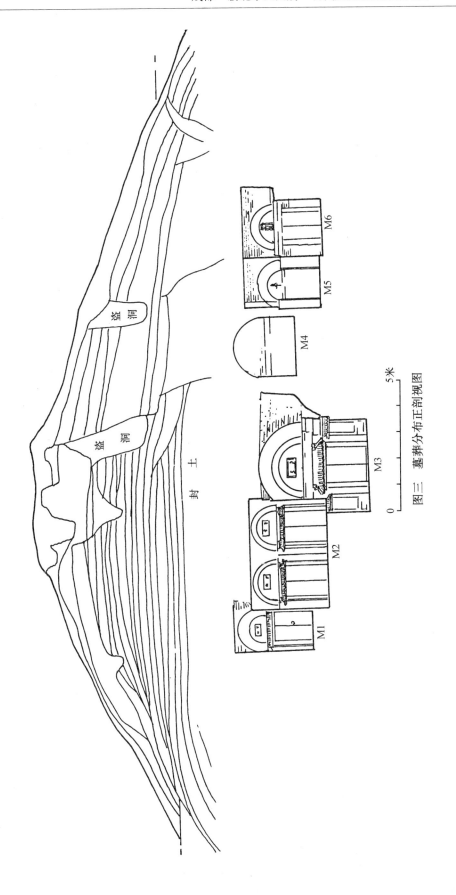

图三 墓葬分布正剖视图

墓葬共 6 座，方向基本相同，约 150°。以位于封土中央的 M3 为中心向东西两侧分布，西侧为 M1、M2 两墓，东侧为 M4 ~ M6 三墓。共有两组打破关系，一组为 M2 分别打破 M3 和 M1，另一组为 M6 打破 M5 再打破 M4（图二、图三）。除 M2 被后期破坏外，另 5 座墓葬保存完好。

二、墓葬的分类

分为单室墓和双室墓两类，均为砖石混建，用红砂石作墓室及盖板、八字墙，砖砌券拱。M4 除盖板用红砂石板外，其他部分均用砖砌。M1 墓门和盖板用红砂石板，其余部分用砖建。

单室墓，共 5 座，编号为 M1、M3 ~ M6。墓葬大小深度不一，M3 最深最大，由墓道、八字墙、前室、中室、后室及棺室组成。M1、M5、M6 三墓的深度、大小和结构相近，由墓道、八字墙、前室和后室（棺室）组成。M4 只有墓室，无其他构成部分。

双室墓，仅 1 座，编号 M2。由大小、结构完全相同的东西两室构成，中间的八字墙共用，两条墓道。东西室分别由墓道、八字墙、前室和后室（棺室）组成。

三、墓葬结构与出土器物

（一）M3

方向 152°，总长 15 米，由墓道、八字墙、前室、中室、后室及棺室构成。

1. 墓葬结构

墓道开口至墓门长 5.8 米，八字墙至墓后壁长 10.6 米。墓室最宽处 2.2 米、券最高处 4.4 米。大门外平砌三块长 2.25 ~ 2.3、宽 0.35 ~ 0.4、厚 0.5 ~ 0.6 米的红砂石条封门，用石灰加糯米浆作黏合剂。墓室内全涂为朱红色。

墓道，长 5.8、宽 2.2 ~ 2.3 米，斜坡状，两壁直而平整。坡度约 35°。

八字墙，位于墓葬大门外，由红砂石建成，呈八字形向两侧外撇，通宽 1.5、高 1.82 米。基座高 0.47、宽 1.35 米，表面饰为长条形，座上墙面略内收，高 0.98、宽 1.32 米。墙面饰狮纹，用朱红色绘成，东墙饰为大小双狮纹，西墙饰狮子戏球纹。墙顶饰为高 0.37、宽 1.4 米的仿木构屋檐形，屋脊两端饰龙头形纹样，圆形瓦当和滴水均饰花朵纹样。

大门，门槛与地栿为一整体雕琢而成，宽 0.2 米，高出地面 0.06 米。地栿上安门框，高 1.62、宽 0.22、厚 0.2 米，其上为横砌的门额，长 2.3、高 0.53、厚 0.82 米，饰仿木构屋檐形，屋脊两端饰龙形鸱吻，圆形瓦当和滴水均饰花朵纹样。地栿与门额之间高 1.62 米，两门框之间宽 1.35 米。门框后装双扇石板大门，门高 1.6、宽 0.78、厚

0.11 米，门上安有铜质圆形铺首和门锁。门额上安长 2.73、高 0.37 米的条形座，座上安半圆形石板，宽 2.6、最高处 1.35 米，圆弧外圈铺砖顺丁各一层。两侧砌砖一层为金刚墙，由墓顶向两侧渐低，高 1.5、宽 6.7 米。半圆形石板中间饰宽 0.78、高 0.36 米的门匾，匾涂成朱红色，阴刻"寿室"两字，字涂金。门框阴刻对联一副，上联"岷山地脉来龙远"，下联"锦水源头衍派长"，字涂金（图四；图版一七，1）。

前室，长 1.9、宽 1.72、高 1.9 米，底部近门处有一长 0.23、宽 0.18、深 0.03 米的抵门石坑，内置同样大小的抵门石。顶饰藻井，田字形，每格内用金粉饰相同纹样，四角饰云纹，中间为圆圈形，内饰水波和小花朵纹样。室中部近墓门处立墓碑，通高 1.48 米。须弥形碑座，饰有吊巾，下大上小，上宽 0.69、下宽 0.74、高 0.36、上厚 0.32、下厚 0.35 米。长方形碑体插于碑座内，高 0.74、宽 0.48、厚 0.14 米，其上为同样厚度的碑帽，高 0.38、宽 0.65 米，碑体与碑帽为整块石板。碑的正反阴刻相同的纹样和文字，碑体边缘与碑帽边缘饰为花草纹带，碑帽篆书"皇明"，碑帽下部圆圈内书"寿"字，碑体书"万历二年十二月初九日/敕赐品服门副嘼公之墓/孤哀子嘼起魁起蛟泣血立"，字与碑边纹样均涂金（图版一七，2）。

中室门与中室，中室门大小结构与墓葬大门相同，门槛与地栿为一整体雕琢而成，宽 0.2 米，高出地面 0.06 米。地栿上安门框，高 1.62、宽 0.22、厚 0.2 米，其上为横砌的门额，长 2.3、高 0.53、厚 0.82 米，饰为仿木构屋檐形，屋脊两端饰为龙形鸱吻，圆形瓦当和滴水均饰为花朵纹样。地栿与门额之间高 1.62 米，两门框之间宽 1.35 米。门框后装双扇石板大门，门高 1.6、宽 0.78、厚 0.11 米，门上安有铜质圆形铺首和门锁。门框上阴刻对联一副，上联"风景回环人杰地灵无限好"，下联"阴阳变化桃红柳绿有余春"，字涂金。中室，长 2.28、宽 1.72、高 1.85 米，近后室门处略内收，宽 1.54 米。底部近门处有一长 0.23、宽 0.18、深 0.03 米的抵门石坑，内同样大小的抵门石。顶饰藻井，田字形，每格内用金粉饰相同纹样，四角饰云纹，中间为圆圈形，内饰水波和小花朵纹样。室中后部放置一整石雕成的长方形供桌，长 0.9、宽 0.58、高 1.03 米，两端上翘，曲足饰云纹。桌上放置香炉、花瓶、爵杯等青花瓷器（图版一八，1），后室门外地面放置盖梅瓶、盖罐等青花瓷器随葬品（图版一八，2）。

后室门与后室，后室门槛与地栿为一整体雕琢而成，宽 0.2 米，高出地面 0.06 米。地栿上安门框，高 1.62、宽 0.22、厚 0.2 米，其上为横砌的门额，长 2.3、高 0.53、厚 0.82 米，饰为仿木构屋檐形，屋脊两端饰龙形鸱吻，圆形瓦当和滴水均饰花朵纹样。地栿与门额之间高 1.62 米，两门框之间宽 1.15 米。门框后装双扇石板大门，门高 1.6、宽 0.78、厚 0.11 米，门上安有铜质圆形铺首和门锁。门框上阴刻对联一副，上联"龙虎盘旋千载佳城由地诊"，下联"山烟缭绕四时图画自天开"，字涂金。后室长 1.09、宽 1.56、高 1.8 米，近棺室门处砌高 0.2、宽 0.25 米的台阶。底部近门处有一长 0.23、宽 0.18、深 0.03 米的抵门石坑，内同样大小的抵门石。顶饰藻井，两格，每格内用金粉饰相同纹样，四角饰云纹，中间为圆圈形，内饰水波和小花朵纹样。

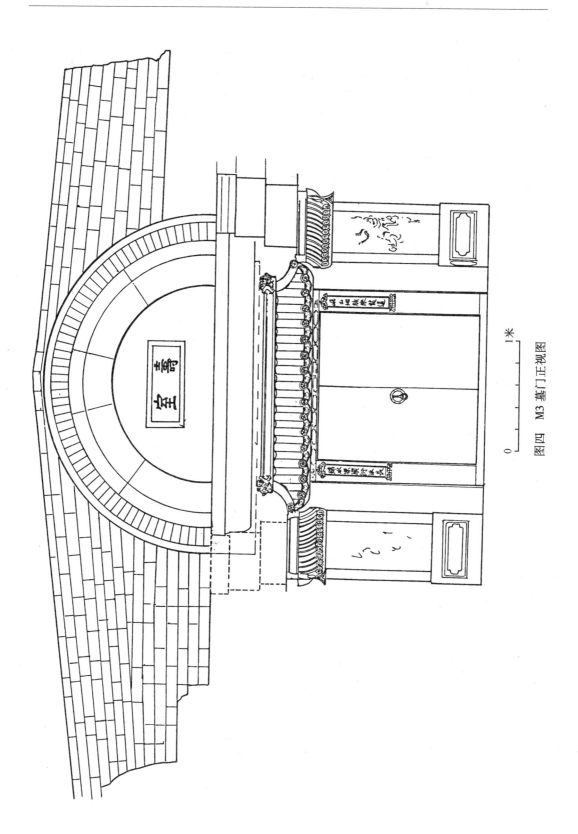

图四 M3 墓门正视图

0　　　　1米

棺室门与棺室,棺室门无门框,由其四壁留出的空隙构成,高1.12、宽0.98米,棺室门用相同大小的一块石板扣盖于门框内,门厚0.08米,左右侧各有两凸出方形卯钉,卯于门边上的方形凹内,用于固定门。棺室长2.7、宽1、高1.12米,底高于后室底部0.3米,底部正中由前向后的三钱币形镂孔。后壁雕刻为仿木构建筑,两侧有立柱,柱上屋檐,屋脊两端饰为龙头形鸱吻,圆形瓦当。屋内饰供桌,桌上放置汉白玉质买地券,立嵌于壁面上。供桌边缘线条涂金粉,壁面满饰为雨点状,上为竖线条,均用金粉饰。木棺放置于室内,已腐朽,长约2.2、宽约0.7、高约0.6米,外漆红漆(图五、图六)。

2. 出土器物

出土随葬品共26件。中室供桌上分三排放置7件青花瓷器,前排正中为一圆形香炉,炉内盛满灰白色粉灰,能见柱香插于其中烧后的痕迹。两侧为相同的带耳瓶各1件,这3件器物均有圆盘形石座。中间一排等距横放3件爵杯,后排为一碗置于正中,碗上放置一双木筷,已腐朽。爵和碗内均有黄黑色油痕(图版一八,3、6)。后室门前等距放置4件青花瓷器,2件带盖梅瓶位于中间,两侧各有1件带盖罐(图版一八,2)。木棺内出土腰带、玛瑙珠、金簪和玉簪等随葬器。墓道内出墓志铭一盒,棺室出买地卷一方,前室立墓碑。

(1)青花瓷器

共11件。器形有碗、香炉、瓶、爵、梅瓶、罐等。

碗 1件。M3:9,圆唇,敞口,深弧腹,圈足。内底绘一人物坐观风景图,外壁绘童子嬉戏图,用树木和芭蕉将四小童分为两组。外底铭"万富攸同"。口径12.2、底径4.7、通高6.1厘米(图七,4;图版一八,3、4)。

双耳瓶 2件。大小形制纹样相同,出土时置放于圆形石座内。M3:3,圆唇,盘口,长束颈,溜肩,鼓腹,下腹斜收,接大圆饼形足,平底。颈部附双环形耳,耳为圆柱形,上部饰为兽头形。口部饰三道弦纹,颈上部饰蕉叶纹,颈腹部饰折枝花,腹部饰缠枝花,下腹部饰莲瓣纹,足部饰卷云纹。口径11.5、底径10.8、通高31.8厘米。座为石质,圆柱形,面内凹,束腹,表面涂朱红色。直径14.6、高8.3厘米;整器带座高40.1厘米(图七,1;图版一九,1)。

香炉 1件。M3:5,出土时置放于圆形石座内。方唇,直口,直腹,平底,接三足,足小而短。上腹部用一道外粗凸弦纹将青花纹样分为上下两组,均为缠枝花纹,上组纹样小而密,下组纹样较疏松,且在纹样的空隙处饰转轮、双鱼、法螺等佛教八宝器。口径26.3、通高18.9厘米。座为石质,圆柱形,面内凹,束腹,表面涂为朱红色。直径29.6、高6.4厘米;整器带座高24.5厘米(图七,6;图版一八,5)。

盖罐 2件。大小形制纹样相同。M3:10,圆唇,直颈略束,阔肩,大鼓腹,下斜收成平底,底内凹。盖为宝珠形纽,平顶,弧肩,直口。盖饰忍冬纹,颈饰卷草纹,肩部饰莲花缠枝纹,腹部饰折枝花,下腹部饰莲瓣纹,每组纹样用两道弦纹分开。口径7.5、底径10.4、高17.2厘米;带盖通高20.8厘米(图七,3;图版一九,2)

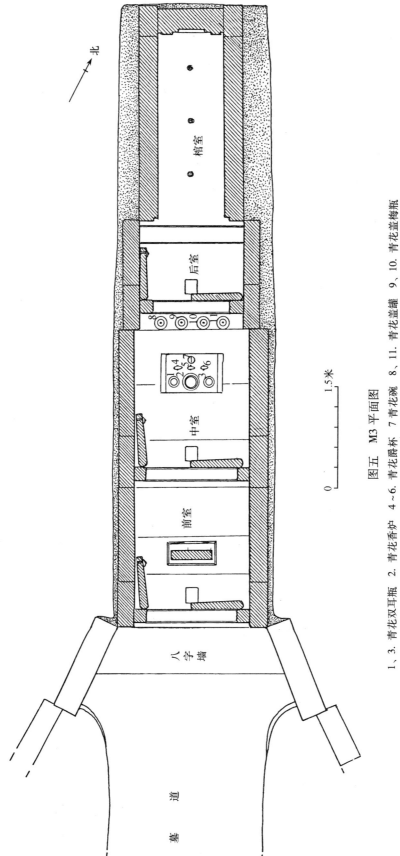

图五　M3 平面图

1、3. 青花双耳瓶　2. 青花香炉　4~6. 青花爵杯　7. 青花碗　8、11. 青花盖罐　9、10. 青花盖梅瓶

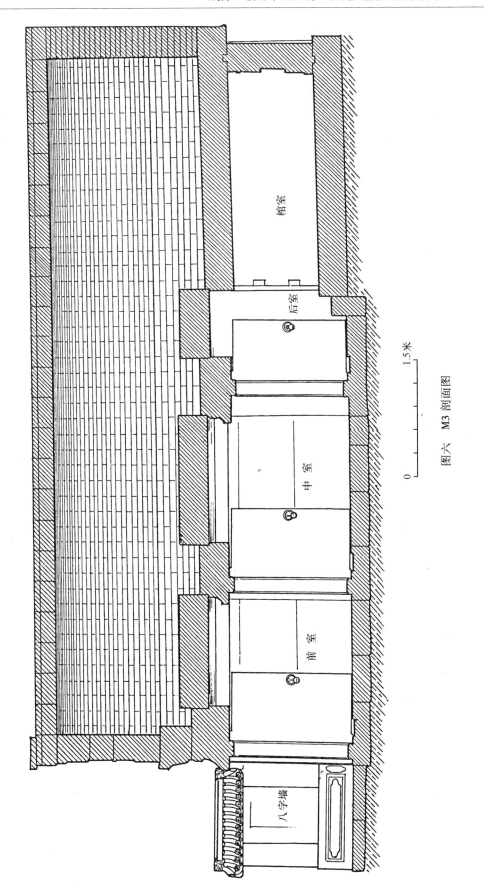

图六 M3 剖面图

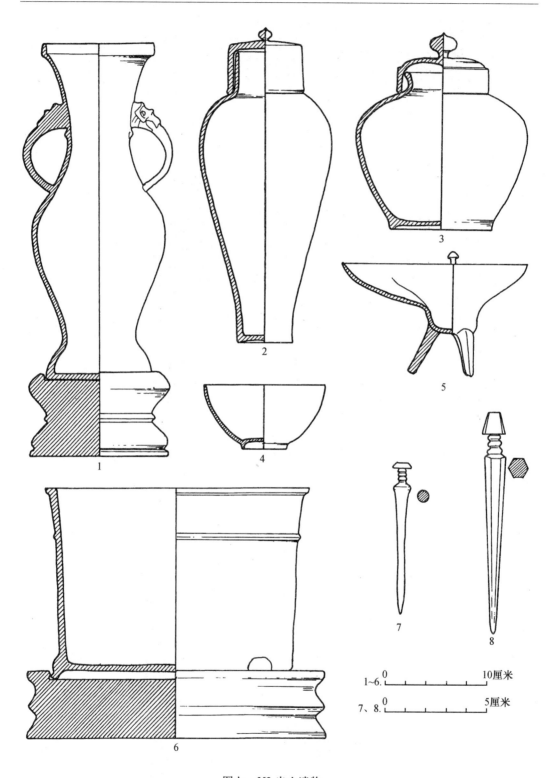

图七　M3 出土遗物

1. 青花瓷双耳瓶（带座）（M3:3）　2. 青花瓷盖梅瓶（M3:11）　3. 青花瓷盖罐（M3:10）　4. 青花瓷碗
（M3:9）　5. 青花瓷爵杯（M3:6）　6. 青花瓷香炉（M3:5）　7. 金簪（M3:14）　8. 玉簪（M3:15）

盖梅瓶 2件。大小形制纹样相同。M3：11，圆唇，直口，直颈，阔肩，鼓腹，下腹斜收成平底。盖为宝珠形纽，平顶，折肩，直口。盖顶饰卷云纹，盖直口饰方形灵格纹地，对称的四朵云形纹，内饰花纹。瓶身直颈部饰云纹，肩饰莲瓣纹、花朵纹和云纹，身饰云纹和山水纹，下腹部饰变形莲纹一周。腹部云纹之间有四个圈形，内书"富寿康宁"。外底篆书"富贵佳器"四字，呈方印形。口径5.5、底径9.7、高27.4厘米；带盖通高30厘米（图七，2；图版一九，3、4）。

爵杯 3件。大小形制纹样相同，均残一鋬柱，两件残存在柄部一侧，一件残存在柄对应的一侧。M3：6，口呈长条束腰形，一端圆润一端略尖，杯形腹，圜底，下接三个棱形足，向外一侧棱线分明，内则为圆弧形。腹壁一侧附耳形柄，口部束腰处为帽形鋬，残存一个，位于柄部一侧。内底饰花结纹，口部内壁饰仙鹤、云纹图两组。外壁饰果树，两只小鸟在树枝间嬉戏。下腹部饰折枝花朵。足根饰方格纹披巾，足身饰忍冬纹。口径最长处17.7、束腰处5.5、通高12.3厘米（图七，5；图版一八，6）。

（2）其他质地遗物

有包银皮带具、玉簪、金簪和玛瑙珠等共13件套。

包银皮带具 1套。M3：17，皮革制成，外包银皮，表面锤成小云纹，鎏金。共由9块长方形、6块圆桃形、3块长条形和带扣组成。长约130、宽5厘米。

金簪 1件。M3：14，头部为圆帽形，束柄，身呈圆锥状，渐细渐尖。长7厘米，重24克（图七，7）。

玉簪 1件。M3：15，白玉质，方形头上小下大，束柄，六棱形身渐细渐尖。长10.5厘米（图七，8）。

玛瑙珠 10件。红玛瑙质，均呈圆珠形。直径从1.2～2.2厘米不等。

（3）墓志铭、买地卷

墓志铭 1件。M3：1，红砂石质，方形，盖和身对扣，束两道铁条。边长42、盖厚6、身厚7厘米。盖内篆书"皇明□勅赐品服蜀藩门正 甯公墓志铭"。内容字体为正楷：

皇明敕赐品服门正南村甯公墓志/赐进士出身文林郎巡按直隶监察御史成
都 刘世魁撰/赐进士出身奉义大夫户部陕西清吏司郎中成都周淑书丹/赐进
士出身奉政大夫户部山西清吏司员外郎成都何举篆/公讳武字邦甯号南村其先
胡广麻城人远祖讳恭季举进士曾祖考讳海祖考讳舟考讳翰生公/自幼颖敏英敏
异常然自小学之年入侍/成圆每应事接物酬荅动止多协/睿惰由是钟爱与众颇异
当密审时之/近侍素有容量识见可以抚盲扶持乎人者欲以公讬盖阴有人用之□
是栽培之豫有若是雨□□□未之/觉也一日/成燕生亲谓/飞鱼品服菊□承奉正
甯公曰/余闲人多矣求其女子之幼而老成者亦鲜矣诚肯用心视之将来或克继续
之□□□承/命而尔重特甚□以家□付之内外成喜侍人令闻广誉中是而益大矣
初莅东轩事几出纳□佃缜密/必严利弊虽微革新不后同寅有年长者亦叹服之公
犹不以此自足而怠□作夜思□不释卷入/侍出理事无少留遂进位加秩而愈自谦

早勤□然性尚质直不事繁文继事/康园名位日盛而恂恂自如喜尚斯文不近便妄
尤其所长也今/上亦钟受加礼而公之忠忱弗少异于三/朝时也□则南村劝农优游
自适虽凤惜未相识者亦爱慕其平易焉公每事必图远大故门下抚育二子长曰/起
魁季曰起蛟择师以成其德任事以达其材二人皆为伟器当自言曰生死有数人所不
免先卜锦/江□园之坞仍其桃李柿粟益树之以松柏积石筑山以为百年后事之计
斯可谓之明也巳矣斯可谓之/□也巳矣公以洪治丁巳六月十七日年及□□无疾
登仙以万历二年十二月初九日归窆南坞鸣/□□大德者□岂无富贵各寿之报也
耶然此非过情之文持周进士五津状请余求铭梓呈素知乃为之铭/

天道靡常	哲人自昌	禀赋卓异	声闻琳琅/
历事睿明			/
荣萃赫奕	忠荩辉煌	济以慎肃	善以驰张/
桃李并秀	志意谦详	锦江南坞	琛宝永藏/
	松柏同苍	繁阴铺地	益里甘棠/
庶民仰慕	君子□扬	于乎勿替	千　/

买地券　1件。M3:25，白色大理石质，方形片，去上部两角。高27、宽34、厚4
厘米。正背两面均为正楷，字描红，部分字涂金粉。正面：

维/大明国四川/蜀府/勒赐品服门正宵武阳相丁巳年六月十七日亥时生/享
年七十八岁大限奄逝于/万历二年十二月初三日子时故　盖闻生有所/居死则安
厝出备□财九九之数远山水朝迎左/环右抱四势端平东至甲乙南至丙丁北至/壬
癸酉至庚辛中央安厝千载神灵安厝

/之后不得掌方右墓血尸鬼魅□□前来侵占/将此地券具奏　代书白鹤仙/
天庭女青律令 问罪施行隣中人岁月主/万历二年十二月初九日卯时立券人娵此
言之神

背面，周边为八卦图，内容：

东王公作主/山神守护/永寿悠堂/地脉扶持/西王母证盟

（二）M1

方向156°，总长15米，由墓道、八字墙、前室、后室（棺室）构成。

1. 墓葬结构

墓道从开口至墓门长4.32米，八字墙至墓后壁长6.13米。墓室最宽处2.63米，
券最高处3.27米。大门外砌三块石条封门，最下一块横放，长1.62、高0.42、厚
0.37米，其上竖立两同样大小的长方形石板，似门，高1.16、宽0.84、厚0.25米，
用石灰加糯米浆作黏合剂。封门石后门框内再平砌一层封门砖。墓室内全涂为朱
红色。

墓道，长 3.18、宽 1.4~2.4 米，斜坡状，约 25°，两壁斜度较大，平整。

八字墙，墓葬大门外，呈八字形向两侧外撇，用青砖建成，通宽 1.13、高 1.55 米。座高 0.8 米，中间略内收。座上墙面为两块长 0.5、宽 0.35 米的大砖平砌而成，其上砌墙帽高 0.24 米。两八字墙间用红砂石板铺地。

大门与前室，门槛与地栿为一整体雕琢而成，宽 0.19 米，高出地面 0.02 米。地栿上安门框，高 1.47、宽 0.18、厚 0.2 米，其上为横砌的门额，长 1.95、高 0.26、厚 0.6 米，饰为仿木构屋檐形，屋脊两端饰为龙形鸱吻，未作出瓦当和滴水。地栿与门额之间高 1.45 米，两门框之间宽 1.13 米。门框后装双扇石板大门，门高 1.49、宽 0.72、厚 0.9 米，门上安有铜质圆形铺首和门锁。门额上安半圆形石板，宽 1.3、最高处 0.65 米，圆弧外圈铺砖 4 层，顺丁各 2 层。两侧平砌砖一层为金刚墙，高 1.25、3.07 米。半圆形石板中间饰宽 0.5、高 0.25 米的门匾，内篆刻"永卿候墓"（图八，1）。前室，砖石混建，长 1、宽 1.5、高 1.73 米，底部近门处有一长 0.2、宽 0.18、深 0.03 米的抵门石坑，内同样大小的抵门石。东西两壁后部用砖平砌起墙，其余部分用红砂石构成。

后室门与后室，后室底部高于前室底部 0.45 米，门槛与地栿为一整体雕琢而成，宽 0.18 米，高出地面 0.03 米。门框与壁为一石雕成，两门框之间宽 1.03 米，门框后装双扇石板大门，门高 1、宽 0.57、厚 0.6 米，门上安有铜质圆形铺首和门锁。其上直接为盖板，底部近门处有长 0.18、宽 0.14、深 0.03 米的抵门石坑，内同样大小的抵门石。后室总长 3.45、宽 1.03、高 0.98 米。门槛后长 0.58 米一段为石构，向墙内收 0.09 米，门开启后正好使其与后室壁面平齐。后壁为红砂石构成，中间宽 1.03、高 0.98 米方框内雕饰为供桌与木构屋檐形，最下为一供桌，桌上饰柱两根，其上有屋檐，脊两端饰为龙形鸱吻。方框图组上雕饰屋檐，脊两端饰为龙形鸱吻（图八，2；图九）。

2. 出土器物

共 6 件，均出土于棺室内，有铜簪、玉簪和玉扣，琉璃罐出土于后部两角处，红砂石质买地券靠立于后壁中央。

琉璃罐　2 件。大小形制相同，出土时内装有半罐稻米。M1:4，灰白胎，淡绿釉，方唇略圆，外翻，短直颈，阔肩，斜直腹，近底处略外撇，平底内凹成假圈足。盖为宝珠形纽，弧顶，宽平折沿，直口圆唇。口径 11.7、底径 11.4、高 28 厘米；带盖通高 33.7 厘米（图一〇，1）。

玉饰　1 件。M1:1，白玉质，圆片形，中间一小穿孔。直径 1.7 厘米（图一〇，4）。

铜簪　1 件。M1:2，圆形帽，束柄，身呈五棱形渐细渐尖。长 7.7 厘米（图一〇，2）。

玉簪　1 件。M1:3，长方形帽，束柄，圆形身渐细渐尖。长 8.4 厘米（图一〇，3）。

买地券　1 件。M1:6，红砂石质，长方片形。高 24、宽 31、厚 3 厘米。正背两面均为正楷。正面：

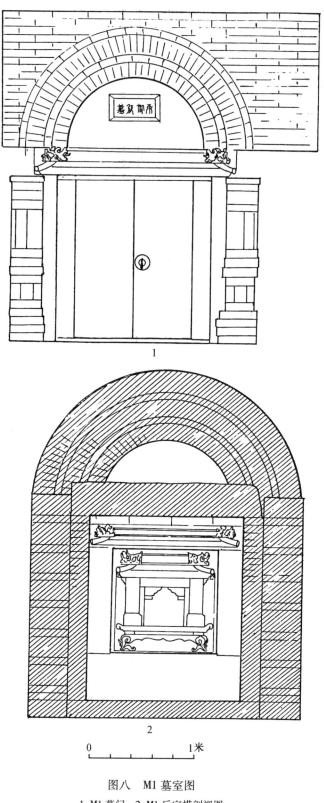

图八　M1 墓室图

1. M1 墓门　2. M1 后室横剖视图

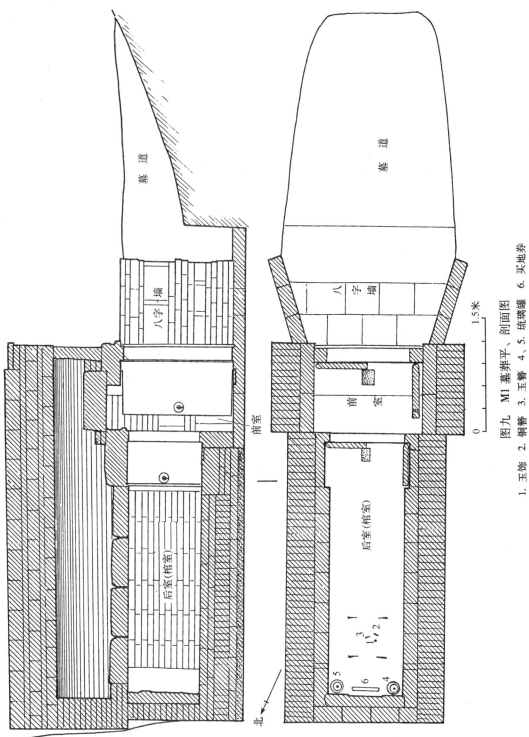

图九 M1 墓葬平、剖面图

1. 玉饰 2. 铜簪 3. 玉簪 4、5. 琉璃罐 6. 买地券

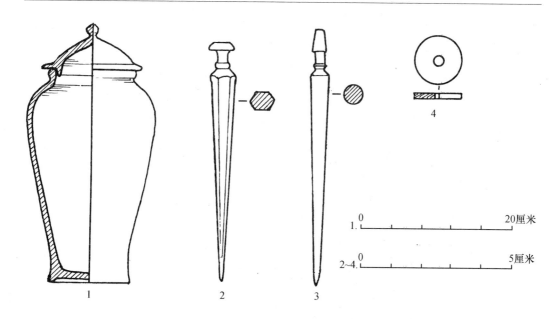

图一〇　M1 出土器物

1. 琉璃罐（M1:4）　2. 铜簪（M1:2）　3. 玉簪（M1:3）　4. 玉饰（M1:1）

维大明　　年　月　日直祭/蜀府中官周有龄券志荣县住居奉道立券买地/一穴四至分明中贵官周有龄之枢镇始为名自处/于嘉靖辛丑年二月十一日丑时生于荣县络阳乡偏朵/桥桂花村人氏享年六十三岁/告终今乃卜地安葬茔元坐落申山寅向轩辕数/百岁盘古几万春但九人世谁人免死门生则居/华盖死则葬坵山买此一穴地九千九贯文上至青天盖/下至后土尊丙丁子甲乙霞巽共乾坤离壬寅午成坎/癸申子辰　　丁巳酉丑　卯未庚辛四至都买尽乾/元亨利真山中玉犬吠世上金鸡鸟天生__贵子地脉/阴官人名呈为执照出卖与中官周有龄佩/照者/准此奉行为证执照孝子周璧^谨

背面:

九星供地穴/出卖吉地人/东邻人东王公金/西邻人西王母木/下地人　　鹤仙水/卖地人龙子岗火/代书人后土尊土/八卦证山川/右给山家土府神君　　词下　执照

四、结　语

由于墓葬大同小异，这里只介绍了较具代表性的 M1 和 M3，其他墓葬将在正式报告中详细介绍。

6 座墓葬中的 4 座有明确的纪年，年代最早为 M3 "万历二年"，最晚为 M6 "万历三十四年"。墓葬年代相差时间不长。从出土的墓碑或买地券可知其墓主均为明蜀王府中有一定官职的宦官,如"品服门正"甯武,为明代的正六品官职。较为特殊的是 M6 墓主甯起蛟,是 M3 墓主甯武的第二义子。

　　成都历年来发掘了较多的明蜀王墓及其相关的妃子或太监墓。太监墓多为大型墓葬区,少则数座,多则数十座,其规模大小多与 M1 相近。M3 这种近 10 米的大型太监墓为首次发现。首次在同一墓群中出现太监与其养子的墓葬。

绘　图:杨文成　王　军　陈　平

摄　影:李绪成　谢　涛

执　笔:谢　涛　魏绍蕾

安岳卧佛院调查简报

成都文物考古研究所
北京大学中国考古学研究中心
安岳县文物局

一

安岳县属资阳市[1]，位于四川盆地中部丘陵地带，东依重庆潼南县，北接遂宁市中区，西连本市雁江区、乐至县，南邻内江东兴区。地跨涪江、沱江两江流域。境内现有古代石刻造像 70 多处，是四川石刻造像地点最多的县。卧佛院位于跑马滩水库边，所在地属安岳县八庙乡卧佛村七、八社，与遂宁东禅乡相邻，是我国南方石刻佛经规模最大的一处，同时还有造像和墓塔等丰富佛教内容（图一）。

对卧佛院的调查始于 20 世纪 80 年代[2]，发表的资料都相对比较简单，其中彭家胜《四川安岳卧佛院调查》和李良、邓之金《安岳卧佛院窟群总目》以 1986 年文物普查资料为基础，对重要窟龛的尺寸和经文分布等进行了简要描述，但不全面，有的地方两文不一致。20 世纪 80 年代之后，关注卧佛院的学者日益增多，也有文章涉及卧佛院的内容，但从来没有完整系统地进行资料调查，不能全面正确认识卧佛院的刻经和造像，更无法进行深入系统的研究。从 2000 年起，成都文物考古研究所与北京大学考古文博学院开始合作进行四川石窟考古调查项目，在完成了川北石窟调查的基础上，考古所于 2007 年 3 ~ 5 月，再次与北京大学中国考古学研究中心合作对安岳卧佛院石窟和刻经进行了第一阶段考古调查。

二

卧佛院现存 126 个窟龛，除了卧佛沟内 95 个洞窟分布较为集中外，在月亮坪、菩萨崖等区域内还有部分窟龛，根据地形地貌情况，在调查中我们将整个卧佛院分为三个大区：北岩区（包括 1 ~ 24、123 ~ 125 号窟龛）、南岩区（包括 25 ~ 94、126 号窟龛）和月亮坪区（含菩萨崖，包括 95 ~ 122 号窟龛）。其中南岩区洞窟分布线较长，我们又根据岩石自然状况将其分为 A、B、C、D、E、F 六个小区（图二、图三）。

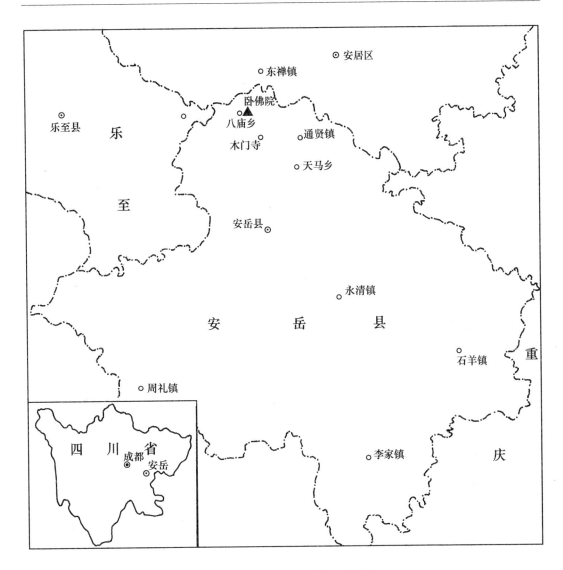

图一 安岳卧佛院地理位置示意图

（一）北 岩 区

北岩区位于东西向山湾的北面山岩上，刻经和造像主要位于山岩西端，编号 1～24 号，山岩中部下山道路傍有一个空窟（125 号），山下有一个只开凿了一半的废窟（123 号），一个墓塔（124 号）。北岩区主要有三种内容，其中 1、2 号为刻经窟，3 号为涅槃造像大龛，5～8、10～16、21～23 号为摩崖浮雕五十三参故事图，24 号现为空龛，据老百姓讲"文革"前有一尊可移动雕像，我们推测可能为与五十三参故事有关的主尊像，4、18、19 号龛为小型造像龛，其余龛内为题记。关于北岩五十三参故事雕刻将有专文报告。

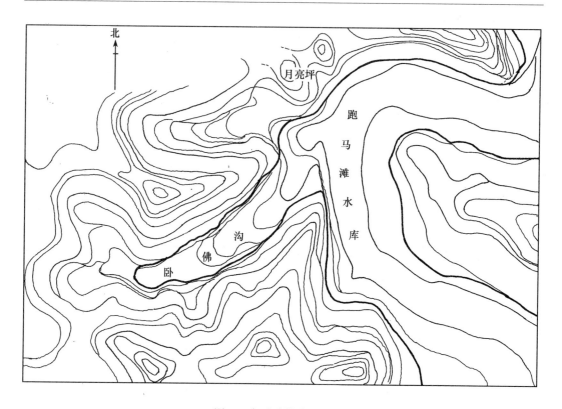

图二　安岳卧佛院地形图

1. 1、2 号窟

位于卧佛院北区、3 号卧佛龛右侧凸起崖面上部，距现在地面约 650 厘米，所处崖面较平整。1 号窟居右[3]，2 号窟居左，两窟型制、大小相同，均为方形双层口平顶窟，外层口顶部、底部平齐，且底部联通，为同一时期规划开凿的一组刻经双窟，1 号窟外层窟口保存尚好，2 号窟外层口风化严重，右侧上部尚存有 80 厘米深（1 号窟下为文管所建简易歇山檐库房，使这次调查无法攀至 1 号窟内，据安岳县文物局库存 1 号窟拓片知）。两窟内刻《妙法莲华经》[4]，经文系统连贯，参见《安岳卧佛院经窟统计表》（附表）。2 号窟为方形双口窟，外窟口主要是为内层窟口整理出平整崖面，内外双窟顶平齐，内窟高 260、宽 226、进深 205 厘米，窟顶口部高，后部低，平顶。窟口风化较严重，形状已不规整；外层窟口底部已无存，窟内底部原来地平已被破坏，现窟后左右角还有原来的地平，高出现存地面 10 厘米。右壁外口保存较多，最深处 80 厘米。左、中、右三壁刻经，刻经有不同程度风化。左壁上半部分保存较好，中部略有风化，底部壁面断失，经文已不存；正壁仅存上部刻经，下部风化殆尽，偶存一两字；右壁窟口中部风化较重，上部较好。左壁刻经距窟顶 25 厘米，最后一行刻经距正壁 20 厘米；中壁经文距窟顶 15 厘米，两侧各留出约 13 厘米的空间；右壁刻经距窟顶 15 厘米，其中第 1 行刻经距正壁 14 厘米。左壁经文距正壁的空白处有晚期凿的两个方孔，上部方孔的右壁平直，左壁为斜坡，下一方孔较小，位于左壁右下角，四壁平直。

2. 3 号龛

摩崖大龛，位于 2 号龛左侧卧佛院北岩区崖面主要位置，是卧佛沟规模最大的一龛。龛顶上有近年新修龛檐，龛檐下岩石有崩塌，卧佛下方崖面（即卧佛左臂下）内凹并有裂隙，岩石质地疏松，起层脱落严重。卧佛右臂风化严重，双腿间有裂隙一直延伸到胸部。龛形接近"刀形"，宽 21.3、高约 11 米。龛内正壁造卧佛一尊，头东脚西，左胁而卧，腿部为刀柄位置。卧佛胸部上方造一尊坐佛、九弟子、二菩萨、一力士以及天龙八部众，脚端造一力士，腿前坐一弟子像。

卧佛左胁而卧，双臂平置体侧。头下有枕，螺髻，眉间有白毫凸起，双目微敛，嘴角微上翘，颈部有三道蚕节纹，双耳佩有璎珞式耳珰，耳珰用两圈连珠纹和一圈凸棱相间装饰，卧枕侧面饰莲花纹、联珠纹和"回"形纹。双肩平直，胸部平坦，着双领下垂式袈裟，袈裟衣纹疏密适中，呈阶梯状，内着僧祇支，胸下系带打结。僧祇支边缘装饰卷草及莲花纹（图版二〇，1、2）。

卧佛胸部上方群像主尊结跏趺坐，螺髻，有桃形背光和圆形头光。面部残留有白膏泥，外着双领下垂式袈裟，内着僧祇支，胸下系带，右手臂屈肘于胸右前侧，左手抚膝。坐佛两侧像分前后两排，均雕出腰腹以上。左上方前排由内向外依次是三弟子、一菩萨、一力士五尊像。第 1 尊，弟子像，中年形象，面部略向右侧、目视右下方，高鼻、眼眶较深，外披双领下垂袈裟，内着僧祇支，胸前系带。左手屈肘于左胸前持物，物体残毁不清，右手臂下垂体侧。第 2 尊，弟子像，身材较高，细目高鼻，嘴角微翘，颈部有蚕节纹，着通肩袈裟，手抄于胸，隐于袈裟内。第 3 尊，弟子像，前排最大一尊弟子像，面相丰满，略显臃肿，额头上有圆形凸起，着双领下垂式袈裟，眼睛细小，高鼻，嘴微张，颈部有三道蚕节纹，双手合十于胸前，位置略低于其右侧弟子像。第 4 尊，菩萨立像，头戴宝冠，高发髻，高鼻细目，嘴角略上翘，两侧各有一缕头发从耳朵中部绕向头后侧，袒上身，颈戴璎珞式项圈，双肩有帛带垂下。左侧风化，右侧帛带绕臂顺体侧垂下。左手臂屈肘于腹前托一钵状物，右手臂侧举柳枝于胸右前侧，下着裙系带，裙腰外翻。菩萨左侧为一力士像，处于龛正壁最左端，有发髻，怒目圆睁，用力抿嘴，嘴角上翘，胸、腹肌凸出，上身袒露，下着裙，有系带。左手握拳侧举，右手叉腰。左侧后排由内向外雕一弟子、四天龙八部众五尊像。弟子像立于坐佛左侧，老僧形象，额头有圆形肉团，双目深陷，高鼻，宽嘴薄唇，颈部肌肉松懈，穿双领下垂袈裟，双手抱拳于胸前。天龙八部众由内向外第 1 尊，老僧形象，高额，额上有圆形肉团，眉尾下吊，双目深陷，高鼻皱眉，咧嘴，颧骨突出，外着袒右袈裟，内着交领衫，胸前系带，双臂侧举于头两侧，左手伸食指与中指、屈拇指、无名指、小指，右手同左手。第 2 尊，有发髻，额间有圆形肉团，怒目圆睁，张嘴露牙，耳朵上有羽状物上翘，颈部缠蛇，双手握蛇身。第 3 尊，有发髻，双目圆睁，双唇紧闭，双耳宽大，着交领衫，系腰带。头部后侧雕龙，龙头向左侧。第 4 尊，戴虎头帽，双目圆睁，下巴下方垂有一圆柱形物，着交领衫。坐佛右侧前排共有五尊像，从内向外依次是第 1 尊，青年弟子像，面略向左侧，高鼻，着袒右肩袈裟，左手臂屈肘举于胸前，左手屈中指、无名指，余指伸直。第 2 尊，老年弟子像，深目高鼻，双唇紧闭，颈部肌肉松弛，凸出喉结，着交领袈裟，双手胸前合十。第 3 尊，青年弟子像，面相清秀，高鼻，嘴角上翘，颈部三道蚕节纹，着交领袈裟，双臂自然下垂。第 4 尊，中年弟子像，有喉结，双眉略皱，高鼻，面相丰润，外着袈裟，胸部风化，双手抄于腹前。第 5 尊，菩萨立像，头戴花宝冠，冠正面雕摩尼珠，头后宝缯打结，缯带垂至双臂肘部，颈部有三道蚕节纹，体态健硕，帔帛自双肩披下，帛带一端由手臂飘于体右侧。下着裙，腰系带，裙腰外翻。左臂自然垂于体侧，右臂曲肘于体右前侧，肘部以下不存。坐佛右侧后排造一弟子、四天龙八部五尊像。由内向外第 1 尊，青年弟子像，身体略偏向左侧，弯眉高鼻，颈部有三道蚕节纹。着双领下垂袈裟，左臂垂于体左侧，右手握拳紧贴胸前，手心向上。第 2 尊，三头多臂，中间一头戴高冠，冠周用莲瓣装饰，冠底部相间有宝珠（团花？），双目圆睁，咧嘴作悲愤状，左右嘴角各有一颗獠牙向上伸至鼻翼两侧；左侧一头面向左前侧，眉头紧皱，鼻略残；右侧一头略向右前侧，目光前视，嘴角内陷上翘。颈部肌肉紧张，佩带璎珞式项圈。手臂左右对称，左上手举月，手心向外，握住弯月下角，右上手举日，手心向上，右下手举规，手心向外握住规柄，三手腕处均戴手链，余臂被前排造像遮住。胸部袒露，腰部系带打结。第 3 尊，有髻，目视前下方，高鼻，颈部有三道蚕节纹，着低胸交领衫。第 4 尊，面目狰狞，双耳外侈，耳尖向上呈翼状，圆目突睁，咧开大嘴，左右嘴角各有一颗朝上的獠牙，颈部短粗，喉结突出，颈带骷髅项圈，左右肩及颈中部各有一颗骷髅头，着交领衫，左手于胸前展托一猴（？）蹲坐手心，猴面向外。第 5 尊，头戴三角宝冠，颈部有三道蚕节纹，外着低胸交领衫，抄双手，头顶刻一金翅鸟。卧佛腿前弟子面向卧佛，着袈裟，坐于一长方形座上，座正面又分成三格，左侧格内为宋代补刻题记，编为 9 号。左手被身体挡住，右手抚在主尊左手腕处，食指、中指按在卧佛手腕上，屈无名指和小指。卧佛脚腕处力士头上梳有发髻，怒目高鼻，用力抿嘴，做威武状；左手臂下垂，手心向内，五指伸开；右臂屈肘上举于体右侧，手心向外握拳。胸、腹部和手臂肌肉凸出，胯部向右耸起，下着短裙，系带，裙腰外翻，裙摆及膝并向左飘扬，赤足。

3 号龛左侧壁刻一尊菩萨像，形体较小，上身略前倾，背壁为弧形。有桃形头光，高发髻，头戴宝冠，双目注视着前下方横卧的巨佛，颈带璎珞式项圈，双肩有数缕缯带，璎珞自双肩垂下，在腹前交叉穿环后上绕，上身袒露。帔帛自双肩横腹前两道绕臂下垂，左手自然下垂，握住帔帛，右臂于体侧屈肘上举，肘部以下不存，下着长裙，腰系绦带打结，垂至台座面，赤足立于方形台座上。

3 号龛下侧及左侧崖面上分布着很多晚期遗迹：

（1）晚期雕刻。即 4～24 号龛，其中 9、17、20 号龛为题刻，其余为摩崖雕刻，5～8、10～16、21～23 号龛为摩崖浮雕五十三参故事图，24 号龛为放置五十三参故事主尊的方形龛[5]。整铺像依山势走向雕凿，龛左侧壁下侧崩塌，龛右上角，即卧佛前坐弟子像的头上方龛形经过后代修整，该弟子头顶上仍有岩石残痕，扩展出的崖面留有凿痕以及木构建筑的凿孔。

（2）分布在崖面上的长方形凿孔。推测为后代修建崖前建筑时雕凿，从凿孔大小、排列位置等推断有数次修建。

（3）后代补修痕迹。卧佛胸部左侧袈裟衣领下部、腹左侧袈裟衣领下部、双腿之间、卧佛前坐像腰部等处均有后代用石块修补痕迹。

（4）崖前地面上及卧佛下侧有柱洞、凹槽等遗迹。据调查，民国年间守庙人曾在此居住，卧佛头部仍有当时的烟火熏渍。

3. 4 号龛

位于卧佛沟北岩，卧佛腿部下方，5 号龛的右侧。所处崖面内凹，岩质疏松，易风化。长方形浅龛，长 164、高 54、进深 8 厘米。此龛利用上层凸起崖面作为龛顶，右壁龛口刻出山形纹。龛内造七尊像。主尊结跏趺坐于台座上，有圆形头光。头光内从左向右题刻"师祖 慈海和尚"。头戴风帽，已残，风帽下缘垂于双肩，着双层交领衫，左侧领边压住右侧衣领并绕向身后，双手于腹前施禅定印，衣袖较窄，外衣下摆垂覆台座正面两侧。方形台座正面正中刻出四道上弧衣纹，台座下端内收，类似束腰座的上部，座下风化，正面刻出山石形状。像残高 34、肩宽 12 厘米，座通高 9、宽 21 厘米，山石高 10、宽 34 厘米（图版二一，1）。

左右六尊胁侍均无头光，立于浅浮雕"几"形方座上，座正面雕二足。左侧胁侍由内向外第 1 尊，身体略向右侧，头及颈部仅存残痕，着双层衣，内层似为通肩、领口稍低，外着双领下垂式窄袖长袍，下摆垂至脚面，脚部风化，双手风化，似在腹前拱起。像高 38、肩宽 11 厘米，座宽 20、高 5 厘米。第 2 尊，身体略向右侧。头颈不存，外衣同第 1 尊，双领敞开垂至脚面，袖口窄紧，脚部风化，似着鞋，双手于腹前似为供养状。像高 36、肩宽 9 厘米，座高 6、宽 23 厘米。第 3 尊，身体向右侧倾斜较多，面向右前方，着交领衫，双手在腹前拱作供养状。从像左侧可见腰带在腹前打结垂至膝部。像高 40、肩宽 10 厘米，座高 6、宽 24 厘米。右侧胁侍从内向外第 1 尊，面部风化，着双层交领袈裟，刻出弧形衣纹，衣摆搭左肩上，肩前侧有环扣，外衣下摆垂至小腿，内衣下摆覆至脚面，衣袖宽大，袖口垂至脚踝，双手风化，似为合十，赤足。像高 38、肩宽 11 厘米，座高 6、宽 18 厘米。第 2 尊，头残，着双层交领袈裟，外衣同第 1 尊，内衣覆至脚面，双手亦在腹前，为裂隙破坏，赤足。像高 38、肩宽 11 厘米，座高 6、宽 20 厘米。第 3 尊，略向左侧，面部风化，着双层交领衫，服饰同前二尊像，双手于腹前拱作供养状。像高 37、肩宽 11 厘米，座高 6、宽 20 厘米。

4. 9 号摩崖题刻

位于 3 号卧佛下方，10 号龛和 11 号龛的上方，长方形，所占壁面长 45、宽 153、深 4 厘米，字径 3 厘米。两则游记题诗，均是从左向右读。左侧题记共 9 行，内容如下：

侍郎劉公／臨賦舊製／覽嵒斷峭挣咸危□不／負壁圉□愛閑□□／舊□窮勝圈
□□今／已□□顏劫□□□／㰚□□色□窒□□／圉□忽憶本來□滅／□□風□□／
溪□□／

右側題記共 11 行，内容如下：

伏観／侍郎表丈留題□㰚／元韻承直部雍圃皇□／石重複窮嵒□曲瀾舊／遊訪
古得清閑摩崖／百尺傳遺像圂跡千／秋不改□生滅本無／人我相逍遥長對水／雲間
／寄堂有語溪山重拂／拭幽棲見一斑／

5. 17 号摩崖题记

位于卧佛院北岩，18 号龛右下侧，8 号龛左侧，所处崖面为自然崩塌后形成，和 3 号龛
下五十三参组像等龛崖面相连。所占壁面高 90 、宽 75 厘米，字径 65 厘米，从左向右读：

潼川冯政鐻毋山／□男士□士章孙□伏観／太原大郎命重修／卧像并□□□岩／
□宋甲寅绍兴／初夏望后一日／轵記／

6. 18 号龛

位于卧佛头左侧，19 号龛右侧，崖面上下和左侧有裂隙，壁面上有较多凿痕。尖
拱形龛，龛边规整，部分地方未细加打磨，整龛未完工。龛高 90、宽 50 厘米。龛内造
一坐佛一菩萨像。主佛倚坐于方形束腰台座上，有双层头光，内层椭圆形，饰两层莲
瓣，外层桃形；头残，内着袒右肩僧祇支，外披双领下垂袈裟，左领于胸前下折入右领
内侧，内层衣摆垂至脚踝，外层垂至小腿下侧；鼓腹，左手置左膝上，手、膝均残，右
手举胸右侧，残；赤足踏二仰莲圆台，莲台下有台基。像残高 60、莲座高 7、座高 25
厘米。菩萨像立于龛右壁，有桃形头光，头部残，胸前璎珞垂至膝下；左手举胸左侧，
残；右手提净瓶，中指与无名指夹住瓶颈（图版二一，2）。

7. 19 号龛

位于卧佛头左侧，右邻 18 号龛（图版二一，2）。龛内造像未完工。龛外右侧、顶
部经过修扩，凿出一方形大龛，打破 3 号龛左壁，有龛顶和左壁。右侧与大佛之间有一
裂缝。底部崩塌，方形大龛上部有较大裂隙。龛下崖面亦有一条裂隙。方形龛，宽
185、高 160、进深 30 厘米，龛形不规整。龛内造二尊像。左侧一尊为菩萨像，有双层
头光，内层椭圆形，外层桃形，内层头光边缘均匀分布五朵团花，头上有发髻，戴宝
冠，头后有宝缯垂至肩侧，嘴角凹陷，面颊丰润，颈部有三道蚕节纹，肩上有数缕发
辫，戴璎珞式项圈，璎珞自双肩垂至腹前交叉，袒上身，满饰璎珞，有帔帛，腰系带，
下着长裙，裙摆覆至脚面；左右两臂均残存上半部分，右臂有臂钏，从残痕推断，右臂
下垂，似提瓶状物，左臂举于左胸前，赤足立于三层仰莲台上，像高 118、头高 26 厘
米，莲座高 18、宽 45 厘米。菩萨右侧像仅凿出坯状即停工，后部壁面未打磨平整。

8. 20 号摩崖题刻

位于卧佛左下侧，21 号龛左侧，19 号龛下方。破坏严重，碑面至少经过两次磨平。长方形，有三处不同时期补刻题记。龛中部题记四行，所占壁面高 65、宽 45 厘米，字径 6 ~ 7 厘米，从右向左读：

白锜良佑冯细子/功文尧年昌龄尧/叟唐卿淳熙五/年正月晦日同遊/

左侧壁面有后代补刻"贞元六□"题记，字体纵排，不规整。右侧表面平整，刻一"卧"字，字体较大，占壁面高 120、宽 110 厘米。壁上有三处榫孔，但早晚关系不能确定。

9. 123 号窟

位于卧佛龛左侧约 228 米吴家院子后，124 号窟左侧，与右侧的 124 号龛之间有一裂隙。底部略高于 124 号窟。方形空窟，未完工。窟口宽 213、高 192、底部进深 202 厘米，上部未完工。

10. 124 号龛

位于卧佛龛左侧约 223 米吴家院子后，123 号窟右侧。方形龛，龛宽 100、高 167、深 13 厘米。龛内浮雕方形墓塔一座，塔体一层，中部雕圆拱龛，有方形塔基。塔高 167、塔基宽 72 厘米。

11. 125 号窟

位于卧佛左侧 150 米处崖面的中部，窟前有小路通向山顶，距现代地面 6 ~ 7 米。向左 50 米是吴家院子。双口方形空窟，三壁布满凿痕，未打磨。高 205、宽 200、深 190 厘米，外层窟口左壁深 40 厘米，顶部高出内窟窟顶 20 厘米，窟底平齐。窟外两侧有左右对称的四个榫孔。

（二）南　岩　区

位于山湾南面，包括 25 ~ 94、126 号窟（龛），编号从西向东。为记录方便，我们根据崖面自然转折和窟龛的位置将南岩造像从西向东分为六段，即 A、B、C、D、E、F 段。南岩区有两处未开凿完工而废弃的窟，一处是 B 段的 39 窟，40 ~ 42 组窟；另一处是位于 F 段的 81、84，88、89，92 ~ 94 三组窟，即南岩最边缘区域，两处石质都不好。

A 段窟像

位于南岩最西端，包括 26 ~ 38 号龛，25 号龛为小型墓塔，位于该区造像以西的山凹内，与其他龛窟相距较远，大小形制与 124 号龛同。这一段以 29、33 号刻经窟和 31 号造像龛为中心，处于该区崖面最好位置。

1. 26 号龛

位于南面山崖西端，管理房右侧。风化严重。龛左右壁未磨平，似未完工。此龛处于崖壁边缘，岩石质地差，龛上方、左侧均有风化裂缝。底部埋于现在地面中。双层方口平顶龛，外龛宽 142、高 124、深 60 厘米，内龛宽 118、高 104、深 34 厘米，坛高 7 厘米。正壁雕三尊像立于低坛上，风化严重，似未完工。从左至右左侧像左手似持一杖状物于胸侧，右手腹侧托物。腿部袈裟折纹清楚，高 82.5 厘米。中尊像可见袈裟折纹，左手托物于胸前，右手置腹侧，高 82 厘米。右侧立像左手托物于腹前，右手下垂，衣纹不清，高 83 厘米。

2. 27、28 号龛

位于南面山崖西端，26 号龛右上方，处于崖壁边缘，上下方均有裂隙。27、28 号龛似共一外龛，两龛间立一方柱，龛柱上端有凹棱。左为 28 号龛，右为 27 号龛。龛前下方壁面上有人工凿痕。两龛形制相同，造像内容基本一致，为外方内圆拱形双层龛，外龛敞口平顶，内龛圆拱形，龛内弧壁、底部平面呈梯形，三壁有低坛。外龛高 77.5、宽 137、深 14.5 厘米；27 号内龛高 55.5、宽 45、深 16～23 厘米，内龛底部坛高 6～7、坛面宽 4 厘米。28 号内龛与外龛之间留有一级台基，台基正面中部有两尊高浮雕像，风化不清，龛楣左右角浮雕飞天，龛两侧各雕一力士立于山座上，龛高 53、宽 44.5、进深 15～22 厘米，坛高 6～7、宽 4～5 厘米。

27 号龛内造一佛二弟子二菩萨像，龛口立二力士，龛其正面中部有一香炉和二狮残痕。主尊倚坐于方座上，有桃形头光，头无存。双手置腹前，风化，似为禅定印，着通肩袈裟，衣纹风化，仅存腿间及腿侧衣纹，双足残，踏双莲，双莲下有座基。通高 40、座高 17、头高 7 厘米。二弟子立于低坛上，有圆形头光。左侧弟子，风化严重，头残，从残迹推测双手置于胸前，通高 29.5、肩宽 6.5、头高 5.5 厘米。右侧弟子，头残，全身风化严重，双手置于胸前，通高 29、肩宽 7、头高 5.5 厘米。二菩萨腹均微鼓，有桃形头光。左侧菩萨头残，左臂残，右臂自然垂于身侧，下身有璎珞残迹，右扭胯，通高 31、肩宽 6.5、头高 6 厘米。右侧菩萨，头残，从残迹看似为高髻戴冠，长发披肩，戴项圈、璎珞，帛带绕腰部一周后垂于左、右侧，左臂自然垂于身侧，右肘于身侧上屈，下着裙，胯左扭，通高 31.5、肩宽 6.5、头高 6.5 厘米。左侧力士风化严重，有圆形头光，左臂上举，右臂置于身侧，肌肉发达，似上身赤裸，下着短裙。通高 26.5、肩宽 6.5、头高（残迹）4 厘米。右侧力士风化严重，造型与左侧力士同，有圆形头光，肌肉发达，左臂向下拽，呈用力状，右臂上举，胯右扭，右侧帛带绕臂，向上高高飘起，下端在身侧呈圆弧形。残高 26、肩宽 7.5、头高 5 厘米。外龛与内龛间形成一级台基，台基深 7、高 12 厘米，台基正面中部香炉及二狮风化严重，狮高 12、宽 13

厘米,香炉径 13 厘米。

28 号龛内高浮雕一佛二弟子二菩萨二飞天,龛口左右立二力士。主尊位于正壁中间,倚坐于须弥座上,头残,有桃形头光,宽肩,着袒右袈裟。左手置于左膝上,手残,右臂残存上臂,垂于身侧,左右足均残,右足存半截,赤足。足下踏双莲,台下有莲茎。通高 45.5、座高 13、肩宽 11.5、头高 8 厘米。左侧弟子位于转角处,头部风化,有椭圆形头光,颈部有二道蚕节纹,像身风化模糊,据残迹推测为着双领下垂式袈裟,左肘横于身侧,右手置左前胸,立于坛上莲台上。通高 34、肩残宽 7.5、残座高 5、头高 6.5 厘米。右侧弟子位于右侧弧角处,残存圆形头光痕迹,着袒右袈裟,内着交领衣,双手置于胸前,风化不清,立于坛上莲台上。通高 34、肩宽 8、头高 6.5、残座高 5.5 厘米。左侧菩萨立于莲台上,莲台置坛上,风化严重,似有高髻,长发披肩,有桃形头光,戴顶圈,左手举胸侧,右手似上屈持莲茎,茎向上分两枝,一结莲苞一结莲苔。帛带两端垂于身侧。通高 36、肩宽 6.5、头高 8、座高 5.5 厘米。右侧菩萨立于内龛右壁坛上,头残,似有高髻,长发披肩,有桃形头光,造型与左菩萨同,残有帛带绕腰、膝两周,绕肘后垂于身侧,立于两层覆莲圆台上,莲台下为坛。通高 37.5、肩宽 7、头高 8、座高 5 厘米。左侧力士立于内龛口,风化严重,头残,有圆形头光,上身赤裸,肌肉发达,腰系带,帛带在背后高高飘起,左扭胯,左臂上举一金刚杵,残通高 36、肩宽 7.5、残头高 6、座高 8 厘米。右侧力士头残,残迹呈尖椭圆形,高发髻,有圆形头光,上身袒裸,胸腹肌发达,残存左上臂,右臂上举,握金刚杵。帛带自腰后绕臂向上高高飘起,裙腰外翻,腰系带,裙角左飘,右扭胯,双脚分开,下踏山座。通高 36、肩宽 7.5、头高 8、座高 7 厘米。

内龛龛楣左右各有飞天一身,左侧飞天风化,残迹看为头左身右,屈腰,腿向右上侧作飞翔状,衣饰风化不清,帛带飘起。手肘上屈,似托一团状物,右臂斜直上举。右侧飞天头右身左,似绾高云髻,头略左侧,上身衣饰不清,两腿相交,自膝处分开,右腿微屈,身绕帛带,姿态优美飘逸。左臂斜直上举,残迹似为手心向上,四指合拢,与拇指分开,右肘上屈,手托 圆形物。飞天身上似有云彩残迹。左侧飞天壁面内凹,造型、风格与右飞天不同,似为后代修补。内龛楣左上方、外龛顶部左端有一圆孔,孔径 4.5、深 1.3 厘米。

3. 29 号窟

位于 28 号龛右下侧,30 号龛左侧。处在崖面较好的位置,上部有自然风化裂缝,前面有人工凿平台,左右侧均有后代补凿龛像(图版二二,1)。单层敞口方形平顶窟。窟口左侧依山岩走势不规则,经后期修整,窟宽 204、高 221、深 230~244 厘米。窟内左、中、右三壁壁面磨平,刻满经文,三壁底部各留有一段壁面未打磨,有斜向凿痕。正壁经文下半部风化严重,字迹泯灭不清。左壁自中部壁顶至左侧窟门中下有一道裂纹,近窟口、窟内左下角处经文风化严重,中部经文保存较好。右壁近窟内右上角,右下角大部分侵蚀风化,窟口有近似三角形的壁面刻经风化严重。窟底原来地平多风化,后壁底部保存有原来地平。左壁刻经向下已超出了原来地平范围，证明窟成后未刻经，刻经时地平向下凿了一部分。正壁、右壁刻经未超出原来地平范围。右侧窟口经修整后，刻《般若波罗蜜多心经》，字体与窟内其他经文不同，内容不联贯，疑为稍晚补刻。右侧窟口内有上下排列的 13 个小孔。

4. 30 号龛

摩崖造像，位于 29 号经文窟右侧，31 号龛左侧，38 号龛左下方，处在崖面最好位置（图版二二，1）。利用 29、31 号窟之间空隙壁面凿成，顶部略呈弧形，占壁宽 137、高 310 厘米，左为 29 号经窟右侧柱，有修整痕迹，右侧为 31 号龛内龛柱。正壁高浮雕有内圆外桃形双层头光，内外头光间周饰五尊罗汉立像，左侧二尊，上侧一尊，右侧二尊，罗汉均面向头光中心，手执莲苞立于莲台上。主尊螺髻，鼻上有二方形榫孔，似曾经过补修。双耳垂肩，鼻残损，嘴角微上挑，颈上有三道蚕节纹，宽肩，着通肩袈裟，双手置于胸前，施转法轮印，结跏趺坐于束腰四层仰莲圆台上。露双足，袈裟前襟覆于莲座外，侧襟及摆后压于身下。莲座上莲瓣各层交替，每个莲瓣中间有一道凸棱。莲座下有覆盆座基，覆盆上雕饰卷草纹。通高 272、肩宽 77、头高 54、胸厚 45、座高 90 厘米。

5. 31 号龛

位于 30 号龛右侧，32 号龛左侧，处于该区崖面最好位置（图版二二，1）。左侧和龛外上方有裂缝，前部有凿出的两级台阶，左右侧及上方有后代补凿的小龛像。双层龛，外龛方形，平顶略呈斜坡状，外龛口被 30、32 号龛破坏。龛基前有壶门五个，壶门内浅浮雕异兽，多风化不清。外龛宽 247、高 258、深 31 厘米。内龛佛帐形，帐楣上饰垂帐、华绳等，顶部平面呈半圆形，底部中间有一坛，坛上造像，坛正面分五格雕刻伎乐。内龛宽 220、高 200、深 96 厘米；坛长 158、高 28、深 50 厘米。左柱下端线刻二覆钵塔。龛内造一佛二弟子二菩萨二力士像。主尊头光和佛帐上有后代装彩残留下的暗红色。龛上方有一方形榫孔，龛柱上方崖壁上有一圆孔。

正壁主佛倚坐于须弥方座上，脚踏二莲台，面部被凿毁，有修补时留下的方形榫孔。双层头光，外层桃形，刻饰变形忍冬纹；内层椭圆形，刻饰五莲瓣；像残高 116 厘米。左侧弟子头无存，壁上残留一修补用的榫孔，有双层圆形头光，外层无纹饰，内层饰十莲瓣，着袒右袈裟，脚踏莲台，残。莲台下为圆柱形台基，像残高 107、座高 12、宽 26 厘米。左侧菩萨头戴高宝冠，冠后有四条小缯带垂于肩上。面部残损，仅余上半部及左脸颊部分。颈上有蚕节纹，双耳垂肩，上身饰两串璎珞，相交后分成四串，帛带绕腹前、腿上各一道。左手上举，肘至手部已残，右臂下垂提净瓶，风化。下着长裙，赤足踏于双层仰莲瓣莲台上，台基为鼓形。通高 118、头高 25、肩宽 22、座高 18、座宽 32 厘米。左侧力士右扭胯，头部已损，二发带向上飘起，双层圆形头光，上身赤裸，裙腰外翻形成双层裙，裙摆左飘过膝，帛带向上飘起，左臂及手已残，右肘上举握金刚杵，赤足立于山座之上，座前高浮雕一狮，头残。力士高 139、座高 50～56、座宽 41 厘米。右侧弟子立姿，头残失，有修补用榫孔，有头光。全身及座均风化严重。残高 108、座高 33、宽 28 厘米。右侧菩萨立姿，头部残损，有后代修补留下的榫孔，双层桃形头光，颈至肩、胸、腹部均损坏风化，左臂下垂，残存左侧璎珞，右臂已残，似上举，着长裙，踏莲台。残高 118、座高 21、座宽 34 厘米。右侧力士左扭胯，头残失，有一后代修补留下的榫孔，圆形头光，上半部残，上身赤裸，风化，下着双层短裙，裙摆右飘，帔帛绕背右飘，左肘上举，右手下垂往外，赤足踏于山座上，基座前雕石狮，头北尾南，风化。残高 127、肩宽 28、座高 46～52、宽 42 厘米，石狮座高 35、宽 33 厘米。

内龛壁面主尊肩后各伸出二莲茎，莲茎向两壁展开，左右各九枝，每茎上各托莲座。左侧莲枝相交再展开，莲座上刻像从内向外第 1 身，结跏趺坐，双手胸前结印，头残失，有后代修补留下的榫孔，有圆形头光和背光，着圆领通肩袈裟。残高 22、座高 3.5 厘米。第 2 身，立姿，一手持莲苞，一手下垂，头残失，有后代修补留下的榫孔，有圆形头光和身光，袒右袈裟，长裙赤足。残高 25、座高 3.8 厘米。第 3 身，位置略靠下，风化严重，结跏趺坐，有双层头光，单层身光。残高 19、座高 4.5 厘米。第 4 身，结跏趺坐，双手置腹前施禅定印，头残失，有后代修补留下的榫孔，双层头光，单层身光，披通肩袈裟。残高 18、座高 3.2 厘米。第 5 身，立姿，双手置胸前，风化，头残失，有双层头光，肩及胸部风化，着通肩袈裟。通高 25 厘米。第 6 身，结跏趺坐于覆莲座上，双手拱胸前藏袖内，头残失，有后代修补留下的榫孔，单层头光。通高 18、座高 3.2 厘米。第 7 身，结跏趺坐，施禅定印，头残失，有后代修补留下的榫孔，有单层头光及身光，头发及肩，着通肩袈裟。通高 22、座高 4 厘米。第 8 身，头残失，有后代修补留下的榫孔，单层头光及身光，上身有络腋，饰项圈，下系长裙，裙腰外翻，盘腿坐于单层莲座上。通高 23、座高 4 厘米。第 9 身，双手持莲苞，右单膝侧跪于单层覆莲座之上，头残失，有后代修补留下的榫孔，单层头光及身光，赤裸上身，裙腰外翻。通高 25、座高 4 厘米。主尊右肩后壁伸出莲茎与左壁基本对称，由内往外第 4 尊及第 7 尊均风化严重，菩萨头光后呈立姿的小佛像头部无榫孔，其他像头部均残失，布局与造型基本与左壁同。

外龛右侧与 32 号龛之间龛柱上补凿了许多小龛小像，由上至下：

31-1 号，位于外龛右柱正面上方第 1 龛，31-2 之上。高浮雕，占壁面高 50、宽 20、深 10 厘米。壁面上雕立像一尊，头残损，有外桃形内圆形双层头光，右肩至胸部已损，左手置于腹左侧，右手上举，立于单层仰莲座上，着双领下垂袈裟。像高 33、肩宽 10 厘米，莲台高 4、宽 13 厘米。头部有榫孔，为后代修补时所凿。

31-2 号，位于外龛右柱正面，31-1 之下，31-3 之上。磨出壁面高 30、宽 24、深 7 厘米。壁面上高浮雕一坐像，头残，有修补留下的榫孔，外桃形内圆形双层头光，着通肩袈裟，倚坐于单层仰莲座上，施禅定印。像高 21、肩宽 7 厘米，座高 5、宽 9 厘米，莲台高 3.5、宽 9 厘米。

31-3 号，位于外龛右柱正面，31-2 之下，31-4 之上，高浮雕。头残损，有单层头光，着通肩袈裟，左手置左胸前，风化，右手托宝珠于右胸下，结跏趺坐于覆莲座上。像高 12、肩宽 5 厘米，座高 3、宽 13 厘米。头部有后代修补所凿榫孔。

31-4 号，位于外龛右柱正面，31-3 之下。为一上部呈弧形的平面，占壁面高 32、深 7 厘米。壁面上雕像，头残损，有外桃形内圆形双层头光，着通肩袈裟，右手托宝珠于胸前，左手抚其上，结跏趺于单层仰莲座上。像高 19、肩宽 8 厘米，座高 4、宽 16 厘米。头部有后代修补所凿榫孔。

31-5 号，位于外龛右柱正面，31-3 西侧，31-6 之上。弧形浅龛，后壁未磨平，似未完工。龛高 19、宽 19、深 3 厘米。龛内雕两尊小像，头残损，立姿。左侧者双手举胸前，高 15、肩宽 6 厘米；右侧者举左手，右手下垂，高 15、肩宽 6 厘米。

31-6 号，位于外龛右柱正面，31-5 之下，31-4 西侧。风化严重，头部被人为破坏，像多残损。弧形浅龛，龛高 36、宽 12、深 3 厘米；龛内造一尊立像，头残损，残痕中有榫孔，单层桃形头光，肩至胸部破坏，赤足立于带茎莲台上。像高 20、肩宽 6 厘米，莲座（含茎）高 11、宽 8 厘米。

6. 32 号龛

位于 31 号龛右侧，33 号龛左侧，38-1 号龛之下（图版二二，1）。利用 31 号、33 号之间崖面凿成，上部有自然裂隙。摩崖造像，占壁面宽 153、高 360、深 45～52 厘米。造像近圆雕，坐佛像，头部风化，螺髻，双耳垂肩，颈上有蚕节纹，有双层头光，外层头光饰以莲瓣，有桃形背光，颈及胸部被破坏，残存部分可见外着通肩袈裟，内着僧祇支。左肘已残，右手上举，双手已残，善跏趺坐于须弥方座上，底部有高台，高台正前面后期凿平。通高 280、肩宽 83、头高 50、坛高 60、座高 136 厘米。主佛头光与身光之间刻饰五尊罗汉像，分别位于主尊头部左、上、右侧，左下方罗汉，头残，有圆形头光，着双领下垂式袈裟，内着僧祇支，双手于胸前握一枝莲苞，莲苞硕大，斜持于左肩上，立于单层仰莲圆台上。左上方罗汉头及胸、腹部均残，有圆形头光痕迹，身体略右侧，立于单层仰莲圆台上。上方罗汉风化严重，仅可见圆形头光痕迹，立于单层仰莲台上。右上方罗汉风化严重，可见圆形头光痕迹，身体略左侧，立于单层仰莲圆台上。右下方罗汉风化殆尽，形象似与左下尊同，莲苞持于右侧。

7. 33 号窟

位于 32 号龛右侧，33-1 左侧（图版二二，1）。处于崖壁较好部位，石质较好，窟外上方有大裂缝，左右侧有后代补凿龛像。双口方形平顶窟，外层窟口高 235、宽 230、最深 196 厘米，内窟高 221、宽 210、深 182 厘米。窟内平面呈方形，三壁凿平刻经，距窟口 40 厘米处与外窟之间有一级台阶，高 2 厘米。外层窟口右侧被 33-1 破坏。窟内东壁上半部刻经近窟门处多风化，正壁仅余左上角较清晰，右壁下半部及靠近正壁部分风化严重。窟口现代安铁门及石板。

33-1 号龛，位于 33 窟右侧，原 34 号龛左侧，打破 33 号右侧外层窟口。所在位置接近崖壁边缘部分，石质较差，风化起层，崖面内凹。摩崖雕刻四层平铺展开的小千佛，千佛均结跏趺坐，无头光，各佛像所坐莲台相连，形成整体。由上至下，第 1 层残存五尊，第 2 层残存九尊，第 3 层残存十尊，第 4 层较完整的像共十五尊，左端五尊风化严重。各佛像均有高髻，结跏趺坐于单层覆莲台上，莲台正面雕出三个莲瓣，或握物于胸前，或施禅定印，每尊像通高约 13 厘米，座高 3.5 厘米，四层佛像占壁面宽 94、高 53 厘米。由上到下，第 1 层：从右至左，第 1 尊，风化不清；第 3 尊施禅定印，着通肩袈裟；第 4 尊左手在下，仰掌，右手在上，俯掌与左手相对；第 5 尊风化仅留痕迹。第 2 层：从右至左，第 1 尊风化不清，头损；第 5 尊施禅定印；第 7 尊着通肩袈裟，施禅定印；第 8 尊着通肩袈裟，双手叠掌置于胸前；第 9 尊风化不清。第 3 层：第 2、4、6、8 尊还可见施禅定印；第 8 尊着通肩袈裟；第 9 尊风化不清，莲座仅存右侧小部分；第 10 尊仅留痕迹。第 4 层，第 4、6、10 尊施禅定印；第 8 尊双手捧钵于腹前；第 11~15 尊仅存残迹。

8. 34 号龛

位于 33-1 号龛右侧，35 号龛左侧（图版二二，3）。处于崖面边缘，石质差，崖面内凹，岩石风化呈粉状脱落。外方内圆拱形双口龛，左侧龛边有二圆孔。外龛仅存残痕，深 67 厘米。内龛高 132、宽 143、深 40 厘米。龛内正壁立二尊像，左右各立一尊菩萨像。正壁左侧像头部残，面目不清，有内圆外桃形双层头光，双耳垂肩，肩至前胸、腹部风化不清，立于圆形莲台上。通高 120、头高 18、肩宽 28、座高 14 厘米。正壁右侧像（地藏？），面部残，有内圆外桃形双层头光，双耳垂肩，肩下至前胸、腹部风化不清，左右臂均风化不存，右臂至腰间残存禅杖一节，杖首位于头右侧，袈裟下摆垂至脚踝，立于仰莲圆台上。通高 122、肩宽 28、头高 19、座高 15 厘米。左侧菩萨（日光？）风化严重，残存圆形头光，身侧与右臂间有一莲茎（苞）状物，手部推测为下垂状，立于仰莲圆台上，通高 111、肩残宽 26、头高 18、座高 13 厘米。右侧菩萨（月光？）立于莲台上，风化严重，有内圆外桃形头光，从头部痕迹推测为高发髻，两侧垂缯带，长发掩耳披肩，左肩侧伸出一枝莲茎呈 "S" 形，经头部左侧后转向龛顶开出一朵莲花，左侧帛带垂至莲台边。通高 117、肩宽 28、头高 21、座高 11 厘米。

9. 35 号龛

位于 34 号龛右侧，36 号龛左侧。处于崖面边缘，崖面内凹，上下部岩石呈片状脱落。圆拱形龛，龛顶弧形。龛高 124、宽 111、深 13 厘米。龛内造三尊像，均高浮雕。中尊像头、颈、肩、胸部均风化不清，双耳垂肩，有内圆外桃形头光，椭圆形身光，着通肩袈裟，衣褶自然下垂呈圆弧形，下摆呈尖角状，左臂仅余上半截，有明显砍凿痕迹，右臂残，袈裟下襟尚存，立于双层仰莲圆台上（残），通高 105、肩宽 24、头高 15、座高 14 厘米。左侧像风化严重，双耳垂肩，有内圆外桃形头光，着双领下垂式袈裟，左、右臂均风化残缺，从痕迹推测为左手置胸前，右肘上举，袈裟右襟反搭于左肘上，内层袈裟长垂至足面，立于双层仰莲圆台上。通高 100、肩宽 21、头高 14、座高 13 厘米。右尊像风化较多，服饰同左尊像。

10. 36 号龛

位于 35 号龛右侧，37 号龛左侧。崖壁顶部有许多凿痕，似打破了 35 号龛顶崖壁。处于崖面边缘，岩石呈片状脱落。双口龛，外龛方形平顶，高 100、宽 101、深 90 厘米。内龛圆拱形，高 97、宽 87、深 20 厘米。龛内高浮雕一主尊二胁侍像，均风化严重。主尊面目不清，有内椭圆外桃形头光，内层头光饰莲瓣，肩至胸部残，臂残，结跏趺坐于圆台上，座已风化。座下有三足香炉。通高 80、头高 15、座高 33 厘米。左侧像面目不清，残存右脸颊及下颚小部分，双耳垂肩，颈上有两道蚕节纹，有内椭圆外桃形双层头光，着双领下垂式袈裟，内着袒右僧祇支，双手捧长方形物于胸前，手部残，立于兽背承托的座上，座残。座下为灵兽，头残，尾向西。通高 72、肩宽 16、头高 13 厘米。右侧像残损严重，仅可见立于座上的人形痕迹，无头光，座下为石兽，头残，尾向东。通高 72、肩宽 16 厘米。外龛上方崖壁上有题记，占壁面长 37、宽 25 厘米，有 3 厘米×3 厘米的线刻底格，现存文字占壁面高 17、宽 22.5 厘米，竖刻，从左至右：

□闻白马西来玄昌图/□□圣教鸿宣实也□/□沙界传灯无尽意□/普引迷途昇于彼围□/州和上未逾辩□□□/□□菩提栖□□□□/

11. 37 号龛

位于 A 段东侧最末端，36 号龛右侧，处于崖面最边缘，崖壁风化内凹。依岩壁凿成单口方形平顶龛，上部深，下部浅，龛高 135、宽 82、深 3～47 厘米。龛内造墓塔一座，风化较严重（图版二二，4）。束腰基座，束腰处刻壸门一个，壸门内无装饰。基座下方有二半圆形孔洞，与墓塔形式同。塔身方形，三层相轮，翘角小顶，塔顶有宝珠。塔身高 43、宽 27 厘米。塔身正面刻铭文，铭文上半部分及中部保存较完整，右下部分字迹混灭不清。残存 11 行，完整者每行 18 字，每行字字相对，间距整齐。字径 2 厘米，间距 3～5 厘米，现存铭文占壁面高 39、宽 21 厘米。楷体竖刻，从左至右读：

□□□□□□……/涅□路上寸草不生都缘迷悟有差□□□□/悬隔不知无常念念全彰不坏之寂身照如如/密布如流之用但得群情洒落自然一际坦平/伯母胡氏幻身既谢前程之苦乐难□□堂/兄□识巳迁平久之是非顿息今则围难已毕/灵□犹存送□无逢塔中未免一时□□□然/如□且道毕竟还有转身处也无□□□□□/□□百鸟竟饶舌秋静一轮横□□□□□/□□葵卯淳熙十年六□□□□□□□□□/

12. 38 号龛

位于 31 号龛上方，32 号龛左上方，38-1 龛左侧。处于崖壁上部边缘裂隙中，石质较差，实为两个并排的小龛，两龛平面略呈方形。右侧龛打破了左侧龛。左侧方形浅龛，上方转角略弧、弧壁、弧顶，右壁不存，被右龛打破。龛内造一佛二弟子像，有装彩残痕，以绿、红色为主。右侧龛形同于左龛，无龛基，依岩从龛底部伸展出一枝莲茎，莲茎又分成三枝，三枝各托三莲台，莲台上各造像一尊。龛内有装彩残痕，以绿、淡紫、红色为主。两龛共宽130、高47、深17厘米。左龛为一佛二弟子，右龛为三佛像。

左龛内主尊头残，顶有残髻，有内圆外桃形头光，圆形身光，着双领袈裟，双手置膝上，风化，结跏趺坐于束腰圆座上。通高32、肩宽10、头高6、座高11厘米。左侧像头残，有双层椭圆头光，椭圆形身光，内着交领衣，外披袒右袈裟，左手于腰际执一莲苞，花苞向右，手残，右臂自然垂于身侧，掌心向腿部，袈裟及膝，禅裙及足，赤足，立于覆莲圆台上，通高31、肩宽9、头高6、座高5厘米。右侧像头残，有双层椭圆形头光，单层椭圆形身光，着通肩袈裟，双手置前胸，风化，禅裙及足，赤足立于覆莲圆台。通高33、肩宽9、头高7、座高5厘米。

右龛内莲茎分三枝，三枝各托一覆莲圆台，圆台上各坐一佛像。左侧佛像头残，存左半部，有单层圆形头光，圆形身光，双手置于胸前，风化，结跏趺坐。通高22、肩宽9、头高6、座高4厘米。中尊像头残，有高髻，单层圆形头光及身光，衣饰风化不清，施禅定印。通高22、肩宽8、头高6、座高5厘米。右侧像残，从残迹看似与左尊同，有单层圆形头光与身光。通高22、肩宽8、头高6、座高4厘米。

38-1号，32号龛上方，38号龛右侧。处于崖壁边缘，位于自然裂缝上方，残毁严重。龛内有自然裂缝。圆拱形浅龛，龛宽130、高53、深5～20厘米。龛内高浮雕一佛二弟子二菩萨二力士七尊像。主尊残，可见左耳垂肩，残存两道蚕节纹，有桃形头光，据残迹推测，着袈裟，结跏趺坐于覆莲圆台上，残迹通高41、座高13厘米。左侧弟子因岩石断裂，头至龛底均风化严重，仅存轮廓及右肘局部，右肘屈于前，立姿。右侧弟子仅存残迹，立于仰莲圆台上。左侧菩萨残，可看出高发髻，左耳侧长发披肩，有椭圆形头光，残存颈部两道蚕节纹，戴项圈，璎珞残迹为一串宝珠至腰部结壁，再分为两串分别垂于腿前，右肩斜披络腋，左肘屈于身侧，似执净瓶，右手下垂，肘微前屈，手残，帛带绕腰、腿上两道，两端垂于身侧，下着禅裙，露双足，立于圆台上。通高42、肩宽9、头高10、座高7厘米。右侧菩萨腰以上残，残存左肩、下臂，肘微前屈，右肘上举，帛带似绕左手腕、经腿膝上两周，垂于身侧，与左尊菩萨似，两腿间垂二带，露双足，立于仰莲圆台上。二力士位于龛壁两边，形制相同，姿势方向相反，头残，似有髻。左侧力士有圆形头光，肌肉发达，短裙系带，裙腰外翻，裙摆右飘，左扭胯，左手上举，似为握拳，右手下垂，风化。通高37、肩宽10、头高8、座高8厘米。右侧力士右扭胯，通高36、肩宽10、座高8厘米，头已损。

B 段窟像

位于 A 段向东的区域，这一段雕刻简单，只有四个未能完工的方形石窟，编号

39 ～ 42。这四个窟从大小和型制看，应是以刻经为目的，同时规划开凿。39 号是一个独立窟，窟形基本开凿完毕，双层窟口，位置略高于这段其他三个窟，形制也与其他三窟不同。窟外上方崖壁上有三个小圆孔和一个方形榫孔，有可能是后来遗迹。41、42号虽都未完工，但三个窟口部大小一致，处于崖壁上同一高度，位置紧邻，应为同时设计的一组窟（图版二二，2）。39 ～ 42 号窟下方均有排列整齐的一排小圆孔，作用不明确。这一小区以 39、42 号窟为例：

39 号窟位于 40 号龛左侧。崖面位置较好，下方有大的风化层，壁面内凹，上方岩石壁面平整。双口方形平顶窟。外层窟口高 305、宽 280、深 48 厘米，内窟方形平顶，高 270、宽 232、深 227 厘米。未完工。正壁中部有一块凸起岩石尚未凿下。外层窟口柱上方有三个上下排列的方形榫孔，左壁上部及内侧近转角处岩层断裂，左壁近顶部三壁面转角处残存二榫孔，左壁近窟口处有两个方形榫孔，右壁相对位置亦有榫孔。

42 号窟，位于龛 41 号右侧，未完工。单口方形平底窟。左、右壁均凿平，平顶略向内倾斜，左壁近龛口上部有方形孔。正壁弧壁，近顶部岩石未凿去，其下凿痕粗糙。与 40、41 号窟同。窟外右上方有一条大排水沟，岩石中多砂骨。左壁进深约 75 厘米处留柱，窟底起台，侧柱与台相连，凿平，但较粗糙。窟口右上角处有一方形榫孔。窟高167、宽 221、深 147 厘米。该窟台基正面、侧壁有后代凿痕，右柱与正壁交角处有一椭圆形坑，内露砂骨。

40、41 号窟情况与 39、42 号窟类似。39 号窟与 40、41、42 号窟位于同一层岩壁，均未完工，推测可能因开凿过程中发现岩石不利于造像或刻字而放弃（图版二二，2）。

C 段窟像

以位于 B 段以东，包括 42、51、58 号窟三个大刻经窟和雕刻于窟内外的小龛、题刻等，编号 43 ～ 58。46、51、58 号窟现在看是一组洞窟，中间是 51 号窟，西侧（左侧）是 46 号窟，东侧（右侧）是 58 号窟。窟外崖壁上方有共同的排水沟，有共同的前廊，前廊地面上两侧各凿出一个置立柱的方形凹槽，51 号窟窟口外靠左的地面上有一个方形石柱础，说明它们前面曾经有共同的木构建筑。窟口外两侧壁面上有许多不同时期的方形、圆形榫孔，左侧还有一道斜沟槽，证明木构经不同时期重建。这组刻经窟是卧佛院最大的三个洞窟，也是唯一有共同前廊结构的组窟，现存前廊并没有整体规划。

1. 46、51、58 号窟

位于南面山崖中部组窟。现在 46、51、58 三窟共同前廊宽 1015 厘米，左侧进深136 厘米，右侧与 58 窟右壁联通，46 窟窟口处后部高 298 厘米，前部高 360 厘米。三窟前廊顶部不同，46 窟顶部低，后代向上凿成人字坡状，凿痕粗大。51、58 窟前廊顶部一致，平顶，高于 46 窟前廊顶部，46 窟向上凿之后与之分界线仍然很明显，因此三个窟为后来改成的一组窟。46 窟窟前左侧现有石阶从左侧（西侧）通向三窟前面，三窟前有一块平地。46 与 51 窟之间隔柱外，现还有一石柱础，窟门口现有石条修砌门槛，以便安装铁门。三窟外上方有两条横向大排水沟槽，二排水沟上方又有一条斜的排水沟。窟口外左右侧有许多圆孔，后来应有窟前建筑。窟左侧紧靠窟口处有一列 6 个榫孔，其外侧还有一些散乱的榫孔，底部地面上有一个在岩石上刻出的方槽，可能为立柱用。58 窟外右侧地面上有对称的痕迹，现已残。58 号窟外上部与 51、46 号窟有共同排水设施，左侧崖面底部有一方形凹槽，与左侧 46 窟凹槽相对称，应为前廊安立柱用，前廊中部地平上，46 与 51 号窟之间隔柱前迹存有方形柱础石。在三窟之间的隔墙上、46 窟前廊左壁、51、58 窟内均有后代的造像或题刻，编号 42～44、45～50、52～57。但因位置不同，有先后顺序，从崖面情况观察它们的关系应是：

46～58 的关系：（最早）50——46——47、48（最晚）

三个大窟关系：（最早）46——51——58（最晚）

46 号窟，窟内平面呈凸字形，有前壁和门道，是安岳唯一有前壁的刻经窟。窟内平面略呈长方形，后高前低，先为平顶，后改为人字坡顶，改痕明显。窟口高 254、门道宽 170、门道深 71、窟内高 322、前部宽 290、后部宽 370、窟内进深 295 厘米。窟内三壁刻经。右壁外部字径 1.5 厘米×1.5 厘米，其余壁面字径与之相近（图版二三，2）。窟内左壁后部只有少部分未刻满，但已划上竖线。后壁只刻了右侧一半，右壁前部有一小块未刻满（图版二三，3）。证明窟内刻经至少是两部分同时进行，即从后壁中部分开，一人从左壁外侧开始向内刻，一人从后壁中部开始向右壁刻。左壁前后两半字迹不同，后壁与左壁字迹不同，证明是多人合作进行。门道右壁刻《佛顶尊胜陀罗尼咒》，字体大而工整，与窟内字不同，占壁面残高 170、宽 70 厘米，距地面高 40 厘米，字径 3 厘米×2.5 厘米－3 厘米。门道右壁还未细打磨。46 窟窟内四壁上下，门道上方未打磨装饰。因此 46 窟并未完工。

51 号窟，未完工刻经窟，窟内平面略呈长方形，平顶，中部高 360、前部宽 252、后部宽 312、进深 338 厘米。后壁初步磨平，左壁已经第二次打磨。右壁细磨，后半部已刻经。窟内右壁近窟口处有五代造经幢和题记，与 58 号窟隔墙之间造三佛的题记。窟内仅右壁后部刻经 49 行，刻经部分占壁面高 304、宽 104、字径 1.5～2 厘米。左壁后部上方，后代磨出一壁面，用毛笔写毛主席语录。窟口地面有两道凹槽，为近代安门用。左壁窟口处有近现代人仿古体乱刻划文字，字迹凌乱不规范，大小不一，主要有：①开；②开元廿二年九月廿七日南；③修道人法皆须；④佛说；⑤开通；⑥南无；⑦释沙门玄应庙此顶。

58 号窟，窟内方形平顶，左侧进深 300、右侧连前廊进深 461、高 354、后部宽 370 厘米。窟内四壁并未凿平，只经过初步打凿，右壁不直，呈外弧形，而且延伸至前廊外，窟内地面不平，自然起层现象严重。左右壁宋代开 56、57 号罗汉龛，右壁雕完，左壁未完，后壁只雕了两个坯形。窟口处左右侧有许多圆孔，时代不明，应为安置木门用，后壁上也有许多方孔，证明该窟多次使用均未成功。窟后壁左侧后代打凿出一方块壁面，但稍打凿后并未进一步打磨，中途而废。窟内近代有农民居住。窟右壁"文革"时打掉了宽 58、高约 165、厚 24～11 厘米方形洞，与 59 窟相通。地上窟口近右壁处有个圆洞，应为后来安门时立柱用，后部有三条小沟，其中中间两条用水泥填补。后壁和左壁前部有烟熏痕迹。

2. 46 窟前廊左壁小龛

43 号龛，位于 46 号窟外窟左壁下部，44 号龛左侧（图版二三，1）。长方形龛。龛高 55、宽 31、深 11 厘米。龛内造观音主像一尊，立于仰莲圆座上。有双层头光，内层圆形，雕饰五片莲瓣，外层桃形。面残，面部中心有一圆孔，应为后代修补痕迹。头侧缯带垂至手臂上，长发覆肩，胸前饰璎珞，帔帛绕腹前、腿上各一道，绕肘上垂于体侧。下着长裙，裙腰外翻下垂成短裙状，左手举胸侧，右手握帛带。像高 38、肩宽 9、座高 15 厘米。像上有烟熏痕迹，菩萨面部、双手残损。龛外上下、左侧壁面上均雕有桃形小龛，小龛未磨平，龛内无雕饰。下方两排，各 4 个，左侧两列，共 8 个，上方一排 7 个，共 23 个。从左侧壁面 4 个小龛被立像龛打破情况看，这 23 个小龛早于 43 号龛。

44 号龛，位于 46 号窟外龛左壁下部，43 号龛右侧（图版二三，1）。长方形龛。龛高 113 厘米。龛内雕螭首方碑一方，碑前立一身女像。碑首二螭龙交缠，龙首朝外，龙身下方中部雕一桃形龛，龛内雕一尊佛像结跏趺坐于平地上，有肉髻，双手残，似为操于前，从袈裟衣纹看，似为通肩袈裟。螭首上方有圆形华盖，华盖仅雕出半圆。碑身上铭文风化。碑前女像面部风化，短发，窄袖短衣，双层交领，长裙不出衣纹，裙腰高及胸部，长裙扎于上衣外，腰际垂两条细带，左手置于腹上，手肘及手指风化。右手上举，五指风化，似为中指、食指上指，余指下握。脚着鞋，已风化。碑高 107、碑身宽 36、碑首宽 47 厘米，碑前立像高 38、头高 8、肩宽 9 厘米。龛边有烟熏痕迹。造像面部残损，碑首左侧螭龙嘴部被凿损。碑面上有一道自然裂隙。下部崖面被后代打凿内凹。

45 号龛，位于 46 号龛外龛左壁上部（图版二三，1）。利用 46 窟前廊左侧上部壁面雕刻，壁面内凹略呈弧形。弧形壁面上雕像。壁面高 157、宽 129、底部深 43 厘米。壁正中间现为千手观音、一饿鬼一乞讨者像。观音有双层圆形头光，内层头光周饰 5 个圆形果状宝珠，观音十三面，分 4 层：最下层三面为主面；第 2 层 5 个小头；第 3 层 4 个小头；顶上一个小头。十三面均残，每面上均有一个圆孔，应为后代修补痕迹，孔内还有修补时留下的泥土。圆雕六臂，线刻出千手。长发披肩，胸前饰璎珞，上身挂络腋，帛带自肩自然垂下，六臂上均饰臂钏，能看出四臂上有手镯，下系长裙，裙腰外翻下垂，裙外系带打结，裙腰处呈粗绳状。圆雕六臂中，上二手左手举圆环状物，周有七角，为法轮（?），右手举铃（?），中二手左手侧伸，作撒钱币状，手心有一枚钱币，另有三枚钱币正落入乞求者的钱袋中。右手拇指、食指、中指并拢下指地上饿鬼，余二指上握。下二手合十。龛两侧有后代拓宽痕迹，扩宽后观音身体两侧从头光至下伸二手的手臂处，呈扇形展开浅刻出千手掌，最外层部分手掌指端有莲苞伸出。观音莲座饰三层莲瓣，有方形座基，座基切角形成八边形。观音通高 135、像高 114、肩宽 36、莲座宽39厘米。观音两侧雕刻一乞讨者一饿鬼。左侧乞讨者仰面朝上，穿圆领短袖上衣，短裙，腰系带，赤足，双手挂钱袋正接住从观音手中撒落的钱币，残，高32厘米。右侧乞讨者呈饿鬼状，头发呈火焰状向后飘起。面部上仰，双手仰掌举于肩侧，呈面向观音奔走状。身后帛带绕呈环状，着斗鼻裤，上身赤裸。高35厘米。补刻饿鬼和乞讨者身后壁面内凹，并有凿痕，原龛壁面发黑，后拓宽部分为岩石自然颜色。观音头上、面部、六臂上均有后代修补时留下的孔洞。

3. 46与51号窟之间壁面补凿的小龛和题记

47号龛，摩崖雕刻，位于46窟右侧与51号窟间隔墙上靠近46号窟口处。崖面上下有方形榫孔，打破46窟窟口右侧壁面及49号立佛所在壁面。长条形经幡，长267厘米。48号宋代题刻叠压其上，题刻下方露出的经幡上、下部弧线走势不同，因此题刻与经幡可能同时雕刻。根据隔墙中部立佛和右侧千佛看，47号龛所在位置原应有千佛雕刻与立佛右侧千佛对称。后来壁面被凿低，其上刻出鸟含经幡，经幡从顶部垂至地下。从其顶部低于46号窟口顶部情况看，经幡亦应为后来补刻，而且打破了开元十一年千佛及46窟窟口。

48号龛，摩崖题刻，位于46窟窟口右侧墙面，打破47号经幡。叠压于47号经幡之上，与47号共同打破了46窟外右侧壁面，49号立像的左侧。占壁面高61、宽62、字径5.5厘米，竖刻：

肩舆来卧佛山路若/峻层好鸟喧深树寒/岩缚左滕路偏难欵/客洒贱正宜僧可笑/荒炉地何缘我亦曾/潭云翼挽其婿冯运之其子轸辙来游运之留而去/戈子至前二日/住持悟宣刻石/

49、50号龛，摩崖雕刻。位于46与51号窟之间隔墙正面。原来应为在壁面上雕刻的一立佛及千佛，立佛编号为49，千佛编号为50。49号立佛的面部、双手、双脚残损，残损部分有后代修补时留下的圆孔。立佛右侧壁面被50号千佛打破，左侧壁面被47号经幡和48号宋代题刻打破。千佛下方后期又刻三龛小像，编号50-1、50-2、50-3。49号立佛上、下方崖面未磨平，其下部后代刻有3个小像。49号大立佛头光右侧千佛第2排打破立佛壁面痕迹很清楚。第2排千佛左侧最清楚。下部崖壁上有许多粗大凿痕。49号立佛位于仰莲圆座上，有内圆外桃形双层头光，头光内饰莲瓣，有身光。螺发细而低平，面残，面部有6个孔，应为后代修补痕迹，外披袒右袈裟，袈裟右摆绕左肩，覆右肩，衣襟在右腋下打折，然后从腹侧挽于左肘上，内着袒右僧祇支。左手横腹前残，右手残，从残痕看，可能为下伸，残断处有4个圆孔，应为后代修补痕迹，残断处有一圆孔。通高185、像高138、头残高22厘米，莲座高28、座径39厘米。主像左侧千佛已被47、48号经幡和题刻破坏。

50号千佛，现存部分位于49号右侧，分十三层雕刻（图版二四，1）。千佛均结跏趺坐于圆台上，最下面一排有六尊着双领下垂式袈裟，其余多着通肩袈裟，双手裹于袈裟内，袈裟衣纹呈同心圆弧状。整壁千佛雕刻简洁，从上至下第1排三身，第2排八身，第 3 排现存六身，被破坏二身，第 4 排八身，第 5 排八身，第 6 排八身，第 7 排八身，第 8 排八身，第 9 排现存六身，破坏二身，第 10 排九身，第 11 排八身，第 12 排八身，第 13 排八身，共一百尊小佛。千佛占壁面高 151、最宽处 59 厘米。佛像最高连座高 10、最低连座高 9 厘米。千佛下方刻造像铭文，从左至右读：

惟开元十一/年发囗癸亥/今有普州乐/至县芙蓉乡/普德里弟子/杨善为自身/平安敬造千/佛百身供养

49 号立佛上有装彩残痕，面部、双手、双脚上有后代补修时留下的圆孔。千佛壁面上有 4 个榫孔。50 号千佛下方后代补刻 3 个小龛。从上至下编为 50-1、50-2、50-3。50-1 号，方形浅龛，内雕二佛。头、座残，结跏趺坐，双手似举胸前，风化不清。龛宽 25、高 14、深 3 厘米，像连座残高 14 厘米。50-2，打破 50-1 下部，横长方形浅龛，龛内雕四尊佛像结跏趺坐于覆莲圆座上，右侧一尊残，其余三尊着通肩袈裟。龛高 13、宽 28、深 2 厘米，像连座高 11 厘米。50-3，位于 50-2 下方，圆拱形小龛，打破 50-2 底部。龛底宽 18、高 15、深 3 厘米。龛内雕一尊佛像，有圆形头光，着通肩袈裟，双手胸前结印。座下方袈裟呈"山"字形下垂。通高 13 厘米。

4. 51 与 58 号窟内外补凿龛像和题记

52 号经幢，位于 51 号窟窟内右壁近窟口处，先在壁面上浅刻一圭形平面，平面内浅浮雕经幢（图版二四，4）。经幢束腰圆座，座底雕四尊半身力士承托，座基底部饰莲瓣一周，莲瓣上方雕二壸门，壸门内各雕一异兽。束腰处二龙交缠，龙身下雕云朵状水花。座上方为平座，平座上雕四身天王倚坐，头均残。天王上方饰莲瓣、璎珞。天王坐长方形台座上，天王之间雕饰花朵。幢身长方形，底部雕仰莲瓣，有三层风铃，顶上有宝珠，宝珠下方雕如意状山花蕉叶，其下雕宝盖，宝盖下雕四佛，四佛下饰仰莲。幢顶两侧各有一朵祥云。占壁面 148、宽 47、深 2 厘米，幢高 146.5 厘米。经幢左上方有题记，占壁面高 47、宽 13 厘米，字径 1.5 厘米×2 厘米：

朔十五日丙午镌毕前摄龙州兼普州军事衔推五音地理王彦昭造/咸囗康宁此世不值冤嫌来生愿同佛会时广政二十四年囗次辛酉八月壬辰/件幢伏愿承此功德超昇净帮生前债主冤家囗除愿无仇讼餘觊合家长幼/右佩法弟子王彦昭先发愿为祖先灵所生父母亡过眷属就此壁隐镌上/敬造尊胜幢壹座/

经幢右下方有造像题记：

敬囗修装三身佛并经龛同一座/右佩法弟子王囗昭先发愿修装上件/功德并己周悋意希自身清囗眷属/囗圆时广政三（二?）十二年岁次己未十/月癸酉朔三十日前摄龙州军事兼普/州军事衔推五音地理王彦昭造供养/

53、54、55 号龛，三龛位于 51 与 58 号窟之间隔墙正面，从上至下雕刻，53、54 号龛为隔墙上部的两层雕刻，应为一次完成，上层 53 号龛为塔身及塔顶部分，下层 54 号龛为塔基正面造像龛，两层组成一个塔形雕刻。51 号窟内右壁经幢右下方有其造像铭文。55 号龛为稍后雕刻。55 号龛右上方仍有一小龛，编为 55-1，利用 51、58 窟之间立柱正面雕刻。

53 号龛位于隔墙最上层，为塔身，有两层檐，檐顶有山花蕉叶。两层檐均无雕饰。檐下开方形小室，小室口部上方有 3 个方格，方格只有一半，每格内雕一个圆，长条形小方柱，子母口，疑原来有门，门上另一半雕饰与小室口部上方雕饰相连。小室内长方形，平顶，左右壁磨平。后壁未细磨。小室外左右侧各雕一尊天王坐于山座上。左侧天王有圆形头光，头残。着铠甲，扎绑腿，袖口呈花边状飞起。右脚下垂，左脚盘屈，坐于束腰山石座上，左手上举，右手撑右腿上。头及双手均残，左手和头部残损处有圆孔，为后代修补痕迹。头上方伸出一莲茎，并有一立像，被后代破坏，且有一方形榫孔，与右侧对称来看，应为一立弟子像。右侧天王头光、衣饰与左者同，姿势相反，坐于山石座上。右上方头光侧生出一莲茎，莲茎上结覆莲圆座，雕一尊弟子立于其上。弟子有圆形头光，穿双领下垂式袈裟，袈裟右摆搭于左肘上，左手握宝珠于胸侧，右手举莲苞，莲苞侧有莲叶一枝。天王头上方有一方孔与左侧者对称。塔身下方雕 3 个壶门，壶门内各雕伎乐一身。壶门与佛帐底部以联珠纹和异形宝珠相分隔。伎乐从左至右：左侧一身高发髻，面残，头后帛带飘舞，胸前抱一圆饼状物，左手持板状物置圆形物上，右手残，盘左腿，右腿竖立，坐于平地上，长裙覆脚；中尊伎乐头残，胸前有璎珞，上身挂络腋，其余服饰同左者，盘腿坐于平地上，左手伸向左膝方向，残，右手举右胸侧，残，似为演奏乐器状；右侧伎乐裸上身，其余服饰和坐姿与左者同，面部及双手残，头向左偏，从双手残痕及头部姿势看，应为吹笛。

54 号龛位于 53 号伎乐下方，与 53 号龛为一体，为塔基部分。横长方形龛，龛左右侧口沿雕缠枝忍冬纹，下部雕刻呈长方形案状。龛内案上坐三尊佛像，案下雕 3 个方格，方格内各雕一异兽。从左至右：左侧方格内雕有翼马作飞跑状；中格内雕兽，龙头狮尾，前左腿抬起，屈后腿，回头作顾望状；右格内雕神兽龙头，全身有毛。龛内中尊佛像有内圆外桃形双层头光，头光上饰 5 个圆珠，头残，佛胸部凸起，着通肩袈裟，袈裟露右脚板，结跏趺坐，双手胸前结印，残。从残痕看为转法轮印。头、手、双膝处有圆孔，为后代修补痕迹。座前袈裟呈圆弧状下垂，圆弧两侧有三道折纹。左侧佛像头光与中尊佛同，佛胸部凸起，着双领下垂式袈裟，内着僧祇支系带。左手举腹侧，残，右手仰掌置右膝上，结跏趺坐，不露脚。头、双手、膝处有圆孔，为后代修补痕。座前袈裟呈倒山字形下垂。右侧佛头光与中尊同，穿袒右袈裟，内着僧祇支，系带打结，右臂裹于袈裟内，袈裟左肩上系带打结，座前袈裟呈倒山字形悬垂座前。左手抚膝，右手上举，双手均残。头及双手上均有圆孔，应为后代修补痕迹。此三佛在 51 号窟内有造像题记。伎乐、三佛、天王头上方弟子等处均有绿彩痕，疑为宋彩。下方后代开凿 55-1 号龛，打破了龛底部异兽雕刻。

55 号龛，51 与 58 号窟之间隔柱下方。方形浅龛，龛底部有高台。龛宽 53、高 69、深 14 厘米。龛内造弟子坐像一尊，弟子头残，有双层圆形头光，面部风化，似披头巾，着双领下垂式袈裟，袈裟右侧在胸前内折，内着袒右僧祇支，胸前扎带。右手举云头状如意（?），左手似握物仰置左膝上，残，游戏坐，右脚盘腿，左脚垂下踏仰莲。束腰方座，座前方左侧有带茎仰莲，右侧有一猴状兽双手捧圆钵状物侧蹲于前，尾巴上扬。像坐高46、肩宽19、座高18、宽33厘米。龛口左下角有一月牙形小龛，龛中雕一尊弟子像立于平地上，头顶和面部残，着交领袈裟，拱手而立。小像高30、肩宽9厘米。

55-1号龛，位于55号龛外右侧壁面上，圆拱形小龛，龛高31、宽27、深6厘米。内雕一尊像，头残，戴风帽，着交领衣，胸前置三兽足凭几，双手拱于凭几上，结跏趺坐于平地上，像高19、肩宽9厘米。此小龛打破了54号龛下部。

56号龛，58号窟左壁中部，利用58窟左侧壁面雕刻，雕刻时壁面未进行打磨。龛内顶部、底部也未打磨。横长方形浅龛，龛形不规则，龛内有一长台。龛宽237、高29~33、方座高5厘米。龛内台上雕十五尊罗汉坐像，十四身着双层交领衣，靠近门口处一身外披袒右袈裟，内着僧祇支。罗汉多着鞋，坐于平台上，姿态各异。从左至右：第1尊，双手残，左手上举，右手抚膝，倚坐，着鞋，高29、肩宽10厘米；第2尊，倚坐，左手抚膝，右手举胸侧，残，身体略向左侧，着鞋；第3尊，穿双层交领衣，左手挽袖撑于座台上，右手残，似撑于脸侧，右脚屈膝，撑坐台上，左脚下踏，坐于台座上，着鞋；第4尊，双手捧叶状物，倚坐，侧身向右，双层交领衣，着鞋；第5尊，双层交领衣，左手挽袖，撑于台座上，右手抚右膝，残，双脚张开，右脚弯曲踏于脚踏上，左脚下垂，着鞋；第6尊，双层交领衣，双手抱右膝，左脚下垂坐于平台上，面侧向左，着鞋；第7尊，似为卷发，面残，着双领下垂袈裟，双手持佛珠，两脚相交，坐于台座上，着鞋；第8尊，穿交领衣，双手捧物，侧身向左，倚坐于平座上，着鞋；第9尊，穿双层交领衣，左手抚膝，右手持拂尘，侧身向左，倚坐，着鞋；第10尊，双层交领衣，左手置膝上，残，右手置腹前，残，左脚下垂，右脚盘屈坐于台座上，着鞋，右侧有一高出台座的岩石，其上置方形物，似为经匣；第11尊，双层交领衣，左手握物仰置膝上，残，右手置腹前，残，身体略左侧，倚坐，着鞋；第12尊，双层交领衣，双手持一展开卷轴，其上刻"南无阿/弥陀佛"，佛字比其他字大，倚坐，着鞋；第13尊，双层交领衣，双手举胸前，残，略侧身向左，着鞋；第14尊，双层交领衣，双袖挽至肘处，结跏趺坐于山崖上，山崖座上覆巾，似施禅定印，双手残；第15尊，穿双层交领衣，覆巾同于第14尊，左手托圆球状物置胸前，右手抚膝，结跏趺坐。高18、肩宽8、座高5厘米。

57号龛，位于58号窟右壁中部。与56号龛同，龛内罗汉头部均无存。从后壁右侧还有两个仅刻出罗汉坯形的情况推测，原计划向58号窟后壁延伸雕刻，从左右壁罗汉风格姿态看，应为准备刻一周罗汉像，但左右壁完成后，后壁仅刻了两身即停工。窟中部被近代在58与59窟之间开门洞时破坏。雕刻前崖面并未打磨平整，龛内顶部、底部也未打磨。中部有一条从上至下的裂缝。龛宽395、高27~33、台座高6.5~8厘米。龛内现存二十尊罗汉像，头部、面部均残。从内向外（左至右）：第1尊，内着交领衣，外披袒右袈裟，左手搭于膝上，倚坐于台座上，着鞋；第2尊，着双层交领衣，双手捧巾状物于前，倚坐于台座上，着鞋；第3尊，穿双层交领衣，左手托圆钵状物于胸前，残，右手抚膝上，倚坐于台座上；第4尊，穿双领下垂式袈裟，内着僧祇支系带，左手仰置左膝上，右手抚右膝，倚坐于台座上，着鞋；第5尊，穿双层交领衣，左手抚左膝，右手置胸前，残，倚坐于台座上，着鞋；第6尊，披袒右袈裟，右肩覆偏衫，内着僧祇支，露胸部筋骨，双手抱左膝，向右侧身，盘左腿，右腿弯曲，坐于台座上，着鞋；第7尊，穿双层交领衣，左手抚左膝，右手举蒲扇，盘右腿，垂左腿，游戏坐于台座上，身体略左侧（第7身之后因窟壁被破坏而缺失了约四尊像）；第8尊，穿双层交领衣，左手置左膝上，残，右手残，从残痕看应为举胸侧，倚坐于台座上，脚着鞋，身体略向右侧，与第9尊像对面相向，距离比其他像靠得更近，似为一组；第9尊，着双层交领衣，左手抚左膝上，右手举胸前，残，倚坐于台座上，身体略左侧，面向第8尊，脚着鞋；第10尊，披袒右袈裟，右肩覆偏衫，内着僧祇支系带，右腿弯曲，双手抱右膝坐于台座上，身右侧，似与第11尊相向作交谈状，左腿下垂，着鞋；第11尊，穿双层交领袈裟，双手抱膝，右腿弯曲，左腿下垂坐于台座上，侧面向第10尊像，似作交谈状，着鞋；第12尊，穿双层交领袈裟，双手拱于前，残，倚坐于台座上，身体略向右侧，与第13尊作交谈状，脚着鞋；第13尊，卷发，面残，穿交领衣，双手拱于前，残，侧身面向左侧第12尊像作交谈状，脚着鞋；第14尊，穿双层交领衣，左手杵杖，右手抚膝，倚坐于台座上，面向第15尊像，脚着鞋；第15尊，头戴风帽，着双领下垂式袈裟，双手置胸前捧物，结跏趺坐于台座上，袈裟下摆垂覆座前，略侧身向左侧第14尊像；第16尊，衣纹被人为凿毁，左手握左脚，右手置右腿上，盘右腿，垂左腿，游戏坐于台座上，双手均残，着鞋，略侧身向左；第17尊，穿双层交领衣，左手似持物搭于左肩上，右手抚右膝，双手均残，倚坐于台座上，着鞋；第18尊，穿双层交领衣，左手抚膝，右手置胸前，似持物，残，倚坐于台座上，身体略向左侧，着鞋；第19尊，穿双层交领衣，左手抚膝，右手持物于胸前，残，倚坐于台座上，脚着鞋；第20尊，穿双层交领衣，左手抚膝，右手举物置右肩上，双手均风化，倚坐于台座上，着鞋。像高29、肩宽9厘米。

D段窟像

位于C段以东，与C段紧紧相邻。包括59~70号窟龛，这一段雕刻内容复杂，是卧佛院造像龛最集中的区域。可分为明显的两组：59与66号刻经窟与62号造像龛为一组；65号窟及其周围小龛为一组，以造像龛为主。70号窟与65号窟及其周围小龛之间崖壁上有一条裂缝。70号龛为造像龛，与65号窟之间壁面上有脚窝，应为人工凿出的通道，因此70号龛也属于与65窟同一区域。这里是卧佛院在崖壁正面集中开凿造像龛的地段。造像龛多集中在这里，也是后代补凿小龛和大像最集中的地方，龛像打破关系最多。其中59号窟是卧佛院唯一几乎全部完工了的刻经洞，不仅经文刻完，装饰也基本完成。

1. 59 号窟

位于 58 窟右侧，66 窟左侧。方形敞口平顶窟，窟内后高前低，据崖壁形势，右侧后代造像后形成双口。窟内后部宽 250、高 251 厘米，前部高 246、宽 209 厘米，左侧进深 251、右侧进深 285 厘米，外窟口宽 244、右侧最深 70 厘米。窟内三壁刻经，壁面上下部均留出装饰带，上部装饰带上刻飞天、云朵，底部装饰带上刻壶门，壶门内刻异兽，三壁经文侧面亦刻出装饰带，装饰带上饰缠枝卷草，卷草中坐化佛。左壁上部刻二身飞天相对飞舞，帛带呈环状曳于身后，内侧一身身体向下，双脚后屈朝上，双手向前呈飞舞状；外侧一身左手托钵状物，右手前伸，呈飞舞状，长裙裹腿，不露脚。底部装饰带上刻 7 个壶门，壶门内各刻一身异兽。后壁二飞天之间刻两枝相缠的折枝卷草，左侧飞天双手捧钵，仰面飞行；右侧者跪于云中，右手托钵，左手前伸。后壁底部刻 6 个壶门，壶门内相间雕刻异兽和伎乐，从左至右：第 1 个内刻异兽；第 2 个刻伎乐，伎乐帛带呈环状绕于身后，袒上身，系长裙，屈腿正面坐于地上，吹笛；第 3 个刻异兽；第 4 个刻伎乐，伎乐弹琵琶，衣饰、姿势与前一身伎乐同；第 5 个刻异兽；第 6 个刻伎乐，衣饰、姿势与第 2 个内同，风化严重，似演奏吹奏式乐器。右壁窟口部风化，现存 6 个壶门，从位置看也应有 7 个，现存 6 个仍为异兽伎乐相间雕刻，从内向外第 1 个内为异兽，依此类推，但风化严重。右壁窟口处卷草装饰带仅存下部残痕，从残痕看，上部分装饰带并未刻完。右壁上部装饰带中间刻两枝相缠的卷草。内侧飞大帛带飘于身前，长裙裹腿，双手捧圆盆状物，面向右壁呈行走状，露双脚。外侧飞天戴项圈，长发呈云状覆于肩上，帛带长曳于身后，长裙，脚部隐于窟顶，未刻出，右手屈体侧，左手前伸，面向后壁飞行。

窟内地平上前部有 1 道沟槽、2 个方坑，后部有 3 个成排的方孔，近右壁处有 2 个圆孔。左壁面上近口部有 1 道沟槽、3 个榫孔，其中 1 个方形榫孔与右壁同一位置榫孔对称。左壁、后壁上亦各有 1 个方形榫孔，三壁中部均有自然孔隙。左壁后部有近代开的门洞与 58 窟相通。开门时打掉了 19 行经文，打掉的石块尚有一块保存在大佛下方小庙中。窟外下部崖壁内凹，底部很薄，崖壁上有许多后代凿痕，并有后代居住时凿的阶梯。窟外右侧壁面上后开 62 号龛的排水沟打破窟口下部壁面。曾有人在 46、51、58、59 号窟中居住，前部有一道道斜沟槽，均为当时有人居住时雕凿。前部有现代安装的铁门，安门时底部垫石板。

窟口外上部左右侧后代补刻二天王，编号左侧 60、右侧 60-1，二天王形象有异。左侧天王立于地鬼背上，头无存，有圆形头光，着战裙、铠甲。双手捧一长条状物，立于地鬼背上。地鬼四肢弯曲，伏身向外，头残。天王高 55、肩宽 12 厘米，地鬼伏高 12、宽 20 厘米。从位置看右侧天王打破 59 号窟右壁窟口卷草纹装饰带所占壁面，但装饰带上部并未完工，说明天王亦为后刻。右则天王头无存，交脚而立，衣纹风化。天王残高 50、肩宽 10 厘米。

61 号龛，位于 60 号下方，59 号外窟左壁的上部。利用 59 号窟外左侧崖壁雕刻，窟上方到左壁有一道排水沟，59号窟口外左壁经文打破61号龛。外方内圆双层龛，外龛高77、宽76、深13厘米，内龛高69、宽54、深7厘米。内龛有素面拱形龛楣。龛内造一佛二弟子二菩萨二力士七尊像，后壁雕菩提树。主尊有内圆外桃形头光，头残，头正中有方形圆孔，为修补时留下，双耳垂肩，仅余左耳。身着圆领宽袖通肩袈裟，双手胸前结印，风化，结跏趺坐于束腰莲台上，双腿风化严重。莲台下有变形缠枝莲茎。主尊高30、肩宽11、座高8、宽17厘米。左侧弟子有圆形头光，头残，头正中有修补时留下的一圆孔，身着袈裟，双手胸前相交，长裙至脚面，赤足立于带茎仰莲台上，莲台前半部风化严重。像高30、座高5、宽9厘米。左侧菩萨有内圆外桃形头光，头残，头正中有一修补时留下的圆孔，上身风化严重，据残痕看，双手自然垂于体侧，长裙至脚面，腿侧存有帛痕迹，赤足立于带茎仰莲上。像高34、座高5、宽9厘米。左侧力士有圆形头光，风化严重，头残，袒上身，左手弯曲向上举金刚杵，右手叉腰，帛带绕臂，腰系绳，下着短裙，身体左扭，双脚立于基座上。像高27、座高6、宽9厘米。右侧弟子有圆形头光，头残，头正中有一修补时留下的圆孔，身着袈裟，双手弯曲于胸前相交，上身风化，长裙至莲台，赤足立于带茎仰莲台上。像高30、座高5、宽9厘米。右侧菩萨像有内圆外桃形头光，头残，头正中有一修补时留下的圆孔，颈戴项圈，饰璎珞，帔帛垂于体侧，左手下垂提净瓶，右手弯曲向上举柳枝，腰系绳，下着长裙，赤足立于带茎莲台上。像高34、座高5、宽9厘米。右侧力士有圆形头光，头残，头正中有一修补时留下的圆孔，袒上身，左手向外握金刚杵，右手朝外向上举，腰系绳，左腿残，赤足立于基座上。像高27、座高6、宽9厘米。

内龛下方两侧有二狮，风化严重，头均残，头正中均有一修补时留下的圆孔。左侧狮前肢着地，后肢弯曲蹲坐，残高12厘米。右侧狮前肢着地，后肢弯曲蹲坐，残高11厘米。

造像及菩提树上有装彩残痕；龛外右侧壁面刻心经，打破了原壁面。

2. 62号龛

左侧为59号窟，右侧为66号窟。龛底距现在地面约4米高。双口龛，外龛方形，高128、宽126、进深40厘米。内龛圆拱形，高78、宽94、深33厘米。内龛有龛楣，饰以缠枝忍冬纹。龛内造像风化较多，头均残，有晚期装彩，现大部分已经剥落。龛口外崖面保持山体原样，所在崖面凸处，龛顶有排水沟，左右壁分别有一榫孔。龛下崖面风化内凹，并有大量凿痕。窟口外侧壁面有木构凿孔痕迹。龛内造一佛二弟子二菩萨二力士共七尊像（图版二五，1）。

主尊结跏趺坐于方形靠背椅座上。有双层圆形头光，头残，头侧有冠带垂至双肩，饰耳环，颈上有蚕节纹，戴项圈、璎珞，身着袒右袈裟，双手置于膝上，左手掌心向上，右手戴臂钏、手镯，掌心向下，结跏趺坐，露足。主尊高46、肩宽17厘米。主尊头光周左右和上方饰三尊小佛，小佛像均结跏趺坐于束腰覆莲上，有圆形头光，面部风化。中尊小佛身着圆领袈裟，双手拱于胸前。左右侧小佛身着宽袖袈裟，双手拱于胸前。左右小像顶分别有一朵宝相花。座下束腰处正面有两尊力士举座。左侧者面部有风化，裸身，右手置于膝上，左手向上举座，手肘置于弯曲的左腿上，脚着地。右力士面部风化，裸身，左手弯曲置膝上，右手弯曲向上举座，手肘置于弯曲的右腿上，脚着地。座左、右两侧有菩提树。主尊坐的靠背两侧饰以莲花、双狮、龙头等，龙嘴咬住一人下半身子。下方两侧各有一童子和狮。二狮均风化，左侧据残痕看，狮头向上扬，前肢于身前弯曲，后肢有力地立于覆莲上，背托童子，童子面部风化，着袒右衣，腰系带，身体向右侧，双手于胸前拿物。右侧据残痕看，头向上扬，前肢于身前弯曲，后肢有力地立于覆莲上，背托童子，童子面部风化，着袒右衣，系腰带，身体向左侧，左手于腰间拿物。座高17、座底部宽34、上部宽27厘米。

左侧弟子有圆形头光，头部风化，身着袈裟，双手举于胸前，似为双手合十，长裙覆至脚面，赤足立于双层仰莲上。像高35、头高7厘米，莲台高9、宽14厘米。左侧菩萨有内圆外桃形头光，头部风化，两侧有发带垂下，上身风化不清，左手下垂于体侧，右手弯肘于胸前，持物风化不清。据残痕看，着长裙，腰间似有带，莲台风化。像高40、座高9、宽16厘米。左侧力士像风化严重，有圆形头光，据残痕看，有发髻，身体略向左扭，双手上举，下着裙，赤足。像高39厘米。右侧弟子有圆形头光，头部风化，颈上有蚕节纹，身着"V"领袈裟，双手于胸前置于袖口内，长裙覆至脚面，赤足立于双层仰莲上。像高36、头高7、座高10、座宽15厘米。右侧菩萨有内圆外桃形双层头光，头部风化，两侧有带垂下，上身风化，胸前有璎珞垂下，左手上举于身侧，右手下垂于体侧，似拿带茎莲蕾，腰系带，下着长裙，外着短裙，膝前有帛带绕臂垂于体侧，赤足立于双层仰莲上。像高42、座高9、座宽17厘米。右侧力士有圆形头光，风化严重，据残痕看，有发髻，身体向右扭，左手握拳下垂，右手屈肘上举，袒上身，腰系带，身后帛带向左飘，下着短裙，赤足。像高36厘米。

内龛龛基下正中有三足圆香炉，兽蹄形足，有三道弦纹。香炉左右雕供养人。左侧第1身，风化严重，从残痕看，胸前两串璎珞，双手于腹前相交。像高28、头高5厘米。左侧第2身，风化严重，据残痕看，面向左侧第1身像，右手持物，行走状。像高26厘米。其左侧雕一狮，风化严重，蹲伏于圆座上。身长19、高9、座高11、宽23厘米。右侧第1身，高发髻，脸已破坏，身着"V"领上衣，左手略微外伸向下，腰间夹一圆状物，右手臂残，腰间系带，短裙向左扬，赤足。像高28厘米。右侧第2身，头部及上身破坏，腰系带，下着短裙。像高25厘米。其右侧雕一狮，匍匐于一椭圆形座上，风化严重。身长24、高12、座高10、座宽23厘米。

3. 63号龛

位于D段崖面下层，距现在地面约2米，上侧为66号窟。处于66号窟下崩塌内凹的崖面处，石质较差，下有裂隙。龛上方凸出于壁面。浅浮雕龛，双层方形平顶，外龛仅余龛顶，高42、宽42、深2.5厘米；内龛弧顶，高40、宽42厘米。龛外上方有弧线形排水沟，面上布满凿痕。左右两侧还有两个线刻浅龛形状，推测当时还计划在63号龛左右各凿一小龛。龛下及左侧崖面有晚期凿坑，方便行走。龛内壁面粗糙，有凿痕。龛底中部雕出 3 个带茎莲台，莲台上各造一尊坐像，均残损严重。主尊有桃形头光，头已破坏，身着通肩袈裟，双手胸前结印，结跏趺于带茎覆莲台上，主像含莲台高 21 厘米。左侧像有桃形头光，头被破坏，穿双领下垂式袈裟，左手残，右手置于膝上，左像含莲台通高 20 厘米。右侧像有桃形头光，胸前有三道衣纹，双手置于膝上，含莲台通高 20 厘米。

4. 64 号龛

位于 65 与 66 号窟之间的崖面上，距现在地面约 3 米（图版二五，2）。长方形平顶龛，高 370、宽 135、深 80 厘米。龛口右上部打破 67 号龛左侧，底部高度与 65 号窟底接近。龛外上方有一道斜排水沟。上部岩石风化痕迹明显，下部风化内凹，上部和右侧有榫孔。龛外两侧崖面上有晚期木构建筑凿痕。窟内三壁布满凿痕，左右二侧壁不平直。龛内刻佛像一尊，双手未完工。有双层圆形头光，内层外沿有五朵花，螺髻稍风化，面相丰满，眉、眼之间有一裂隙，双耳垂肩，颈上有蚕节纹，内着僧祇支，胸前系带，外披双领下垂式袈裟，袈裟右襟搭于左手腕上，左手置于身侧，握袈裟一角，手指残缺，右手伸体侧，掌心向外，五指张开。赤足立于双层覆莲圆台上。像高 294、莲座高 32、宽 113 厘米。

5. 65 号窟

位于 64 号龛左侧，68 号窟下方，距现在地面约 2.5 米（图版二五，2）。方形平顶敞口窟，高 230、宽 216、深 220 厘米。所处崖面位置较好，龛口上侧崖面上有一后代凿的长方形框，位于龛口正中。龛口崖面略向裂隙倾斜，左侧与 66 号刻经洞之间的崖面被 64 号龛打破。左上方壁面被 67 号打破，窟底崖面风化内凹。窟口略有风化残损。两侧壁布满开凿时的凿痕，右壁有后代较细的打凿痕。窟底中部有一排 3 个圆洞，中间圆洞稍向前，略大于两侧者。四角各有一方坑。后壁中间有一小方坑。窟正壁有三块晚期磨平的壁面，中间一块上方又磨出一小块长方形壁面。三处均未见刻字。龛口两侧有晚期木构建筑凿孔，现在可见右侧 2 个，左侧与 64 号龛之间 2 个，上方 1 个。

6. 66 号窟

位于 64 与 62 号龛之间，窟底距现在地面约 4 米，下方为 63 号龛（图版二五，2）。双口方形平顶窟，外窟仅余左壁和窟底少许，残深 50 厘米；内窟高 295、宽 243、深 330 厘米；左侧外壁较内壁宽 20 厘米。窟内三壁刻经，窟口略有崩残。正壁刻经上部有较多风化，窟左右壁中部及窟底有条横向裂隙，与 59 号窟正壁右半部裂隙为同一裂隙。窟内右上方可见到一点类似前壁的痕迹，结合底部情况，应为原来窟内壁面厚度。左壁下方有 66-1、66-2 二小龛，刻经和二小龛之间没有明显打破关系（图版二五，3）。二小龛之间下部保存了原来窟左侧壁面状况，开龛时左壁未磨平。因此，该窟开成后并未刻经，而是开了此二龛之后才刻经。刻经时三壁统一规划，刻经的上部与顶壁之间很近，没有如59窟一样留出装饰带。底部留出了高高的墙脚线，墙脚线下部壁面凸出刻经壁面略4厘米，凸出壁面未打磨，应为原来窟成后初步打磨的壁面，刻经时打破了66-1小龛外龛上部壁面。三壁均有不同程度风化，并有岩石内自然的孔洞，后壁、右壁更明显。窟口地面有一后代凹槽，左右壁上有榫孔。窟外左侧崖面凸起不平整，窟外上侧崖面有排水沟，经62号龛顶和左侧崖面而下。龛下30~40厘米崖面内凹，并有人工凿。窟口处后代安木门时开一沟槽，破坏了小龛左下角，窟外两侧崖面有晚期木构凿孔，右侧崖面有晚期凿的二层台阶，便于从64号龛前登上66号窟。

66-1号龛，右侧为66-2号龛，和66-2号龛同处于66号龛左壁靠近窟口处的下半壁面，66窟左壁刻经时故意留出二龛位置，但66-1龛上部被磨掉，二龛龛底平齐。双层龛，外龛上部不存，下部为方形平底浅龛。内龛圆拱形，有桃形素面龛楣。龛内造一佛二弟子二菩萨二力士七尊像。龛基前雕二狮，龛后雕二菩提树。主尊有内圆外桃形头光，圆形头光周边饰五朵圆花，顶上有华盖，头残。内着僧祇支，外着双领下垂袈裟，右肩覆偏衫，在腹前衣领呈"U"形。左手置于膝上，残，右手屈肘，残断，从残痕看应为举胸侧，结跏趺坐于三层仰莲台上，莲台置于须弥方座上，须弥座下有三层叠涩六边形座基。像高28、肩宽15、座高18、宽25、束腰部分宽20厘米，莲台高9、宽24厘米。座两侧各雕一狮蹲坐，背向须弥方座，均残高11厘米。左侧狮头残，上半身风化，头向外，尾向基座，前肢着地，后肢弯曲蹲于座旁；右侧狮头、身已破坏，头向外，尾向基座，前肢着地，后肢弯曲蹲于座旁。弟子和菩萨共立于一台座上，低台边缘雕刻仰莲瓣，台高4厘米。二弟子立于后壁，左侧弟子有圆形头光，头光后有菩提树，头右半部分被破坏，左部风化不清。着交领袈裟，袈裟右摆搭于左肘上，双手置于袈裟内，赤足立于仰莲上。像高28、肩宽8厘米。左侧菩萨有内圆外桃形头光，挽高发髻，面部风化不清，右半部分破坏，头两侧有宽发带飘至手肘处，颈戴项圈，胸前璎珞垂至膝上，帔帛自肩绕臂自然垂于体侧。左手屈肘置于胸前，右手垂体侧，握帛带，戴手镯。下着长裙，裙腰外翻，裙纹细密，赤足立于莲台上。像高32、肩宽8厘米。左侧力士已不存。右侧弟子有圆形头光，头光后有菩提树，树梢伸至龛顶，残。着交领衣，外披袒右袈裟，袈裟右摆搭于左肩上，垂至脚面。双手胸前捧经匣，左手置匣上，右手托经匣，风化，赤足立于台上。像高28、肩宽8厘米。右侧菩萨有内圆外桃形头光，头残，头后宽发带垂于体侧，戴项圈，圈下有两枚宝珠，帔帛绕膝上一道垂于体侧。左手提净瓶，瓶左半部分已残，戴手镯，右手残，应为举胸侧。下着长裙，赤足立于莲台上。像高30、肩宽8厘米。右侧力士有圆形头光，头残，帛带绕背。上身袒露，肌肉呈块状凸起，左臂用力外伸，右手屈肘握拳上举。下着短裙，裙腰外翻，身体略向右扭，裙摆左扬，赤足立于外龛底部。像高31、肩宽11厘米。龛外左侧壁上竖刻：

阿卢勒继娑诃图

66-2号龛，左侧为66-1号龛。方形龛，弧顶，龛高88、宽58、深13厘米。龛内造菩萨像两尊。左侧菩萨有内圆外桃形头光，头残，有高发髻，两侧各有两条发带垂肩，颈上有蚕节纹，戴项圈，胸前挂两串璎珞，璎珞腹前交叉后分成四串，帔帛横膝上一道绕肘垂于体侧，戴手镯，右臂戴钏，双手残。下着长裙，裙腰外翻，赤足立于双层仰莲台上。像高62、座高10、座宽25厘米。右侧菩萨有内圆外桃形头光，高发髻，残，两侧各有二条发带飘于身侧，长发垂肩，颈上有蚕节纹，戴项圈，胸前饰两串璎珞，帛带绕腿上一道垂于体侧，裙腰翻出带外。左手下垂提净瓶，瓶颈以下残，戴臂钏、手镯，右手残，据残痕看应为举胸侧。赤足立于仰莲台上。像高62、座高10、座宽25厘米。

二龛之间有后代雕菩萨像一尊，小佛龛一个。菩萨像位于两龛之间隔墙上，隔墙上凿出一平台，平台上刻菩萨像。有桃形头光，头残，头后各飘一带，上身右半部残，左侧保存完好。左手于身侧提净瓶，右手残。下着长裙，右腿直立，左腿略屈，赤足立于莲台上，莲下有半圆形基座。像高18、肩宽4.5厘米。二龛之间上部还有晚期补凿一圆拱形小龛，龛高13、宽9厘米。小龛内造坐佛像一尊，有圆形头光，头残，着通肩袈裟，结跏趺坐于覆莲圆台上，双手藏袖内拱于胸前。像高8、肩宽4.5、座高3、座宽7厘米。左右刻题记。龛左刻"千佛一身"，龛右刻"女弟子仿三禅敬造"。

7. 67 号龛

位于64号龛右上方，68号龛左侧（图版二五，2）。龛外右侧崖面被凿平。方形龛，龛顶有坍塌痕，右侧下方有凿痕，左壁被64号破坏。龛高73、宽65、深10厘米。龛内凿菩萨像二尊。左侧菩萨像有双层圆形头光，头残，颈戴项圈，身饰璎珞，上身着帔帛。左手弯曲于体侧，右手下垂提净瓶，双手均风化。下着长裙，腰系带，两腿间有带垂至莲台上，帛带绕手臂下垂体侧，双脚立于双层仰莲台上。像高51、肩宽12、座高8、座宽18厘米。右侧菩萨像有内圆外桃形头光，头残，头正中有一修补时留下的圆孔，据残痕看，有发髻，发上系带垂至肩上，颈上有蚕节纹，身披帔帛，颈饰项圈，胸前饰满璎珞。左手下垂提净瓶，戴手镯，右手弯曲于腹前，风化。下着长裙，外着短裙，腰系带，帛带绕手臂、膝前垂于体侧，双脚立于双层仰莲台上。像高52、肩宽13、座高7、座宽20厘米。

8. 68 号龛

位于65号窟上侧，左侧为67、64号，右下侧为69号龛，距现在地面约5米，处于该段崖面右侧较高位置（图版二五，2）。外方内圆双层龛。外龛方形敞口，内龛圆拱形，拱形龛楣上饰缠枝卷草、化佛，内龛有龛基，龛基正面雕二菩萨、二狮子。外龛正中有一级台阶，台阶正面雕四壶门，中间壶门雕伎乐，外侧壶门雕二异兽。龛高174、宽167、深140厘米。龛底从外往内，第1层深26厘米，第2层深30厘米，第3层深45厘米。外龛左壁打破了67号龛右侧凿平的崖面，右壁打破68-1号龛的左半部。龛左侧下半部有后代凿痕，顶部有风化。外龛右壁上晚期凿一长方形龛；龛外上侧崖面及左右崖面均有晚期木构建筑凿痕，从凿痕看应是与67、65以及64号等龛共用该建筑。内龛龛楣忍冬纹中有五尊小佛像，顶上和左右两侧分别有两个，互相对称，小佛像均结跏趺坐于带茎的仰莲台上，有圆形头光。正中小佛像面部及全身风化不清，高 14 厘米。左侧第 1 身，面部及全身风化不清，高 14 厘米；第 2 身，面部风化不清，着圆领袈裟，双手置胸前，结跏趺坐，高 13 厘米。右侧第 1 身，面部风化不清，着袈裟，双手置膝上，结跏趺坐，高 14 厘米；第 2 身，着袈裟，双手置胸前，结跏趺坐，高 11 厘米。

内龛中造一佛二弟子二菩萨二力士和天龙八部像。主尊有桃形头光，头光上饰莲瓣，莲瓣周饰花，头光上方有华盖，华盖周饰珠链。头及颈部已残，头正中有一修补时的方孔。内着僧祇支，胸前打结，外着"U"领袈裟，衣纹明显，衣下摆垂于莲座前。左手屈肘放于膝上，右手屈肘于体侧，双手均残，结跏趺坐于仰覆莲台上，膝部有风化。像高 53、莲台高 26、宽 38 厘米，华盖高 11、宽 30、厚 17 厘米。左侧弟子有圆形头光，头已风化，头正中、顶上分别有一修补用圆孔。内着交领衫，外着袒右袈裟。双手屈肘于胸前，赤足踩于仰莲台上，莲台上有一道裂隙。像旁有一菩提树。像高 56、台高 9、台宽 20 厘米，菩提树高 85 厘米。左侧菩萨有内圆外桃形头光，内层头光周边饰宝珠，内周饰宝相花。菩萨头部风化严重，根据残痕看，高发髻，头正中、颈部分别有一修补时留下的圆孔，长发下垂，头两侧有缯带垂至手肘处，戴项圈、璎珞，上身帔帛经膝上一道绕手臂自然下垂。左手屈肘于胸前，手残，右手屈肘于腹前，戴臂钏，手肘以下残，手上似拿一圆状物（?），物正中有一圆孔，下着长裙，裙腰外翻，腰系绳，两腿间有宽带垂于莲台上，赤足踩于仰覆莲台上，双脚风化严重。像高 62、台高 9 厘米。左侧力士有圆形头光，高发髻，发髻后两条缯带向上飘起，面部风化，双耳保存完好。袒上身，肌肉呈块状，左手屈肘上举，右手外伸，双手均残，有修补留下的圆孔，飘带绕手臂向右侧飘起，下着短裙，裙摆向右飘，腰间系绳，双脚踩于山座上。像高 57、座高 13、座宽 37 厘米。右侧弟子有圆形头光，头部风化，颈上有两道蚕节纹。内着交领衫，外着袒右袈裟。双手屈肘于腹前拿一物，风化，长裙覆至脚面，赤足立于双层仰莲台上。像旁有一菩提树。像高 55、台高 9、台宽 21 厘米，菩提树高 85 厘米。右侧菩萨有内圆外桃形头光，内层头光周边饰宝珠。头残，头两侧有带垂于肩上，根据残痕看，上身披帔帛，饰璎珞，下着长裙，腰系绳，帛带绕手臂、膝前一道垂至莲座边。左手屈肘于胸前，右手下提净瓶，双手均风化，瓶残损，双脚立于双层仰莲台上，脚风化。像高 57、台高 9、台宽 22 厘米。右侧力士有圆形头光，头、颈残，头、颈正中分别有一修补时留下的圆孔，头上方缯带向上飘起。袒上身，风化。左手弯曲叉于腰右侧，风化，右手屈肘上举，手臂上有二修补用圆孔，腰间系绳，下着短裙，腰间飘带绕手臂垂下，双脚立于山座上。像高 61、座高 13、座宽 35 厘米。

天龙八部像，从内至外，左侧第 1 身，位于主尊左侧，头残，身着交领衫，双手弯曲于胸前，捧一物，像高 36 厘米；第 2 身，位于左侧弟子头光上方，半身像，有高发髻，髻上有金翅鸟，面目清晰，保存完好，颈上有二道蚕节纹，身着交领衫，高 38 厘米；第 3 身，位于左侧菩萨像左侧，头残，着武士装，头顶有一条蟒蛇，上身着铠甲，双手弯曲于胸前作供养状，下着短裤，腰间系带，双脚立于基座上，高 38 厘米；第 4

身，位于左侧力士头光上方，半身像，袒上身，饿鬼形，风化严重，高49厘米。右侧第1身，位于主尊右侧，面目风化，头顶有尖尖的高髻，身着宽袖"V"领衫，双手弯曲于胸前捧一物，腰间系带；第2身，位于右侧弟子头光右侧上方，半身像，头顶虎头，高40厘米；第3身，位于右侧菩萨头光右上方，面部风化，袒上身，左肩上有龙，龙似张口吐珠，右侧跪一人，双手合十作参拜状，面部、下身风化严重，下着短裙，站于基座上，高40厘米；第4身，位于右侧力士头光上方，半身像，面部风化，据残痕看有三头，头顶有发髻，颈上有项圈，身绕帔帛，左右各三臂，上二手弯曲上举，左手托日，右手托月，中二手稍向下弯曲拿物，持物风化不清，下二手弯曲于胸前结法印。

内龛龛基正面雕有二菩萨二动物像。左侧菩萨像，头残，身着铠甲，右手向前伸弯肘向上举，手肘部有圆孔，左手不详，下着短裙，腰系带，右腿屈膝，左腿单跪于基座上，像高22、坛高3厘米；右侧菩萨像，头残，头顶有发髻，颈上有项圈，帔帛绕手臂垂于身后，左手弯曲放于膝上握物，右手肘以下部分残，腰间系带，下着短裙，屈左腿，右腿单跪于基座上，像高24、坛高3厘米。左侧动物，头残，蹲于基座上，前肢右脚向上抬起举物，左脚立于基座上，后肢弯曲蹲于基座上，高5、座高3厘米；右侧动物，头残，蹲于右侧菩萨像后，前肢左脚向上抬起举物，右脚立于基座上，后肢弯曲蹲于基座上，像高18、座高3厘米。

四壶门内伎乐和异兽雕像，从左至右：第1身，麒麟状兽，作奔跑状，保存完好，身长23、高12厘米；第2身，伎乐，面部风化，身后帛带呈圆形飘起，双手拿笛，左手胸前弯曲向上，右手外伸弯曲，作吹状，左脚弯曲，盘坐，高13厘米；第3身，伎乐，面部风化，身后帛带呈圆形飘起，双手持琵琶，右手弯曲于胸前，左手置于膝上持琵琶头，高13厘米；第4身，麒麟状兽，作奔跑状，后腿残，残长24、高12厘米。

外龛左壁刻铭文：

敬　修装释迦牟尼佛并/阿难加叶与部众共一龛/右弟子张心妇先发心愿/堂上慈母合家眷属修装/功德并以团圆意希夫妇/休寿长清吉以广政/二年岁次己未/州白修装工□/

右壁有后代开方形小龛，龛内刻四尊罗汉像，四尊像头部均残损。从内至外：第1尊，有桃形头光，着袒右袈裟，左手屈于胸前，据残痕看应为一物，右手自然下垂握一物，赤足，像高31厘米；第2尊，着圆领袈裟，有桃形头光，双手略微弯曲于体侧，双脚风化，像高31厘米；第3尊，有桃形头光，着袈裟，全身风化严重，双手弯曲于胸前作拱手状，高30厘米；第4尊，有桃形头光，着袈裟，左手下垂体侧，右手弯曲于胸前捧圆形物，高32厘米。

68-1号龛，位于68号龛外右侧崖面上，距现在地面3.5米，69号龛上方，处于该段崖面右上角，右侧有自然大裂隙，风化破损较多。长方形龛，龛顶有崩塌，左壁无存，被68号龛打破。龛宽55、高38厘米。龛内造四尊小佛像立于一长条形覆莲台上，台高6厘米。从左至右：第1身，有圆形头光，头残，着宽袖袈裟，双手于胸前捧物，风化，像高33厘米；第2身，有圆形头光，头残，着宽袖袈裟，左手弯曲于胸前，右手向前，残，像高 32 厘米；第 3 身，仅存残痕，高 32 厘米；第 4 身，仅存残痕，高 32 厘米。

9. 69 号龛

位于 68 号龛右下方，65 号窟右上方，距现在地面 4～5 米高，位于 D 段岩石的边缘（图版二五，2）。崖面下部有风化裂隙，龛外右侧崖面有崩塌痕迹。双层龛，外龛方形，敞口平顶，受崖面限制，顶深底浅，可自然避雨。高 88、宽 90、深 43 厘米。内龛圆拱形，有拱形素面龛楣，龛内后高口低，弧壁、弧形顶，高 66、宽 68 厘米。外龛右壁口部被后期凿掉一些。外龛左壁龛口靠下有一穿鼻孔，孔内壁留有较粗糙的凿痕。内龛造一佛二弟子二菩萨二力士，龛基前雕二狮子，二弟子头光上方壁面刻出两株菩提树，以主尊为中心左右对称分布。造像经过晚期装彩，大部分已经剥落；头部残痕中有晚期修补时凿的圆孔。

主佛有双层头光，外层桃形，内层椭圆形，素面，头残。内着交领衫，外着交领袈裟，双手于腹前捧圆钵，结跏趺坐于双层仰覆莲座上。像高 23、座高 17 厘米。左侧弟子有圆形头光，头残。内着交领衫，外穿双领下垂式袈裟，露内衣窄袖，内衫下摆垂至脚面，赤足立于圆形覆莲座上，双手拱于胸前结印。像高 37、座高 5、宽 12 厘米。右侧弟子有圆形头光，头残，仅余右耳，服饰同左侧弟子，双手置于胸前，风化，赤足立于圆形覆莲座上。高 38、座高 4、座宽 12 厘米。左侧菩萨有双层头光，外层桃形，内层椭圆形。头上有发髻，两侧有缯带垂下。上身袒露，头、面部均有残损，戴项圈、璎珞，璎珞在腹前交叉，帔帛自肩垂下。下着长裙，裙摆覆至脚面，腰部系带，在双腿前呈 "U" 形。左手下垂提净瓶，右手屈肘举胸前，残，赤足立于仰莲台座上。高 45、座高 5、座宽 12 厘米。右侧菩萨风化严重，有双层头光，外层桃形，内层椭圆形，面部崩塌。双手腹前捧物，残，腰部系带，长裙覆脚面，赤足立于仰莲台座上。高 45、座高 4、座宽 12 厘米。二力士立于龛口外侧山石上。左侧力士有圆形头光，头残。上身袒露，肌肉发达，刻出胸、腹线，帛带绕臂后经腋下飘于身后。下着裙，裙腰外翻，裙摆垂至膝下，左臂屈肘举金刚杵，右手握拳于侧，胯部向左扭，赤足立于山石座上。高 38、座高 8、宽 19 厘米。右侧力士有圆形头光，头部风化。上身袒露，帛带绕背，下着裙，裙腰外翻。左臂屈肘握拳垂于体侧，右手屈肘侧举，握金刚杵，胯部向右扭，与左侧力士相对称，赤足立于山石上。高 36.5、座高 5、宽 23 厘米。

龛前台基正面刻一香炉，六兽足，香炉置圆形覆莲座基上，左右雕二狮相向。香炉高 8、宽 9.5 厘米，座基高 2.5、宽 11 厘米，右侧狮子残高 12 厘米，左侧狮子残高 12 厘米。

10. 70 号龛

位于 71 号窟左侧，左侧隔一条大裂隙与 69 号龛、65 号窟等相邻，窟底距现在地面约 3 米，处于 71 号窟左侧凸出的崖面上，是 E 区大块崖石的边缘。窟口所在崖面平整，窟外上、下及左侧崖壁均有大的风化裂缝，龛下方将崖面凿出一向外倾的平面，平面上凿排水沟，左右贯通。双层龛，外龛方形，敞口平顶，高170、宽172、最大进深120厘米；内龛圆拱形，有桃形镂雕卷草龛楣，高107、宽143、深13厘米。龛右壁有3个榫孔。内龛下有长方形龛基，龛基上部边缘正面分格雕饰卷草纹、莲花纹和方形联珠纹，下部雕二狮和香炉。龛内造一佛二弟子二菩萨二力士像，龛前雕二狮，龛后雕二菩提树。龛内像经后代装彩，部分已经剥落，造像头部残痕中多有圆孔，为后代修补痕迹（图版二六，1、2）。

主尊有内圆外桃形双层头光，内层中间饰太阳纹，周饰三层联珠纹，外周饰花朵和宝珠，头顶有华盖，正面饰莲瓣。头残，内着僧祇支，胸下系带打结，外着双领下垂袈裟，腹前衣纹呈"U"形，双手残，结跏趺坐于束腰仰莲台上。像高51、座高21、宽42厘米。莲台下有莲茎、莲叶，方形基座，座基高7、宽37.5厘米。基座下雕三足香炉置台座上，香炉高18、残宽16厘米，座高8、宽20厘米，香炉上有烟气飘出（残）。

左侧弟子有双层圆形头光。头残，身着袈裟，衣纹呈阶梯状，双手于胸前捧一物，风化不清，内衫下摆覆至脚面，赤足踩于仰覆莲座上。像高53、座高11、宽21厘米。左侧菩萨有内圆外桃形双层头光，内层头光周饰七朵花。头残，据残痕看，两条缯带垂于胸前，戴项圈、璎珞，身披帔帛，帔帛经腹、腿前二道绕腕后垂于体侧。下着长裙，戴臂钏，双手持一枝带茎莲苞，手残，赤足立于双层仰莲台上。高68、座高21、宽30厘米。左侧力士立于内龛口外左侧壁，头部风化，头后有两条发带向上飘起。袒上身，身后有一帛带绕腕垂于体侧，肌肉呈块状，腰间系带打结，左手屈肘上举，手指残，右手向下，残。下着裙，裙腰外翻，身体向左扭，裙摆右扬，赤足立于山石座上。像高64、座高21、宽30厘米。座下有一蹲狮，破坏严重，残高20厘米。

右侧弟子有双层圆形头光，内周饰莲瓣，头光后有菩提树伸至龛顶。头残，内着僧祇支，外着袈裟，双手于胸前藏袈裟里，赤足立于仰覆莲座上。像高52、座高10、宽23厘米。右侧菩萨有桃形头光，头光上饰三朵花和卷草纹。头残，头两侧有发带垂下，颈部刻三道蚕节纹，上着帔帛，帛带绕肘下垂，经腹前绕至右侧身后，戴项圈，璎珞在腹前交叉，下着长裙，裙腰外翻，腹微外鼓。左手下垂握帛带，末端垂于体侧，右臂屈肘上举，残，赤足立于双层仰莲台上。像高65、座高9、宽23厘米。右侧力士立于内龛口外右侧壁，头部残损，有发髻，头后有两条发带向上飘起，颈部刻出筋脉。袒上身，下着裙，腰间系带，裙腰外翻，帛带绕肩飘于身两侧。左手用力向下伸掌，掌心向内，右手屈肘向上握金刚杵，身体向右扭，裙摆左扬，赤足立于基座上，座下有一卧狮，仅存四肢。像高52、座残高26、狮残高17厘米。

左壁刻题记：

　　修妆释迦牟佛部众一龛/修造遮佛龛厦舍一面/弟子冯崇夫妇同发心为女弟子/

　　刘氏小女石□求获平善希获平/善开宝七年十一月八日设斋表/庆了/永章福作/

E 段窟像

位于D段以东，包括71~77号窟龛。与D段之间崖面有一个大的自然裂隙，裂隙内凹处崖壁上有许多开凿的脚窝，应为从 D 段通往 E 段窟龛的通道。窟像主要分成两排，71~74、77 号窟位于下排，是这个崖面最好的位置，窟外下部岩石质地差，壁面风化内凹严重，因而受崖面条件限制，各窟底部高度并不一致。72 号窟下方崖壁内凹最严重，造成窟底很薄，因此早已崩塌。75、76 号窟位于上排，崖面石质也较好，但两窟靠近底部的外崖面上有一道风化裂隙贯穿左右，因此位置远不如崩塌前的 71~74、77 号窟等所在崖面好。从位置和窟型看，原计划 71~74、77 为一组刻经窟，75、76 为一组窟。

1. 71 号窟

位于 70 号窟右侧，72 号窟左侧，窟底距现在地面约 2.3 米（图版二六，2）。窟下方崖壁风化内凹严重，上方有一道自然风化裂缝，与 73、76 号窟之间风化裂缝贯通。窟口上方崖面上凿有栈道残痕，为 75、76 号窟前通道。窟下方有许多崩塌后的人工凿痕，有阶梯通向窟内。方形平顶窟，窟左侧刻出双口。内窟高 221、宽 254、左壁进深 220 厘米，外窟左壁进深 260 厘米。窟右半部分崩塌。窟内左壁刻《金刚般若波罗蜜经》和《般若波罗蜜多心经》。刻经的四边留出壁面。正壁及右壁除晚期补龛之外，壁面有较多粗糙凿痕，证明该窟原本并未完工。

正壁中间补凿一方形大龛，龛顶随壁面略呈弧形。龛高 221、宽 106 厘米。龛内凿一尊倚坐佛像，佛像有桃形头光，头光上饰双层莲瓣，头左侧略风化，正中有一道裂痕，延至顶外沿。螺髻，面部和双耳残，颈部风化起层。着圆领通肩袈裟，内衫下摆覆至脚面，袈裟下摆略短于内衫，胸前有三道圆形衣纹。双手于膝上捧钵，左手臂旁有一裂隙。结跏趺坐于方形台座上，双脚各踩一莲台，右膝上有裂隙，双脚前半截残。像高 195、头高 40 厘米；台座与龛口同宽，高 95 厘米；脚下二莲台均高 21、宽 32 厘米。

窟内正壁及右侧壁断面上有晚期补刻小龛，编号为 71-1、71-2、71-3、71-4、71-5 号。

71-1 号龛，位于 71 号窟正壁大龛的左侧，72-2 号龛的上方。处于 71 号窟正壁左侧磨平的长方形壁面内，此壁面高 133、宽 56~59 厘米，下缘与窟底平。龛底部打破了下方 71-2 小龛中立佛头光。方形弧顶浅龛，高 46、宽 33、进深 7 厘米。龛内造菩萨像两尊，风化严重，二像头部残痕中都有一圆孔，为后代补修痕迹。左侧菩萨有内圆外桃形头光，从据残痕看，有发髻，两侧宽发带垂至背后。披帔帛，下着长裙，璎珞下垂，帛带绕腿上两道。左手弯曲，右手下垂提物，赤足立于莲台上。残高 32、座高 5、宽 11 厘米。右侧菩萨有内圆外桃形头光，从残迹看，有发髻，头两侧有宽发带垂至肘部。左手下垂体侧，下着长裙，两腿间宽带垂至莲台上，帛带横膝前绕手臂垂体侧，赤足立于莲台上。残高 32、座高 5、宽 11 厘米。

71-2 号龛，位于 71 号窟正壁大龛的左侧，71-1 号龛下方。与 71-1 号龛同处于一长方形磨平的壁面上，利用 71 号窟正壁大龛左侧壁面雕凿。椭圆形龛，风化破损严重，龛高 57、宽 28、深 12 厘米。龛内造佛像一尊，有内圆外桃形头光，头残，残痕处有一晚期补修时的圆孔。内着僧祇支，外着双领下垂袈裟，袈裟右摆搭于左肘上。双手均残，左臂弯曲，立于莲座上，身躯下部风化不清。像残高44、座高7、宽19厘米。

71-3号龛，位于71号窟正壁大龛右侧，71-4号龛上方。龛外四周壁面磨平呈长方形，宽78、高46厘米。横长方形龛，上方两角略呈圆角，龛宽65、高42、深8.5厘米。龛内造一佛二菩萨二供养人立像，头部均残，像身风化多。主尊有内圆外桃形头光，椭圆形身光。着双领下垂袈裟，内衫下摆覆至脚面，双手胸前捧一物，风化不清，赤足立于仰莲台上。高30、座高2.5、宽12厘米。左侧菩萨有内圆外桃形头光，据残痕看，有发髻，两侧有宽发带垂至手肘部。身披帔帛，腰系带，下着长裙，膝前帛带绕双臂后下垂至莲台上，赤足立于仰莲上。像高29、座高3、宽11厘米。右侧菩萨有内圆外桃形头光，高发髻，头两侧有宽发带垂至肘后。帔帛顺肩垂于体侧，戴项圈，双手屈于胸前。下着长裙，裙摆覆至脚面，腰间系带，裙腰外翻，赤足立于仰莲台上。像高29、座高3、宽11厘米。左侧菩萨左下方有两身供养人：第1身，双手置于胸前，衣服下摆覆至脚面，像高12厘米；第2身，可看出有发髻，短衣长裙，帛带经腰部绕左手臂向下垂，裙摆覆至脚面，左臂屈肘于胸前，右臂屈肘于腹右前侧，身体略向右侧，立于平地上，高22厘米。

71-4号龛，位于71号窟正壁大龛右侧，71-3号龛下方。龛外两侧壁面平整，磨平的壁面呈长方形，宽68、高44厘米，较71号窟正壁深2厘米。方形龛，四角弧形，龛宽24、高43、深8厘米。龛外顶部未雕刻完整，似为避免破坏71-3底部。龛内凿菩萨像一尊，菩萨有内圆外桃形头光，内层头光上饰联珠纹和五朵花。头残，有高发髻，头两侧有宽发带垂下，戴项圈。左手下垂，右手屈臂于体侧，双手均残，腰间系带。下着长裙，裙摆覆至脚面，腿两侧饰有璎珞，帛带经膝前绕手臂下垂于莲座边，赤足立于带茎覆莲座上。像高29、座高8、宽14厘米。

71-5号龛，位于71号窟右壁崩塌后的断面转角处，利用71、72号窟之间崩塌出的壁面雕刻。此龛打破了71、72号窟塌后之间的崖面。随崖壁面形状磨成桃尖形，底部向内凿出平台，台上造像。磨平的壁面高50、宽24、进深16厘米。壁面上造一菩萨一供养人像。菩萨有桃形头光，面部残，有高发髻，头两侧有宽发带垂于手肘处，戴项圈，帔帛绕腹前、腿上各一道垂于体侧。左臂屈肘于胸前，手残，右手下垂提净瓶，戴手镯。下着长裙，腰系带，裙腰外翻，二串璎珞在腹前相交后经膝部绕向体侧，赤足立于仰莲台上，莲台下有双层叠涩多边形座基。像高35.5、座高5、宽14厘米。左侧供养人像立于一高台上，破坏严重，像高12、台高8、宽9.5厘米。像前平台上有一圆孔，左侧磨平壁面上有很多近现代游记，其中有"深山藏经一线开，既非比丘苦参禅"二句。

2. 72号窟

位于73号窟左侧，71号窟右侧，窟底距现在地面约2.5米（图版二六，2）。平顶方形窟，未完工刻经窟，高235、宽275、右壁进深197厘米。左壁及左侧窟底崩塌不存，崩塌后与71号窟联通。右壁有晚期开龛造像，保存较好，晚期龛外侧的壁面布满粗糙的大坑。右壁有与73号窟同一条倒"N"字形裂隙延至窟底，有崩塌危险。正壁补龛内的二朵莲台底部略低于窟底水平。与 73 号窟大致处于左右相邻的同一层面上，二窟大小接近，原计划似为一组刻经双窟，其中 71 号窟的位置较 72 号窟低 20 厘米左右。窟外上侧崖面有 75 与 76 号窟之间的栈道凿痕。

正壁晚期补凿小龛，方拱形，龛顶随壁面略呈弧形，龛高 275、宽 106 厘米。龛内造佛像一尊，有桃形头光，头光延至 72 号窟顶，头光中间饰双层莲瓣，面部残损，有 7 个晚期修补留下的小圆孔，螺髻，双耳垂肩，颈上有蚕节纹。着通肩宽袖袈裟，双手胸前结印，人为凿毁，结跏趺坐于方座上，双脚各踏一朵双层仰莲，脚趾有残损。像高 207、头高 46 厘米。

3. 73 号窟

位于 74 号窟左侧，72 号窟右侧，75 号窟下方（图版二六，2）。窟底距现在地面约 2.5 米。窟下崖面风化内凹，窟口所在位置较好。平顶方形窟，窟口高 222、宽 218、右壁进深 264 厘米。窟顶和底均向下倾斜，窟内后高前低，窟顶有粗糙的凿痕，窟口右侧略有残损。正壁和左壁刻《合部金光明经卷》，左壁刻经有"开元十五年镌了"和"开元二十一年"题记。右壁满壁雕刻千佛。左壁经文风化较少，中间有一条横"Z"字形的裂隙，窟顶有一道贯通前后的裂隙。正壁经文风化破坏较多，有很多现代刻划文字和线条。右壁千佛面部多风化，千佛右侧第 8、9 层中有一椭圆形洞。窟外崖面有晚期木构建筑凿孔。可见上方两侧各一个，左右对称，右侧中部一个，左侧下部一个。龛口右侧崖面留有凿痕。窟口上方，75 号窟口下方有晚期栈道的凿痕，和 71、72 号窟顶部栈道凿痕相连。73 和 72 号窟隔墙正面有一条水平裂隙。

右壁千佛像占壁面高 180、宽 238 厘米。位于壁顶正中一身千佛稍大，刻于一方形浅龛中，龛高 20、宽 11、深 3 厘米。佛像有桃形头光，螺髻，脸下部风化，双耳残。着通肩袈裟，双手自然伸开放于腿前，掌心向内，结跏趺坐于束腰仰莲台上。像高 10、座高 6.5 厘米。以浅龛为中心，千佛分成左右两边分排雕刻，左右排千佛均上下错位，不在一条线上。左边共 23 排，每排 24 尊小像，每像高约 8 厘米，每尊像右侧都伸出一朵带茎莲蕾。除第 1、3、5、8~11 排和第 22 排以外，其余每排右侧第 1 尊坐佛右侧没有伸出莲蕾。右边共 21 排，每排 25 尊小像，每像高约 8 厘米，每尊像左侧都伸出一朵带茎莲蕾，从上至下，上五排像稍大。

4. 74 号窟

位于 73 号窟右侧，77 号窟左侧，76 号窟下方，窟底距现在地面约 2.5 米。窟前半部崩塌严重，左右壁仅存少许。正壁有晚期凿龛造像，晚期龛像保存完整。窟下有崩塌的岩石。左侧和 73 号龛之间有一条裂隙，所在崖壁崩塌严重。平顶方形窟。窟高 227、正壁宽 234、左壁残进深 67 厘米。壁面布满凿痕，未完工刻经窟。正壁晚期开圆拱形龛，龛高 194、宽 67、深 14 厘米。龛内造一菩萨立像，菩萨有内圆外桃形双层头光，戴冠，冠两侧有发带垂下，长发垂肩，脸部残，戴项圈，颈上有三道蚕节纹。帛带自双肩下垂经膝绕手臂垂于两侧，左臂戴臂钏，自然下垂，右手屈肘往上捧一物，双手均残。下着长裙，裙腰外翻下垂形成小裙，腰间系带，腹微外鼓，赤足立于束腰仰莲台上。像高143厘米，台座上层仰莲高16、宽25厘米，下层方形基座高10、宽23厘米。菩萨脸部残痕中有晚期修补留下的4个小孔。

左侧凸出崖面刻题记"廣政廿四年八月一日"，竖刻一行；此行题记的左侧晚期阴线补刻"十一月一日"，纵排一行。

5. 75号窟

位于76号窟下侧，73号窟上方，窟底距现在地面约6米。窟外下方崖壁上凿有通道与76号窟相连。所处崖面和下侧的73号窟崖面平直。其右侧下部与76号窟之间崖面及左侧崖面上有一道贯通的风化裂隙。窟外崖面上有后期木构建筑凿孔，左右各3个。平顶方形窟，窟口较窟正壁窄。窟正壁高192、宽196、窟口高195、宽180厘米，左壁底部深196、顶部深185厘米、中部进深199厘米。未完工刻经窟，窟口顶部有崩塌。三壁及窟顶布满凿痕，壁面粗糙。正壁的剖面呈弧形内凹，壁面不平直。左右二壁面较直，左壁的左下角有一处长方形的壁面，经过二次细凿加工，壁面较上侧略低；右壁靠近正壁处有一斜向的裂纹。

6. 76号窟

位于75号窟右侧，77和74号窟上方，窟底距现在地面约6米。窟外左侧崖面有晚期木构建筑凿孔，窟口右侧和窟底有崩塌痕迹。窟外下部崖壁上凿有通道与76号窟相连。所处崖面和下侧77与73号窟崩塌后的崖面平直。与73号窟之间底部有自然风化裂隙。平顶方形窟，窟高200、宽198厘米，左壁进深230厘米。左壁下方靠近窟口处刻《合部金光明经卷第三陀罗尼最净地品第六》，经文顶端距窟顶较远，窟口处刻经略有风化，其他未刻经的壁面经过磨平。正壁布满凿痕，未细加工，壁面不平，略内凹，风化较多。右壁中部壁面经过二次细凿加工，凿痕平整，上部有30厘米、下部有15厘米高的壁面布满粗凿痕。

7. 77号窟

位于74号窟右侧，78号窟左侧，76号窟下方，窟底距现在地表约2米。窟形不完整，左壁大部分及窟底崩塌不存，右壁布满凿痕，从残痕看，此窟凿成后崩塌；从现存状况看应是方形平顶窟，窟正壁高247、宽254厘米，右壁现存进深180厘米。与74号窟窟形大小及方向接近，原计划应为一组刻经双窟。右侧崖面凸出，系后期左壁崩塌后形成。崩塌后在原窟正壁凿圆拱龛，龛内造像仅完成初坯，龛残高120、宽110、深25厘米，龛内像坯残高100厘米。从坯的形状看，双手拱于胸前。龛像底部后来又一次崩塌。

F段窟像

位于E段以东，南岩最东端窟像区，包括78～94、126号窟龛。主要有四组窟龛：一是83、85号窟，两窟位于崖壁上部，均为双口平顶方形窟，形制、大小相似，高度一致，两窟之间崖壁上有凿痕相通，应为同组双窟；二是81、84号窟，加中间一个像龛（82号龛）；三是88、89号窟；四是92、93、94三个未完工的刻经窟。在第2组像的左侧有78～80三处摩崖线刻图像。126号龛位于90号龛上方崖壁上，距其他窟龛较远，为一座小型墓塔。

1. 78、79、80号摩崖阴线刻像

78号，摩崖线刻结跏趺坐佛像一尊，所处崖面位于77号右侧凸出山体的正面，距现在地面约2米，崖面平整，石质较好。左侧像身崩塌不存，右侧较好，略有风化。佛像有圆形头光和椭圆形身光，左侧面部不存，右耳垂肩，穿双领下垂式袈裟，内着僧祇支，坐于仰莲台座上，通高188厘米。右侧崖面有晚期木构凿痕，像下有横向刻线。

79号，位于80～86号窟龛崖面左侧转折面，与其相隔一道自然裂隙，78～80号三身刻像所处崖面平面接近"Z"形，79、80号刻像下方有多处人工凿痕。79号右侧与80号摩崖刻像之间相隔一道裂隙。刻像结跏趺坐于仰莲圆台上，风化严重，仅余少数线条及衣纹，着通肩袈裟，莲座通高150厘米。左下侧线刻一小房屋，高43厘米。崖面下方有3个晚期木构建筑凿孔，长方形，打破像身。

80号，位于81号窟窟口左侧外立面，利用81号窟口左侧崖面雕凿，晚于81号窟，其右侧与79号摩崖线刻之间有裂隙，随崖面走势，刻于不平的壁面上。阴线刻一立像，有发髻，髻上系带，头较小，眉弓突出，鼻翼较宽，不出鼻孔，咧嘴，戴项圈，项圈上有三颗宝珠，上身袒露，双肩有帔帛。下着长裙，系腰带，帛带垂地，左手垂于体侧，右手侧平举，手心向上，似为赤足。高257厘米。风化严重，崖壁呈片状脱落。

2. 81号窟

位于82号龛左侧，83号窟左下侧，与82、83、85等窟龛同处于一块较平整的崖面上。未完工空窟，方形，左右二壁斜入窟内，右壁呈弧形，窟口窄，正壁宽。窟口高230、宽181、深175厘米。窟口上有小块风化崩塌，两壁布满细密凿痕，正壁晚期刻宋碑一方。与84号窟为一组刻经双窟，均未完工，仅凿出窟形；两窟之间的隔墙正面为82号龛。窟口外左壁阴刻80号摩崖立像。窟外崖面上有晚期木构痕迹，与84号窟顶外崖面凿痕合起来呈"人"字形；窟口外立面有方形及圆形凿孔（图版二六，3）。

窟内正壁宋代碑上刻：

誠誓賊盜火燭祛除邪祟神碑　　圜聖院叟童囗法刃/法有淺深道無先後慈尊帝王語義相扶祖得金人師資於顯真身□化物囗權□□□囗魏□出三界蕩乎獨/越四生慜群品並囗傷六道而汩囗遂向王宮誕跡雪嶺修行□伏□魔證真解脫

開大教綱堅大法幢作師子吼續/大法義大破天魔之后降伏外道已來說法三百餘
場教荡龍宮海藏空教有教類門漸門中道金言不空不有中小並/濟遮來雙全歷千
載之長新積萬劫而不古我佛大破天魔之教囷系南開浮提薩訶世界支那境大宋國
釗南道梓州/路普州安岳縣廣德鄉光通里冀端旁卧佛院主僧法宗　每功像麼季
世蒙囮親姑□扵凡籠割愛投誠扵梵刹古/跡卧佛慕道國家遍許囨□天文感眷澤
□披紂頏皇/而落彩慗心午亥志彩新脩恪懃惟在志誠專懃務嚴扵梵刹/竊次斯
院山呈西□轉水囸東流四神有似威嚴土地每□鬼賊禮云囥□之德也其感矣乎易
云陰陽莫測之位囲也/但法宗住持後來改故修新自捨囊鉢起立廳堂僧房廚□悉
周備實□□瓦如□徘徊迨迎棟樑椽柱皆悉渙然扵/辛巳歲与手下行者慈海當囷
買天文出家落彩進道修行同共焚□□偶/紹聖四年十二月二十日夜被賊人陳/
□彦寧文漢週李二慶等劫掠錢物命運囸濟□□撓害當年得□□依法決斷剌配他
州今者乃見灾痡囻擾累/遭轗軻□被起惡心无徒之□借取錢物歸家破使頻度理
素推延不□□者遂誠心□竪立神碑一碣將用迴施解/釋院內岳歿行者王法顯貫
□顯俱患□疾死亡不得傳屍譴囸所有誠誓具在下囷開列/一件□親入道削鬒披
紂寅□夜怠慢焚獻動止墮囦少懃持誦惟願龍□加備星曜扶持灾撓不侵邪祟遠併
/一誠約祖師已來僧俗二門囷肢忽有□咒西誓不得譴靠連纍後代內外法眷
□□□此□緣樂生靜域/一件誠約起惡心愚徒之輩借取錢物歸家使用頻度理嗉
謾誎不還恐法宗前世冤債此世仇讎暗裏但行扵唆囻心/而卻起囷無良自立碑後
所有分明交還者願佛神加備自是院中財物不在誠誓之內所有不還者願佛神昭察
/一誠誓更夜火燭賊盜兼囷十劫掠院家財務陳彦寧文漢周李二慶等朝作慕敗囸
犯條章邊配他洲令人眼見/一誠誓□有無徒之輩搆合□途起動將虛作實以偽為
真乞取錢物囷□□理無道□人有□將僧門懼添之詞/恣俗諦為非之說潛來顯囷
擗地採人斯人益其言添其事廣其訟執囷行何囻乎如信之財何損哉伏乞賢聖鑒照
/一誠誓院內亡歿行者王法顯貫慈顯俱患勞疾死亡不得傳屍譴迎□□後毗承此
碑力西方囷路自在受此彌陀佛/前親聞受記不受我誠約者願刀山載淬釖樹重磨
爐炭鑊湯終無脫囷/右俱如前所有□件誠誓之事節希各□寀件件停懲共發忻□
同囸喜懼所乞囷壽清吉沌□蕩散進趣修行染髮童行/進趣□緣燈火相接但法宗
剋心告佛別膽投神專發信誠輙伸悤誠是□□囷約囷因誓莅囷一□孔聖之言傳諸/
堆冀天曹地府洞鑑□□敘碑詞敢將塵黷□□木□癸未崇寧二年九月十四日院主
僧法宗小師慈海仝建立/

3. 82 号龛

位于 84 号窟右侧，81 号窟左侧，龛底距现在地面 3~4 米高，所处崖面为一大块岩
石，较平直，石质较好（图版二六，3）。龛顶外崖面有"人"字形凿槽及方孔。龛正
面下方有两条纵向阴刻线，二线之间的宽度与龛口同，左侧线的末端与 81 号窟底平，
右侧阴线末端超出 84 号窟底少许。单口圆拱形龛，龛内弧壁弧顶，正壁设高坛，两侧

壁坛有上下二阶，二阶高差 15 厘米。龛高 159、宽 119、深 64 厘米。龛顶外立面有残损，龛口左侧略有风化。龛内造一佛二弟子二天王二狮像，以主尊为中心左右对称分布，除主尊外，其余造像头部均残。佛及弟子位于第一阶上，二天王立于第二阶上。主尊头光正中有一条横向裂隙，龛内造像经五代装彩，已剥落殆尽。

主尊有桃形头光，头光中间饰二层莲瓣，莲瓣外周有五朵花，螺髻，面相方圆，嘴角上翘，耳垂残断，颈部刻三道蚕节纹。着双领下垂式袈裟，衣纹在腹前呈"U"形，衣纹稠密，呈阶梯状，内着袒右僧祇支，胸下系带打结，刻出胸线，袈裟右摆搭左肩上，右侧衣襟在腹前向内折后垂下，右肩上覆巾。左手手心向下置腿上，风化，右臂屈肘，肘以下残，结跏趺坐于须弥方座上。主像高 66、头高 21、肩宽 34 厘米，座通高 34、宽 59 厘米，束腰处宽 40、高 18 厘米，台座上层高 10、下层高 6 厘米。座上覆布，座两侧雕二狮，二狮均为后两足着地，前二足趴在台座上层侧面，张嘴咬住上层台座的下缘。左侧狮体长 26 厘米，双腿上刻出毛发，尾部上翘分三叉；右侧狮长 27 厘米，颈部及腿上刻出毛发，头部风化，尾巴上翘。

左侧弟子有圆形头光，头上部残，嘴角内凹上翘，外侧有皱纹，颈部筋脉凸张。着袒右肩袈裟，左手在腹前托一长方形经匣，手提袈裟，衣纹呈密集阶梯状，外层袈裟下摆垂至脚踝上，内衫下摆垂及脚面，赤足立于坛上拐角处。像高 65、头高 12 厘米。右侧弟子有圆形头光，头残，仅余右耳，颈部有蚕节纹。内着交领衫，外着袒右肩袈裟，袈裟下部垂至脚踝，赤足立于右壁台阶上。像高 65、头高 13 厘米。左侧天王头上束发髻，右侧残，颈系巾。着铠甲，有护肩，铠甲胸部两侧装饰圆形涡纹，双袖在肘部向上外翻。左臂上举，右手叉腰，双手均残。腰系宽带，带面及下侧有圆珠和蕉叶装饰。下着裙，脚穿靴，双脚残，立于一地鬼上。地鬼一手托天王右脚，破坏严重。天王高 62、肩宽 21 厘米。右侧天王有圆形头光头，有发髻，头残，仅存左耳。上身服饰同左侧天王，仅胸前两侧装饰为圆圈纹。双手在胸前持剑，右手持剑首圆环，左手握剑柄，双臂及手均残，裤腿束进靴内，脚下踩一物，残。像高 56、肩宽 22 厘米。

龛外下方崖面正中有一长方形装彩题记，题记下方有晚期凿的方龛，未完工。题记占壁面高 33、宽 31 厘米，距龛口 2 厘米，竖刻：

敬報修粧釋迦牟尼佛部衆共/壹龕/右弟□□彥進並羅□□□心修/粧前件功
德意希願合家大小/各保安寧　□經求運為□□/時□廣政　　年　月　日/設齋
表讚□永為供養/

4. 83、85 号窟

位于 81、84 号窟上方，两窟左右相邻，左为 83 号窟，右为 85 号窟，窟底距现在地面约 7 米，位于崖面较高位置，崖面平整，石质较好，为一组刻经双窟（图版二六，3）。两窟共用一长方形外口，和下侧的 81、84 号窟等同在一处平直崖面上，上下窟之间有晚期木构建筑的凿槽和榫孔。

83 号，位于 81 号窟上方，长方形双口刻经窟，外窟口与 85 号窟共用，为一组双窟。内窟口高 212、正壁高 226、窟口底宽 194、正壁底宽 210、左壁窟底进深 304、左壁窟顶进深 284、右壁窟底进深 317 厘米。窟外左右侧壁均有自然裂缝。窟内仅左壁，靠近窟口处刻《合部金光明经》，与 66 号窟右壁经文相接；靠近正壁的半个壁面刻经时曾磨平，但后期又被凿掉，现在布满凿痕；右壁靠近正壁的转角处和 85 号窟凿一方洞相通，洞口为长方形，四边规整，高 112.5、宽 80 厘米，距 83 号窟底 123 厘米，顶与窟顶平齐，洞口四壁凿痕整齐。内窟窟口底部及两侧壁上有木构凿槽和方孔。窟外左侧的崖面上有晚期木构凿孔两处，与右侧的 85 号窟外凿孔为同一次木构建筑的凿痕。内窟右壁窟口处刻长方形题记，占壁面宽 6、高 15 厘米，距窟底 90 厘米，阴刻"王寶龕"，字形不规整。其中"寶"字被晚期凿坏。

85 号，84 号窟上方，83 号窟右侧。窟形大小与正下方的 84 号窟和左侧的 83 号窟接近，与右侧不远的 88 号窟之间有一条大裂隙。双口长方形窟，外窟与 83 号共用，二窟之间有宽的隔墙。内窟长方形，窟内后壁高口部低。左壁底部进深 320、窟口高 210、正壁高 229、宽 193 厘米，右壁进深 310、窟口高 212、正壁高 242 厘米。窟内正壁平整，未见刻经。窟顶布满凿痕。左右壁刻经，左右壁靠近窟口处有凹槽，左右对称，呈"冂"形，高度和窟顶同，打破了两壁经文。该窟后代曾有人居住，应为后代安木门处。正壁两上角各有一方形凿孔。左壁接正壁处有通向 83 号窟的方洞，打破 85 号左壁经文。左右壁接正壁处有对称凿槽，左侧与打通两窟之间的洞口齐平，右侧至窟壁中部。窟口底部壁面被 82 号龛木构龛檐打破。窟外右侧崖壁上下有二方形木构建筑凿孔。

5. 84 号窟

位于 86 号窟右侧，82 号龛左侧，所处崖面较平整，窟底距现在地面 3 ~ 4 米（图版二六，3）。单口方形刻经窟，未完工。窟高 218、宽 167、深 136 厘米，窟内正壁底宽 250 厘米。窟内三壁布满凿痕，未做磨平加工。左右壁斜进窟内，窟口小，正壁宽。左壁略呈弧形，似有意留出窟外 82 号龛的位置。窟口右壁被一横向裂隙所破坏，窟口外上侧崖面有木构凿槽。窟底与 81 号窟底平，两窟形制、大小接近，原来可能计划为一组刻经双窟。窟口外侧崖面有方形和圆形的木构凿孔，孔的位置与 81 号窟外的凿孔相对称。窟口上部与 81 号窟口上部各有一沟槽，构成 82 号龛的"人"字龛檐，与窟口外立面的方形、圆形凿孔可能为同期所凿。窟口外左侧壁面刻"惠求记"。

6. 86 号龛

位于 84 号窟右侧，右上角相距约 4 米为 88 号窟，龛底距现在地面 3 ~ 4 米，右侧崖面有自上而下大裂隙，崖面不平整，龛顶上侧崖面有横向裂隙，并破坏 84 号窟的右壁。长方形浅龛，龛高 94、宽 66、深 6 厘米。龛内凿一碑，半圆形碑首，碑首宽 58、碑体宽 43 厘米，碑首上方及右侧还未刻出。从痕迹看，碑首与龛顶接近。龛下方有晚期长条形凿痕。整龛未完工，龛内壁面粗糙，布满凿痕。

7. 87 号龛

位于 88 号窟左下侧的崖面上，距现在地面约 3 米。崖面平整，石质较好。长方形龛，仅凿出龛口，宽 150、深 2 厘米，下半部分埋在土中，左侧露出地面 84 厘米，右侧露出地面 49 厘米。左侧为一自然裂隙。

8. 88、89 号窟

位于 83、85 号窟右侧崖面上，从崖面布局上看 88、89 号窟原计划可能为一组刻经双窟，左侧为 88 号窟，右侧为 89 号窟。距现在地面约 5 米。窟口所在崖壁内凹，呈片状风化脱落，88 号窟外左侧凿出通向 85 号窟的脚窝。

88 号，方形窟，未完工。窟口高 244、宽 205、深 160 厘米。窟上部未凿完，窟口两侧有风化。窟底略低于 89 号窟，崖面有小面积坍塌，左侧有一条纵向大裂隙。窟内下半部凿进，上半部残留有大块岩石未凿下，但崖面上用阴线刻出窟形。窟正壁底宽 274 厘米。窟外上方左右有两个方形孔。

89 号，位于 90 号龛左侧。单口方形窟，未完工，窟底与 90 号龛平。窟口高 214、宽 167、深 137 厘米，正壁底宽 222、顶宽 253 厘米。窟口上部、底部有崩塌，两侧风化侵蚀。窟内三壁布满凿痕，左右两壁上半部分凿痕较细密。窟口上部崖面较下部崖面突出。窟口外左侧顶部即将崩塌，窟口右侧与 90 号龛的隔墙正面有一方一圆两不同形状的槽孔。

9. 90 号龛

位于 89 号窟左侧，龛底距现在地表约 5 米。龛下有二层台地，所处崖面为崖石垮落后形成，较平整。尖拱形摩崖浅龛，龛边不规整，龛左上角崖面和龛边风化并崩塌。龛高 240、宽 120 厘米。龛左侧与 89 号窟隔墙正面有上下两个不同的榫孔。龛内正中造五级塔一座，由塔刹、相轮、塔身、塔基四部分组成，水蚀风化严重。通高 237、塔基高 16、底部残宽 90、塔刹及相轮高 37 厘米。塔身每层雕 3 个方形平顶龛，龛内正中造一尊像。从上至下第 1～4 层龛内造像为坐像。第 1～3 层正面三龛大小接近，造像风化严重，仅能辨出为坐像。第 4 层 3 个小龛，中间龛较大，高 14、宽 15 厘米，左右二龛大小相同，高 13、宽 10 厘米，左龛坐像有圆形头光，像身残损。第 5 层塔檐风化残损，中间龛内造一尊像结跏趺坐于台座上，有圆形头光，龛高 26、宽 26 厘米，像高 33（含头光）、肩宽 10 厘米，座高 13、残宽 18 厘米。左龛内造一尊菩萨像立于圆形台座上，有桃形头光，头光尖伸至龛顶，龛高 36、宽 14 厘米，像高 29、肩宽 8 厘米，座高 4.5、宽 10 厘米。右龛长方形平顶龛，龛高 36、宽 14、进深 3 厘米。龛内造一尊菩萨像立于圆形台座上，有桃形头光，光尖伸至龛顶，右臂屈肘，肘以下不存，下着长裙，身前有带垂下，赤足。像高 29、肩宽 8 厘米，座高 4、宽 9 厘米（图版二七，1）。

10. 91 号龛

南岩东段西面，92 号窟东侧，南岩东段崖壁突出，该龛凿于突出崖壁的西面一壁。龛外崖壁上有无数凿痕，右下方有三个圆孔，左侧有一个圆孔。左侧有一道深槽，似曾经于此开龛，但崖面石质极差，可能因此废弃。实为两个有打破关系的圆拱形浅龛，应非一次凿成，右侧龛打破左侧龛右壁，左龛与右龛均为圆拱形，弧壁，两龛共一龛底平面，右侧龛稍高，龛形相对完整，龛外右侧有一方形榫孔。左侧龛残，仅存宽 54、高 117、深 6～12 厘米；右侧龛宽 48、高 110、深 5～11 厘米；两龛底宽 102 厘米。两龛内各立一像，两像均被人为毁坏，仅存残迹可辨。左侧像全身均残损，头部位置壁面上有一方形榫孔，有双层头光，内层头光椭圆形，有两层纹饰，近头部周饰以联珠，外周饰以细莲瓣，外层头光桃形，周饰以七片莲瓣。双层身光，内层身光为两层莲瓣相连形成的椭圆形身光，仅存身侧部分，莲瓣突起，外层椭圆身光。像身屈两肘，似为置于胸前或前侧，立于仰莲圆台上，莲台下有扁圆形座基。像残通高 98、头高 15、座高 14 厘米。右侧立像较左尊偏矮，有内圆外桃双层头光，外层桃形头光直达龛顶，无身光，似屈左臂于前胸，右臂不清，立于仰莲圆台上，有扁圆状台座。像高 95、头残高 15、座高 14 厘米。

11. 92、93、94 号窟

位于 91 号龛左侧崖壁上，三窟呈一字排开。窟外崖面呈片状风化，窟口所在壁面内凹，窟前凿有一道共同的窟基线。开凿出窟形后即放弃。

92 号，位于 93 号窟左侧，单口方形平顶平底窟，宽 182、深 183～204 厘米。壁面粗糙，未经打磨。窟口两侧依岩壁而内凹，正壁呈纵向内弧，窟口左侧岩壁有一个方形榫孔，龛口右侧中部偏上有一个类似榫孔。崖壁外左侧有一个圆孔。

93 号，居于三窟中间，92 号窟右侧，94 号窟左侧。单口方形平顶窟，窟内平底，因岩面内凹，窟口两边侧视为内凹的弧形，窟内壁上下呈弧形，壁面正中略凹进，三壁、顶部转角明显有凹棱，壁面十分粗糙，开凿出窟形后即废弃。现在窟内后壁存有后代补凿的二方形小龛。小龛内造像。左壁有 6 个方形榫孔，中部上方的 2 个稍大，龛口自上而下有 4 个榫孔稍小，随崖壁呈弧形排列，从上往下第 3 个略靠外。右壁有 4 个榫孔，中部上方与左壁相对位置有 2 个并排稍大，龛口自上而下有 2 个，顶端一个稍大，与左壁顶端榫孔一致，下面一个与左壁龛口第 2 个位置一致。

后壁左侧龛位于左半部略靠下，龛口距左壁 16 厘米，龛基距窟底 42 厘米，龛上宽 88、下宽 90、高 106、深 13～16 厘米。顶部两角略呈弧形，窟内高浮雕菩萨像两尊。左侧菩萨头残，从残迹看，绾高髻，头后垂三层缯带，长发披肩，颈部有三道蚕节纹，内椭圆外桃形双重头光，头光顶端延至龛顶，肩部及前胸风化，戴璎珞。左右臂残，应为左肘上屈于左肩内侧，右肘微屈。下着禅裙及座，腰束带，垂带于两腿间，长及莲台边，鼓腹，帛带绕腹、膝上两道，两端垂于身侧。足残，立于束腰仰覆莲瓣圆台上。莲台分三部分，上部呈钵形，风化严重，瓣纹不清，束腰部分圆饼状，底部为扁平椭圆形，平面上饰以双层莲瓣。像通高 92、肩宽 20、头高 18.5 厘米，座高 20 厘米。右侧菩萨头残，从残迹看，绾高髻，头侧垂长短二层缯带，有内椭圆外桃形双层头光，桃形头光顶端均延至龛顶上部，颈至肩部、前胸风化，似有长发垂肩，并佩戴璎珞。两臂屈肘，均残，右肘下方有衣纹垂下长及座边，鼓腹，帛带绕腹、膝上两周，两端垂于身侧。足残，立于束腰仰覆莲台上，莲台形制同于左尊莲台，上部风化。像通高 89、肩宽 19、头高 17 厘米，座高 19 厘米。

右侧龛形不完整，左侧无龛边，右距 93 号右壁 26 厘米，基部与左龛基本平，距 93 号窟底 41 厘米。方形平顶平底浅龛，进深浅于左龛。宽 60~62、高 85、深 8 厘米。龛内造一方碑，碑首高 24、碑身高 61 厘米。碑上部为半圆，下部略呈上小下大的梯形。半圆形碑首上刻二螭相缠，中间刻一桃形小龛，龛内雕结跏趺坐像一尊。碑身下部刻一小龛，平面略呈梯形，上方转角呈弧形。小龛上宽 25、下宽 33、高 33、深 2.5 厘米。小龛内立二像，均风化严重。左侧像左手上举伸出龛外，右臂屈肘，长袍及地，露足，左足略左侧，右足右撇于身侧，似赤足。通高 30、肩宽 6.5、头高 6 厘米。右侧像残存右肘及手局部，姿势与左侧像类似，方向相反，右臂上举伸出龛外，窄袖，长袍及地，未露足。通高 30、肩宽 6.5、头高 6 厘米。

94 号，位于三窟最右侧。方形单口平顶窟，未完工。窟口因风化而内凹。正壁两侧壁面和下部向内凿进，中部大幅壁面突出，靠近左侧又凿出一凹槽，说明还准备向内凿进。正壁的 5 个横长方形孔为后代痕迹。窟前壁上有许多后代凿的脚窝、方孔等，以供上下。地面有一排水沟流向窟外。

（三）月亮坪（含菩萨岩）

主要是以刻经为目的的开窟，但绝大部分窟并未完工，开至一半或刚开出即废弃。刻了经的只有 109、110 窟，两窟处于同一崖面上，左右相邻，所在位置高度一致，应为有计划统一刻经。110 仅刻了左壁，经也未刻完。有少数窟如 116、119 号窟废弃后不久又补刻造像，从龛形和造像风格看均为晚唐到五代造像。其中 119 号窟道教造像，与安岳县灵游院道教造像类似[6]，疑为五代开凿。95~108、111~113、115、117、120~122 号窟和一些附窟均为空窟，这些窟多数为方形平顶敞口窟，有的为双层方口平顶窟，有的两窟一组或三窟一组，似有一定规律，如 120~122 号窟即位于同一水平位置，从崖面上看可能是同时规划开凿的一组窟。

1. 109、110 号窟

位于卧佛院月亮坪区丁家岩北岩，两窟左右紧邻，所处位置较高，崖面较平直。左侧为 110 号窟，右侧为 109 号窟，右下方为 108 号窟，距现在地表约 4 厘米（图版二七，2）。窟前壁面统一凿平，两窟形制相同，窟底平齐，隔墙宽 40 厘米，窟内均刻

《大方便佛报恩经》，内容前后相连，为同时规划开凿的双窟。

109 号，方形窟，龛口高 200、正壁高 193、宽 217、深 188 厘米。窟正壁刻经殆尽，左右壁刻经文，上下内侧均留有空白边，宽度在 10～15 厘米之间。窟口风化严重，情况不明。左壁刻《大方便佛报恩经卷第一序品第一》，右壁刻《大方便佛报恩经卷第三论议品第五》和《大方便佛报恩经卷第四恶友品第六》，窟内壁风化，经文不全。

110 号，方形，窟口宽 206、高 214、深 197 厘米。左壁刻《大方便佛报恩经卷第四恶友品第六》和《大方便佛报恩经卷第四慈品第七》。刻经上部保存较好，近洞口处和壁面下部风化严重。经文底距洞底 15～23 厘米，窟口底部略低于洞内地面。经文距正壁 15 厘米，距窟顶 9 厘米。正壁磨平过，但未刻经。右壁布满凿痕，尚未磨平即停工。

2. 114 号窟

位于卧佛院月亮坪区丁家岩南岩，距现今地面约 6 米，与 113、115 号窟相距较远。双重龛，外龛长方形，龛高 126、宽 2.23、深 20 厘米。内圆拱形龛，似有龛楣。龛内仅雕出两尊像坯形。左侧像坯高 103、右侧像坯高 100 厘米。

3. 116 号窟

位于菩萨岩，117 号窟右侧，距跑马滩河岸约 6 米。双口方窟，窟口部低，后壁高。内窟窟口高 163、宽 208、进深 212 厘米。左壁窟口下部有二长方形凿孔，上下对称。右壁相对称处为二圆孔。窟后壁雕三尊坐佛像，左壁刻一小龛和造像铭文，右壁浮雕一座塔（图版二七，3）。窟内雕刻无统一规划，应为后期补凿，原窟应是半途而废的经窟。从后壁右侧坐像左侧至主尊座右边有一道小裂隙。

正壁有二层略呈弧形的低坛，下层坛高 14、进深 24 厘米，上层坛高 20、进深 16 厘米。三尊佛像位于坛上，均结跏趺坐。中尊风化严重，有内圆外桃形双层头光，圆形头光中间饰双层莲瓣，外周饰五朵宝相花。肉髻较大，面部及全身服饰已不清，双耳垂肩，着袒右袈裟。左手置盘腿上，手心向上，拇指伸开，右手置右腹前腿上，残。三层仰莲圆形台座，莲台风化。主尊高 91、头高 36 厘米，座高 29、宽 60 厘米。莲台下有莲茎，莲茎下有长形低坛。左侧像有桃形头光，肉髻高大，双耳垂肩，面部风化严重，着双领下垂式袈裟，内有僧祇支，袈裟右侧垂至前胸绕至左肩上。左手置左腹前，衣袖顺左膝垂下，右手屈肘举于胸右侧，双手均残。三层仰莲台座，置于第 1 层坛上，莲座下有莲茎。像高 92、头高 37 厘米，座高 29、宽 30 厘米。右侧主尊头光同中尊造像，有螺髻，破坏严重，双耳垂肩，颈上有三道蚕节纹，着双领下垂袈裟，内着僧祇支。从残痕看，左臂屈肘，右臂似为屈肘上举，三层仰莲圆座。像高 94、头高 36 厘米。座仅存右侧少许，高 29 厘米，座下有莲茎。

116-1 号龛，位于 116 窟左侧壁中上部。圆拱形浅龛，有尖拱形素面龛楣，龛底距窟底 105 厘米，风化极为严重，龛周尚存开龛前刻出的方形边线，框内磨平。龛口宽 66、高 48、深 0.6 厘米。龛内造像四尊：主尊似为坐像，有内圆外桃形双层头光，似为方座，像高 38、座宽 14.5 厘米；左侧立像，有双层圆形头光，立于圆座上，风化不清，座高 12 厘米；右侧像与左侧像同，像残高 24、座高 12 厘米；右像右下角胡跪一尊像，风化严重，右腿跪，左腿屈膝支撑身体，从残痕看双手似作供养状，高 19 厘米。

龛右下角刻长方形题记，编号 116-2，占壁面高 87、宽 40.5 厘米，竖刻：

粤有普州安岳县广德□光[通里]黄贵□[圍]为……/个佛積善弟[团]劉□□□□□
意為□自身……/行[囲]三十七歲丙子正月□□日見[国]乃於□……/我八月[初一染]风
疾[圓]身□□遂闻明□□……/道行地□□□□□□□发心[圖]□□□身……/诸佛
□□□□□尊像共計三龛个佛[圃]（？）……/[見佛]□□□□□[以家]设[奉]
□□□□□□……/佛□□□□□□歳次紹二年六月……/[日]□□□□□□顺夫妇
恭記/□□□□□□以重裝祈……/□□□□□□□□……/……□□□/

116-3 号龛，位于 116 号窟右壁中部，尖拱形龛，龛边不规整，龛与右壁同高。龛内造七级塔一座，高 190、底部宽 97 厘米，风化较为严重。下面六层以立柱隔成三间，第 7 层则隔为两间。每层楼顶有瓦垅，柱头刻出斗拱，两侧挑檐，塔顶有一层相轮和塔刹，刹顶有悬绳与第 7 层挑檐相系，绳上挂铃铛（图版二八，1）。

第 1 层：高 25 厘米，三间内均雕一立像，风化不清。

第 2 层：高 26 厘米，中间为一坐佛，结跏坐于圆拱形佛帐中，崩坏严重，似为施禅定印，左侧崩坏，右侧未雕刻。

第 3 层：高 27 厘米，三间内隔雕一结跏趺坐佛，中间主尊为禅定印，左右二尊双手于胸前结印，三尊像两侧均有幔帐垂下。

第 4 层：高 21 厘米，主尊为结跏趺坐，持禅定印，左右两间内各一立式天王，手持一兵器。

第 5 层：高 21 厘米，主尊结跏趺坐，双手于胸前结印，左右两间刻窗棂。

第 6 层：高 22 厘米，中间主尊为结跏趺坐佛，左右两间内各一像，风化不清。

第 7 层：高 19 厘米，两间内造像均为结跏趺坐，双手于胸前结印，像侧有幔帐垂下，两侧挑檐各有两枝荷叶伸出龛外，相轮、塔刹通高 29 厘米。

4. 118 号窟

位于跑马滩水库北面菩萨崖，遂宁境内，处于崖面中部，距水面 3 米，左侧为 119 号窟，右侧为 117 号窟。方形窟，窟口左侧高 148、右侧高 148、正壁高 168 ~ 173、正壁底宽 256、顶宽 230、深 205 ~ 193 厘米。雕出窟形即停工，后世在正壁补开拱形龛，龛高 147、底宽 106、顶宽 96、深 17 厘米。龛内凿二立菩萨像。左侧菩萨立于双层圆形仰莲座上，有内圆外桃形双层头光，内外层之间饰宝相花，头残，从残痕看，有宝冠，两侧垂缯带。帔帛自双肩下垂，横身前两道后绕臂垂于体侧，戴璎珞式项圈，璎珞交叉后分左右各两道，上二道从腰下绕向身后，下二道垂至膝上后绕向身后。上身袒裸，下着长裙，腰系带，身体略向右倾斜，胯部微向左扭。双臂均残，赤足立于莲台上。身高112、头高26、座高20厘米。右侧菩萨头颈不存，有内圆外形桃形双层头光，头光上饰宝相花，戴璎珞式项圈，头侧有缯带垂至胸侧，左边垂至左臂外侧，璎珞在腹前交叉后分四支，交叉处饰宝相花。帔帛自双肩下垂绕腿上两道，上身袒裸，下着裙，腰系带。左臂下垂，肘以下残，上臂有花形臂钏，右臂无存，立于双层仰莲圆座上。身高112、头部残痕高26、座高19厘米。两尊菩萨像头部残痕处有后代修补时所凿的方孔。

5. 119 号窟

位于跑马滩水库北面，遂宁菩萨崖上，处于崖面中部，距水面3米，118号窟的左侧，120号窟的右侧。方形窟，窟口崖面有崩塌，从残痕看，原似为双层方口窟，仅左侧窟口尚有双口凿痕。窟宽196、龛高200～220、深189厘米。龛正壁呈弧形，雕方形平顶帐形龛，左右壁与窟壁相连。帐形龛顶上雕出屋檐、瓦棱。方形龛楣，龛楣上有三层装饰，上层饰宝珠及三瓣莲花纹，中层呈带状，饰以团花，下层为帐形，饰以华绳、珠链、华铃。龛宽213～215、高187、进深11～20厘米。底部设三层坛基，坛上分层造佛道像，主尊左道右佛，侧立二侍者，两边立二力士，身后立类似天龙八部的护法像。造像头部多残损，风化严重。坛上从下至上第1层高44厘米，第2层高38厘米，第3层高15厘米（图版二八，2）。

后壁两主尊左道右佛，接近圆雕，位于第3层坛上。道像头部残，有束髻残痕。残痕处有方形榫孔一个，孔内残有黄泥。内圆外桃形双层头光，头光上饰五朵团花，造像全身风化严重，衣饰不清，残痕可看出双领下垂式外衫，结跏趺坐于束腰仰莲瓣圆台上，有三层叠涩多边形座基。通高76、肩宽15、头残迹高13、座高35厘米。佛像头部残，残痕处有一方形榫孔，内圆外桃形双层头光，头光内饰五朵团花。着双领下垂式袈裟，内着僧祇支，腰系带。双手均残，左手似为掌心向上置于左膝上，手中握一物（宝珠?），右手似为拇指向上握拳状（?）。结跏趺坐于束腰方形台座上，束腰部分为柱形，基座部分为三层叠涩弧形，下衣摆压于腿下，方形台上覆巾。通高78、肩宽16、头残迹高13、座高32厘米。

主尊左侧造像：侍者像。从左侧主尊往左第1身，真人形象，立于左主尊左侧第3层台上，头部风化严重，面目不清，单层圆形头光。着双领下垂式外衣，双手置于胸前，长袖下垂至脚踝处，长裙及地，露足，左足着云头鞋，右足残。通高65、肩宽14、头高13厘米。第2身，女真像，立于第1尊侍者左前侧第2层台上，头至颈部残损，残损处有方形榫孔，头部两侧残存缯带下垂，有单层桃形头光，头光内饰团花。外着双领下垂式衫，长及膝前，长袖垂至膝侧，内似有圆领衣残迹，戴项圈，垂璎珞，璎珞于腹前相交，相交处饰花，下着长裙，腰系宽带，带垂于身前两腿间，帔帛绕腹前、膝上两道，两端各垂于身侧。左臂下垂，肘屈于身侧，左手风化不存，露足，似着云头鞋，立于束腰仰莲瓣圆台上，束腰部分呈扁圆形。通高86、头高13、座高12厘米。左侧力士像立于女真左前侧第1层台上。头残，头顶束高髻，有单层圆形头光，头右侧有缯带，上身赤裸，胸肌、腹肌发达，左、右臂均残。帛带绕后背、双臂，向上呈圆弧形高高飘起，左扭胯，下着短裙，裙腰外翻束带，裙摆右飘，赤足。通高80、头高11厘米。

女真左侧四身护法造像分前后两层雕刻。左前排第1身，立于女真左侧前排，力士像之后，第2层台上。头残，全身风化，从残迹推测为双手置于胸前，下半身被左前侧力士像挡住。通高48厘米。第2身，立于左前排第1身左侧、力士之后的第2层台上。头残，风化严重，身体微右侧，右肩似披有衣物，左臂残，左侧衣袖长垂于身侧，双手置胸前，腰以下为力士挡住。肩宽15厘米。左后排第1身，立于女真左后侧，左前排第1身后，第3层台上。头残，头左侧似有一龙头（?），肩上有披肩，类武士装束，左臂赤裸，右臂屈肘置右前胸上，双手均风化，下半身被挡住。通高62、头残迹高10厘米。第2身，立于后排第1身左侧，第3层台上。头残，残损处有圆孔，双臂赤裸，肌肉发达，胸以下被左前排第2身像挡住。肩宽15厘米。

主尊右侧造像：弟子像，位于佛像右侧第3层台上。头残，颈部有蚕节纹，有单层圆形头光。着双领下垂式袈裟，内着交领衣，双手置胸前，残，衣袖下垂身侧，禅裙长及足背，赤足。通高62、肩宽15、头高11厘米。菩萨像，立于弟子右侧第2层台上。头残，残损处有方形榫孔，头侧有缯带垂下，长发及肩，有内椭圆外桃形双层头光，头光上饰团花，颈上有两道蚕节纹，戴项圈、璎珞，帛带绕腹下、膝上两道垂于身侧，下着裙，腰束带，带结于腰下。双手均残，左臂自然下垂，右臂似为举于右前胸，赤足立于束腰仰莲圆台上，束腰部分呈扁圆形，有圆台形基。通高86、头高14、座高11厘米。右侧力士像立于与左侧力士相对称位置，风化十分严重，有圆形头光，上身赤裸，肌肉发达，帛带绕臂在身后向上呈圆弧状飘起。腰以下已残。

菩萨右侧四尊护法造像分前后两层雕刻，右前排第1身，立于菩萨右侧，第2层台上。头残，残损处有一方形榫孔，头部两侧残存两道竖向圆条状物。着交领衣，宽领，衣袖垂于身侧，双手置胸前，手残，下半身被力士挡住。通高56厘米。第2身，立于第1身右侧，右侧力士之后，第2层台上。头残，着交领宽袖长衣，衣袖长及膝下，双手置胸前，似捧一物，手残，下半身被力士挡住。通高53厘米。右侧后排第1身，立于菩萨右后侧，右前排第1身之后，第3层台上。头残，似有髻，残损处有一方形榫孔。戴项圈，着袒右衣，六臂，下二手置胸前，左上手举日，左中手举物被菩萨像挡住，右上手举月，右中手被后排像挡住。第2身，位于右侧后排第1身右侧，第3层台上。头残，两耳垂肩，似绾有高髻，裸身，胸部、手臂肌肉发达，下半身被右前排第2身像挡住，风化严重，头高14厘米。

第1、2层台前有一竖长方形壁面，似为一碑，风化严重，其两侧有人物造像痕迹，左侧残存两身。

左壁上有题记、一个小龛、一个圆形榫孔、一个三角形小孔等遗迹。题记风化不清，小龛横长方形，子母口，空龛。高40、宽24、深15厘米。

（四）地面采集文物

卧佛院所在地采集到 20 多件与寺院有关的可移动文物，有石塔、柱础、刻经残石、单体造像等残件，从唐代至明代均有，最重要的有两件。

1. 背屏圆雕像

现存于 51 窟内造像，据了解为南岩前面农田内挖出，头无存，胸部扁平，穿双领下垂式衣，衣摆右侧在胸前折入领内，左肩上系带，内着僧祇支，举右手，残，左手抚膝，结跏趺坐，座无存。像残高 85、肩宽 44、膝宽 24 厘米。造像后有背屏式身光，残，下部磨平，刻铭文（图版二四，2、3）。从右至左：

僧　慈海　　　写记/
……男□善友父子施手/
……士杨德和德舜德皓镌匠/
□谭彦宗夫妇等仝镌造/
……囷四年七月二十七日/
……六畜孳滲公私道德泰/
……囷禄囷家长命各保/
……延长此世来生常同/
……永为供养/

2. 采 6 号石

经文石残块，呈梯形，据经文及装饰看，是 59 号经文窟左壁后部打下的残块，刻经右侧装饰带上有缠枝卷叶纹，卷草内有小佛一尊，现存上半身。存经文 18 行，中部有些风化。石宽 55、高 37、厚 18 厘米，字直径 2 厘米×1.5 厘米，装饰带宽 10.5 厘米，佛像残高 5.5 厘米。

三

我们这次调查，弄清了卧佛院窟龛的基本情况，并对窟龛类型、分布规律、开凿方法、时代和特征等情况进行了分析，同时通过与《大正藏》中相对应经文的校对，弄清了全部刻经的经目和内容，并准确统计出刻经数量。

北岩上卧佛位于最好的位置，应是北岩雕凿最早的内容。1、2 号窟位于大佛脚部以西，处于崖面上较次的位置，应晚于大佛开凿。18、19 号龛位于大佛头部以东，从岩面部局看，位于整块岩石东部靠近边缘部位，其中 19 号龛还未完工，应晚于卧佛雕刻，从龛型和造像风格看应是唐晚期雕刻。其下方五十三参等小龛及各种题记则为宋代雕刻。现存于51窟内造像的铭文后有"僧慈海写记"，此慈海与北岩4号龛头光上铭文"师祖慈海"若为同人，则雕刻此像时慈海曾为这里的和尚，至南宋雕刻4号龛时，他已被尊为祖师。81号窟中崇宁二年（1103年）碑文中有"小师慈海"字样，而51号窟内圆雕像的造像铭文中残存有"僧慈海……囗四年"文字，从慈海由"小师"至"僧"的称谓变化，再结合圆雕像的风格看，铭文可能为"政和四年"（1114年）或"宣和四年"（1122年），即北宋造像。至南宋造北岩第4号龛时，慈海已被尊为祖师了。

46号窟口经咒上许多字经过改刻，并有增刻现象，有的字模仿原字雕刻，有的字明显小于原刻或字体不同，"沙门玄应"和题记年号的字体与经咒字体不同，因此这一地方题记应考虑可能有后代补充的内容。46窟从窟内左后角顶部平而且凿痕小，人字坡顶脊部凿痕粗大，与前廊顶部后代凿痕相同等现象看，窟内顶部和前廊顶部均为后代改凿。51与58号窟之间隔墙正面造像为广政年间雕刻，时代较晚；而46与51号窟之间隔墙正面开元十一年的千佛和立佛是三窟中最早的内容。三窟顶上排水沟多半部分在46、51号窟顶上，未完全达于58号窟顶，因此58号窟可能是三窟中最晚的。千佛未有被开窟打破的痕迹。刻经先从46号窟开始，接着刻51号窟，51号窟右壁磨平并刻了一半，后壁仅凿平，还未打磨，左壁大多数已磨平，只有下部中间部分未打磨。靠内侧部分已磨好（后代磨平的可能性也有。最后开凿了58号窟。58窟开成后未来得及打磨而停工。至五代或宋初，又于窟中准备刻一周罗汉像，但并未刻完。

总的来看，卧佛院重视刻经，至迟在唐开元初就有了开窟行为，很快又开始了刻经。除了卧佛之外，可以确定为开元时期的还有46和51号窟之间的大立佛和千佛，之外再没有造像。而刻经大多可确定在开元时期。现存除南岩A、D段在正壁面上有造像外，其他龛像多为经窟废弃之后开凿。有2个经窟或3个经窟一组的情况，晚期似乎有2个经窟中间补加1个像窟的趋势。

参加这次调查工作的有北京大学中国考古学研究中心魏正中，成都文物考古研究所雷玉华、张雪芬、徐龙，安岳县文物局付成金、陶新、许霞、蒋能琼、李先兰，四川大学考古系实习研究生龙臻伟、童蕾旭。在工作中得到了安岳县文物局康厚熊局长、黄岳明副局长、唐桂兰副局长的大力支持，在此表示特别感谢！

文 字 记 录：雷玉华　张雪芬　童蕾旭
经 文 校 对：雷玉华　张雪芬　童蕾旭　龙臻伟
　　　　　　付成金　陶　新　许　霞
摄　　　　影：付成金　张雪芬
立面图绘制：张雪芬
描　　　　图：杨文成
执　　　　笔：雷玉华　付成金　张雪芬

注　释

[1]　安岳县，春秋时为巴蜀分治地，梁设普兹郡，辖普州；隋、唐、宋时期，普州是闻名遐迩的重镇。北周建德四年（575元）置普州，因治所建在铁峰（门?）山上，故取"安居于山岳之上"之义而置安岳县；隋大业元年（605年），省普州入资中。大业三年（607年）罢资州，改为资阳郡，安岳县属资阳郡。唐武德二年（619年），分资阳郡复置普州。天宝元年（742年），改普州为安岳郡。乾元元午（758年），复为普州。两宋仍置普州安岳郡。乾德五年（967年）省入安岳县为普康镇，太平兴国之前复置普康县，熙宁五年（1072年）仍省入安岳县为普康镇。元代末期，明玉珍在重庆建大夏国，复置安岳县。明洪武四年（1371年），于安岳县复置昔州；洪武九年（1376年），降潼川府为州，直隶布政司，废普州，安岳县属潼川直隶州。清顺治初年，因袭明制。康熙元年（1662年），安岳县省入遂宁县；康熙十六年（1677年），又省入乐至县。雍正七年（1729年），复置安岳县；雍正十二年（1734年），潼川直隶州升为潼川府（治地在今四川三台县潼川镇），安岳县屑潼川府。

[2]　主要成果有：胡文和、李字智：《安岳卧佛沟唐代涅槃变相图》，《四川文物》1984年4期；胡文和、李字智：《安岳卧佛沟唐代石经》，《四川文物》1986年2期；彭家胜：《四川安岳卧佛院调查》，《文物》1988年8期；付成金、唐承义：《安岳石刻普查简报》，《敦煌研究》1993年1期；李良、邓之金：《安岳卧佛院窟群总目》，《四川文物》1997年4期等。

[3]　文中左右均以壁面上造像之左右为准。抄录题记时，录文中"/"表示原题记提行，一个"□"表示有一个字风化不清，⬚游表示风化不清的字可能应读为方格内的字，"……"表示不清楚有多少个字风化或磨灭。有的龛像因风化等原因而尺寸不全。

[4]　各窟刻经情况请参看附表《安岳卧佛院刻经统计表》。

[5]　从龛侧雕刻痕迹看，主尊原可移动，今已无存。

[6]　成都文物考古研究所等《安岳灵游院摩崖石刻造像调查简报》，《成都考古发现（2003）》，科学出版社，2005年。

附表　安岳卧佛院经窟统计表

窟号	位置	经卷品名	校对译本	备注
1	左	妙法莲华经卷第一序品第一*		第1~41行，完整
		妙法莲华经卷第一方便品第二*		第41~76行，下接中壁1
	中	妙法莲华经卷第一方便品第二*	后秦龟兹国三藏法师鸠摩罗什奉诏译大正新修大藏经第09册No.0262 妙法莲华经共7卷28品	第1~13行，完整
		妙法莲华经卷第二譬喻品第三		第13~70行，完整
		妙法莲华经卷第二信解品第四		第70~98行，完整
		妙法莲华经卷第三药草喻品第五*		第98~109行，完整
		妙法莲华经卷第三授记品第六*		第109~115行，下接右壁1
	右	妙法莲华经卷第三授记品第六*		第1~8行，完整
		妙法莲华经卷第三化城喻品第七		第8~83行，未完整

续表

窟号	位置	经卷品名	校对译本	备 注
2	左	妙法莲华经卷第四提婆达多品第十二 *		此品前部可能风化，第 1 ~ 11 行，完整
		妙法莲华经卷第四劝持品第十三		第 11 ~ 21 行，完整
		妙法莲华经卷第五安乐行品第十四 *		第 21 ~ 47 行，完整
		妙法莲华经卷第五从地踊出品第十五		第 47 ~ 69 行，完整
		妙法莲华经卷第五如来寿量品第十六		第 69 ~ 84 行，完整
	中	妙法莲华经卷第五分别功德品第十七 *	后秦龟兹国三藏法师鸠摩罗什奉诏译 大正新修大藏经第 09 册 No. 0262 共 7 卷 28 品	第 1 ~ 20 行，完整
		妙法莲华经卷第六随喜功德品第十八		第 20 ~ 29 行，完整
		妙法莲华经卷第六法师功德品第十九 *		第 29 ~ 52 行，完整
		妙法莲华经卷第六常不轻菩萨品第二十		第 52 ~ 62 行，完整
		妙法莲华经卷第六如来神力品第二十一 *		第 62 ~ 70 行，完整
		妙法莲华经卷第六嘱累品第二十二 *		第 70 ~ 73 行，完整
		妙法莲华经卷第六药王菩萨本事品第二十三		第 73 ~ 93 行，完整
	右	妙法莲华经卷第七妙音菩萨品第廿四		第 1 ~ 17 行，完整
		妙法莲华经卷第七观世音菩萨普门品第廿五		第 17 ~ 33 行，完整
		妙法莲华经卷第七陀罗尼品第廿六		第 33 ~ 43 行，完整
		妙法莲华经卷第七妙庄严王本事品第二十七		第 43 ~ 55 行，完整
		妙法莲华经卷第七普贤菩萨劝发品第二十八		第 55 ~ 70 行，完整
29	左	佛说佛名经卷第一 *	后魏北印度三藏菩提流支译 大正新修大藏经第 14 册 No. 0440 共 12 卷	第 1 ~ 77 行，完整
		佛说佛名经卷第二 *		第 77 ~ 83 行下接中壁 1
	中	佛说佛名经卷第二 *		第 1 ~ 67 行，完整
		佛说佛名经卷第三 *		第 67 ~ 108 行，下接右壁 1
	右	佛说佛名经卷第三 *		第 1 ~ 33 行，完整
		佛说佛名经卷第四		第 34 ~ 86 行，未完整
	右外	般若波罗蜜多心经	唐三藏法师玄奘译 大正新修大藏经第 08 册 No. 025 共 1 卷	第 1 ~ 7 行，完整

续表

窟号	位置	经卷品名	校对译本	备注
33	左	佛说灌顶拔除过罪生死得度经卷第十二*	东晋天竺三藏帛尸梨蜜多罗译　大正新修大藏经第21册 No.1331 共12卷	第1~46行，完整
		佛说灌顶随愿往生十方净土经卷（第十一）		第47~77行下接中壁1
	中	佛说灌顶随愿往生十方净土经卷（第十一）		第1~6行，完整
		六门陀罗尼经	大唐三藏法师玄奘奉诏译　大正新修大藏经第21册 No.1360 共1卷	第6~9行，完整
		佛邻般涅槃略说教诫经	后秦龟兹国三藏鸠摩罗什奉诏译　大正新修大藏经第12册 No.0389 共1卷	第10~32行，完整，大正藏中经名为：佛垂般涅槃略说教诫经
	右	贤愚经卷第四出家功德尸利苾提品第二十二*	元魏凉州沙门慧觉等在高昌郡译　大正新修大藏经第04册 No.0202 共13卷62品	第1~6行，部分
		金刚般若波罗蜜经	姚秦天竺三藏鸠摩罗什译　大正新修大藏经第08册 No.0235 共一卷	第7~65行，完整
46	左	大唐东京大敬爱寺一切经论目序	释静泰撰，大正新修大藏经第55册 No.2148 众经目录共5卷	第1~9行，完整
		众经目录卷一		第9~45行，完整
		众经目录卷二*		第45~67行，未完整
		摩诃般若波罗蜜		第68行，并非经名
		大般涅槃经（卷二十二）高贵德王菩萨品第十之二	北凉天竺三藏昙无谶译　大正新修大藏经第12册共40卷13品	第69~119行，完整
	中	佛性海藏（智慧解脱破心相）经（卷第一）	原大英博物馆藏燉煌本，大正新修大藏经第85册共2册	第1~76行，完整，从右向左读
	右	金刚般若波罗蜜经	姚秦天竺三藏鸠摩罗什译　大正新修大藏经第08册共1卷	第1~51行，完整
		佛顶尊胜陀罗尼经	罽宾国沙门佛陀波利奉诏译　大正新修大藏经第19册共1卷	第51~71行，完整，前51行为方格底内刻，52~71行为竖线底内刻
		佛说修多罗般若波罗蜜经	未见于记载	第71~84行，完整
		佛说阿弥陀经卷第一	姚秦龟兹三藏鸠摩罗什译　大正新修大藏经第12册共1卷	第84~98行，完整，但无咒语部分
	窟右	佛顶尊胜陀罗尼咒	罽宾国沙门佛陀波利奉诏译	大正藏不见此咒单独记载，咒语多字空格，且有被改刻痕迹，有开元二十一年纪年，疑为后世补刻

窟号	位置	经卷品名	校对译本	备注
51	右	大般涅槃经（卷第十四）圣行品（第七）之四		第1~49行，完整，从右向左读
59	左	大般涅槃经卷第一寿命品第一	北凉天竺三藏昙无谶译 大正新修大藏经 第12册共40卷13品	第1~76行，完整
		大般涅槃经卷第一寿命品第一之二		第76~107行，下接中壁1
	中	大般涅槃经卷第二寿命品第一之二		（第1~50行完整）
		大般涅槃经卷第三寿命品第一之三		第51~95行，完整
		大般涅槃经卷第三金刚身品第二		第95~107行，下接右壁1
	右	大般涅槃经卷第三金刚身品第二		第1~12行，完整
		大般涅槃经卷第四如来性品第四之一		第13~73行，完整
		大乘大集地藏十轮经卷第三无依行品第三之一	三藏法师玄奘奉诏译 大正新修大藏经 第13册 No.0411 共10卷7品	第74~82行，部分
		禅祕要法经（卷中卷下）	后秦弘始年鸠摩罗什等［*］于长安逍遥园译 大正新修大藏经 第15册 No.0613 共3卷	第82~105行，部分，推测大乘大集地藏十轮经部分应为禅祕要法经此处刻本的卷上，禅祕要法经大段省略，属略出经。题记：开元廿三年二月十五日长江县李涉敬造供养
		佛说报父母恩重经	大正新修大藏经 第85册 No.2887 共1卷	第105~113行，完整，题记：……年六月廿六日清信女满□
	左外	佛说报父母恩重经	大正新修大藏经 第85册 No.2887 共1卷	第1~16行，右侧风化严重，推测应该是完整的。
66	左	大般涅槃经卷第五（如来性品第四之二）	北凉天竺三藏昙无谶译 大正新修大藏经 第12册共40卷13品	第1~79行，完整
		大般涅槃经卷第六（如来性品第四之三）		第79~133行，完整
		大般涅槃经卷第七如来性品第四之四 *		第133~146行，下接中壁1

续表

窟号	位置	经卷品名	校对译本	备 注
66	中	大般涅槃经卷第七如来性品第四之四 *	北凉天竺三藏昙无谶译 大正新修大藏经 第 12 册共 40 卷 13 品	第 1~43 行，完整
		大般涅槃经卷第八（如来行品第四之五）		第 43~102 行，完整
		大般涅槃经卷第九如来性品（第四）之六		第 102~129 行，下接右壁 1
	右	大般涅槃经卷第九如来性品（第四）之六		第 1~22 行，完整
		大般涅槃经卷第十如来性品之余		第 23~41 行，完整
		大般涅槃经卷第十（一切大众）所问品第五		第 42~78 行，完整
		大般涅槃经卷第十一现病品第六		第 79~111 行，完整
		大般涅槃经卷第十一圣行品第七（之一）		第 111~129 行，完整，题记：普州安岳县沙门僧义造涅槃经一龛永为供养
71	左	金刚般若波罗蜜经	姚秦天竺三藏鸠摩罗什译 大正新修大藏经 第 08 册共 1 卷	第 1~58 行，完整
		般若波罗蜜多心经	唐三藏法师玄奘译 大正新修大藏经 第 08 册共 1 卷	第 58~61 行，完整，题记：遂州长江县杨思慎为亡父杨敬宗亡母袁张宝敬造供養
73	左	合部金光明经卷第一寿量品第二 *	隋大兴善寺沙门释宝贵合 北凉天竺三藏昙无谶译 大正新修大藏经 第 16 册共 8 卷 24 品	第 1~24 行，完整，前面有大面积风化，推测应该从第品开始刻
		（合部）金光明经卷第一三身分别品第三	梁三藏真谛译 大正新修大藏经第 16 册	第 24~68 行，完整
		（合部）金光明经卷第一（卷第二）忏悔品第四	隋大兴善寺沙门释宝贵合 北凉天竺三藏昙无谶译 大正新修大藏经第 16 册	第 68~99 行，完整
		（合部）金光明经（卷第二）业障灭品第五	梁三藏真谛译 大正新修大藏经第 16 册	第 100~104 行，下接中壁 1，题记：檀三藏经开元十五年二月镌了
	中	（合部）金光明经（卷第二）业障灭品第五	梁三藏真谛译 大正新修大藏经第 16 册	（1~53 完）题记：开元廿一年五月二十九日记……
		（合部）金光明经（卷第三）赞叹品第六（第七）		（54~64 未完）刻经上是：赞叹品第六

续表

窟号	位置	经卷品名	校对译本	备注
76	左	合部金光明经卷第三陀罗尼最净地品第六 *	隋大兴善寺沙门释宝贵合 梁三藏真谛译 大正新修大藏经第16册	（1～32 未完）前面并未从开头刻，可能是风化
83	左	大般涅槃经卷第十二圣行品第七之二 *	北凉天竺三藏昙无谶译 大正新修大藏经第12册	第1～18 行，未完整
85	左	维摩诘所说经（卷上）一名不可思议解脱佛国品第一	姚秦三藏鸠摩罗什译 大正新修大藏经 第14册 No.0475	第1～30 行，完整
		维摩诘所说经（卷上）方便品第二		第30～42 行，完整
		维摩诘所说经（卷上）弟子品第三		第42～83 行，完整
		维摩诘所说经（卷上）菩萨品第四		第83～95 行，未完整，因为晚期破坏，后面有部分经文不可见，推测为第四品后部分和第五品
	右	维摩诘所说经卷中不思议品第六 *		第1～26 行，完整
		维摩诘所说经（卷中）观众生品第七 *		第26～54 行，完整
		维摩诘所说经（卷中）佛道品第八		第54～75 行，完整
		维摩诘所说经（卷中）入不二法门品第九		第75～91 行，未完整
109	左	大方便佛报恩经卷第一序品第一 *	失译人名，在后汉录 大正新修大藏经 第03册共7卷	第1～76 行，未完整，前面有大量经文风化，后面残缺不全，风化严重，但可以看到孝养品第二
	中	风化		完全风化，只能看到少数字痕
	右	大方便佛报恩经卷第三论议品第五 *		第1～70 行，完整，内侧因水浸，风化严重，推测应该接中壁
		大方便佛报恩经卷第四恶友品第六		第71～80 行，未完整，风化，推测接110 左壁
110	左	大方便佛报恩经卷第四恶友品第六		第1～56 行，完整
		大方便佛报恩经卷第四慈品第七		第57～81 行，未完整

说明：刻经行数均从左向右记行，51 号窟右壁与46 号窟中壁从右向左读，所以从右向左记行。刻经风化严重的，以现在能看到的行数记。经卷品名中后带 * 表示风化根据大正藏补出，（）里面内容为刻经中未刻根据大正藏补校。

成都金沙遗址人骨研究

——黄忠小区工地出土人骨研究报告

成都文物考古研究所

在研究过去社会的性质和构成时，人骨遗骸被看作是极具价值的信息来源，人体遗骸的仔细发掘、精心修复和准确鉴定都能提供宝贵的信息。为了说明如何在中国西南地区进行全面的人骨研究，2007年夏天我们研究鉴定了金沙遗址发掘出土的少量人骨标本，包括出自黄忠小区工地的4个基本完整的人体骨架和5个不完整的人体遗骸牙齿标本（下面以其墓号中数字部分为人骨编号）。临近工作尾声又获得金沙附近的新一村遗址出土的2个头骨标本（编号为S大、S小）。

一、田野工作方法

对埋藏环境的仔细观察是对人体遗骸进行深入研究的第一步，埋葬时或埋葬后对人骨的特殊处理以及墓葬的形制结构能提供关于死者生前地位和丧葬仪式的宝贵信息。在金沙，我们发现了不同的埋葬方式：土坑葬和船棺葬，一次葬和二次葬。有无木质棺材可能是反映墓主地位不同的重要因素，尽管我们可以通过留在土里腐烂的木质痕迹来判断是否有棺椁，但有时仍然难以确定墓主是放入棺材埋葬还是直接葬在土坑中，这时出土人骨关节连接程度的记录可以确定人骨的腐烂是在何种空间中进行的：是在一个较大的空间如棺材中还是直接在土壤中。这一重建人体腐烂分解过程的技术在法国已经发展成熟[1]。

现以M2454出土人骨为例说明这种技术是如何在金沙工地应用的。该墓填土土色均匀，很难判断墓主是否是放入木质船棺中埋葬的，对于直接放入土坑埋葬的尸体，周围包裹的泥土在尸体腐烂时会阻止骨骼移动和脱节，因此骨骼位置变动不大，通常出土时大多数关节部位仍保持解剖学上的连接状态。相反，在一个较大空间中，腐烂的人体骨骼移动范围较大，出土时许多关节部位严重脱节，骨骼位置也可能比较混乱。通过观测人体稳定肌与不稳定肌之间关节的连接程度，我们还可以确立骨架周围棺木的相对腐烂速度，头骨中的下颌骨、手骨、脚骨和髌骨等处的不稳定肌通常先开始腐烂，而稳定肌腐烂的速度要慢一些。人骨2454的大部分骨骼看上去都保持在其相应的解剖位置上，但其头骨和下颌骨的位置偏离正常情况：下颌骨在胸腔上部，头骨呈上下、前后颠倒状。这说明在个体腐烂时，下颌骨最先脱离头骨，并掉到胸腔上部，大约与此同时，头骨向后翻转并完全颠倒过来，这意味着头部原本所在的位置下面和后面有足够平坦的空

图一　M2454 出土人骨

间，这样才使头部翻转成为可能，由此我们可以确定 M2454 中存在棺木，墓主是在一个较大的空间里腐烂的。虽然一开始看上去骨架的其他部分位置都保存原样，但经过仔细的观测却发现实际并非如此，指骨和掌骨本来应是横放在胸腔上的，却在盆骨部位甚至腿骨之间被发现，胸腔被压平，不再有空腔构造，左股骨向外翻转，股骨头与盆骨髋臼相脱离，朝向外侧，骨架附近未发现散落的骨骼（图一），说明埋葬此个体的棺木较为狭小，部分骨骼仍保持相对连接状态这一事实进一步说明木棺的腐烂速度很快，在易分解的关节部位腐烂之后，尸体很快便被泥土包围，这种空间状况与我们所知的金沙船棺葬一致，因而我们判定此个体葬于船棺之中。

由于各种原因，此次研究在金沙工地采集的人骨样本很少，要做这种分析比较困难，但通过这种方法我们仍能够辨别尸体在埋葬时是否经过特别处理。在出土的人体遗骸早已腐烂的情况下，很难确定尸体是否经过木乃伊化处理，或者被纤维织物包裹，更难确定当时是否有这样的葬俗存在。在成都双流的一个宋代墓地进行这类分析研究时，通过观测出土人骨关节的连接程度和骨骼的散落范围，我们确定死者在放入坟墓时是被织物紧紧包裹起来的。认真仔细的发掘和科学的记录能帮助我们了解金沙墓地二次葬所采用的葬俗。通过二次葬中人骨的完整记录，可以让我们判断墓葬是否只是简单的被扰乱，还是人骨被有意识地从其他地方搬移过来。如果墓葬中指骨或者舌骨之类的细小骨头都存在，那么这可能是坟墓的重建。如果仅发现一些长骨，或者只存在一些经过挑选的骨头，那么尸体可能是先在其他地方腐烂分解后再转移到这里来的。对于骨架本身的研究还能判定是否在埋葬前有机组织已经脱离（用小刀等工具或者通过蒸煮等方法），或者是否尸体是留在地面上腐烂的（这种情况下我们可以期望看到一些啮齿动物或食肉动物的啃咬痕迹）。这些不同特征对于我们理解该遗址所反映的当地葬俗是非常重要的。

二、人骨保存状况

就像其他西南地区所发现的古代墓葬一样，金沙出土人骨的保存状况差别很大：有的保存得很好，有的保存得很差。许多墓葬中头骨和身体的部分骨骼都被压碎，这给我们的研究带来许多问题。为了测试不同的田野发掘方法对人骨的最终出土状况的影响，我们对比了一些不同的发掘方法。M2454 从发掘开始到取出骨架都是由作者根据 White 在 2000 年提出的发掘方法进行的。在整个发掘过程中，我们都一直注意保存骨骼中残留的水分：发掘时用伞遮住，使骨架免受太阳的暴晒，下工时把装满墓中填土的袋子覆盖在骨架上以免水分流失，再盖上一层防水布以避风雨。M2452 和 M2455 是由工地民工发掘的，下工时没有覆盖袋子或防水布，最后由笔者取出人骨，并按照附录介绍的方法进行装袋和贴标签。这 3 座墓葬中的骨架都是在发掘后 48 小时内取出的。第 4 座墓葬 M2391 的人骨是暴露在外 3~6 个月后取出的。

在前面所提到的尽快取出骨架的 3 座墓中（M2454、M2452 和 M2455），M2454 的人骨保存情况最好。对 M2452 和 M2455 的人骨仔细研究后，发现骨骼暴露在空气中，受阳光照射的部分保存情况都比较差，而埋在土里的部分保存情况要相对好些。特别是 M2452 的头骨，两部分的差异十分明显。阳光照射对人骨遗存的危害这一问题并不是最近才发现的，许多研究者都曾指出这一点，并被实验所证明[2]。从拍摄的照片中我们可以看到 M2391 在刚出土时保存情况很好，尽管之后在太阳下面暴晒了很久，在所有取出的人骨中，M2391 的人骨保存状况也还算好的。然而暴晒使得其盆骨损坏严重，部分骨骼缺失。因此小心地移动和用适当遮盖物保护出土人骨无疑能使我们得到近乎完美的人骨标本。照相记录可以证明，对于留在地面上的骨架，如果发掘时保存情况就较差的话，太阳的暴晒就会带来毁灭性损害，甚至只留下粉末状的残渣。虽然金沙工地出土的人骨遗骸多数保存较差，但通过这些实验对比，我们知道在发掘时如果采取适当的措施，再加上认真的清洗和仔细的修复，将能在很大程度上提高这些骨架的完整性。

三、年龄和性别

1. 鉴定方法

目前公认的鉴定出土人骨性别和死亡年龄的最可靠方法是多因素综合应用法[3]，应用不同方法得出结论的准确率是不同的。在进行性别和年龄鉴定时我们要时刻牢记这一点。这次研究我们着重运用那些经实验证明准确率较高的方法，而其他的方法则用来验证判断的正确性。

在对成年人骨进行年龄鉴定时，要尽可能应用多种不同方法。骨龄和实际死亡年龄之间的差异很大程度上是由地区差异、环境条件、饮食结构、劳动强度、行为模式和疾病等因素引起的。每种方法都有自己的变异范围，仅仅使用一种方法进行诊断是不可靠的。遗憾的是由于金沙人骨的耻骨联合部位都未保存下来，任何一种通过观测此部位鉴定年龄的方法都无法应用，我们只能通过观测仅存的耳廓面进行鉴定。由于颅骨骨缝的愈合程度因个体的不同差异较大，因此用这种方法来鉴定年龄的误差范围也比较大，且可靠度低。但是通过系统记录颅骨骨缝的愈合程度，可以验证根据耳廓面和牙齿磨损程度得出的年龄判断是否正确。我们采用的是 Meindl 和 Lovejoy 于 1985 年制定的观测骨缝愈合程度及其复合评分方法。同时根据 Brothwell 和 Miles 两种不同的臼齿磨损程度评分系统观测牙齿的磨损程度以估计年龄[4]。为避免与生产活动有关的牙齿磨损误导对年龄的正确估计，我们观察了每个个体的每一颗臼齿的磨损程度并计算其平均值。我们特别注意区分与生产劳动有关的牙齿磨损，以免其成为我们判断年龄时的扰乱因素。

在鉴定墓主性别时，我们应用了涉及头骨和盆骨上的性别特征等多种鉴定方法。但由于样本量很小导致无法进一步使用观测性别特征所得到的各种数据，我们还测量了长骨尺寸，并将所得数据存储到数据库中，以验证性别判断的正确性。对鉴定年龄和性别来说，最准确的结论往往来自于对一个群体内的骨骼特征进行排序对比研究。虽然在该工地上所获得的人骨样本量很小，我们仍然尝试应用了这种排序对比方法。

2. 出土人骨的年龄和性别

表一是各人骨遗骸性别特征评分及结论。性别判定是根据 Buikstra 等对头骨上 5 个性别特征制定的评分标准得出的[5]。尽管不同的种群性别特征的特点不同，但女性头骨外观总是较男性的纤弱，我们的判断就是基于这一事实得出的。性别特征的外观特点用 1 ~ 5 分进行评分，1 分表示此人骨的性别特征最具女性特点，相应的 5 分就是最具男性特点。而 3 分则是界于女性与男性之间。盆骨的评分方法与此类似（表一）。笔者还详细讲解了每个人骨的年龄和性别判定是如何得出的。根据颅骨骨缝愈合程度进行年龄判断时运用了 Rosing 1977 年制定的表格[6]、Meindl 和 Lovejoy 1985 年制定的复合评分系统[7]。如果此个体的盆骨保存较好，我们根据 Buikstra 等制定的方法通过观测其耳廓面的特点判断年龄。同时，还应用了观测牙齿磨损程度以鉴定年龄的方法（表二）。

表一　性别鉴定表

编号	眉弓	乳突	颌突	枕外隆突	眶上缘	坐骨大切迹	平均分	性别
2452	4	2		4			3.33	不明
2454	3		5	3	5	4	4	男/不明
2455		4		3		3	3.33	不明
2391	2	3	3	3	2		2.6	女/不明
S 小	1.5	1		2	1.5		1.5	女
S 大	4.5	2		3	3		3.05	不明

注：这里仅列出可观测到的性别特征项，所有出土人骨都未保存的性别特征项未被列入表中。

表二　年龄鉴定表

编号	C2	S1	S2	S3	S4	L2	颅顶缝组	颅侧前缝组	切牙缝	耳廓面	Brothwell 方法	Miles 方法	其他因素	结论
2452	<70		35 ~ 52			<75					25 ~ 35 或 35 ~ 45	31.73		30 ~ 35
2454			<35 ~ 44								25 ~ 35	30.57		25 ~ 35

续表

编号	C2	S1	S2	S3	S4	L2	颅顶缝组	颅侧前缝组	切牙缝	耳廓面	Brothwell 方法	Miles 方法	其他因素	结论
2455										30 ~ 34, 35 ~ 39	25 ~ 35	28		25 ~ 40
2391											25 ~ 35	30.54		25 ~ 35
S 小				<25 ~ 34			15 ~ 43 (中值 = 30)	20 ~ 42 (中值 = 30)	YA		17 ~ 25	19.2	M3 萌出	15 ~ 25
S 大	<50 ~ 59	<35 ~ 44	<20 ~ 29		<48		15 ~ 43 (中值 =30)	20 ~ 42 (中值 = 30)	LYA		25 ~ 35	33.5		20 ~ 30
2456											25 ~ 35	28.67		25 ~ 35
2311											35 ~ 45	35.33		35 ~ 45
2284											35 ~ 45	36.5		35 ~ 45
2292														7 ~ 8
2296											25 ~ 35	34		25 ~ 35

注：仅列了可观测的特征项。

通常不同鉴定方法的综合应用会得到较宽的年龄范围。此次墓主死亡年龄的鉴定运用了头骨骨缝愈合程度、耳廓面特征和牙齿磨损程度三种方法，综合应用这些方法可将墓主死亡年龄限定在 10 岁或以上的区间范围。这里我们采用 Buikstra 的分类标准：壮年期（20 ~ 35 岁），中年期（35 ~ 50 岁）和老年期（51 岁以上）。此次出土的人骨年龄大部分为壮年期（图二），由于样品量太小，我们不能说这些数据能代表金沙人口的实际情况。

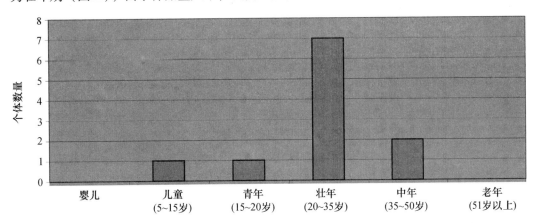

图二　金沙遗址黄忠小区工地出土人骨死亡年龄分布图

3. 在金沙遗址鉴定年龄和性别的常见问题

出土人骨中盆骨保存下来的很少，仅用颅骨上的性别特征进行性别判断又往往得到模棱两可的结论。6 个出土人骨中有 5 个的性别很难确定。仅从头骨的解剖特征判断只有 S 小能确定为女性。与 S 小相比，其他头骨外观都较粗壮，除一个较倾向为女性外，其他 4 个都倾向为男性。观测颅骨上的性别特征并不是鉴定性别最可靠的方法，如果我们仅用它来鉴定性别，出现误差的可能性相当大。

为了准确鉴定人骨的性别，有必要将整个族群都纳入研究范围，尤其是在盆骨部位保存很差的情况下。在用颅骨上的性别特征进行性别鉴定时，White 和 Bass 均建议在样本数量足够大的情况下对整个族群做排序研究[8]。在样本数量很少的情况下，如果能找到在遗传和时期上都比较接近的其他族群中性别确定的个体，那么可以进行性别特征的参考比较。然而目前没有这样的适合样本。我们只能将这次采集修复的 6 个个体进行排序研究。即便如此，由于每个个体保存下来的性别特征部位不同，甚至没有一个个体的6 个性别特征部位都保存下来了的（这里仅指可观测到的性别特征项，所有样本均未保存的性别特征项未包括在内），因此研究起来仍然十分困难。但最终还是产生了一个可信的结果：在对颅骨上的性别特征进行排序时，S 小总是特征外表最纤弱、尺寸最小的那个。因此我们判断此个体比其他 5 个个体最具有女性的性别特征，最可能为女性。而剩下的 5 个个体，不同性别特征排序对比得出的排序位置都不相同。在坐骨大切迹一项中，2454 和 2455 分别得到 4 分和 3 分，对比两者的盆骨，2454 的得分仍然偏向于男性，值得注意的是 2455 的坐骨大切迹也仅是开口比 2454 稍大一点而已。而在乳突一项中，2455 的乳突却是最粗壮的一个，比前面确定为女性的 S 小和其他一些个体的乳突外形粗壮得多，男性特征最明显。除 S 小外，其余个体的乳突一项得分居中，男女特征不明显。在枕外隆突一项中，2452 在所有个体中隆突最为明显，有用来附着肌肉的粗壮突脊，其他个体都相对平缓一些。仅有两个个体的颏突保存下来：2454 的较大、较突出，2391 的则较小、较圆润。后者的眉弓最为平坦，其眶上缘比 S 小的还要薄一些。有趣的是它的乳突外形却较大。在观测眶上缘和眉弓时，2454 和 S 大的得分分别最高，相反，它们在枕外隆突和乳突两项中得分却排在最后。值得注意的是由于样本保存情况差，大部分仅 6 个性别特征中的枕外隆突和乳突两项保存较好，这也会导致我们的判断出现较大误差。

以上排序对比研究让我们得出这一结论：只运用一种方法很难正确鉴定个体性别，仅仅运用颅骨的外形性别特征就更难。这也使我们质疑目前所采用的鉴定年龄和性别的方法。如果个体的盆骨保存状况很差，在工地上仅通过观察地面上出露的颅骨的性别特征就判断其性别，结论是不太可能很正确的。我们也更清楚地认识到在对金沙某个个体进行性别判断之前，了解该族群性别特征的总体特点是很有必要的。为了让性别和年龄的判断更准确，我们需要更多样本，这不仅可以复查以前做出的判断的正确性，也能帮助我们更好地重构金沙族群的变化发展过程。保存状况较好且可以确定性别的个体可以帮助我们判断保存条件较差的个体的性别。如果可能，现场测量长骨的尺寸也可以提供一定帮助。笔者在工地也进行了现场测量，但由于出土样本数量太少，无法在研究中具体应用。

在这项研究之前，金沙遗址出土人骨的年龄判断主要是根据牙齿的磨损程度做出的。牙齿的磨损程度与使用牙齿的劳动行为有关，并且由于各族群饮食习惯不同而差异很大。Miles 和 Brothwell 制定的根据牙齿磨损程度判断年龄的方法都不完全适用于金沙人群，因为这两种方法都是通过研究晚期英国人得出的。认为金沙人群的饮食结构与盎格鲁撒克逊人的饮食结构相似肯定是不对的。由于缺少关于金沙人群饮食方面的具体资料，我们只能应用其他一些辅助方法来增强判断结果的可靠性。一种方法就是把金沙人自己作为一个标准：如果有足够大的金沙人群的牙齿样本，记录下它们的磨损情况，那么那些人骨保存情况较好、可确定其年龄的个体的牙齿磨损程度就可以作为其他保存得较差、仅存牙齿的个体年龄判断的参照物。同样，如果采集了同一年龄段的不同个体的牙齿标本，如青年阶段，其 M3 刚刚萌出，通过观测其 M1 和 M2 的磨损程度就可以大致计算出这一族群的牙齿磨损速率。笔者尝试通过建立记录每颗牙齿磨损程度的数据库来运用这种方法。如果发掘出土的人骨样本量足够大的话，应用这一数据库的数据资料就可以对以前的年龄判断进行修正。毫无疑问，对大量人骨样本的细致修复可以明显提高金沙出土人骨死亡年龄鉴定的准确性。为了校验判断结果我们也对这次出土的所有个体的牙齿磨损程度进行了排序对比。通过对比所有个体的臼齿，我们得出了这一序列（从最年青到最年老）：2293，S 小，2455，2391，2456，2296，2454，S 大，2284，2311。

准确地鉴定金沙人群的年龄和性别对于加强我们对这一族群的了解非常重要。男女墓葬中出土的随葬品的多寡和种类的不同可以告诉我们不同性别在社会上的相应地位。通过观测是否性别不同的人骨存在不同疾病或出现营养不良的不同比率，我们也可以知道当时男女在社会中的地位是否不同，是否存在某种程度上的性别歧视。我们知道身材高矮与童年是否有足够的、较高质量的食物有关。因此观测族群中男女的身高状况也可以为我们了解男女在社会中的不同地位提供线索。中国很多地方都做过类似的研究。例如在山西，Pechenkina 就对仰韶、龙山和西周时期的人骨样本材料进行比较研究[9]。她发现在仰韶后期，史家遗址出土人骨中男性身高明显比女性高出很多。同时，男性个体的牙齿中龋齿的出现频率也较高，这说明男性饮食结构中有较多高质量的食物。

四、离散特征

古 DNA 的分析研究已成为判定出土人骨个体之间基因关系和了解墓地结构的流行方法。DNA 的复原要求工作者采集和保存时十分小心：采集时最好戴上口罩、手套，穿上制服以免样品受到污染，采集后最好把样品储存于冰箱中。因为金沙出土的人骨保存情况差，进行这项实验的代价较高且效果不明显，所以我们这个阶段的研究未做 DNA 分析。但是我们采用了其他更有效的分析方法。在颅骨和其他部位的非测量性状特征显示了个体之间的基因联系。一旦这些性状特征被观测出来，就可以用从这一族群提取的少量 DNA 来验证这种基因联系的存在。这里每个人骨样本都按照 Buikstra 等制定的标准观测了非测量性状特征。这些性状特征的缺失、存在或是因为人骨保存较差而无法观测都被记录下来。随着这种方法在未来的继续应用，我们就可以运用统计方法分析采集的数据，从而界定不同的家族。通过观测我们发现所采集的人骨样本的确拥有一些非测量性状特征。所有这些性状特征在以前就被证明具有很高的继承性和遗传控制能力，不易受外界环境因素的影响。这些性状特征包括缝间骨（如2391有一块人字点骨）、眶上切迹或眶上孔、颧面孔、矢状缝弯曲方向和颞骨鼓部开裂。这些记录都被保存在数据库中。

五、病 理 观 察

在金沙人骨样本上可以观察到如下病理特征：

1. 牙周病、牙垢和牙齿磨损状况

人骨2454的牙齿相对比较健康，没有蛀洞，但牙垢较多且有轻度牙周病。2452牙齿的牙周病症状较重以致有几颗牙齿的齿根完全暴露。其右下颌骨部分表面呈奇怪的红色，相对应的上颌骨牙齿牙垢较多。同时，上门齿的磨损情况却很奇特：上门齿磨损厉害，但下门齿的磨损情况却相对较轻。这种现象被叫做上门齿舌面磨损（LSAMAT），类似的情况也可以在史前巴西人和陕西人身上看到。这一现象一般被解释为经常用门齿剥离植物组织所造成，在陕西这种情况的出现就被认为是以牙齿为工具进行一些植物纤维的生产加工活动，但在美洲却被解释为由于食用甘蔗或树薯等含大量糖分的食物[10]。

图三　M2452出土人骨左上颌M2远侧蛀洞

虽然像2455这样的一些人骨牙齿存在牙垢洞，但在全部样本中牙齿蛀洞还是很少见，只在2452左上颌M2远侧发现蛀洞，这与旁边的M3缺失以致其牙槽愈合有关（图三）。龋齿出现概率的增加主要与饮食结构的变化有关，从以前狩猎采集的肉食为主转变为以碳水化合物或细加工食品为主。用石制工具研磨谷类也会使食物中含有小石粒，从而加重牙齿磨损，这也会增加龋齿的罹患率。金沙样本中牙齿的磨损程度较重，然而龋齿却不为多见。对于这一点，我们很难判断这是因为样品量太小得出的假象，还是当时的金沙居民

的确具有异常低的龋齿发病率。这种情况下，亟须对金沙人的牙齿磨损情况、牙病罹患率和饮食结构做更深入的研究。在对成都双流宋墓出土人骨进行类似研究时，我们发现其牙齿的磨损程度较轻，龋齿的罹患率较高。龋齿罹患率可被解释为双流人骨样本的死亡年龄普遍偏大，然而样本中的一些青年阶段的人骨上也发现较多的龋齿现象，因此这两个族群之间牙齿方面的差异不能仅用年龄差距来解释，双流人骨牙齿呈现的这种情况应该是与饮食结构以煮熟的大米和细加工的食品为主有关。尽管我们的样本量太小以致无法得出准确结论，但仍然可以推测当时金沙人的饮食结构中煮熟的大米不占主导地位。由于缺少此地的古植物资料，现在下此结论也许为时过早，但很可能像粟一类的其他农作物在金沙人的饮食结构中占重要地位。如果我们能辅以古植物研究，对牙齿磨损程度和龋齿罹患率的细致观测就能为我们提供大量关于金沙人生产、生活方式的宝贵信息。

2. 骨折

由于样品中长骨的近端和远端都保存得不够理想，很难判断这些长骨是否有诸如关节炎之类的病变。但我们仍然观测到其他一些病状，比如人骨 2454 的左肱骨有明显的骨折愈合痕迹（图四、图五）。该骨折部位愈合较好，只有轻微的错位使得该区域骨骼明显增厚。这意味着古金沙人知道如何有效处理、照料骨折患处。同时也意味着该个体在受伤后至少 6 周之内无法使用其左臂工作。

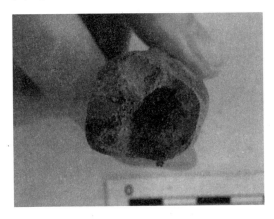 

图四　M2454 出土人骨左肱骨骨折处　　　　图五　M2454 出土人骨左肱骨骨折处
（注意由于轻微的错位使得该区域骨质明显增厚）

3. 疏松性骨质增生

一些人骨样本在颅骨上和眼眶内部存在一些小的病变，如疏松性骨质增生和眶部筛样多孔病变。这两种病变可能是由于饮食结构中以种植的谷物为主、缺少蛋白质导致人体缺铁造成的，也有可能是由寄生虫引起的疟疾和痢疾等疾病导致人体缺铁而引起，疏松性骨质增生一类的病变还可能是由于坏血病或者缺乏维生素 C 造成。总之，很多考古学家都发现人类在狩猎游牧生活向农业定居生活转变的过程中，这类病变的罹患率出现

图六　M2454 出土人骨的眶部筛样多孔病变

增长趋势。更多依赖谷类食物而不是高营养的肉类，生活在一个相对密集、稳定的社区之中增加了不卫生的因素和感染疾病的概率，是造成这类疾病增加的原因。虽然样本中大部分的眼眶部位保存较差，我们仍在人骨 2454 的眼眶中发现这种病变（图六）。同时其鼻腔也有轻微针孔状。根据 Buikstra 等制定的评分标准，分别对其症状严重程度给 2 分（仅见针孔）和 3 分（多孔，一些孔已愈合，表明此个体死亡时部分病变区域已愈合，部分病变区域仍较活跃）。在额骨沿冠状缝处也有一些勉强能辨认的小孔。此个体的牙齿未出现发育不良的症状。对疏松性骨质增生和眶部筛样多孔病变的患病频率的研究，可以让我们了解到诸如金沙一类的古代大城镇的卫生条件和食物质量状况。如果能够收集到更多的数据，我们就能通过比较金沙的和一些小城镇的或是农村居民的数据，研究大城镇对居民健康状况的影响，这将是一项非常有意义的研究。

4. 釉质发育不全

釉质发育不全表现为牙釉质上的缺陷，这种缺陷是由于身体新陈代谢功能严重受损导致造釉细胞造釉障碍造成的，同时还使身体偏离正常状态，仅维持基本生存需要[11]。釉质发育不良与严重的营养缺乏（如饥饿）和寄生虫病变有关，这两者都造成牙齿在生长过程中出现生长中断。极少数情况下它也与遗传变异有关。尽管釉质发育不全自身不能告诉我们个体具体遭受的是何种病变及其严重程度。它却能为我们提供有关族群的健康状况的时间指数，帮助我们了解金沙居民在哪个生长阶段生活资源特别匮乏或者遭受疾病的侵害。通过测量从 CEJ（牙骨质与牙釉质的连接处）到釉质生长中断线之间的

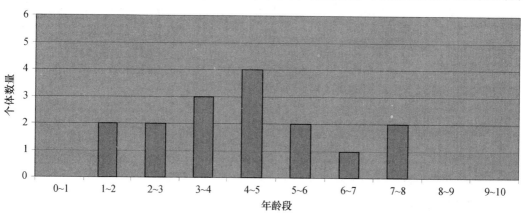

图七　金沙遗址黄忠小区工地出土人骨釉质发育不全分布图（以年龄分组）

距离，运用 Goodman and Rose[12] 制定的标准表格可以把这些距离数据转换为出现釉质生长中断时个体的年龄。虽然这里标本量很小，但是我们仍然发现样本个体在 3～5 岁时出现釉质发育不全的频率最高（图七）。

对牙齿发育不全的分析应结合对应骨骼的 X 射线研究，从而判断是否个体也表现出骨质减少或由于营养不良而出现长生停滞线。

笔者还测量了新一村遗址出土的 S 大和 S 小两个颅骨，测量数据详见表三、表四。

表三　新一村遗址 S 大颅骨测量数据表

Maximum cranial length（GOL）颅长	17.5	Nasal Breadth（NLB）鼻宽	2.596
Max. cranial breadth（XCB）颅宽	11.7	Orbital Breadth（OBB）眶宽	4.61
Bizygomatic Diameter（ZYB）面宽	13	Orbital Height（OBH）眶高	4
Basion-Bregma height（BBH）颅高	N/A	Biorbital Breadth（EKB）两眶最大宽	9.3
Cranial Base length（BNL）颅底长	N/A	Interorbital breadth（DKB）眶间宽	1.872
Basion-Prosthion length（BPL）面底长	N/A	Frontal chord（FRC）额矢状弦	10.937
Maxillo-Alveolar breadth 上齿槽弓宽	6.5	Parietal chord（PAC）顶矢状弦	10.918
Maxillo-Alveolar length 上齿槽弓长	5.354	Occipital chord（OCC）枕矢状弦	N/A
Biaricular Breadth（AUB）耳点间宽	11.865	Foramen magnum length（FOL）枕骨大孔长	N/A
Upper facial height（NPH）上面高	7.3	Foramen Magnum Breadth 枕骨大孔宽	N/A
Minimum frontal breadth 最小额宽	8.25	Mastoid length 乳突长	2.673
Upper facial breadth 上面宽	9.926	Chin height 下颌联合高	N/A
Nasal height（NHL）鼻高	5.313	Height of Mandibular body 下颌体高	N/A
Minimum ramus breadth 下颌枝最小宽	N/A	Breadth of Mandibular body 下颌体宽	N/A
Maximum ramus breadth 下颌枝最大宽	N/A	Bigonial width 下颌角间宽	N/A
Maximum ramus height 下颌枝高	N/A	Bicondylar width 下颌髁间宽	N/A
Mandibular length 下颌体长	N/A	Mandibular angle 下颌角	N/A

表四　新一村遗址 S 小颅骨测量数据表

Maximum cranial length（GOL）颅长	17.5	Nasal Breadth（NLB）鼻宽	2.528
Max. cranial breadth（XCB）颅宽	12.2	Orbital Breadth（OBB）眶宽	3.757
Bizygomatic Diameter（ZYB）面宽	11.9	Orbital Height（OBH）眶高	3.2
Basion-Bregma height（BBH）颅高	N/A	Biorbital Breadth（EKB）两眶最大宽	9.42
Cranial Base length（BNL）颅底长	N/A	Interorbital breadth（DKB）眶间宽	2.043
Basion-Prosthion length（BPL）面底长	N/A	Frontal chord（FRC）额矢状弦	N/A
Maxillo-Alveolar breadth 上齿槽弓宽	6.5	Parietal chord（PAC）顶矢状弦	N/A
Maxillo-Alveolar length 上齿槽弓长	5.148	Occipital chord（OCC）枕矢状弦	9.1
Biaricular Breadth（AUB）耳点间宽	N/A	Foramen magnum length（FOL）枕骨大孔长	3.721
Upper facial height（NPH）上面高	6.192	Foramen Magnum Breadth 枕骨大孔宽	2.975
Minimum frontal breadth 最小额宽	8.6	Mastoid length 乳突长	2.411
Upper facial breadth 上面宽	9.988	Chin height 下颌联合高	N/A
Nasal height（NHL）鼻高	4.64	Height of Mandibular body 下颌体高	N/A
Minimum ramus breadth 下颌枝最小宽	N/A	Breadth of Mandibular body 下颌体宽	N/A
Maximum ramus breadth 下颌枝最大宽	N/A	Bigonial width 下颌角间宽	N/A
Maximum ramus height 下颌枝高	N/A	Bicondylar width 下颌髁间宽	N/A
Mandibular length 下颌体长	N/A	Mandibular angle 下颌角	N/A

六、结 论

尽管目前的研究只是初步的，我们仍可以看到对金沙出土人骨进行深入研究将会获得更多有价值的信息。为了更准确地鉴定年龄和性别，非常有必要采集发掘出土的人骨，即使不能全部采集，也应尽可能地采集大多数。清洗和修复这些骨骼样本使我们研究这些个体的营养状况成为可能，比如通过观测釉质发育不全和疏松性骨质增生可以得出个体是否营养不良的结论。如果样本量足够大，我们就可以了解这些病变对不同年龄阶段、不同性别的人会造成什么样的影响。再结合墓葬中获得的其他信息，就可以了解他们的社会地位。通过准确记录非测量性状特征，我们就可能分析其血缘关系，进而研究社会结构对墓葬形制特征的影响。正确修复骨骼使未来研究金沙人的饮食结构成为可能，事实上其他国家的研究者就通过研究牙垢中的淀粉颗粒获得了许多古代人饮食结构的宝贵信息。未来对与劳动有关的牙齿磨损的研究将诠释 2452 牙齿上出现 LSAMAT（上门齿舌面磨损）的真正原因。

最后，如果金沙的资料可以与三星堆、宝墩或汉代遗址的资料进行对比，我们就可以了解随着时间的发展一些疾病是如何产生并蔓延，以及营养不良状况是如何改变的。人们迁往金沙、三星堆之类的大城镇是否对他们的健康造成危害？密集居住是否加快了疾病的传播，增加婴儿的死亡率？对比金沙与成都平原其他小规模居住点的人骨资料可以增进对这两类族群之间生产、生活方式差异的了解。

执 笔：张擎 古玳玉

注 释

[1] Duday, H. and Sellier P.. 1990. L'archéologie des gestes funéraires et la taphonomie. *Les Nouvelles de L'Archéologie* 40: 12 ~ 14. Duday et al.. 1990. L'Anthropologie de terrain: reconnaissance et interpretation des gestes funéraires. *Bulletins et Mémoires de la Société d'Anthropologie de Paris* 2: 29 ~ 50.

[2] Buikstra, Jane and Ubelaker, Douglas (eds.). 1994. *Standards for Data Collection from Human Skeletal Remains*: *Proceedings of a Seminar at The Field Museum of Natural History organized by Jonathan Hass.* Arkansas Archaeological Survey Research Series, Vol. 44, Arkansas Archaeological Survey, Fayetville, Arkansas. White, T. D.. 2000. *Human Osteology.* San Diego: Academic Press.

[3] Buikstra, Jane and Ubelaker, Douglas (eds.). 1994. *Standards for Data Collection from Human Skeletal Remains*: *Proceedings of a Seminar at The Field Museum of Natural History organized by Jonathan Hass.* Arkansas Archaeological Survey Research Series, Vol. 44, Arkansas Archaeological Survey, Fayetville, Arkansas.

[4] Brothwell, Don, R.. 1981. *Digging up Bones.* 3rd ed. Ithaca, New York: Cornell University Press. Miles, A.. 1963. Dentition in the estimation of age. *Journal of Dental Research*, 42: 255 ~ 263.

[5] Rosing, F. W.. 1977. Methoden und Aussagemöglichkeiten der anthropologischen Leichenbrandbearbeitung. *Archäologie Naturwiss*, 1: 53 ~ 80.

[7] Meindl, R. S. and Lovejoy, C. O.. 1985. Ectocranial Suture Closure: A Revised Method for the Determination of skeletal age at death cased on the later-anterior sutures. *American Journal of Physical Anthropology*, 68: 57 ~ 66.

[8]　Bass，W. M.．1995. *Human Osteology*：*A Laboratory and Field Manual*. Columbia：Missouri Archaeological Society.

[9]　Pechenkina，E.，Benfer，R. and Wang Zhijun. 2002. Diet and Health Changes at the End of the Chinese Neolithic：The Yangshao/ Longshan Transition in Shaanxi Province. *American Journal of Physical Anthropology*，117：15 ~ 36.

[10]　Turner C. Machado LMC.．1983. A new dental wear pattern and evidence for high carbohydrate consumption in a Brazilian Archaic skeletal population. *American Journal of Physical Anthropology*，61：125 ~ 130.

[11]　Aufderheide，A. C. and Rodriguez-Martin，C.．1998 . *The Cambridge Encyclopedia of Human Paleopathology*. Cambridge：Cambridge University Press.

[12]　Goodman and Rose. 1985. Diet and Dentition：Development Disturbances. In：Gilbert，R. Mielke，J. （eds.）：*The Analysis of Prehistoric Diets*. Orlando：Academic Press：393 ~ 425.

[13]　Boyadjian，C. H. C，Eggers，S. and Reinhard K.．2007. Dental wash：a problematic method for extracting microfossils from teeth. *Journal of Archaeological Science*，34：1622 ~ 1628.

附　录

出土人骨的发掘、清洗、修复和保存方法

为进一步了解古代社会的构成情况，保存每一具出土人骨是非常必要的，而不管这些骨骼的出土状况如何，因为即使保存状况极差的骨架，我们也可以用来做 DNA 或其他化学分析。

1. 发掘

（1）不要用手铲或其他尖锐的工具去接触骨骼，要用竹签或骨质类软工具。

（2）在发掘过程中，小心地去除骨头上的泥土，泥土去除得越干净越好，但要特别小心，防止损坏骨骼。

（3）千万不要把骨骼直接曝露在外，尤其是在太阳下。这样对骨骼的损害是致命的，而且将影响作进一步的 DNA 分析。如果不能马上取出，一定要用装有墓地泥土的塑料袋覆盖人骨，并盖上防水布。

（4）一旦墓圹清理完毕，马上记录骨架的基本情况并尽快把骨架取出。

2. 记录

（1）用墓葬记录本记录墓葬和出土人骨的一些基本特点，通过现场记录关节的连接情况，就可以推测一些我们不知道的尸体处理方法或埋葬方法，重塑当时可能的场景。

（2）测量长骨的尺寸。

（3）照相和绘图。

3. 取出骨架

（1）记录工作完成后，将骨架周围多余的泥土去掉，让骨架凸露出来。

（2）搬移骨架必须使用双手并且要非常小心。

（3）按照下面的分组方式把骨架放进不同的塑料口袋中（见下图），次序不重要。

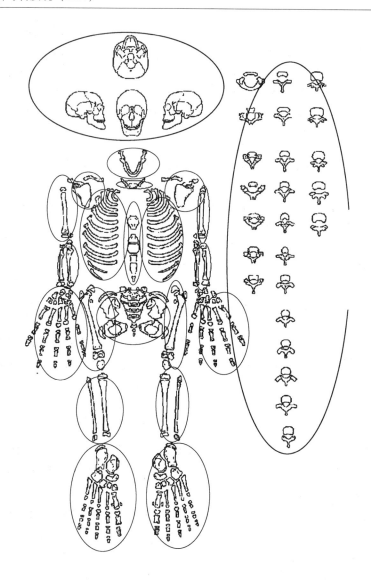

① 头骨和下颌骨

② 肋骨和椎骨

③ 左肱骨

④ 左桡骨、尺骨和手骨

⑤ 右肱骨

⑥ 右桡 骨、尺骨和手骨

⑦ 盆骨和 骶骨

⑧ 右股骨

⑨ 左股骨

⑩ 右胫骨和腓骨

⑪ 左胫骨和腓骨

⑫ 脚骨

（4）在每一个塑料口袋上或用标签写明墓号、日期和所处骨架的部位。

（5）当把装有骨架的口袋搬离现场时，要始终用双手小心地移动口袋。

（6）取出的骨架应该放在干燥阴凉的地方，千万不要把它们留在太阳下。也不要把潮湿的骨架和泥土放在密封的口袋中，这样时间久了骨架会腐蚀成碎块。建议把口袋口打开让水分蒸发掉。如果可能最好尽快清洗骨头。

4. 清洗

（1）不要用大的水流冲洗骨头，那样会冲坏本来就脆弱的骨头。要用小水流冲洗骨头，用牙刷刷掉上面的泥土，并用尖的竹筷掏出长骨中的泥土。

（2）不要将骨头浸泡于水中太长时间，仅仅让骨头上的泥土变湿润以方便清洗即可。

（3）一袋一袋的清洗，洗好后在干燥阴凉处阴干。袋子和标签要和洗好的骨头放在一起，以免不同墓葬或不同部位的骨头相混淆。

（4）清洗过程中，尽量不要对骨骼造成任何进一步的损坏。

5. 修复

（1）修复出土人骨和修复陶器基本上相同，也是先拼对再黏结。

（2）把晾干的骨头一袋一袋依次拼对，断裂处能紧密结合的可马上用502胶黏结。注意，对于头骨，因为有曲度且复杂，修复难度远比长骨大，最好先用透明胶带黏结，等整个头骨拼对完毕并确定缺口之间没有缺骨头后，再用502胶黏结。以免502胶凝固后无法矫正、修改。

（3）骨缝里有泥土影响黏结时，必须先把黏结面清理干净。最好用牙签或小竹棒，不要使用金属或其他坚硬工具，这样很容易损伤骨头。泥土干后很硬不容易去掉，这时最好的方法还是把骨头再洗一下，泥土遇水就很容易被牙签挑除或被牙刷刷掉。

6. 骨骼存放

（1）将骨骼储存在阴凉干燥的地方。

（2）同一个体的骨骼存放在一个纸盒中。

7. 提取DNA分析样品

如果要进行DNA分析，下面几个步骤可以帮助采样成功。

（1）为了避免污染样品，发掘者应该戴上手套。

（2）女性的头发应该束起，男女工作者都最好戴上帽子，以免头发掉入工作区并混入样品中。

（3）样品被取出后最好立即放入冰箱。

（4）最容易成功提取DNA的部位有：脊椎骨、股骨头、肱骨头、跟骨和距骨。

马尔康哈休遗址出土动物骨骼鉴定报告

哈休遗址地处大渡河上游脚木足河的一级支流茶堡河北岸的三级阶地之上，行政区划属于四川省阿坝藏族羌族自治州马尔康县沙尔宗乡哈休村一组，地理位置为东经102°9.4′、北纬32°10.3′，海拔2840米，高出河床80米。东南距乡政府驻地1500米，北靠八谷脑山，西临布尔库沟，南面隔河为沙（尔宗）马（尔康公路）。遗址东西长约380米，南北宽约260米，总面积近10万平方米。2006年3月成都文物考古研究所、阿坝州文物管理所、马尔康县文化体育局对该遗址进行了试掘，试掘面积125平方米，遗址出土了大量的陶器、石器和骨器等文化遗物，通过比较研究，我们认为哈休遗址是分布于大渡河上游地区的一种新石器时代文化，包含有本地土著文化、仰韶晚期文化、马家窑文化等文化因素，其年代为距今5500～5000年[1]，与马家窑文化早期（石岭下类型和马家窑类型）大体同时。哈休遗址初步可分早晚两期，就出土动物骨骼所代表的动物属种来看，早晚两期无大的变化，所以我们在此一并报告。

一、动物属种鉴定

哈休遗址在发掘的过程中对出土的动物骨骼做了很细致的收集，虽然发掘面积较小，但共收集到动物骨骼2769件（含采集的），其中哺乳纲2755件，鸟纲14件。由于在埋藏过程中各种因素的影响，骨骼很破碎，有68件标本有烧痕，哺乳动物中可鉴定标本仅407件，代表最小个体数58（附表），属种包括藏酋猴（*Macaca thibetana*）、狗（*Canis familiaris*）、黑熊（*Selenarctos thibetanus*）、猪獾（*Arctonyx collaris*）、豹属（*Panthera* sp.）、野猪（*Sus scrofa*）、小鹿（*Muntiacus reevesi*）、水鹿（*Cervus unicolor*）、斑鹿（*Cervus nippon*）、狍属（？*Capreolus* sp.）、黄牛（*Bos taurus*）、斑羚（*Naemorhedus caudatus*）、豪猪（*Hystrix* sp.）等。

（一）鸟纲（Aves）

鸡形目（Galliformes）

A. 雉科（Phasianidae）

Ⅰ. 雉亚科（Phasianinae）

共发现鸟的肢骨13件，肢骨都比较破碎，不能鉴定到属种。另外有1件左侧髋骨，近似石鸡（*Alectoris* sp.）的髋骨。石鸡属现在国内有 2 个种，7 个亚种，均为留鸟，石鸡主要分布在西北地区，在四川北部也有少量分布[2]。常栖于低山区干燥的山岩、丘陵地区的岩坡、砂坡等地，集群活动；主要以植物的嫩叶、枝、芽、浆果和种子为食，也食部分苔藓、地衣和昆虫[3]。

（二）哺乳纲（Mammalia）

1. 灵长目（Primates）

    A. 猴科（Cercopithecidae）

        藏酋猴（*Macaca thibetana*）

可鉴定标本 1 件，代表最小个体数 1 个。

右肱骨 1 件。标本 06SMHH10：57，下端关节残（图一）。

 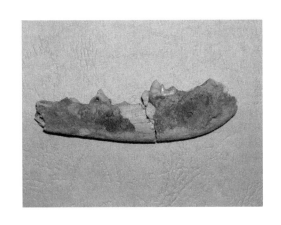

图一　藏酋猴右肱骨（06SMHH10：57）　　　　图二　狗右下颌（06SMHH3：8）

2. 食肉目（Carnivora）

    A. 犬科（Canidae）

        狗（*Canis familiaris*）

可鉴定标本 7 件，代表最小个体数 1 个。

上、下颌各 1 件。标本 06SMHH3：8，右下颌，M_1 长 15.84 毫米，宽 6.26 毫米，M_1 前高 14.43 毫米（图二）。

肱骨 1 件。标本 06SMHH3：28，左肱骨下端，下端长 20.69 毫米，宽 27.59 毫米。

    B. 熊科（Ursidae）

        黑熊（*Selenarctos thibetanus*）

可鉴定标本 5 件，代表最小个体数 1 个。

上颌 2 件，下颌 1 件。标本 06SMHH5：11，左下颌，保存 $M_1 \sim M_2$，M_3 已经萌出，M_1 长 26.71 毫米，宽 11.37 毫米，M_1 前高 30.83 毫米（图三）。

股骨 1 件。标本 06SMHH5：12，左侧股骨上端，上端长 45.71 毫米，宽 71.03 毫米（图四）。

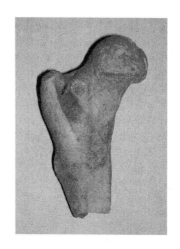

图三　黑熊左下颌（06SMHH5：11）　　　　图四　黑熊股骨（06SMHH5：12）

C. 鼬科（Mustelidae）

   I. 獾亚科（Melinae）

      猪獾（*Arctonyx collaris*）

可鉴定标本数 3 件，代表最小个体数 2 个。

右下颌 2 件。标本 06SMHH7：9，保留 $P_4 \sim M_1$，M_2 未萌出，M_1 长 16.47 毫米，宽 6.39 毫米，M_1 前高 13.95 毫米（图五）。标本 06SMHH9：79，保存 M_1，M_2 已经萌出，M1 长 15.62 毫米，宽 5.79 毫米，M_1 前高 13.34 毫米（图六）。

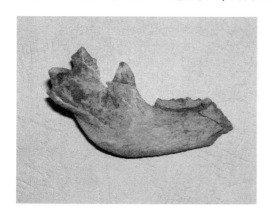
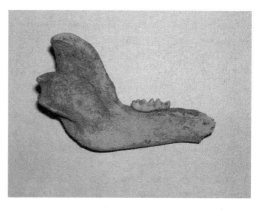

图五　猪獾右下颌（06SMHH7：9）　　　　图六　猪獾右下颌（06SMHH9：79）

D. 猫科（Felidae）

　Ⅰ. 豹亚科（Pantherinae）

　　豹属（*Panthera* sp.）

可鉴定标本数 4 个，代表最小个体数 2 个。

左下颌 2 件。标本 06SMHH10：43，留有下颌联合，已经愈合，保存 $dp_3 \sim dm_1$（图七）。标本 06SMHH5：36，幼豹左下颌，保存 $dp_4 \sim dm_1$，dm_1 前断掉，$dp_3 \sim dm_1$ 长 21.93 毫米，dm_1 前下颌高 22.73 毫米，齿尖锋利（图八）。

左侧肱骨 1 件。标本 06SMHH9：77，下端长 14.56 毫米，宽 31.06 毫米。

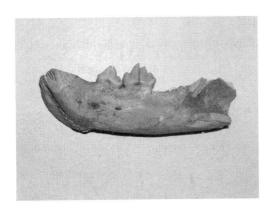 

图七　豹左下颌（06SMMH10：43）　　　　图八　幼豹左下颌（06SMHH5：36）

3. 偶蹄目（Artiodactyla）

A. 猪科（Suidae）

　　野猪（*Sus scrofa*）

可鉴定标本 4 件，代表最小个体数 1 个。

右下颌 1 件。标本 06SMHH9：27，牙齿保存 $P_3 \sim M_3$，M_3 未完全萌出，测量 $M_1 \sim M_3$ 长 77.44 毫米，M_3 长 35.52 毫米（图九）。

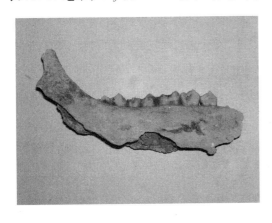 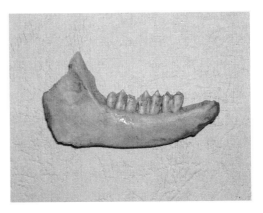

图九　野猪右下颌（06SMHH9：27）　　　　图一〇　小鹿右下颌（06SMHH10：42）

B. 鹿科（Cervidae）

Ⅰ. 麂亚科（Muntiainae）

小麂（*Muntiacus reevesi*）

可鉴定标本 195 件，代表最小个体数 29 个。

下颌骨 52 件，其中左侧 29 件，右侧 22 件，还有 1 件比较破碎，难以辨别左右（表一）。标本 06SMHH10:42，右下颌，保存 $M_1 \sim M_3$，$M_1 \sim M_3$ 长 27.51 毫米，M_1 前高 10.85 毫米（图一○）。

表一　小麂下颌测量数据

单位：毫米

标本号	左	右	M_1 前高	$M_1 \sim M_3$ 长度
06SMHH10:10	左		11.33	长 28.24
06SMHH10:11		右	11.08	长 26.61
06SMHH10:44	左		11.41	—
06SMHH10:45		右	11.42	27.42
06SMHH2:1		右	11.58	26.46
06SMHH2:2		右	11.01	28.42
06SMHH2:3	左		11.16	27.51
06SMHH2:5	左		10.29	28.95
06SMHH2:6	左		11.04	27.85
06SMHH2:7	左		10.12	28.33
06SMHH3:9	左		12.91	30.75
06SMHH9:12	左		11.14	26.74
06SMHH9:15		右	11.37	29.49
06SMHH9:17	左		12.25	28.47
06SMHH9:18	左		11.79	27.44
06SMHH9:19	左		11.54	28.05
06SMHH9:22	左		11.52	26.51
06SMH 采集 3	左		11.54	30.68

肩胛骨 24 件，其中左侧 19 件，右侧 5 件。标本 06SMHH 采集:8，左肩胛骨，保存基本完整，肩胛窝长 14.24 毫米，宽 15.59 毫米。

肱骨 18 件，其中左侧 10 件，右侧 8 件（表二）。标本 06SMHH10:3，左侧肱骨下端，关节愈合，下端长 15.63 毫米，宽 20.94 毫米。

表二 小鹿肱骨下端测量数据

单位：毫米

标本号	左	右	长	宽
06SMHH10：2	左		17.27	21.62
06SMHH10：3	左		15.63	20.94
06SMHH10：4		右	15.48	19.07
06SMHH10：5		右	16.51	24.97
06SMHH10：50	左		17.63	20.88
06SMHH2：11	左		16.65	20.79
06SMHH5：5		右	16.61	20.46
06SMHH5：6	左		16.75	20.33
06SMHH6：1	左		17.02	19.23
06SMHH7：1		右	18.96	20.81
06SMHT2④：1	左		18.55	22.48
06SMHT2④B：1		右	17.74	23.09

桡骨6件，左侧2件，右侧4件。标本06SMHH2：32，左桡骨下端，下端长15.08毫米，宽19.11毫米。标本06SMH 采集：1，右桡骨上端，上端长11.17毫米，宽18.14毫米。

掌骨7件，左侧6件，右侧1件（表三）。标本06SMHH9：75，左侧掌骨上端，上端长11.64毫米，宽14.98毫米。标本06SMHH2：23，左掌骨下端，下端长10.93毫米，宽18.36毫米。

表三 小鹿掌骨下端测量数据

单位：毫米

标本号	左	右	长	宽
06SMHH10：58	左		11.72	16.12
06SMHH10：60	左		11.65	18.1
06SMHH2：23	左		10.93	18.36
06SMHH7：3	左		8.58	15.67
06SMHH9：76		右	11.92	19.8
06SMH 采集：14	左		9.17	16.29

股骨5件，左侧2件，右侧3件。标本06SMHH2：19，左股骨下端，关节愈合，下端长29.19毫米，宽28.65毫米。标本06SMHH2：21，右股骨上端，股骨头、大结节和小结节均保存完整，上端长20.23毫米，宽31.44毫米。

胫骨5件，左侧3件，右侧2件。标本06SMHH2：31，左侧胫骨下端，下端长14.38毫米，宽20.53毫米。

跗骨3件，均为左侧。标本06SMHH2:29，左跗骨上端，关节愈合，上端长15.14毫米，宽14.28毫米。标本06SMHH2:22，左跗骨，保存完整，关节愈合，长116.75毫米，上端长14.24毫米，宽14.12毫米，下端长9.97毫米，宽15.86毫米。

距骨10件，左侧6件，右侧4件，测量数据如表四。

表四　小鹿距骨测量数据

单位：毫米

标本号	左	右	距骨外长	距骨内长	距骨前宽	距骨后宽	距骨厚
06SMHH3:17		右	20.22	19.34	12.36	11.84	11.46
06SMHH3:18	左		19.96	18.71	11.36	11.71	10.34
06SMHH5:2	左		20.46	19.7	12.69	12.01	13.46
06SMHH5:3		右	22.46	21.26	12.91	12.67	12.91
06SMHH7:4		右	20.85	19.93	12.91	12.75	11.88
06SMHH9:62	左		21.12	20.62	13.81	12.48	12.81
06SMHH9:63	左		20.6	19.92	12.75	12.69	11.89
06SMHH9:64	左		21.24	20.39	12.73	11.81	10.51

Ⅱ. 鹿亚科（Cervinae）

水鹿（*Cervus unicolor*）

可鉴定标本108件，代表最小个体数7个。

角1件。标本06SMHH4:6，保存比较好，残长约50厘米，中部有为加工角器获取角料的环切痕迹（图一一）。

下颌10件，左侧5件，右侧4件，1件破碎严重难以辨别左右。标本06SMHH4:1，右下颌，保存$M_1 \sim M_2$，M_1前高35.23毫米，$M_1 \sim M_2$长41.02毫米（图一二）。

图一一　水鹿角（06SMHH4:6）

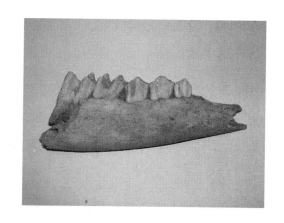

图一二　水鹿右下颌（06SMHH4:1）

桡骨 5 件，左侧 2 件，右侧 3 件（表五）。标本 06SMHH9：57，右桡骨下端，下端长 33.68 毫米，宽 52.51 毫米。

表五 水鹿桡骨测量数据

单位：毫米

标本号	左	右	长	宽
06SMHH9：57		右	33.68	52.51
06SMHH 采集：6	左		33.34	60.79
06SMHH9：52	左		37.32	62.81
06SMHH9：58		右	35.87	49.81
06SMHH9：58		右	36.31	47.93

注：前 3 个标本为桡骨上端，后 2 个为桡骨下端测量数据

胫骨 8 件，左侧 3 件，右侧 5 件（表六）。标本 06SMHH8：1，右胫骨下端，下端关节愈合，下端长 38.87 毫米，宽 50.78 毫米。

表六 水鹿胫骨下端测量数据

单位：毫米

标本号	左	右	长	宽
06SMHH10：27	左		40.26	50.86
06SMHH3：1		右	40.52	58.05
06SMHH5：2		右	38.95	53.29
06SMHH7：2	左		40.63	51.66
06SMHH8：1		右	38.87	50.78

跗骨 1 件。标本 06SMHH9：65，左跗骨上端，关节愈合，上端长 36.96 毫米，宽 38.43 毫米。

跟骨 7 件，左侧 3 件，右侧 4 件（表七）。标本 06SMHH9：51，左跟骨，结节愈合，保存完整，长 117.44 毫米，宽 37.02 毫米，高 44.27 毫米。

表七 水鹿跟骨测量数据

单位：毫米

标本号	左	右	长	宽	高
06SMHH10：24	左		119.98	33.75	34.95
06SMHH9：49		右	123.65	41.04	48.05
06SMHH9：51	左		117.44	37.02	44.27

距骨 3 件，左侧 2 件，右侧 1 件，测量数据见表八。

表八 水鹿距骨测量数据

单位：毫米

标本号	左	右	距骨外长	距骨内长	距骨前宽	距骨后宽	距骨厚
06SMHH5：1		右	61.86	·57.65	37.18	36.08	32.97
06SMHH9：60	左		63.71	58.91	39.44	37.84	34.01
06SMHH9：61	左		57.83	55.02	35.02	34.54	31.49

斑鹿（*Cervus nippon*）

斑鹿骨骼的数量在发现鹿科动物中相对较少，可鉴定标本 39 件，代表最小个体数 4 个。

肱骨 3 件，均为右侧。标本 06SMH 采集 11，右肱骨下端，关节已经愈合，下端长 31.89 毫米，宽 39.65 毫米。

掌骨 6 件，左侧 4 件，右侧 2 件。标本 06SMHH3：23，左掌骨下端，下端长 25.68 毫米，宽 39.36 毫米。

狍属（? *Capreolus* sp.）

在整理这批骨骼中，我们发现有一种鹿科动物比小鹿和毛冠鹿的骨骼稍大，由于未发现角，不能确定其属种，但从骨骼的形态大小来看，大体与狍属（*Capreolus* sp.）一类大小差不多。现生的狍属中仅有狍（*Capreolus capreolus*）一种，在陕西、四川北部、甘肃、宁夏和青海有分布其亚种之一的西北亚种（*Capreolus capreolus melanotis*）[4]，结合马尔康哈休遗址所处的地理位置和海拔，我们认为这类鹿科动物有可能就是狍属一类。

可鉴定标本 26 件，代表最小个体数 5 个。

肱骨 2 件，左右各 1 件。标本 06SMHH3：3，右侧肱骨下端，关节愈合，远端长 28.42 毫米，宽 29.39 毫米。

胫骨 7 件，左侧 5 件，右侧 2 件。标本 SMHH9：3，左胫骨下端，关节愈合，下端长 23.09 毫米，宽 29.42 毫米。标本 06SMHH2：18，左侧上端，上端长 28.25 毫米，宽 33.51 毫米。

C. 牛科（Bovidae）

Ⅰ. 牛亚科（Bovinae）

黄牛（? *Bos taurus*）

标本很少，均为指骨/趾骨，可鉴定标本 2 件，代表最小个体数 1 个。

Ⅱ. 羊亚科（Caprinae）

斑羚（*Naemorhedus caudatus*）

可鉴定标本 11 件，代表最小个体数 3 个。

角 4 件。标本 06SMHH9：78，斑羚角一对，角仅保存靠基部的下端。标本 06SMHH5：10，斑羚角一对，角仅保存靠基部的下端（图一三）。

上颌 2 件。标本 06SMHH9：81，左上颌，牙齿萌出 $dp^3 \sim dm^3$，$dm^1 \sim dm^3$，长 25.39 毫米（图一四）。

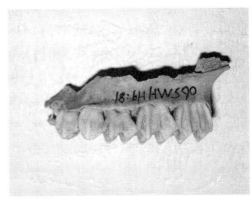

图一三　斑羚角（06SMHH9:78）　　　　　图一四　斑羚上颌（06SMHH9:81）

下颌1件。标本06SMHH3:11，斑羚左下颌，保存 M_1 ~ M_3，M_3 尚未完全萌出，M_1 前高19.35毫米（图一五）。

掌骨2件。左右各1件。标本06SMHH7:10，右掌骨下端，下端长13.19毫米，宽21.51毫米。标本06SMHH9:72，右掌骨，远端长19.83毫米，宽30.13毫米。

股骨2件，左右各1件。标本06SMHH3:10，右股骨下端，下端长50.31毫米，宽39.34毫米。

4. 啮齿目（Rodentia）

豪猪科（Hystricidae）

豪猪（*Hystrix* sp.）

可鉴定标本数2件，代表最小1个个体。

右下颌1件。标本06SMHH9:21，P_4 ~ M_3 长30.32毫米，M_1 ~ M_3 已经磨出很多小环（图一六）。

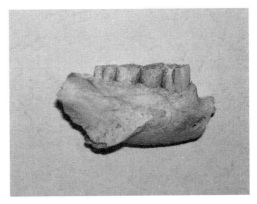

图一五　斑羚下颌（06SMHH3:11）　　　　图一六　豪猪右下颌（06SMHH9:21）

二、从出土动物骨骼看大渡河上游的动物资源和生态环境

哈休遗址位于大渡河（大渡河为岷江水系的最大支流）上游的马尔康县，马尔康位于青藏高原东部，邛崃山脉的北端，也是北东走向的龙门山、北西走向的鲜水河断裂带及松潘地块交汇地区，属高原峡谷区，山岭连绵，沟谷陡峻，具有典型的高山峡谷和高原高山地貌特征。该地区地质构造复杂，地层多为三叠系砂岩、板岩和变质岩等，境内最高峰海拔达 5000 米左右，最低谷地海拔在 2300 米左右。境内河流纵横，梭磨河由县东部入境，在热脚和脚木足河交汇；茶堡河发源梭核磨乡北部大青坪，由东向西在龙头滩汇入脚木足河；脚木足河（麻尔曲河和草登河）源于青海省班玛县境内，由阿坝县入西北境，于可尔因与杜柯河汇合后经党坝入金川县境。由于这种地貌特征，区内为典型的高原大陆季风气候，干湿季明显，四季不大分明，大部地区夏季短促，虽然日照充沛，但温差较大，垂直分异显著，与此相应，植被垂直变化也很明显。从河谷到山顶分别为干旱河谷灌丛、山地阔叶林、亚高山针叶林和高山灌丛草甸与流石滩植被；其中亚高山针叶林面积最大，分布广泛，由种类繁多的云杉属和冷杉属构成，北部高原面海拔更高，气候严酷，有大面积的高山灌丛和高山草甸。

遗址中出土的动物骨骼中除了狗是家畜外（猪和黄牛也应该是野生的，在后文分析），其他都是野生动物，这有利于我们考察遗址周围的动物分布、植被状况等生态环境，也为我们探讨大渡河上游新石器时代晚期的动物资源和生态环境提供了宝贵材料。哈休遗址鹿科动物发现最多，其中水鹿群栖息于针阔混交林、阔叶林、稀林草原等生境；小鹿栖息于常绿阔叶林和针阔混交林，灌丛和河谷灌丛；斑鹿栖息于针阔混交林的林间和林缘草地以及山丘草丛；狍主要栖居于山麓阔叶混交林或针阔混交林。豹栖息环境多种多样，从低山、丘陵至高山森林、灌丛均有分布；黑熊属于林栖动物，主要栖息于阔叶林和针阔混交林中。而斑羚栖息于高山林带和峭壁裸岩，独栖或成队晨昏在山坡、林中草地、溪边取食灌、乔木的嫩枝、叶和青草等，斑羚的存在也反映了遗址周围地貌起伏大的特征。遗址出土的动物骨骼体现出在（四川）西部地区特殊的地貌条件下，动物区系的种类组成具有复杂和古老的特殊点外，善于奔驰跳跃或登崖履险的有蹄类多，也和东部地区形成鲜明对照[5]。豪猪的生境范围较广，在森林和草原均有分布，是一种夜行动物，大多生活在地面上，栖居在洞穴里，以植物根茎和落果为生。这些动物的存在说明遗址周围的植被有较多的阔叶林、针阔混交林，浓郁的灌丛和草丛，体现出明显的垂直分布差异。在哈休遗址中我们尚未发现龟鳖、鱼等淡水类动物，暂时也没有发现网坠等捕鱼工具，这反映附近没有水塘和小河之类的小型水域，也有可能与发掘面积小或与食物禁忌习惯等方面有关。总的看来，哈休遗址所处的大渡河上游地表起伏比较大，从而导致气候、植被类型的多样化和垂直分布明显，对于资源动物的种属构成、数量和分布地域影响很大，也与出土的动物骨骼呈现出当时动物种属的多样性吻合。从上，我们可以看到哈休遗址的先民生活在一个林草茂密的自然环境中，也有一定的灌丛和草丛，植被垂直变化比较明显，动物群和植被的多样性为先民提供了广阔的采集和狩猎空间。

三、从出土动物骨骼看哈休先民的生业方式

哈休遗址出土的动物骨骼主要出自灰坑，这些骨骼应该为先民肉食消耗所剩的，从出土的动物骨骼，我们可以管窥营盘山先民在食物结构和生业方式等方面的一些特点。在考察生业方式前，我们首先要弄清楚各种动物所占的比重，以及哪些动物是已经驯养的，哪些是野生的，这样我们才能较准确地探讨到先民的经济形态。

从可鉴定标本数（NISP）来看，鹿科动物无疑是居主导的，鹿科四种动物骨骼即占可鉴定标本数的90.42%，目前能确定为家畜的只有狗一种，仅占1.72%（表九）；再从最小个体数（MNI）来看，鹿科四种动物一样是最多的，占78.22%，狗占1.69%（表一〇）。从狩猎获得的野生动物属种构成来看，鹿科四种动物占绝大多数，体现出鹿科动物是先民狩猎的优先选择范围。这一方面说明遗址周围鹿科动物分布密集，资源丰富，另一方面也可能因为鹿性情温顺，虽然警觉但防御性差，先民狩猎捕杀的危险性小。在遗址中也发现了像豹、黑熊、野猪这样凶猛的野生动物，但数量很少，而且食肉类如豹都是幼年的，这也说明先民狩猎的选择性。

表九　哺乳动物骨骼可鉴定标本（NISP总数为407件）

动物属种	小鹿	水鹿	斑鹿	狍属？	斑羚	野猪	狗	藏酋猴	豹属	黄牛	豪猪	猪獾	黑熊
NISP	195	108	39	26	11	4	7	1	4	2	2	3	5
百分比%	47.91	26.54	9.58	6.39	2.70	0.98	1.72	0.25	0.98	0.49	0.49	0.74	1.23

表一〇　出土动物骨骼的最小个体数数据（MNI总数为58个）

动物属种	小鹿	水鹿	斑鹿	狍属？	斑羚	野猪	狗	藏酋猴	豹属	黄牛	豪猪	猪獾	黑熊
MNI	29	7	4	5	3	1	1	1	2	1	1	2	1
百分比%	50.00	12.07	6.90	8.62	5.17	1.72	1.72	1.72	3.45	1.72	1.72	3.45	1.72

此前，关于如何确定考古遗址中的家畜动物，祁国琴先生认为一般从两方面入手：一方面是寻找骨骼学的证据，另一方面要看遗址动物群中是否有一定年龄类群的存在；除此之外，还要注意文化和环境以及艺术品形象的证据[6]。袁靖先生近年在前人研究的基础上又总结了关于如何判别家猪的五项标准[7]。哈休遗址出土猪和黄牛的数量均很少，从骨骼形态上我们没有办法分辨它们是否已经被驯养，出土的文物中也没有发现仿生艺术品以及用猪和黄牛等随葬的文化现象，但从它们在所有出土动物骨骼中的比重来看，我们倾向其是野生的。这样看来，在哈休遗址出土的动物中，只有狗是家养的，其他都应该是先民狩猎获得的，在日常的经济生活中，狩猎无疑是获取肉食的主要方式。虽然家养动物的种类仅有狗，但从我们收集的骨骼状况来看，哈休遗址的骨骼分布很密集，破碎程度也高，骨骼上保留有不少的砍切痕迹，而且还发现了很多的骨坯和制作骨器剩余的废料，这些都是定居聚落动物骨骼的遗留的特征。

从遗址出土的其他遗迹和遗物来看，哈休遗址发现的灰坑以圆形为主，也有个别袋

状灰坑，有些坑内有意放置石块或是经过焚烧的硬面，这些灰坑应为贮存粮食及其他物品的窖穴。遗址除发现大量的陶器外，还有少量细石器和骨梗刀，这些是常用的与狩猎有关的工具。另外，哈休遗址试掘同时对灰坑填土进行了浮选，收集的植物标本经过初步鉴定，可以确认发现了粟等作物品种[8]，说明哈休先民也栽培旱作谷物，但采集、狩猎、农业三者在经济结构中所占的比重目前难以估算。

综上，我们认为哈休先民在农耕的同时，又以狩猎作为获取肉食资源的主要手段。遗址周围除有丰富的动物资源外，植被浓郁，采集业也应该是经济生活中不可或缺的补充形式。在哈休先民的经济结构中，狩猎经济所占的比例很高，经济结构单一性也突出，一方面意味着有众多的野生动物资源而且相对稳定，足以提供丰富的食物资源。另一方面，先民通过狩猎采集活动，对他赖以生存的动植物群施加影响，同时又受动物繁衍和迁移、植物的季节性生长等规律所限制，但由于狩猎采集技术进步一般比较缓慢，人口增长严重受食物资源制约。哈休先民这一生业方式说明遗址地处川西高原，人口密度相对较小，食物资源压力也相对要小，人口压力和食物资源这一矛盾体没有造成人地关系的紧张，平时狩猎就可以满足日常肉食需要。

执　笔：何锟宇　陈　剑

注　释

［1］　陈剑、陈学志：《大渡河上游史前文化寻踪》，《中华文化论坛》2006 年 3 期。

［2］　鲁长虎、费荣梅编：《鸟类分类与识别》，东北林业大学出版社，2003 年，92 页。

［3］　刘明玉、解玉浩、季达明主编：《中国脊椎动物大全》，辽宁大学出版社，2000 年，589 页。

［4］　王应祥：《中国哺乳动物种和亚种分类名录与分布大全》，中国林业出版社，2003 年，127 页。

［5］　《四川资源动物志》编辑委员会主编：《四川资源动物志》（第一卷 总论），四川人民出版社，1982 年，15～16 页。

［6］　祁国琴：《动物考古学所要研究和解决的问题》，《人类学学报》1983 年　2 卷 3 期，293～300 页。

［7］　袁靖：《古代家猪的判断标准》，《中国文物报》2003 年 8 月 1 日第 7 版。

［8］　陈剑、陈学志：《大渡河上游史前文化寻踪》，《中华文化论坛》2006 年 3 期。

别立山

遗址所在台地

白水寨

岷江

1. 白水寨遗址地貌（从西向东）

九顶山

北区

南区

岷江

2. 沙乌都遗址地貌（从西向东）

白水寨、沙乌都遗址地貌

1. 打制石刀(沙乌都北采：11)

2. 打制石铲(沙乌都北采：13)

3. 磨制石斧(下关子T1④：2)

中心村

遗址
台地

试掘地点

4. 下关子遗址地貌

下关子、沙乌都遗址地貌及石器

2. 暴露石棺墓情况

4. M4出土遗物

1. 墓地环境

九龙河

3. 暴露石棺墓

九龙县查尔村石棺墓

1. 古石山C点L1

2. 铁渣（TG1③：17）

3. 铁渣（TG2③：3）

4. 炉砖（TG1③：7）

5. 栎木木炭（TG1③：6）

蒲江古石山冶铁遗址

1. 铁牛村遗址"铁牛"

2. 铁牛村生铁块（TG2③：8）

3. 铁牛村草拌泥块（TG2③：7）

4. 铁牛村炉砖

5. 许鞋匾遗址 L1

6. 许鞋匾生铁块（C：13）

蒲江铁牛村、许鞋匾冶铁遗址

1. 鼓风构件（C：9）

2. 玻璃质（C：7）

3. 铁矿石（C：11）

4. 铁矿石（TG1③：5）

5. 铁渣（TG2②：3）

6. 铁渣（L1：2）

蒲江许鞋匾冶铁遗址

1. I式（M9：3）

2. I式（M8：3）

3. III式（M5：7）

4. II式（M13：2）

青白江区艾切斯工地唐、宋墓葬出土盘口壶

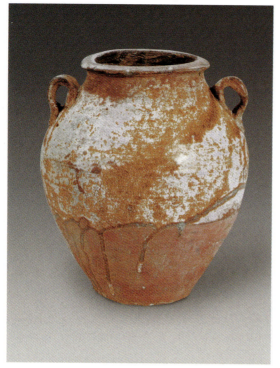

1. A型双耳罐（M3：2）

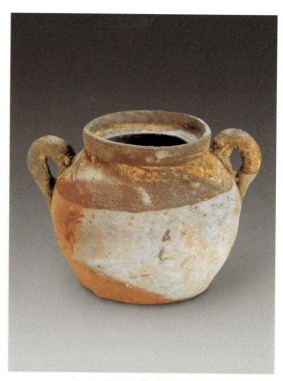

2. Ca型双耳罐（M6：1）

3. Cb型双耳罐（M8：1）

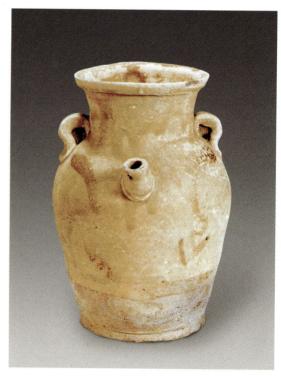

4. 带流双耳壶（M20：1）

青白江区艾切斯工地唐、宋墓葬出土遗物

1. A型（M10：2）

2. BⅡ式（M14：2）

3. Ca型（M16：3）

4. Cb型（M16：2）

青白江区艾切斯工地唐、宋墓葬出土四耳罐

1. BⅢ式四耳罐（M5：1）

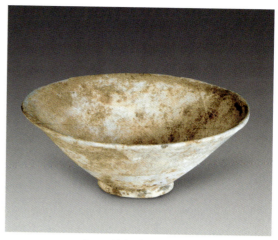

2. Aa型碗（M14：1）

3. Ba型碗（M25：3）

4. AbⅠ式碗（M13：1）

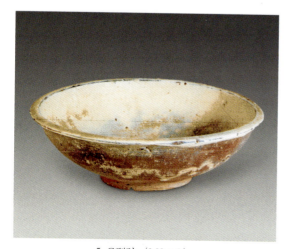

5. C型碗（M8：2）

6. Bb型碗（M11：1）

青白江区艾切斯工地唐、宋墓葬出土遗物

1. M2、M3

4. M3排水沟

2. M3封门情况

3. M3两室通道

5. M2排水沟

邛崃土地坡汉墓

1. 铭文砖（M2：1）

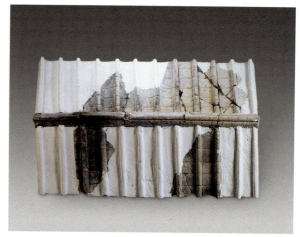

3. 陶房（M3_西：13）

4. 陶鸭（M2：6）

2. 池塘（M3_西：14）

5. 陶鸡（左M2：2、右M2：7）

邛崃土地坡汉墓出土遗物

1. 瓷罐（H2∶4）

2. 瓷钵（H3∶3）

3. 瓷器盖（TG3③∶16）

4. 左：球（TG3②∶25） 右：铃（TG3②∶3）

蒲江"残城址"出土遗物

1. A型武士俑（M3西：3）

2. C型武士俑（M3西：9）

3. B型武士俑（M3东：2）

4. B型文俑（M3西：2）

温江区"学府尚郡"工地五代、宋代墓葬出土三彩俑

1. A型三彩文俑（M3_西：11）

2. C型三彩文俑（M3_东：1）

3. 双耳瓷罐（M3_东：6）

4. 匍匐俑（M3_西：5）

温江区"学府尚郡"工地五代、宋代墓葬出土遗物

1.双耳执壶（M4：3）

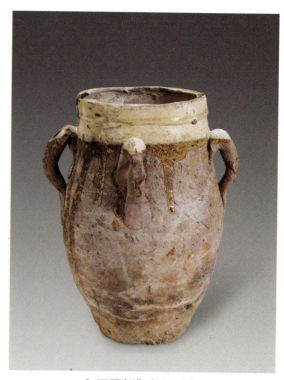

2.四耳瓷罐（M1：1）

3.石俑（M5：14）

4.提梁小罐（上M2：1、下M5：5）

温江区"学府尚郡"工地五代、宋代墓葬出土遗物

1. M3墓门

2. M3墓碑

成都"新北小区四期"明代太监墓

1. M3供桌瓷器出土情况

2. M3后室门外瓷器出土情况

3. 瓷碗（M3∶9）

4. 碗外底款识（M3∶9）

5. 香炉（M3∶5）

6. 爵杯（M3∶6）

成都"新北小区四期"明代太监墓出土青花瓷器

1. 双耳瓶（M3：3）

2. 盖罐（M3：10）

3. 盖梅瓶（M3：11）

4. 盖梅瓶外底款识（M3：11）

成都"新北小区四期"明代太监墓出土青花瓷器

1. 3号龛

2. 3号龛局部

安岳卧佛院石刻

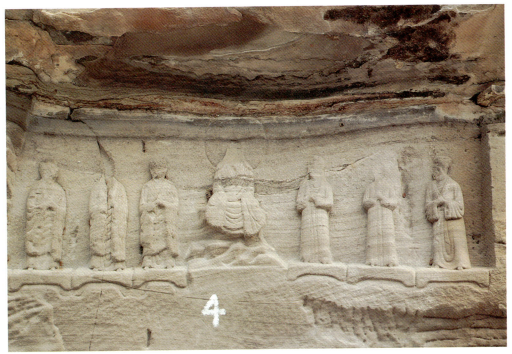

1. 4号龛

2. 18、19号龛

安岳卧佛院石刻

2. 41号龛

4. 37号龛

1. 29～33号龛外立面

3. 34号龛

安岳卧佛院石刻

1. 43~45号龛外立面

2. 46号窟右壁刻经文字

3. 46号窟后壁刻经文字

安岳卧佛院石刻

1. 50号龛

2. 51号窟内圆雕像

3. 51号窟内圆雕像背光后铭文

4. 52号龛

安岳卧佛院石刻

3. 66号龛左壁

安岳卧佛院石刻

1. 62号龛

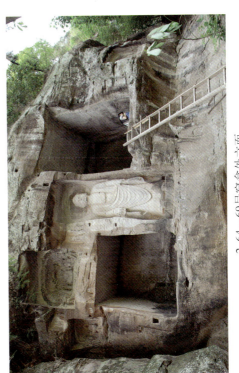

2. 64～69号龛外立面

3. 81～85号龛龛外立面

1. 70号龛

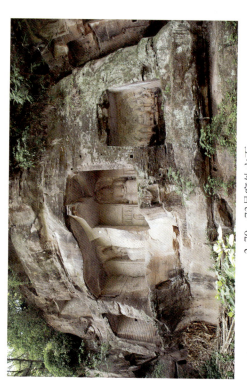

2. 70～73号龛外立面

安岳卧佛院石刻

2. 109，110号窟外立面

3. 116号窟

1. 90号龛

安岳卧佛院石刻

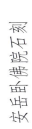

1. 116号窟右壁116-3号龛

2. 119号窟佛道合龛造像

安岳卧佛院石刻